ACCESO GRATIS *a la Lectura en la Nube*

Para visualizar el libro electrónico en la nube de lecture envíe junto a su nombre y apellidos una fotografía del código de barras situado en la contraportada del libro y otra del ticket de compra a la dirección:

AF607698

ebooktirant@tirant.com

En un máximo de 72 horas laborales le enviaremos el código de acceso con sus instrucciones.

DE LA MIGRACIÓN A LA MOVILIDAD HUMANA

UN ESTUDIO INTEGRAL DE LA NORMATIVIDAD COLOMBIANA DESDE EL DERECHO INTERNACIONAL DE LOS DERECHOS HUMANOS

Procedimiento de selección de originales, ver página web:
www.tirant.net/index.php/editorial/procedimiento-de-seleccion-de-originales

DE LA MIGRACIÓN A LA MOVILIDAD HUMANA

UN ESTUDIO INTEGRAL DE LA NORMATIVIDAD COLOMBIANA DESDE EL DERECHO INTERNACIONAL DE LOS DERECHOS HUMANOS

María Teresa Palacios Sanabria

Profesora Titular de carrera académica, Facultad de Jurisprudencia, Universidad del Rosario

Prólogo: Sr. Felipe González Morales

Relator Especial de las Naciones Unidas sobre los derechos humanos de los migrantes (2017-2023)

tirant lo blanch

Bogotá, 2024

En caso de erratas y actualizaciones, la Editorial Tirant lo Blanch publicará la pertinente corrección en la página web www.tirant.com.

Palacios Sanabria, María Teresa
De la migración a la movilidad humana: un estudio integral de la normatividad colombiana desde el derecho internacional de los derechos humanos / María Teresa Palacios Sanabria – Bogotá: Tirant lo Blanch, 2024.

622 páginas
ISBN: 978-84-1171-201-0

1. Migración – Movilidad humana – Colombia 2. Derechos humanos – Legislación migratoria – Normatividad colombiana I. González Morales, Felipe. Prólogo II. Universidad del Rosario. III. Título.

342.087 SCDD 20

Catalogación en la fuente – Universidad del Rosario. CRAI

Universidad del Rosario
Editorial Universidad del Rosario
Calle 12C # 8-50, piso 8
Bogotá - Colombia
https://editorial.urosario.edu.co/

© TIRANT LO BLANCH
Calle 11 # 2-16 (Bogotá D.C.)
Telf.: 4660171
Email: tlb@tirant.com
Librería virtual: www.tirant.com/co/
ISBN: 978-84-1071-201-0

Si tiene alguna queja o sugerencia, envíenos un mail a: *atencioncliente@tirant.com*. En caso de no ser atendida su sugerencia, por favor, lea en *www.tirant.net/index.php/empresa/politicas-de-empresa* nuestro procedimiento de quejas.

Responsabilidad Social Corporativa: http://www.tirant.net/Docs/RSCTirant.pdf

Índice

A Dios y a mi familia, en especial a mis padres, Bernardino y Julia Consuelo, a mi esposo Hugo Alejandro y a mis hijos Luciana y Juan José, por su apoyo y amor incondicional.

Prólogo

En los últimos años se ha venido desarrollando en América Latina una línea de investigaciones jurídicas sobre migración, anteriormente abordada en la región fundamentalmente por estudios de otras disciplinas de las Ciencias Sociales. En este desarrollo, una causa evidente es el notorio incremento de la movilidad humana a nivel intrarregional, que produce nuevos escenarios y desafíos, a menudo sin precedentes en muchos países de la región.

El libro de la profesora María Teresa Palacios "De la migración a la movilidad humana: un estudio integral de la normatividad colombiana desde el Derecho Internacional de los Derechos Humanos" se inserta de manera destacada en esta tendencia reciente, ofreciendo una revisión a fondo de la evolución del tratamiento jurídico de la movilidad humana en Colombia, contrastando dicha regulación con las experiencias del Derecho Comparado en la materia así como evaluándola a partir de los estándares internacionales de derechos humanos.

Sin perjuicio de que, tal cual lo indica desde su título, el libro se encuentra enfocado primordialmente en la situación colombiana, el amplio rango de temas de los que trata y las continuas referencias a otros Estados y a la normativa internacional lo hacen de gran interés para lectores de distintos orígenes y países.

También es de gran importancia que el abordaje de la movilidad humana sea efectuado por el libro desde una óptica de derechos humanos. Ello, en una época en la que a nivel global las políticas migratorias tienden a privilegiar el enfoque de seguridad de manera desmesurada, dejando en un segundo plano los derechos de quienes migran, a menudo afectando seriamente la salvaguarda de tales derechos.

La cuestión de la movilidad humana respecto de Colombia es -con las diferencias del caso- en muchos sentidos representativa de lo ocurrido en los últimos años en numerosos países latinoamericanos, que han pasado a ser en pocos años de países fundamentalmente emisores de migrantes a países que son además receptores y/o de tránsito de migrantes. Esto ha supuesto importantes desafíos en términos de proteger adecuadamente los derechos humanos de quienes migran y de ser coherentes con los reclamos que esos mismos países, cuando eran casi exclusivamente emisores de migrantes, hacían a los Estados de destino por el tratamiento que daban a quienes recibían. En el caso colombiano, a esas características comunes a muchos países de Latinoamérica se suma la situación del retorno masivo de muchas personas colombianas que habían emigrado a otros países, especialmente a Venezuela. También es muy relevante en el caso colombiano la situación de los desplazados internos, de una magnitud sin comparación en la región.

Al respecto, el libro describe la evolución de la movilidad humana en Colombia y los cambios correlativos en las regulaciones jurídicas en la materia. Un hito relevante lo constituyó la adopción de la Constitución de 1991, que fortaleció significativamente los derechos humanos, pero cuya implementación a nivel legislativo en materia migratoria presenta numerosas falencias, según describe la autora en un análisis pormenorizado de las regulaciones jurídicas en materia migratoria en las últimas décadas.

La obra revisa numerosos temas, entre los que resaltan la cuestión de la igualdad y no discriminación respecto de las personas en situación de movilidad, los retornos de migrantes a Colombia, la integración en Colombia de personas retornadas y de migrantes de otros países, la apatridia, la situación de las mujeres migrantes, la participación de las personas migrantes en las políticas migratorias, el interés superior de niños, niñas y adolescentes migrantes, el principio de no devolución, los alcances del debido proceso en materia migratoria, el derecho a la unidad familiar, la situación de las víctimas de trata, el derecho a buscar y recibir asilo y diversas otras.

Otro tema de interés que aborda el libro de María Teresa Palacios es la regularización de personas venezolanas en situación de movilidad en Colombia. La regularización de migrantes es un factor clave para el fortalecimiento de sus derechos humanos y la emprendida en Colombia es una de las iniciativas de regularización masiva más amplia a nivel mundial llevada a cabo en los últimos años, como lo destacáramos en un informe sobre regularización migratoria presentado por la Relatoría Especial de derechos humanos de los migrantes al Consejo de Derechos Humanos de Naciones Unidas en junio de 2023. Sin perjuicio de que, como lo explica la autora, el proceso de regularización señalado presenta también sombras, el mismo resalta positivamente en un contexto global en el que los procesos de regularización masivos son extremadamente escasos, con el consiguiente impacto negativo para los derechos de quienes migran.

Finalmente, el libro se refiere a la importancia de la jurisdicción constitucional en materia de movilidad humana, resaltando cómo ella resulta crucial para la protección de los derechos humanos de las personas migrantes. Ello se refleja en una variedad de temas, tales como el acceso a la justicia, el derecho a la igualdad y a no ser discriminado, los derechos de la niñez migrante, y muchos otros.

La amplitud y diversidad de temas de movilidad humana que abarca el libro de María Teresa Palacios, así como el rigor con el que los aborda, aseguran que será una contribución de mucha relevancia para el fortalecimiento de las políticas migratorias desde un enfoque de derechos humanos, relevantes no solo para Colombia sino también para otros países.

FELIPE GONZÁLEZ MORALES
Relator Especial de la ONU sobre derechos humanos de los migrantes (2017-2023)
Profesor, Facultad de Derecho, Universidad Diego Portales

Lista de abreviaturas

ACNUR	Alto Comisionado de las Naciones Unidas para los Refugiados
CADH	Convención Americana sobre los Derechos Humanos
CDN	Convención sobre Derechos del Niño
CIDH	Comisión Interamericana de Derechos Humanos
CEDR	Comité para la Eliminación de la Discriminación Racial
CONARE	Comisión Asesora para la Determinación de la Condición de Refugiado
Corte IDH	Corte Interamericana de Derechos Humanos
C.P	Constitución Política de Colombia
CRORE	Centros de Referenciación y Oportunidad para el Retorno
CTMF	Convención internacional sobre la protección de los derechos de todos los trabajadores migratorios y de sus familiares
DANE	Departamento Administrativo Nacional De Estadística
DDHH	Derechos Humanos
DESC	Derechos Económicos, Sociales y Culturales
DIDH	Derecho Internacional de los Derechos Humanos
DIH	Derecho Internacional Humanitario
DIR	Derecho Internacional de los Refugiados
DUDH	Declaración Universal de los Derechos Humanos
EPTMV	Estatuto Temporal de Protección para Migrantes Venezolanos
MEN	Ministerio de Educación Nacional
MinCIT	Ministerio de Comercio, Industria y Turismo
NNA	Niños, niñas y adolescentes
OEA	Organización de los Estados Americanos

OIM	Organización Internacional para las Migraciones
OIT	Organización Internacional del Trabajo
ONU	Organización de las Naciones Unidas
PEP	Permiso Especial de Permanencia
PEPFF	Permiso Especial de Permanencia para el Fomento de la Formalización
PIDCP	Pacto Internacional de Derechos Civiles y Políticos
PIDESC	Pacto Internacional de Derechos Económicos, Sociales y Culturales
PIM	Política Integral Migratoria
PIP	Permiso de Ingreso y Permanencia
PMM	Pacto Mundial Migratorio
PPT	Permiso por Protección Temporal
PTP	Permiso Temporal de Permanencia
RAMV	Registro Administrativo de Migrantes Venezolanos
RUMV	Registro Único de Migrantes Venezolanos
SIDH	Sistema Interamericano de Derechos Humanos
SNM	Sistema Nacional de Migraciones
TMF	Tarjeta de Movilidad Fronteriza
UNGRD	Unidad Nacional para la Gestión del Riesgo de Desastres

Introducción

Los movimientos de personas por fuera y dentro de las fronteras de los Estados representan una realidad ineludible, a la que casi ningún país del mundo puede escapar. Los estudios migratorios se aproximan desde varias orillas y múltiples disciplinas, tratan de explicar no solo las causas, sino las consecuencias, efectos, relaciones y cifras, entre otros aspectos.

Algunos teóricos sostienen que la dinámica migratoria que ha imperado por muchas décadas ha favorecido la desigualdad de las personas en el mundo. Especialmente entre los años cuarenta a setenta, se puede identificar una tendencia para promover que personas de Estados menos desarrollados se dirijan hacia otros, con mejores índices de desarrollo. Esto ha obedecido a una estrategia del sistema capitalista de concentrar los recursos y la inversión en determinados países, para promover un factor de atracción de personas y trabajadores que pudieran aumentar la cadena de productividad, creando la dinámica de los trabajadores invitados. Esto se ha contrastado con la ausencia de desarrollo de los Estados de origen, la falta de acceso a las oportunidades y los fallidos procesos de desarrollo económico en varios continentes como es el caso de África, América Latina y Asia[1].

Posteriormente, entre las décadas de los setenta hasta los años noventa, si bien, los anteriores factores siguieron presentes, los movimientos de personas se han caracterizado por los cambios en la inversión global, la revolución microelectrónica, la ausencia de trabajadores locales en el

---

1 Castles, Stephen, and Mark J. Miller. *The Age of Migration*, 3rd ed. (New York: The Guilford Press, 2003).

desarrollo de ocupaciones tradicionales, lo que continúa promoviendo la llegada de personas para cumplir con puestos de trabajos, pero en condiciones informales o precarias, pues desde allí se continúa exponenciando la acumulación de capital, lo que sigue impulsando movimientos humanos que se producen de manera regular o irregular[2]. Además, lo anterior, la inestabilidad política, económica y social de los Estados de destino configura una serie de factores expulsores que reconducen los movimientos humanos hacia la protección internacional y en algunos escenarios a la ocurrencia del desplazamiento interno.

De acuerdo con los reportes publicados por la Organización Internacional para las Migraciones (OIM), hoy agencia de la Organización de las Naciones Unidas (ONU), se contabilizaron para el año 2020, 281 millones de migrantes en el mundo, lo que equivale al 3,6 % de la población total[3], esto, evidencia un incremento de los registros a pesar de la pandemia y los cierres fronterizos que han implementado los Estados, como medidas de protección en términos de sanidad pública.

Para el caso particular de Colombia, durante mucho tiempo la aproximación a la migración se ha configurado de manera unidireccional. Esto, ha obedecido a que el país ha sido identificado por buena parte de la doctrina como de origen de emigrantes a lo largo de su historia[4], sin que ello signifique

---

2 *Ibidem*, 68-69.

3 International Organization for Migration, World Migration Report 2022, (Geneva: IOM Publishing, 2022). https://publications.iom.int/books/world-migration-report-2022.

4 Rocío del Pilar, Pena Huertas, "Migración de colombianos: ¿una expresión moderna de orfandad? Una aproximación a las políticas públicas dirigidas a los colombianos en el exterior", *Estudios Socio-Jurídicos* 8, n. ° 1, 2006, 72-102. http://www.scielo.org.co/scielo.php?script=sci_arttext&pid=S0124-05792006000100003&lng=en&nrm=iso.

que haya experimentado volúmenes significativamente altos de emigración internacional a nivel mundial[5]. La emigración de colombianos ha obedecido principalmente, a la búsqueda de mejores oportunidades laborales y de vida y a la necesidad de obtener algún tipo de protección internacional por parte de países fronterizos, vecinos de la región, o de algunos otros ubicados en continentes distintos de América[6].

De acuerdo con las cifras reportadas 3 024 273 colombianos han emigrado del territorio nacional, lo que resulta ser equivalente al 6 % de la población total, esto, ubica al Estado como un país con índice de emigración media, al ocupar el lugar noventa (90) en la clasificación mundial[7].

De manera concomitante a la población que ha abandonado el territorio y cruza frontera internacional, la cual se registra escasa y se configura como una opción reservada para pocos, hasta mediados del siglo XX[8], Colombia ha con-

---

Luis Eduardo, Guarnizo, "El estado y la migración global colombiana", *Migración y Desarrollo,* n. ° 6, 2006, 79-101, https://www.redalyc.org/pdf/660/66000603.pdf.

W, Mejía, "Colombia y las migraciones internacionales: evolución reciente y panorama actual a partir de las cifras", *REMHU, Revista Interdisciplinar de Movilidad Humana* 20, n. ° 39, 2012. https://www.scielo.br/j/remhu/a/yrt9x7LGNVXKjR9HGwbt5kS/?lang=es#.

5 Rodrigo, Giraldo Quintero, "Las migraciones colombianas al exterior: Retrospectiva de una realidad que no muta", *Opción 33,* n. ° 83, 2017, 620-642. https://www.redalyc.org/journal/310/31053772023/html/.

6 Mauricio, Palma, "¿País de emigración, inmigración, tránsito y retorno? La formación de un sistema de migración colombiano", *OASIS,* n. ° 21, 2015, 7-28. https://www.redalyc.org/pdf/531/53163818002.pdf.

7 DatosMacro, *Aumenta el número de emigrantes colombianos.* https://datosmacro.expansion.com/demografia/migracion/emigracion/colombia.

8 Rodrigo, Giraldo Quintero, "Las migraciones colombianas al exterior: Retrospectiva de una realidad que no muta", 620-642,

vivido con una dramática realidad en términos de movilidad humana, esto es, con el desplazamiento forzado interno[9], el cual se ha dado de manera masiva alcanzando índices de referencia mundial[10]. Así, Según la Agencia de las Naciones Unidas para los Refugiados, de los 48 millones de personas desplazadas internas en el mundo[11], Colombia registra 8,3 millones que han sido asistidas por el mandato del ACNUR, por estar catalogadas como desplazadas internas a raíz del conflicto armado, la violencia generalizada o las violaciones sistemáticas a los derechos humanos[12].

I. COLOMBIANOS HACIA EL EXTERIOR: MOVIMIENTOS MOTIVADOS POR RAZONES ECONÓMICAS Y NECESIDADES DE PROTECCIÓN INTERNACIONAL

Tal y como ha sido planteado en la primera parte de esta introducción, Colombia ha experimentado en una mayor medida la salida de sus nacionales que el ingreso de extranjeros de tránsito o con ánimo de permanencia en el territorio, sobre todo, en el siglo XX e inicios del XXI. El éxodo internacional de colombianos se documenta a partir de tres olas o periodos de tiempo, la primera de ellas, en la década de los años sesenta y setentas, en el que el principal desti-

---

9 Rocío del Pilar, Pena Huertas, "Migración de colombianos: ¿una expresión moderna de orfandad? Una aproximación a las políticas públicas dirigidas a los colombianos en el exterior", 72-102.

10 Alberto, Castrillón, "¿Migrantes o desplazados?", *Revista de Economía Institucional* 11, n. ° 20, 2009, 445-451.

11 ACNUR, *Tendencias Globales desplazamiento Forzado en 2020* (Marmorvej: ACNUR, junio de 2021), 2, https://www.acnur.org/media/tendencias-globales-de-desplazamiento-forzado-en-2020.

12 *Ibidem, 24.*

no eran los Estados Unidos de América y las razones para abandonar el territorio nacional, estaban motivadas por la búsqueda del mejoramiento en las condiciones de vida, esto significó que se experimentara una migración de carácter económico-laboral. Además de este motivo predominante, otro de los móviles consistió en huir del país para preservar la vida y la integridad personal, por las amenazas de los grupos al margen de la ley, lo que permite clasificar esta emigración como aquella impulsada por buscar algún tipo de protección internacional, derivada del asilo o del refugio[13]. Esta migración se caracterizó por el alto nivel educativo de los emigrantes, su manejo del inglés y en lo que se refiere a la proporción en términos de género, un número más elevado de mujeres con respecto a los hombres[14].

La segunda fase de emigración, si bien comienza a registrarse desde los años cincuenta, tiene un aumento representativo que la hace visible en los años ochenta hacia Estados de la región fronterizos, como ocurre con Ecuador y Venezuela, siendo estos países, en especial el segundo, un destino atractivo para los colombianos en términos laborales, específicamente en lo relativo al desarrollo de actividades rurales y poco

---

13 Diana, Ortíz, "Suramérica y los Refugiados colombianos", *REMHU, Revista Interdisciplinar de Movilidad Humana* 22, n. ° 42, 2014. https://www.scielo.br/j/remhu/a/NPz4fQ9NTtgQrDXBn5fBbKR/?lang=es#.
Ángela María, Carreño Malaver, "Situación de refugiados colombianos en Ecuador", *Revista Justicia*, n. ° 22, 2012, 20-46. http://portal.unisimonbolivar.edu.co:82/rdigital/justicia/index.php/justicia.
Ángela María, Carreño Malaver, "Refugiados colombianos en Venezuela: Quince años en búsqueda de protección", *Memorias*, n. ° 24, 2014, 125-148. http://www.scielo.org.co/scielo.php?script=sci_arttext&pid=S1794-88862014000300007&lng=en&nrm=iso.

14 Cancillería de Colombia, *Antecedentes históricos y causas de la migración*, https://www.cancilleria.gov.co/colombia/migracion/historia.

calificadas[15]. De manera particular en el caso de Venezuela, el incremento de su economía con ocasión a la bonanza petrolera, lo hacían un destino promisorio, dada la inestabilidad económica de los países vecinos, como sucedía para dicho momento con Colombia. De conformidad con algunos estudios sobre esta ola de movilidad, el incremento de emigrantes colombianos hacia Venezuela aumenta en cerca de un 200 % en un periodo de veinte años, más concretamente entre la década del setenta y el noventa[16], lo que hace que esta emigración de nacionales sea la más relevante dentro de nuestra historia.

En lo que se refiere a la emigración de colombianos hacia Ecuador, para el año de 1990 se registraban cerca de 37 550 colombianos, número que en una década incrementó considerablemente, pues creció en el 47 %[17] y que, en proporción con otras nacionalidades, la ha hecho una inmigración mayoritaria en ese país[18]. Dentro de los principales móviles, se encuentra la violencia política interna, además de los motivos económicos[19], pese a esto, el cruce fronterizo por el sur para obtener protección internacional como personas refugiadas o solicitantes de asilo, ha derivado en que

15 L, Mármora, *Las políticas de migraciones internacionales.* (Buenos Aires: OIM–PAIDOS, 2002).

16 Alcides, Gómez y Rengifo, Flérida, "La dinámica de la migración colombiana a Venezuela en las últimas décadas", en *Colombia-Venezuela: agenda común para el siglo XXI,* Socorro Ramírez y José María Cadenas (coord.), (Bogotá: Universidad Nacional de Colombia, Universidad Central de Venezuela, IEPRI, SECAB, CAF, TM Editores, 1999), 319-361.

17 Comisión Económica para América Latina (CEPAL), *Red de datos para áreas pequeñas por microcomputador–Redatam* (*Bases de datos de censos para países latinoamericanos y del Caribe*), 2017. https://goo.gl/Bmo22k.

18 Sebastián Polo, Enrique Serrano, Katherine Cardozo, "Transición de los refugiados colombianos en Ecuador: una nueva fase del fenómeno migratorio", *OASIS* 29, 2019, 125-153. https://doi.org/10.18601/16577558.n29.07.

19 *Ibidem.*

en Ecuador se hayan realizado de manera expresa numerosos reconocimientos en este sentido, pues aparentemente fue la solución más apropiada para enfrentar la inmigración de colombianos en este país. Dicha tendencia ha presentado cambios en los últimos años, pues a partir de la suscripción de los acuerdos de paz en 2016, se ha dejado de percibir a la población colombiana como una nacionalidad que requiere de este tipo de reconocimiento[20], situación que no es plenamente consecuente con la realidad, pues el ingreso de colombianos se sigue produciendo por varios canales, sobre todo irregulares y las acciones armadas que generan su expulsión no se han resuelto de manera estructural, por el contrario, los enfrentamientos entre otros grupos y facciones disidentes se continúan produciendo[21].

La tercera etapa de emigración de colombianos se produce hacia finales de los años noventa, siendo el destino principal España[22] y otros países europeos en una menor medida. La salida de las personas se origina por la crisis económica que enfrenta el país, además de las personas solicitantes de asilo o de refugio que requieren algún tipo de protección internacional. La presencia de colombianos en España, si bien se comienza a advertir desde el año de 1993, experimenta un gran incremento entre 1997 y el año 2000, siendo sostenida

---

20 Jeffrey D. Pugh, Luis F. Jiménez y Bettina Latuff, "La Bienvenida Se Agota para colombianos en Ecuador Mientras Venezolanos Se Hacen Más Visibles", *Migration Information Source,* 2020. https://www.migrationpolicy.org/article/la-bienvenida-se-agota-para-colombianos-en-ecuador.

21 Comité Internacional de la Cruz Roja (CICR), *"Actualización sobre la situación humanitaria en Colombia 2022"*, 2022, https://www.icrc.org/es/document/actualizacion-sobre-la-situacion-humanitaria-en-colombia-2022.

22 Cancillería de Colombia, *Antecedentes históricos y causas de la migración,* https://www.cancilleria.gov.co/colombia/migracion/historia.

esta tendencia, en los primeros años de la década[23]. En lo que se refiere a la proporción en términos de género, las mujeres representan un número más significativo entre los inmigrantes, siendo el 70 % de la población total[24].

En lo que atañe al rastreo y atención de los colombianos en el exterior, el país tardó muchos años en advertir esta circunstancia como una amenaza para el desarrollo del país o como una desventaja derivada de los flujos migratorios[25] y, por este motivo, es que solo hacia mediados de la década del dos mil se implementa el programa promovido por el Ministerio de Relaciones Exteriores, conocido como "Colombia nos Une", el cual tiene como propósito atender y vincular a los colombianos en el exterior y hacerlos sujetos de políticas públicas, entre ellas: i) generar iniciativas, proyectos y estrategias, orientadas a establecer contactos y promover actividades colaborativas entre colombianos dentro y fuera del país y propiciar el aporte positivo de la migración a las problemáticas y necesidades reales del país; ii) gestionar iniciativas institucionales para los colombianos en el exterior y sus familias en Colombia, en materia de seguridad social, adquisición de vivienda, apertura de cuentas de ahorros en bancos colombia-

---

23 OIM, *Migración Colombiana en España,* (Madrid: Universidad Autónoma de Madrid, Universidad Pontificia Comillas de Madrid, 2003), 15. https://publications.iom.int/system/files/pdf/migracion_colombiana.pdf.

24 *Ibidem.*

25 Debe tenerse presente que, si bien la emigración puede traer beneficios de corto plazo y bastante visibles para los Estados de origen, como es el caso del ingreso de remesas al país, cuando se trata de población joven con capacidad laboral y mediana y alta formación académica, esto afecta a largo plazo el desarrollo del país. Así lo ha puesto de manifiesto un reporte emitido por la Cepal. A, Canales, J.A, Fuentes, *Desarrollo y Migración: Desafíos y oportunidades en los países del norte de Centroamérica,* 2019, 84, https://repositorio.cepal.org/bitstream/handle/11362/44649/1/S1000454_es.pdf.

nos desde el exterior, aprovechamiento adecuado de las remesas e información y orientación sobre la homologación y convalidación de títulos; iii) promover acciones orientadas a propiciar un retorno en condiciones positivas para los colombianos que deciden regresar al país; y iv) desarrollar procesos sociales en red que permitan incrementar el capital social de las comunidades colombianas en el exterior[26].

En respuesta al perfil de emigración y de movilidad interna que predomina en el país, Colombia no efectúa un desarrollo concomitante para el tratamiento de personas extranjeras a nivel interno, por este motivo es de los pocos países de la región que realiza un progreso tardío de sus normas en materia de inmigración, situación que ocasiona dispersión normativa, respuestas puntuales para la atención de los no ciudadanos y falta de integralidad en el abordaje de la movilidad.

II. MOVIMIENTOS DENTRO DE LAS FRONTERAS: CAUSAS DEL DESPLAZAMIENTO INTERNO Y RESPUESTAS NORMATIVAS

Colombia ha experimentado por más de sesenta años un conflicto armado que se ha caracterizado por ser cambiante, heterogéneo, multidimensional y que ha presentado varios periodos en su surgimiento y transformación, el primero de ellos, se registra entre 1958 a 1982, en el que se produce la transición de la violencia bipartidista a la subversiva y en el cual se proliferan las guerrillas y la movilización social. El segundo de los periodos, sucedido entre 1982 a 1996, en el que se expande territorialmente el conflicto y se experimenta un fortalecimiento militar de los actores armados

[26] Cancillería de Colombia, *Colombia Nos Une. Objetivos.* https://www.colombianosune.com/objetivos.

de las guerrillas, el surgimiento de los grupos paramilitares y la propagación del narcotráfico. La tercera etapa de este conflicto se ubica entre 1996 a 2005, periodo en el que se produce un crecimiento de este, pues se da una expansión simultánea de las guerrillas, de los grupos paramilitares y se vive una fuerte polarización política, de la opinión pública y, además, se adopta internamente una ofensiva en contra de los grupos alzados en armas, el narcotráfico y el terrorismo. La cuarta etapa, entre 2006 a 2012, se distingue por una ofensiva militar del Estado que alcanza su máximo grado de eficiencia en la acción contrainsurgente, debilitando, pero no doblegando la guerrilla, que incluso se reacomoda militarmente. Además de ello, se produce el fracaso de la negociación política con los grupos paramilitares, lo cual deriva en un rearme que viene acompañado de una violenta reorganización interna entre estructuras altamente fragmentadas, volátiles y cambiantes, fuertemente permeadas por el narcotráfico, más pragmáticas en su accionar criminal y más desafiantes frente al Estado[27]. Finalmente, la última etapa, entre 2013 hasta la actualidad, en la que se adelantaron los diálogos de paz con la guerrilla de las FARC, se suscribió el acuerdo en el año 2016 y se inició su implementación, la cual sigue en curso. Pese a ello, el país no vive aún de manera plena la paz en sus territorios, pues tal y como lo señalan los informes de Organismos Internacionales y algunos estudios relativos a la implementación de los acuerdos de paz, se siguen produciendo de manera preocupante los asesinatos a los líderes sociales, defensores y defensoras de derechos humanos, sindicalistas, defensores ambientales y personas

---

27 Centro de Memoria Histórica, *Informe General, Capítulo II, Los orígenes, las dinámicas y el crecimiento del conflicto armado, Basta ya*, 111 http://centrodememoriahistorica.gov.co/descargas/informes2013/basta-Ya/capitulos/basta-ya-cap2_110-195.pdf.

desmovilizadas firmantes del acuerdo de paz[28]. En esta última fase se debe agregar que, se paralizaron las conversaciones con el ELN y continúan actuando grupos disidentes de las FARC, además de numerosas bandas criminales. Por todo lo anterior, el Comité Internacional de la Cruz Roja, ha venido sosteniendo que en Colombia existen de manera concurrente cerca de cinco conflictos armados internos[29].

El reciente gobierno que ya va a cumplir un año en el poder no ha logrado desescalar la violencia en el país y el posible proceso de paz con el ELN se percibe disperso y sin muchas posibilidades de éxito. Al punto se debe esperar si las acciones propuestas bajo el derrotero de la paz total logran dar avances significativos para el país[30].

El contexto descrito, ha ocasionado que en la historia del país se reporten, según el IDMC aproximadamente

---

28 Ver Kroc Institute for international peace studies, University of Notredame, *El acuerdo final de Colombia en tiempos del Covid 19: apropiación institucional y ciudadanía como clave de la implementación,* diciembre de 2019-noviembre de 2020, https://curate.nd.edu/downloads/9c67wm14c71.

Por su parte, la Comisión Interamericana de Derechos Humanos CIDH, también ha expresado su preocupación en algunos de sus informes de prensa por las afectaciones a la vida e integridad personal de líderes y defensores de derechos humanos. Ver: Comisión Interamericana de Derechos Humanos (CIDH), "*CIDH condena el uso excesivo de la fuerza por parte de agentes estatales en las protestas en diversos países de la región*", Comunicado de prensa, 2020. https://www.oas.org/es/cidh/prensa/comunicados/2020/174.asp.

29 Comité Internacional de la Cruz Roja (CICR), "*Cinco conflictos armados en Colombia: ¿Qué está pasando?*", 2018. https://www.icrc.org/es/document/cinco-conflictos-armados-en-colombia-que-esta-pasando.

30 Miguel, Martínez, "Universidades serían clave para que la paz total funcione: Luis Felipe Vega, profesor javeriano", *Pesquisa Javeriana,* 2022. https://www.javeriana.edu.co/pesquisa/paz-total-gobierno-gustavo-petro/.

8 219 403 de personas desplazadas internas[31], siendo una circunstancia preocupante el recrudecimiento del conflicto en el último año. De acuerdo con las cifras reportadas por la Defensoría del Pueblo a cierre de 2022, se habían desplazado 36 000 nuevas familias[32], lo que permite pensar que esta situación continúa en aumento. Al punto, el sistema de información y seguimiento de desplazamiento adelantado por CODHES, afirma que 2021 es el año con mayor número de desplazamientos masivos y múltiples ocurridos desde hace cinco años: 2017: 18 382 personas desplazadas; 2018: 52 601; 2019: 33 673; 2020: 35 864; 2021 (enero a noviembre): 82 846 personas desplazadas[33].

Por el contexto presentado, para el Estado colombiano ha sido una prioridad desarrollar acciones normativas que le permitan atender la situación de las personas desplazadas por la violencia, es así como desde el año de 1997, se cuenta con una normativa interna que busca caracterizar, categorizar, brindar atención y definir un marco de derechos exhaustivo para las personas desplazadas. Debe recordarse, que las personas desplazadas, son nacionales del Estado, razón por la cual, el deber

---

31 Centro de Desplazamiento Interno (IDMC), "*Las cifras que presenta el Informe Global sobre Desplazamiento 2023*", 2023. https://www.internal-displacement.org/media-centres/las-cifras-que-presenta-el-informe-global-sobre-desplazamiento-2023#:~:text=El%20Gobierno%20de%20Colombia%20reporta,31%20de%20diciembre%20de%202022.

32 Defensoría del Pueblo de Colombia, "*Alrededor de 36,000 familias fueron víctimas de desplazamiento forzado y confinamiento en 2022*", 2023. https://www.defensoria.gov.co/-/alrededor-de-36.000-familias-fueron-v%C3%ADctimas-de-desplazamiento-forzado-y-confinamiento-en-2022#:~:text=Aunque%20el%20n%C3%BAmero%20de%20casos,lleg%C3%B3%20hasta%20los%2092%20casos.

33 Centro de Investigación y Educación Popular (CODHES), "2021: el año con mayor número de víctimas de desplazamiento en 5 años", *Blog del CODHES,* 22 de diciembre de 2021. https://codhes.wordpress.com/2021/12/22/2021-el-ano-con-mayor-numero-de-victimas-de-desplazamiento-en-5-anos/.

del Estado de dar garantía a la integridad de sus derechos no genera ningún tipo de debate, pues esto se sustenta de manera suficiente en la nacionalidad de las personas.

Bajo esta claridad y en cumplimiento de lo previsto en la Constitución colombiana en los artículos 1 (Estado social de Derecho), 2 (fines constitucionales), 5 (respeto por los derechos humanos), y en general, en el marco de reconocimiento de los derechos (dispuesto entre el artículo 11 al 82), se expide por parte del Congreso de la República, la Ley 387 de 1997[34] y, posteriormente, la Ley 1448 de 2011[35] tendientes, la primera de ellas, a busca instaurar un marco de asistencia, protección y restablecimiento de derechos para esta población[36], y en el caso de la segunda, generar un esquema de reparación para las personas que han sido víctimas del desplazamiento forzado interno[37].

Es importante señalar, que en este libro no se realizará abordaje o análisis ninguno del desplazamiento forzado interno en Colombia, pues a pesar de que es parte integral de la movilidad de las personas, este se produce al interior del territorio del Estado y el propósito de este texto, está concentrado en la migración internacional. Por otra parte, el

---

34 Congreso de la República de Colombia, Ley 387 de 1997: "Por *la cual se adoptan medidas para la prevención del desplazamiento forzado; la atención, protección, consolidación y esta estabilización socioeconómica de los desplazados internos por la violencia en la República de Colombia*".

35 Congreso República de Colombia, Ley 1448 de 2011: "*Por la cual se dictan medidas de atención, asistencia y reparación integral a las víctimas del conflicto armado interno y se dictan otras disposiciones*".

36 O, Dueñas, *Desplazamiento interno forzado: un Estado de cosas inconstitucional que se agudiza, efectos de la sentencia T-025 de 2004,* (Bogotá: Editorial Universidad del Rosario, 2009), 84-85.

37 M, Delgado Barón, "Las víctimas del conflicto armado colombiano en la Ley de Víctimas y Restitución de Tierras: apropiación y resignificación de una categoría jurídica", *Perfiles Latinoamericanos* 23, n. ° 46, 2015, http://www.scielo.org.mx/scielo.php?script=sci_arttext&pid=S0188-76532015000200005.

desplazamiento ha tenido en Colombia un amplio abordaje jurisprudencial y doctrinal[38].

No obstante, lo anterior, resulta de utilidad para esta introducción, pues como se ha expuesto hasta este punto, gran parte de la producción normativa y de los pronunciamientos judiciales en el marco de la movilidad humana, se han dedicado al estudio del desplazamiento forzado interno originado por el conflicto armado.

III. COLOMBIA ANTE LA MIGRACIÓN INTERNACIONAL: LLEGADA DE FLUJOS MIGRATORIOS DE DESTINO Y TRÁNSITO

De manera paralela a la emigración de nacionales hacia el exterior y a la tragedia humanitaria del desplazamiento forzado interno, Colombia ha experimentado una inmigración que especialmente en el siglo XX y hasta la segunda década del dos mil, ha sido relativamente baja y también imperceptible, si se le compara con los flujos migratorios que experimenta en la actualidad.

---

38 Es posible hallar numerosos estudios académicos, como los de Oscar José Dueñas Ruiz, *Desplazamiento interno forzado: un estado de cosas inconstitucional que se agudiza,* Beatriz Londoño Toro, *Derechos Humanos de la Población desplazada en Colombia,* Roberto Carlos Vidal López, *Derecho global y desplazamiento interno.* Así como informes de Organizaciones sociales como CODHES, tales como el informe, Jennifer Gutiérrez y Francy Barbosa, "Desplazamiento forzado en Colombia. ¿Qué pasó en 2020?", *Consultoría para los Derechos Humanos y el Desplazamiento,* 2021, https://codhes.wordpress.com/2021/02/16/desplazamiento-forzado-en-colombia-que-paso-en-2020/, solo para mencionar algunos ejemplos. En lo que atañe a la jurisprudencia constitucional, son voluminosos los fallos y una de las sentencias más relevantes en la Corte Constitucional, Sentencia T- 025 de enero de 2004, M. P. Manuel José Cepeda Espinosa, entre otras.

Al margen de ello, los flujos de inmigrantes que han cruzado frontera internacional para dirigirse hacia Colombia han sido documentados por el profesor Maguemati Wabgou, y otros autores, quienes identifican una serie de olas migratorias desde el siglo XVI hasta el XX. Entre ellas y citando el trabajo de este profesor, conviene referir las siguientes, como contexto para la historia del país.

Cuadro 1. Movimientos migratorios internacionales en Colombia

Tipo de inmigración[39]	Época	Asentamiento
Inmigración europea.	Entre el siglo XVI al XVIII.	Territorio de Colombia.
Inmigración árabe, proveniente de países como Líbano, Siria, Palestina y Jordania.	Finales del siglo XIX	Zona de la costa norte de Colombia.
Inmigración judía.	Siglo XIX.	Ciudades de Barranquilla, Valledupar, Medellín, Bogotá y Cali principalmente.
Grupos de gitanos provenientes de Cataluña.	Luego de la primera y segunda guerra mundial.	Ciudades de Bogotá, Cúcuta, Girón, Cali, Nariño, Cartagena y Costa Atlántica.
Inmigración alemana, francesa e italiana.	Entre el siglo XVIII y XIX.	Santander, Boyacá y algunas ciudades de la Costa Atlántica como Barranquilla y Cartagena.
Inmigración de Inglaterra, Jamaica y África.	Entre los siglos XVII al XIX, produciéndose un proceso de colombianización tardío a mediados del siglo XX, con el objeto de generar integración de la isla al espacio continental del país.	Islas de San Andrés y Providencia.
Inmigración japonesa	Siglo XX (1929 a 1940).	No se específica un asentamiento.

Fuente: elaboración propia con base en la información referida en las citas y en la bibliografía consultada.

39 M., Wabgou, Las migraciones internacionales en Colombia, *Revista Investigación y desarrollo* 20, n. ° 1, 2012, 144-160, http://www.scielo.org.co/pdf/indes/v20n1/v20n1a05.pdf.

En la mayor parte del siglo XX, Colombia no representa un destino atractivo para los inmigrantes europeos u otros países de la región, a raíz de la violencia política, surgimiento de las guerrillas y grupos insurgentes, la generación del desplazamiento interno y las difíciles condiciones económicas del país[40].

Lo anterior, permite visibilizar que si bien Colombia ha experimentado una serie de olas o movimientos migratorios provenientes de otros países, no tiene de todas formas una experiencia tan visible y robusta, si se le compara con otros países de la región como lo son Chile, Argentina, Brasil o Perú[41], que si han presentado de manera más sostenida procesos de inmigración en su territorio. Lo anterior obedece, según algunos estudios a que Colombia no ha planteado una política internacional abierta que favorezca la movilidad humana internacional[42] y tampoco ha solido ser un país históricamente atractivo para la inmigración, por sus problemáticas en materia económica y de conflicto armado interno.

Para el caso colombiano, en el siglo XXI se han producido una serie de ingresos de extranjeros al país y las comunidades de personas más representativas han sido las personas

---

40 *Ibidem*

41 F. O., Esteban, "Dinámica migratoria Argentina: inmigración y exilios", *América Latina Hoy*, 34, 2010, 15-34, https://doi.org/10.14201/alh.7357. Cecile Blouin, "El Bicentenario y la migración: Mirando el pasado para construir otro futuro", *Instituto de Derechos Humanos, Pontificia Universidad Católica del Perú*, 27 de julio de 2020. https://idehpucp.pucp.edu.pe/notas-informativas/el-bicentenario-y-la-migracion-mirando-el-pasado-para-construir-otro-futuro/. https://idehpucp.pucp.edu.pe/notas-informativas/el-bicentenario-y-la-migracion-mirando-el-pasado-para-construir-otro-futuro/.

42 D., Gómez, L., Diaz, "Las organizaciones chinas en Colombia", *Migración y desarrollo* 14, n. ° 26, 2016, 75-110, http://www.scielo.org.mx/pdf/myd/v14n26/1870-7599-myd-14-26-00075.pdf.

provenientes de Venezuela, Ecuador, China, Haití y algunos países africanos y asiáticos, siendo estos últimos flujos de tránsito para inmigrar a otros países del continente americano, en especial hacia los países del norte[43]. Por su parte, no se puede desconocer la presencia de nacionales de otros Estados de la región bajo en contexto de la reunificación familiar, como sucede con los ciudadanos chilenos, bolivianos, argentinos, brasileños y ecuatorianos, por ejemplo[44].

De acuerdo con el primer informe que presenta el Estado colombiano al Comité para la Protección de los derechos de todos los trabajadores migratorios y sus familiares en el año 2009, los principales inmigrantes que se encontraban en el territorio nacional eran los chinos, seguidos de los ecuatorianos, sin embargo, estas cifras no parecen representativas, debido a que han sido poco documentadas en la historia del país y algunos datos registran que parte de los ciudadanos chinos se encuentran en tránsito o en situación irregular para ser transportados por redes de trata de personas o de traficantes de migrantes[45]. De acuerdo con algunas investigaciones disponibles en la materia, la presencia de los chinos en Colombia se produjo desde la segunda mitad del siglo XIX y estuvo impulsada por el surgimiento de una política antiinmigración promovida por los Estados Unidos y otros países, como México y Jamaica, para el desempeño de actividades agrícolas, así como el trabajo en obras de infraestructura para la construcción y adecuamiento del canal de Panamá[46].

---

43 M., Wabgou, Las migraciones internacionales en Colombia, *Revista Investigación y desarrollo* 20, n. ° 1, 2012, 163. http://www.scielo.org.co/pdf/indes/v20n1/v20n1a05.pdf.

44 *Ibidem*, 160.

45 F., Friederike, "La diáspora China: un acercamiento a la migración China en Colombia", *Revista de estudios sociales,* n. ° 42, 2012, 71-79, http://www.scielo.org.co/pdf/res/n42/n42a07.pdf.

46 *Ibidem*, 74.

Si bien, a raíz del conflicto armado y por la cercanía geográfica entre Ecuador y Colombia, ha sido y sigue siendo frecuente la presencia de emigrantes colombianos en Ecuador[47], a Colombia también han ingresado personas de esta nacionalidad con ánimo de permanecer en el país. Según cifras del DANE, entidad encargada de realizar los censos poblacionales y las estadísticas correspondientes, a 2018 se registraron 18 111 personas colombianas que informaron haber nacido en Ecuador, pero que actualmente residían en Colombia. En cuanto a la población indígena, a 2018 se reportaron 2 428 como población que se reconoció como indígena y de haber nacido en Ecuador, pero residentes en Colombia[48].

IV. MOVILIDAD HUMANA: UN CONCEPTO EN CONSTRUCCIÓN QUE EXCEDE LA VISIÓN TRADICIONAL DE LA MIGRACIÓN

La movilidad humana es una noción emergente que permite aproximarse a una concepción más amplia y flexible de los movimientos de personas que son producidos tanto al interior, como al exterior de las fronteras de un país. Las nociones jurídicas en torno a ello han solido ser restrictivas, de tal manera que a pesar de que no existen consensos internacionales al respecto, el desarrollo normativo internacional

---

[47] Ver: F., Rivera, H., Ortega, P., Larreátegui, P., Riaño Alcalá, *Migración forzada de colombianos: Colombia, Ecuador, Canadá,* Medellín: FLACSO Ecuador, 2007. https://biblio.flacsoandes.edu.ec/libros/digital/50148.pdf. S., González R, "Migración indígena en la frontera Colombia-Ecuador: del conflicto armado a la Agenda de Seguridad Binacional", *Opera,* n. ° 23, 2018, 7-26. https://www.redalyc.org/journal/675/67559146003/html/.

[48] Respuesta de derecho de petición del DANE con radicado No. 20222300001821T, 2022.

se ha dedicado a fijar conceptos aparentemente claros como el de refugiado[49], asilado[50], inmigrante económico o traba-

---

49 De acuerdo con el texto original de la Convención de Ginebra sobre el Estatuto de los Refugiados, la definición de refugiado era muy restringida. Dicha definición, la cual se transcribe para efectos ilustrativos, fue actualizada con el Protocolo Adicional a la Convención en 1967, sin embargo, tal noción no es tan dinámica ni amplia, como sucede con el concepto de la Declaración de Cartagena. Artículo 1. Definición del término "refugiado" prevé el texto original de la Convención que una persona refugiada es: A.A los efectos de la presente Convención, el término "refugiado" se aplicará a toda persona: 1) Que haya sido considerada como refugiada en virtud de los Arreglos del 12 de mayo de 1926 y del 30 de junio de 1928, o de las Convenciones del 28 de octubre de 1933 y del 10 de febrero de 1938, del Protocolo del 14 de septiembre de 1939 o de la Constitución de la Organización Internacional de Refugiados. Las decisiones denegatorias adoptadas por la Organización Internacional de Refugiados durante el período de sus actividades no impedirán que se reconozca la condición de refugiado a personas que reúnan las condiciones establecidas en el párrafo 2 de la presente sección. 2) Que, como resultado de acontecimientos ocurridos antes del 1.° de enero de 1951 y debido a fundados temores de ser perseguida por motivos de raza, religión, nacionalidad, pertenencia a determinado grupo social u opiniones políticas, se encuentre fuera del país de su nacionalidad y no pueda o, a causa de dichos temores, no quiera acogerse a la protección de tal país; o que, careciendo de nacionalidad y hallándose, a consecuencia de tales acontecimientos, fuera del país donde antes tuviera su residencia habitual, no pueda o, a causa de dichos temores, no quiera regresar a él. En los casos de personas que tengan más de una nacionalidad, se entenderá que la expresión "del país de su nacionalidad" se refiere a cualquiera de los países cuya nacionalidad posean; y no se considerará carente de la protección del país de su nacionalidad a la persona que, sin razón válida derivada de un fundado temor, no se haya acogido a la protección de uno de los países cuya nacionalidad posea. Con el objeto de ver de manera más completa la información ver: Convención sobre el Estatuto de los Refugiados, 1951, https://www.acnur.org/convencion-de-1951.

50 Por su parte, en lo que atañe a la definición de asilo, de acuerdo con el Glosario de la OIM, por dicha persona se entiende, el Otorgamiento por parte de un Estado de protección en su territorio a

jador migratorio[51] y persona en situación de apatridia[52], por ejemplo. De manera paralela a esto, existen otras alocuciones que no parecen tan limitadas como sucede con el concepto de desplazado, pues en muchos casos suelen emplearse para las personas que cruzan frontera internacional o para aquellos que lo hacen dentro del Estado, asociando el concepto a personas forzadas a huir, como puede evidenciarse en varios de los informes que son emitidos por las agencias de las Naciones Unidas, estas son, el ACNUR[53] y la OIM[54].

De acuerdo con algunos autores el concepto de movilidad humana ha aportado a una concepción más amplia de los movimientos de personas. Según Fairchild a inicios del siglo XX, se hacía referencia a cuatro modalidades por las

---

personas que se encuentran fuera del país de su nacionalidad o residencia habitual, quienes huyen de la persecución, daños graves o por otras razones. La noción de asilo engloba una diversidad de elementos, entre los cuales figuran la no devolución, el permiso para permanecer en el territorio del país de asilo, las normas relativas al trato humano y, con el tiempo, una solución duradera. Organización Internacional para las Migraciones (OIM), *Glosario de la OIM sobre migración,* n. ° 34, 2019, 26. https://publications.iom.int/system/files/pdf/iml-34-glossary-es.pdf.

51 Según la Convención Internacional sobre la Protección de todos los trabajadores Migratorios y sus Familiares de 1990. Artículo 2: A los efectos de la presente Convención: Se entenderá por "trabajador migratorio" toda persona que vaya a realizar, realice o haya realizado una actividad remunerada en un Estado del que no sea nacional.

52 La definición de persona apátrida, de acuerdo con el artículo 1° de la Convención de las Naciones Unidas sobre el Estatuto de los apátridas, dispone: Persona no considerada como nacional suyo por ningún Estado, conforme a su legislación.

53 Alto Comisionado de las Naciones Unidas para los Refugiados (ACNUR), *ACNUR, Tendencias Globales desplazamiento Forzado en 2020.*

54 OIM refiere el informe del Internal Displacement Monitoring Centre (IDMC), *GRID 2023,* https://www.internal-displacement.org/global-report/grid2023/.

cuáles las personas se movilizaban de sus territorios con o sin cruce de frontera internacional, entre estos, la conquista, la colonización, la invasión de territorios y los movimientos voluntarios de las personas. Para este momento, aún no se hacía referencia al concepto de migración[55].

Por otro lado, debido a la relevancia del concepto, es posible hallar a quienes afirman que el concepto de movilidad humana supone una comprensión del concepto de frontera y la desterritorialización de las mismas[56], como lugares porosos, desde lo geográfico y jurídico que presencian el paso o circulación de las personas y que sustentan que los límites territoriales se definen como instituciones políticas complejas que desconocen las relaciones sociales, humanas y culturales. De esta manera, la noción de frontera se plantea como un elemento esencial para argumentar el concepto de nacionalidad, nacionalismo, extranjería y a partir de allí, el control de las fronteras que sustentan la legitimidad de las políticas migratorias de ingreso, permanencia y acceso a los derechos en un territorio[57]. Vale decir, que este elemento se complementa con el concepto de globalización que predica la eliminación de los obstáculos para fomentar la circulación de mercancías, capitales, bienes y servicios y al mismo tiempo, fija fuertes restricciones a la circulación de las personas, máxime si se trata de movimientos humanos que requieren esquemas solidarios

---

55 Fairchild, H. P. Immigration. (Nueva York: Macmillan Company, 1913).

56 Zapata Barrero R., "Teoría política de la frontera y la movilidad", en *Revista Española de Ciencia Política*, n. ° 29, 2021, https://www.google.com/search?q=toer%C3%ADa+pol%C3%ADtica+de+la+frontera+y+la+movilidad&rlz=1C1GCEU_esCO1026CO1026&oq=toer%C3%ADa+pol%C3%ADtica+de+la+frontera+y+la+movilidad&aqs=chrome..69i57j33i10i160l3.14619j0j15&sourceid=chrome&ie=UTF-8.

57 Kymlicka, W., "Territorial Boudaries: a liberal egalitarian perspective," *Boundaries and Justice: Diverse Ethical Perspectives.* (Princeton University Press, 2001), cap. 13: 249-275.

de asistencia en términos sociales y no se perciben como contribuciones o beneficios económicos directos.

En este texto, se busca presentar un abordaje de varias de las realidades humanas que dentro de la movilidad implican el cruce de una frontera internacional y con ello, analizar el abordaje jurídico que a esto se ha dado tanto en el marco normativo interno, como en las normas internacionales, estas son tratados e instrumentos que tienen relevancia para el Estado colombiano. A continuación, se hará una aproximación a una definición de movilidad que tomará como punto de partida aportes realizados por autores que han estudiado el concepto.

Sobre ello, podría decirse que la movilidad humana, es una noción abarcativa, alternativa[58] y amplia en la que se pueden incluir realidades que suceden dentro y fuera de las fronteras de un país. Esto significa, que tenderá a ser el concepto genérico a partir del cual podrán estar condensadas o incluidas, la inmigración y la emigración de carácter económico, el refugio y el asilo, el desplazamiento forzado interno de personas, los movimientos humanos que puede originar personas en condición de apatridia y los viajes o cambios de lugar de las personas por motivos de turismo, tratamientos médicos o desempeño de actividades laborales de cualquier índole.

De acuerdo con algunos autores, la movilidad busca fundamentalmente la protección de los derechos de los individuos apelando al concepto de dignidad humana y de igualdad y no discriminación, esto significa que el reconocimiento de los derechos deberá otorgarse en función del hecho de ser persona, más allá de cualquier elemento natural

---

[58] A., Valle Franco, "El derecho a tener derechos", en *Los Derechos en la movilidad humana: del control a la protección,* Nicolás Pérez Ruales y Alexander Valle Franco (ed.), (Quito, 2009), 12.

o fáctico que pueda originar algún tipo de discriminación[59], como lo es, el origen nacional. Esta concepción encuentra una relación directa con la de ciudadanía universal, la cual puede definirse como "concepción alternativa de ciudadanía nacional y global"[60] y que persigue la inclusión de los no nacionales, quienes tradicionalmente han permanecido excluidos de espacios de participación no solo política, sino también social, por no pertenecer al territorio bajo los parámetros clásicos de nacimiento, residencia regular o vínculo consanguíneo. Debe recordarse, que a lo largo del tiempo y bajo las concepciones tradicionales de Estado nacional, estos entes jurídicos han tenido a lo largo de la historia libres y plenas facultades para determinar quiénes son los nacionales y los ciudadanos de los Estados, sujetos que son los beneficiarios de la plenitud en el ejercicio de los derechos y en oposición a esto, se ha hecho una construcción del concepto de extranjero, como individuo que no goza de las prerrogativas de los nacionales[61].

De acuerdo con el Glosario de la Organización Internacional para las Migraciones (en adelante OIM), se entiende por movilidad humana, una gama más amplia de movimientos de personas que el término migración. También abarca a los turistas que, por lo general, no se consideran migrantes[62]. De esta manera, la flexibilidad y utilidad del término es tal, que incluso, se ha comenzado a utilizar para

---

59 *Ibidem,* 2, y ss.

60 Santos de Sousa, Boaventura y César, Rodríguez, "El derecho y la globalización desde abajo", en *Hacia una Legalidad Cosmopolita,* (Barcelona: Anthropos, 2005), 21.

61 F., Duncker Biggs, *Derecho Internacional Privado,* (Chile: Editorial Jurídica de Chile, Facultad de Derecho de la Universidad de Chile, s. f.), 157.

62 Organización Internacional para las Migraciones (OIM), *Glosario de la OIM sobre migración,* n. ° 34, 2019, 144 https://publications.iom.int/system/files/pdf/iml-34-glossary-es.pdf.

abarcar toda la variedad de tipos de movimientos que pueden tener lugar en el contexto del cambio climático[63]. Lo anterior resulta ser un gran aporte, pues muchas de las clasificaciones existentes en la actualidad no dan un efectivo reconocimiento a realidades actuales o invisibilizadas que se presentan dentro de los movimientos humanos y no se circunscriben a las definiciones jurídicas ya conocidas.

En contraste con el concepto de movilidad humana y con el propósito de comprender su utilidad, se hará una breve referencia a nociones reconocidas en los contextos jurídicos internos e internacionales y que suelen tener unos significados limitados. Dichas nociones son de interés para la comprensión del abordaje normativo que se realiza en este texto.

V. UNA DOBLE MIRADA A LA MIGRACIÓN COMO CONCEPTO GENERAL: DE LA POSTURA AMPLIA A LA RESTRICTIVA[64]

La migración como concepto, al igual que otras nociones asociadas a la movilidad, no cuenta aún con consenso internacional, pese a que se visibiliza en la doctrina del derecho internacional público desde inicios del siglo XX. Para tal momento, se percibía como una simple novedad lingüística para el mundo del derecho[65]. Lo anterior, no significó que

---

63 *Ibidem.*

64 En este punto vale señalar que varias de las definiciones utilizadas hacen parte del trabajo de tesis doctoral inédito titulado María Teresa, Palacios Sanabria, "El derecho a la vida digna en el contexto de la inmigración: los trabajadores migratorios", Tesis doctoral, Repositorio de la Universidad de Sevilla. https://idus.us.es/handle/11441/74006.

65 L, Varlez, "Les migrations internationales et leur règlementation", en *Académie de Droit International,* Tomo 20 de la colección, Tomo V: Li-

no se comprendiera como realidad humana, sin embargo, estos asuntos se reducían a cuestiones de extranjería que eran opuestas a los conceptos de nacionalidad y ciudadanía y que eran gestionados con absoluta soberanía de cada Estado, sin que pudieran llegar a ser de incumbencia o representaran interés internacional[66].

Según el Glosario de la OIM, la migración es entendida como el

> movimiento de población hacia el territorio de otro Estado o dentro del mismo y abarca todo tránsito de personas sea cual fuere su tamaño, su composición o sus causas; incluye, además, migración de refugiados, personas desplazadas, personas desarraigadas y migrantes económicos[67].

El anterior concepto alude a la migración en sentido amplio, que es propio de disciplinas como la sociología y antropología y se alejan de las nociones reconocidas por el derecho, las cuales se caracterizan por ser más restrictivas. La definición amplia, admite realidades diversas y contempla necesariamente movimientos de doble flujo[68], esto es, la emigración y la inmigración. Si bien, estas realidades son complementarias desde la óptica fáctica, desde el punto de vista de la regulación jurídica no lo son. Por lo anterior, se

---

brairie Hachette, (Paris, 1929), 169-344. Afirma que los movimientos de las personas en la historia se han denominado colonizaciones, conquistas, ocupación de tierras baldías, entre otros términos, 173.

66 J.A, Carrillo Salcedo, *Soberanía de los Estados y derechos humanos en el Derecho Internacional contemporáneo,* (Tecnos, 2001), 13.

67 Organización Internacional para las Migraciones (OIM), *Glosario sobre migración, Derecho Internacional sobre Migración,* n. ° 7, 2006, 38, http://www.oim.org.co/Sobremigración/GeneralidadesdelaMigración/Conceptosgenerales/tabid/104/language/es-CO/Default.aspx.

68 C., Rodríguez Domínguez, C, "Análisis crítico de la normativa internacional de protección de los trabajadores migrantes: el papel de la OIT", en *Migraciones y desarrollo,* (2007), 127.

han propuesto interesantes críticas doctrinales en cuanto a la coherencia y correspondencia de la migración en las normas jurídicas. Lo anterior, se sustenta, en que en las normas nacionales e internacionales se hace un expreso reconocimiento del derecho a salir de un país y de manera contraria a esto, no existe el derecho de entrada como una garantía aplicable a todas las personas[69], sino únicamente, se reduce a ser un privilegio exclusivo para los nacionales de los Estados.[70], situación que les permite definir quiénes son las personas admitidas y excluidas de su territorio. Si bien, esta regla de admisibilidad que se resuelve en algunos casos con la existencia de los visados o listados de nacionalidades admitidas es la regla general tanto en legislaciones internas democráticas, como en tratados internacionales de derechos humanos, existen algunos aportes puntuales en algunas normatividades, que sí reconocen el derecho de entrada o el derecho a la movilidad de las personas, por los territorios, por lo menos desde una óptica formal[71].

---

69 Ver Javier De Lucas Martín, "El marco jurídico internacional de las migraciones algunas consideraciones sobre la protección de los derechos humanos de los inmigrantes: acerca del derecho a ser inmigrante", en *Un mundo sin desarraigo el Derecho Internacional de las migraciones,* F. Mariño Menéndez (coord.), (Madrid: Los libros de la Catarata, 2006), 29-55. En este mismo sentido y con una postura un tanto más radical se refiere el profesor Javier De Lucas, al considerar que la tendencia marcada por el derecho internacional de los derechos humanos de dar garantía abierta al derecho a emigrar, y a su turno restringir cuidadosamente el derecho a inmigrar supone que exista el atributo de ser emigrante, pero no a ser inmigrante, y ejemplifica esta situación indicando que esto significa que se reconoce el derecho a "situarse en órbita".

70 A., Chueca Sancho, y P., Aguelo Navarro, "La Convención sobre la protección de los derechos de todos los trabajadores migratorios y sus familias", *Revista de Derecho Migratorio y Extranjería,* n. ° 10, 2005, 124.

71 Al punto, conviene referir la Constitución ecuatoriana en la que se incorpora el concepto de movilidad humana y de ciudadanía

Otro de los conceptos que ha condicionado la creación de categorizaciones jurídicas en torno a los movimientos humanos, es la voluntariedad o carácter forzado de la misma[72], y en función de ello, se evidencian posturas restricti-

---

universal como derecho humano atribuible a todas las personas, lo que permite predicar una libre movilidad, circulación e ingreso de personas en el territorio de este Estado desde el punto de vista constitucional. Es importante señalar, que, pese a dicho reconocimiento, las políticas internas de este país han retornado hacia las restricciones en las entradas de personas extranjeras, contradiciendo así la intención no sólo política, sino jurídica hacia una movilidad humana amplia y sin discriminación. Por su parte, en lo que atañe a los instrumentos internacionales de derechos humanos, únicamente es posible hallar una referencia amplia relativa al derecho de entrada en el artículo 13 de la Declaración Universal de Derechos Humanos de 1948, al establecer que: 1. Toda persona tiene derecho a circular libremente y a elegir su residencia en el territorio de un Estado. 2. Toda persona tiene derecho a salir de cualquier país, incluso del propio, y a regresar a su país. En el numeral 1., al expresar que toda persona, tiene derecho a circular libremente y elegir su residencia en el territorio de un país, no se hace explícita la condición de que ese país debe ser el propio, por el contrario, parece ser amplio, lo que significa que como seres humanos se goza de la libertad de asentarse en cualquier territorio, así no sea el de su nacionalidad. Este reconocimiento fue desvirtuado en el Pacto Internacional de Derechos Civiles y Políticos y en el artículo 12 y a partir de allí tanto tratados universales como regionales, limitan el derecho de entrada a los nacionales del propio Estado.

72 Respecto de la migración forzada interna se cuenta con los estudios publicados por la Academia de Derecho Internacional al afirmar que existen varios tipos de migraciones, una de ellas es aquella que se caracteriza por la ocurrencia de éxodos rurales, el abandono de terrenos baldíos, la marcha propiciada por la industria que hace que se abandonen los campos para dirigirse a las ciudades, la explotación de los recursos naturales, lo cual es calificado como desplazamiento interno, y se reconoce como un factor de incremento en los problemas asociados a la migración, pero que compete en exclusiva a la regulación y al control interno de los Estados, y escapa de la competencia internacional, pues claramente para dichos estudios publicados por la Academia aquí no hay sujeto de derecho interna-

vas del concepto de migración, emigración e inmigración. En el primero de los casos, suele calificarse como voluntario, el movimiento de personas con probados o aparentes motivos económicos o laborales, pues se parte de una falsa presunción, de que en estos casos las personas deciden sin que medie coacción ninguna, abandonar el territorio de su Estado de origen, nacionalidad o residencia habitual[73] para dirigirse a otro lugar de destino.

Por su parte, la migración forzada ha sido entendida como el movimiento migratorio que, si bien puede estar propiciado por diversos factores, entraña el recurso de la fuerza, la coacción o la coerción[74]. Esta noción suele ser amplia y entra en contraste con definiciones estrictas presentes en el entorno jurídico internacional, como sucede con el concepto de refugiado, el cual se limita a lo dispuesto por tratados internacionales, como en el caso de la Convención de Ginebra sobre el Estatuto de los Refugiados de 1951[75]

---

cional involucrado en la cuestión. Anota además un punto que es determinante, consistente en que "A veces los cambios profundos en las condiciones de la vida del individuo, la estructura de la sociedad y también las relaciones sociales causan migración, pero esto es responsabilidad exclusiva de los Estados y no son un problema internacional". Ver L, Varlez, "Les migrations internationales et leur règlementation", 177 y 178.

73 Organización Internacional para las Migraciones (OIM), *Glosario sobre migración, Derecho Internacional sobre Migración,* 130.

74 *Ibidem,* 126.

75 Adoptada en Ginebra, Suiza, el 28 de julio de 1951 por la Conferencia de Plenipotenciarios sobre el Estatuto de los Refugiados y de los Apátridas (Naciones Unidas), convocada por la Asamblea General en su resolución 429 (V), del 14 de diciembre de 1950, en vigor el 22 de abril de 1954. Es el caso del Sistema Interamericano y Africano de Protección de derechos humanos.

y su correspondiente Protocolo Adicional de 1967[76], según los cuales, para que una persona pueda ser merecedora de esta condición, deberá ajustarse de manera precisa a la definición que se ha dado bajo este marco normativo[77]. De manera paralela, en el contexto regional de protección de derechos humanos, se han hecho aportes tendientes a la ampliación del concepto de refugiado, como se abordará más adelante y en el desarrollo de este texto[78].

---

76 Adoptado por la Asamblea General en su resolución 2198 (XXI), de 16 de diciembre de 1966, en vigor el 4 de octubre de 1967.

77 De acuerdo con el texto original de la definición, el artículo 1.1 de la Convención dispone: A los efectos de la presente Convención, el término "refugiado" se aplicará a toda persona: 1) Que haya sido considerada como refugiada en virtud de los Arreglos del 12 de mayo de 1926 y del 30 de junio de 1928, o de las Convenciones del 28 de octubre de 1933 y del 10 de febrero de 1938, del Protocolo del 14 de septiembre de 1939 o de la Constitución de la Organización Internacional de Refugiados. Las decisiones denegatorias adoptadas por la Organización Internacional de Refugiados durante el período de sus actividades no impedirán que se reconozca la condición de refugiado a personas que reúnan las condiciones establecidas en el párrafo 2 de la presente sección. 2 Que, como resultado de acontecimientos ocurridos antes del 1.º de enero de 1951 y debido a fundados temores de ser perseguida por motivos de raza, religión, nacionalidad, pertenencia a determinado grupo social u opiniones políticas, se encuentre fuera del país de su nacionalidad y no pueda o, a causa de dichos temores, no quiera acogerse a la protección de tal país; o que, careciendo de nacionalidad y hallándose, a consecuencia de tales acontecimientos, fuera del país donde antes tuviera su residencia habitual, no pueda o, a causa de dichos temores, no quiera regresar a él. En los casos de personas que tengan más de una nacionalidad, se entenderá que la expresión "del país de su nacionalidad" se refiere a cualquiera de los países cuya nacionalidad posean; y no se considerará carente de la protección del país de su nacionalidad a la persona que, sin razón válida derivada de un fundado temor, no se haya acogido a la protección de uno de los países cuya nacionalidad posea.

78 Los aportes a la definición es posible hallarlos en los sistemas regionales de protección de derechos humanos, concretamente en

Al margen de las construcciones jurídicas que se hayan podido efectuar, la realidad presenta una situación contradic-

---

el interamericano y en el africano. En el primero de los casos, la Declaración de Cartagena de 1984, señala que: De este modo, la definición o concepto de refugiado recomendable para su utilización en la región es aquella que además de contener los elementos de la Convención de 1951 y el Protocolo de 1967, considere también como refugiados a las personas que han huido de sus países porque su vida, seguridad o libertad han sido amenazadas por la violencia generalizada, la agresión extranjera, los conflictos internos, la violación masiva de los derechos humanos u otras circunstancias que hayan perturbado gravemente el orden público, Alto Comisionado de las Naciones Unidas para los Refugiados (ACNUR), "Declaración de Cartagena sobre los Refugiados". https://www.acnur.org/media/declaracion-de-cartagena-sobre-los-refugiados. Por su parte, en el segundo de los casos, es decir en el sistema africano de protección a derechos humanos, es posible hallar una definición adaptada a las particulares condiciones de estos países, principalmente influenciadas por los procesos de colonización y dominación. De esta manera, de acuerdo con el artículo 1° de la Convención de la OUA por la que se regulan los aspectos específicos de problemas de los refugiados en África, se entiende por persona refugiada: A los efectos de la presente Convención, el término "refugiado" se aplicará a toda persona que, debido a fundados temores de ser perseguida por motivos de raza, religión, nacionalidad, pertenencia a un determinado grupo social u opiniones políticas, se encuentre fuera del país de su nacionalidad y no pueda o, a causa de dichos temores, no quiera acogerse a la protección de tal país o que, careciendo de nacionalidad y hallándose, a consecuencia de tales acontecimientos, fuera del país donde antes tuviera su residencia habitual, no pueda, o a causa de dichos temores, no quiera regresar a dicho país.
2. El término "refugiado" se aplicará también a toda persona que, a causa de una agresión exterior, una ocupación o una dominación extranjera, o de acontecimientos que perturben gravemente el orden público en una parte o en la totalidad de su país de origen, o del país de su nacionalidad, está obligada a abandonar su residencia habitual para buscar refugio en otro lugar fuera de su país de origen o del país de su nacionalidad. Ver el texto completo en: Alto Comisionado de las Naciones Unidas para los Refugiados (ACNUR), "La Unión Africana". https://www.acnur.org/la-union-africana.

toria, pues en los movimientos de personas suelen confluir multiplicidad de factores que desnaturalizan la clasificación de la migración económica y del refugio[79] y los flujos mixtos de personas, que cruzan frontera internacional o que permanecen en el territorio del país, cada vez son más frecuentes. Sobre este aspecto, es oportuno plantear si los sistemas económicos, las vertientes políticas y las ideologías imperantes, que privilegian a ciertos Estados y oprimen a otros, o a parte de su población, no pueden ser considerados factores que impulsen la emigración y la inmigración de personas, aunque no haya motivos aparentes de fuerza o coacción, en los términos clásicos de las definiciones existentes.

Esta compleja realidad, ha sido documentada desde décadas atrás, por la entonces relatora especial sobre los derechos de los migrantes, quien puso de manifiesto que, para muchas personas en el mundo, la emigración resulta ser la única alternativa frente al desempleo y la pobreza[80], la discriminación racial, los conflictos armados internos, la falta de oportunidades, la discriminación contra las mujeres y la

---

79 A., Olesti Rayo, "La inmigración irregular y el control de los flujos migratorios en la Unión Europea". en *Soberanía del Estado y Derecho Internacional: homenaje al profesor Juan Antonio Carrillo Salcedo*, A. Salinas de Frías y M. Vargas Gómez-Urrutia (coord.), (Sevilla: Servicio de Publicaciones Universidad de Córdoba, Secretariado de Publicaciones Universidad de Sevilla, Servicio de Publicaciones Universidad de Málaga, 2005), 943.

80 Asamblea General de las Naciones Unidas, *Informe de la Relatora Especial sobre los Derechos Humanos de los Migrantes, Sra. Gabriela Rodríguez Pizarro,* (E/CN.4/2005/85/Add.2), 14 de enero de 2005, pár. 3, ver también Asamblea General de las Naciones Unidas, *Informe de la Relatora Especial para los Derechos de los Migrantes, Sra. Gabriela Rodríguez Pizarro,* (Doc. E/CN.4/2000/83), párr. 50, Se anota que: "En la mayor parte de los casos, los trabajadores y trabajadoras salen de sus países de origen solos. Este es un factor de riesgo de desintegración familiar. Los Cabezas de familia emigran para sobrevivir dignamente y enviar recursos a los suyos.

reunificación familiar, que ha estado antecedida por una emigración anterior[81]. La caracterización de esta situación ha sido expuesta por otros mandatos temáticos de protección de derechos humanos y en un informe en particular, se conceptualizó sobre la figura de los "*Refugiados del hambre*", entendiéndose por tales, los más excluidos y discriminados y las personas que huyen del hambre y de graves violaciones del derecho a la alimentación[82].

Lo anterior resulta ser la auténtica descripción de millones de personas, que son clasificadas como migrantes voluntarios y deciden hacer el cruce de una frontera internacional, tras huir del hambre y las violaciones sistemáticas a sus derechos humanos, no sólo desde el punto de vista de sus derechos civiles y políticos, sino también de los económicos, sociales y culturales[83]. Pese a esta realidad, la cual ha sido documentada no solo en medios de comunicación, sino desde los órganos de seguimiento a los tratados internacionales de derechos humanos e instancias internas de los países, las limitaciones de protección son múltiples y resulta eficiente desde el punto de vista de la política migratoria de los Estados, efectuar distinciones precisas al concepto de migrante económico, refugiado o de persona en necesidad de protección internacional, pues es la manera en la que se logra solventar la gestión migratoria desde una óptica eco-

---

81 Asamblea General de las Naciones Unidas, Relatora Especial sobre los Derechos Humanos de los Migrantes, Sra. Gabriela Rodríguez Pizarro, *Informe, estudios y documentos a estudiar por el Comité preparatorio de la Conferencia Mundial contra el Racismo, la Discriminación Racial, la xenofobia y las formas conexas de Intolerancia,* (Doc. A/CONF.198/PC.2/23), 18 de abril 2001, párr. 18.

82 Asamblea General de las Naciones Unidas, *Informe del Relator Especial sobre el Derecho a la Alimentación, Sr. Jean Ziegler,* (Doc. A/HRC/7/5), 10 de enero de 2008, párr. 36.

83 *Ibidem,* 37 y 41.

nómica, sin tener en consideración las disparidades en los medios y las condiciones de vida de las personas[84].

Para la Organización Internacional del Trabajo (en adelante OIT), uno de los efectos de la globalización son los flujos migratorios, los cuales en un importante número de casos se producen por la crisis económica y el aumento de la brecha de la pobreza[85]. A pesar de ello, a la fecha, ningún tratado internacional reconoce que las condiciones económicas precarias puedan ser generadoras de migraciones forzadas o involuntarias[86]. Para alguna parte de la doctrina, se da por sentado que la migración, con motivación económica, supone la voluntariedad en la toma de la decisión[87], bajo esta con-

---

84 A.A, Cançado Trindade, "Reflexiones sobre el desarraigo como problema de derechos humanos frente a la conciencia jurídica universal", en *La nueva dimensión de las necesidades de protección del ser humano en el inicio del siglo XXI,* (Costa Rica: Corte Interamericana de Derechos Humanos, 2003), 34.

85 Organización Internacional del Trabajo, *International labour migration: a rights-based approach,* (2010), p*árr. 13*. http://www.ilo.org/public/english/protection/migrant/download/rights based approach.pdf. Este documento es la versión actualizada de otro anteriormente emitido por la OIT titulado *En busca de un compromiso equitativo para los trabajadores migrantes en la economía global,* disponible en la misma página web que se referencia.

86 P., Martín, *Migration, and development: Toward sustainable solutions,* International Institute for Labour Studies, Discussion Paper, Decent Work Research Programme, (Doc. DP/153/2004), 2004. http://www.ilo.org/public/english/bureau/inst/publications/discussion/dp15304.pdf.
Otro de los documentos de la OIT que resalta la pobreza como una de las causas que más motivan la migración es el titulado Organización Internacional del Trabajo (OIT), "Trabajar juntos para salir de la pobreza", *Revista de la OIT,* 2004, 4-8. http://www.ilo.org.

87 Héctor, Gros Espiell, "Derechos humanos y migraciones", en *Migraciones y desarrollo: II Jornadas Iberoamericanas de Estudios Internacionales,* Francisco Aldecoa Luzárraga y José Manuel Sobrino Heredia (coord.), 39-46.

sideración, se dejan de lado las condiciones de precariedad económica de tantas naciones y personas en el mundo.

Conviene referir que en el Derecho Internacional de los Derechos Humanos y al margen de la dificultad que se ha presentado para lograr tener un consenso sobre una definición de migración, se cuenta con la noción de trabajador migratorio, la cual si está prevista en un tratado internacional y tiene una serie de elementos característicos, entre ellos se pueden referenciar, i) es fruto del desarrollo progresivo en materia de reconocimiento de derechos de los extranjeros; ii) el papel de la OIT ha sido esencial para la existencia de esta noción; iii) en ella se incluye a un gran número de personas que cruzan frontera internacional y no están incluidas dentro del marco de protección del refugio y del asilo; y iv) aunque no refiere de manera expresa la voluntariedad, parece sugerirla. Esta definición es de gran utilidad para la gestión de la migración internacional, sin embargo, como sucede con todos los tratados, solo es vinculante para los Estados que lo han ratificado.

Bajo estas precisiones, de acuerdo con la Convención Internacional para la Protección de los Derechos de Todos los Trabajadores Migratorios y sus Familiares[88] (en adelante CTMF) es un trabajador migratorio: "toda persona que vaya a realizar realice o haya realizado una actividad remunerada en un Estado del que no sea nacional" (artículo 2.1).

Si la definición prevista en la CTMF es comparada con desarrollos normativos anteriores, como sucede con las incluidas en los convenios de la OIT[89], que versan sobre la materia, el aspecto más representativo del aporte de la CTMF,

---

88 Adoptada por la Resolución 45/158 de la Asamblea General, de 18 de diciembre de 1990, en vigor el 1 de julio de 2003.

89 A lo largo del siglo XX, han sido cuatro, los convenios de la OIT que ya visibilizaban las preocupantes condiciones de vulnerabilidad de los trabajadores migratorios, entre ellos conviene resaltar el No. 21,

radica en que se amplía el campo de aplicación personal de las personas destinatarias de la norma, sujetos que se verán beneficiados del marco de derechos previstos en la convención, entre los cuales es posible encontrar una serie de trabajadores excluidos hasta el momento de adopción del tratado[90]. Por su parte, se incluyen otras nociones de gran interés como lo son la de trabajador regular e irregular y familia del trabajador migratorio[91].

VI. PROBLEMÁTICA CENTRAL DE LA REFLEXIÓN

Desde esta aproximación conceptual, el presente texto titulado *De la migración a la movilidad humana: Un estudio integral de la normatividad colombiana desde el DIDH* pretende resolver la cuestión relacionada con determinar ¿Cómo ha sido el tratamiento de la movilidad humana en el derecho colombiano y cuál ha sido la influencia de los sistemas de protección internacional en la construcción dicha normativa interna? En ese orden, se propone como hipótesis general de trabajo la siguiente: que en el panorama jurídico nacional se han desarrollado acciones segmentadas para abordar la realidad migratoria, en torno a las cuales se han efectuado intentos poco coordinados y con escaso aporte del legislativo. Lo anterior, ha ocasionado que la política para atender la migración no pueda ser integral y en consecuencia el enfoque

---

el 66, el 75 y el 143. En estos convenios se incorporan definiciones menos comprensivas de trabajador migratorio.

90 La convención ofrece la definición de varios tipos de trabajadores extranjeros, tales como; trabajador fronterizo (art. 2.a), de temporada (art. 2.b), marino, (art.2.c), en una estructura marina, (art. 2.d), itinerante (art.2.e), vinculado a un proyecto (art.2. f), trabajador con empleo (art.2.g) y trabajador por cuenta propia (art.2.h).

91 Ver artículos 2, 4, 5 de la Convención Internacional de Trabajadores Migrantes y sus Familias.

de derechos humanos se ha tornado escaso. Por otro parte, la jurisprudencia constitucional interna, haciendo uso de la figura del bloque de constitucionalidad, ha llenado los vacíos normativos originados en la omisión del legislador y en la actuación coyuntural del ejecutivo y a partir de allí es posible ver incorporados algunos estándares internacionales en materia de derechos humanos, que de manera reciente han tenido reflejo en algunas normas jurídicas.

De este modo, la obra tiene como propósito aportar al estado del arte sobre varias de las realidades de la movilidad humana para el caso colombiano, en los supuestos en los que se ha producido el cruce de una frontera internacional, es decir, en el abordaje estrictamente de la migración, el refugio, el asilo y la apatridia y las principales respuestas normativas que ha dado el Estado colombiano. Por su parte, este análisis es necesario comprenderlo desde la arista del Derecho Internacional de los Derechos Humanos y del Derecho Internacional de los Refugiados, toda vez que Colombia es parte un importante número de tratados internacionales, que además han sido incorporados al bloque de constitucionalidad y pese a ello, no es posible encontrar en el sistema normativo nacional un completo catálogo de derechos que permita dar respuestas estructurales y permanentes al tratamiento de las personas en situación de movilidad internacional.

La razón por la que se acude a este marco de referencia desde lo conceptual radica en que desde el DIDH se plantean dos nociones que han sido estructurales para controvertir la soberanía de los Estados y su amplia potestad de configuración para proceder a regular las relaciones de esta ficción jurídica con las personas sometidas a la jurisdicción del Estado. Dichos procesos son el de humanización del Derecho Internacional y el de internacionalización de los derechos, que impulsan el desarrollo evolutivo de un sector del ordenamiento que tiene como propósito velar por la protección de la persona.

Si bien este marco normativo, sustenta sus bases en el reconocimiento de la dignidad de toda persona, bajo la aplicación del principio de igualdad y no discriminación, en lo que tiene que ver con los temas relativos a la movilidad humana presenta algunas contradicciones que reflejan que la soberanía de los Estados se sigue oponiendo a la creación de un marco más comprensivo e integral de predique que la verdadera razón para que se produzca la asignación de los derechos responde a la naturaleza humana y no al vinculo que se deriva de las relaciones políticas con el territorio de un país. Por su parte, Colombia a partir de la Constitución de 1991, asigna un lugar importante a la producción normativa que se deriva de los esquemas de protección de derechos humanos, como sucede con el marco dispositivo de las Naciones Unidas y de la Organización de los Estados Americanos.

VII. DISEÑO METODOLÓGICO Y ESTRUCTURA DE LA OBRA

Para tal efecto, el diseño metodológico de este texto es cualitativo, principalmente de carácter dogmático y con alcance reflexivo y propositivo. En ese orden, el análisis parte de un estudio del derecho colombiano a la luz del Derecho Internacional de los Derechos Humanos, en aras de establecer convergencias, divergencias y grados de recepción de los estándares internacionales en la normatividad nacional. Además, el documento acude al estudio de las leyes anteriores a la Constitución Política de 1991, al propio texto superior, a las leyes y principales decretos y actos administrativos que dan respuestas a la realidad migratoria que vive el Estado colombiano en la actualidad.

A su turno, la jurisprudencia constitucional interna ocupa un lugar especial en la reflexión, pues desde allí es posible hallar significativos aportes que redundan en la protección de los derechos de las personas en el marco de la movilidad humana. También constituye un eje transversal del estudio, la referencia a las diversas fuentes internacionales. De esta manera, el texto no solo permite al lector conocer las principales normas internas aplicables a la movilidad, sino que, a lo largo del libro se formulan una serie de análisis y críticas que buscan aportar y proponer respuestas jurídicas completas, integrales y compatibles con el esquema de obligaciones internacionales suscritas por Colombia.

El presente texto es resultado de investigación de varios años de trabajo en el tema y que se pueden evidenciar en algunos proyectos[92] y consultorías[93], adelantados dentro de la línea de trabajo titulada *Derechos emergentes y enfoque diferencial*, adscrita al grupo de investigación en Derechos Humanos de la Facultad de Jurisprudencia de la Universidad del Rosario[94].

Así las cosas, el texto se compone de cinco capítulos, a saber: El capítulo 1, titulado ***Los derechos de los extranjeros en***

---

92 Maria Teresa, Palacios Sanabria (Investigador principal), Maria Lucia Torres Villarreal (Coinvestigador), Beatriz Socorro Londoño Toro (Coinvestigador), Paola Marcela Iregui Parra (Coinvestigador), Natalia Rojas Rodriguez (Estudiante), *Feminización de la migración venezolana en Colombia: análisis regional con enfoque de derechos humanos 2014-2018.*
Maria Teresa, Palacios Sanabria, Maria Lucia Torres Villarreal, Paola Marcela Iregui Parra, y Beatriz Socorro Londoño Toro, *Diagnóstico regional de la migración en Colombia con enfoque de DDHH (2014-2018).*

93 María Teresa, Palacios Sanabria (directora de la investigación), Natalia, Briceño Hernández (coinvestigadora), Óscar Gabriel, Palacios Sanabria (coinvestigador), Angie Daniela, Yepes García (coinvestigadora), Juan Felipe, Parra Rosas (asistente de investigación), *Migraciones y Desarrollo: análisis de la migración en seis países de la región.* Proyecto REMOVE (Repensando la Migración desde la Frontera de Venezuela). Proyecto financiado por la Comisión Europea y liderado por la Universidad de Bolonia. https://proyectoremove.com/.

94 María Teresa, Palacios Sanabria, *Perfil de María Teresa Palacios Sanabria.*

el marco jurídico colombiano: una normativa evolutiva que se encuentra en construcción en el que se parte de una breve historia de la migración en Colombia y del tratamiento anterior a la expedición de la Constitución de 1991, así como de los progresos obtenidos con la entrada en vigencia de la Constitución actual y la importancia del bloque de constitucionalidad y de los estándares internacionales para la interpretación del marco de derechos internamente reconocidos.

Por su parte, el capítulo 2, titulado ***Desarrollo de la normatividad en materia migratoria desde la óptica de la Constitución de 1991*** estructura el análisis desde los principios constitucionales imperantes en el orden colombiano, para comprender y reflexionar sobre el comportamiento legislativo y las acciones ejecutivas para el abordaje de la movilidad en el país.

Por su lado, el capítulo 3, se denomina ***La Ley 2136 de 2021: una norma que no resuelve los desafíos en materia de protección de derechos de los extranjeros en Colombia.*** Este capítulo se dedica de manera especial a la más reciente ley que, dictada por Congreso de la República de Colombia, la cual, si bien presenta avances significativos en lo que se refiere a la regulación migratoria en Colombia, no logra desarrollar de manera estructural y profunda el alcance de los derechos de los extranjeros. Así, el análisis se realiza a partir de la identificación de un enfoque de derechos humanos, su contenido sustantivo y la estructura institucional que permite poner en práctica las herramientas legislativas que han sido creadas para tal efecto.

En el capítulo 4 titulado ***Las acciones ejecutivas para el abordaje de la migración en Colombia: análisis de los procesos de caracterización y regularización,*** se enfoca en el estudio de las disposiciones normativas que buscan la protección de los migrantes de origen venezolano que se encuentran en el territorio del país, formulando, para tal efecto, una aguda crítica a la invisibilidad en la que se hallan las personas de otras nacionalidades y centrando el análisis en los aspectos a resaltar de estas disposiciones, como en las tareas pendientes que deben reforzarse para lograr una protección integral a cualquier extranjero en el país.

Por último, el capítulo 5 llamado ***El rol del juez constitucional en la protección de los derechos de las personas en situación de movilidad humana,*** retoma una gran cantidad de los planteamientos formulados en los capítulos 1 y 2, relativos a la importancia del bloque de constitucionalidad, para reivindicar la importante tarea que ha cumplido el juez constitucional en la protección de los derechos de los extranjeros, ante la omisión legislativa y las falencias en materia de políticas públicas por parte del Gobierno nacional.

Capítulo 1.

Los derechos de los extranjeros en el marco jurídico colombiano: una normativa evolutiva que se encuentra en construcción

1.1. ABORDAJE NORMATIVO DE LA MIGRACIÓN EN COLOMBIA ANTERIOR A LA CONSTITUCIÓN DE 1991: UN MARCO INSTITUIDO DESDE LA RECIPROCIDAD DE LOS DERECHOS DE LOS EXTRANJEROS, LA DISCRIMINACIÓN Y LOS CRITERIOS EUGENÉSICOS

La Constitución de 1886 dio reconocimiento a los derechos de los extranjeros en la parte dogmática del texto, desde una perspectiva de la reciprocidad de las relaciones internacionales con otros países. De esta manera, el título II, relativo a los nacionales y a los extranjeros, prevé en los artículos 11, 12 y 13 algunas disposiciones aplicables para los extranjeros, en los siguientes términos:

> Artículo 11.
> Los extranjeros disfrutarán en Colombia de los mismos derechos que se concedan a los colombianos por las leyes de la Nación a que el extranjero pertenezca, salvo lo que se estipule en los Tratados públicos.
> Artículo 12.
> La ley definirá la condición de extranjero domiciliado, y los especiales derechos y obligaciones de los que en tal condición se hallen.
> Artículo 13.

> *El colombiano, aunque haya perdido la calidad de nacional, que fuere cogido con las armas en la mano en guerra contra Colombia, será juzgado y penado como traidor, Los extranjeros naturalizados y los domiciliados en Colombia, no serán obligados a tomar armas contra el país de su origen.*

Las anteriores disposiciones normativas evidencian la percepción de riesgo con la que se percibía la extranjería, situación que puede ser resultado de las guerras de independencia libradas en el siglo XIX y motivadas por los procesos de colonización y conquista del territorio no solo colombiano, sino latinoamericano. Lo anterior, también se pone de presente en la norma del artículo 9, según el cual, para los colombianos no se admite la doble nacionalidad y la adquisición de una distinta de la colombiana, es una causal legítima de su pérdida, según lo dispuesto por el texto[1].

Por su parte, en lo que atañe a los derechos de manera particular, es necesario tener en consideración qué en función de las reglas de reciprocidad antes expuestas, las garantías aplicables a las personas extranjeras se complementan con las disposiciones del título III, estos son los artículos 19 al 52. De acuerdo con la redacción de estos artículos, todas las personas sometidas a la jurisdicción del Estado colombiano podrían disfrutar de estos derechos, sin embargo, como lo veremos enseguida, el desarrollo normativo del nivel legal no da buena cuenta de ello, pues no es posible hallar una norma que desarrolle de manera integral los derechos de los no nacionales en el país. Esta situación también se evidencia en el marco dispositivo desarrollado posterior a la Constitución de 1991, como se apreciará en el acápite siguiente de este capítulo.

---

1 Artículo 9. La calidad de nacional colombiano se pierde por adquirir carta de naturaleza en país extranjero, fijando en él domicilio, y podrá recobrarse con arreglo a las leyes.

En desarrollo del marco constitucional antes citado y con el objeto de dar tratamiento al ingreso y a los derechos de los extranjeros en el territorio nacional, se expide, la Ley 48 de 1920, "Sobre inmigración y extranjería", de acuerdo con la cual, se fijan normas para el ingreso y admisión de extranjeros en el territorio nacional[2], se establecen causales de inadmisión de personas[3] y se regulan supuestos para la expulsión de extranjeros que se encuentren en el país[4].

En la comentada ley, se hace alusión a que el país está abierto para todos los extranjeros, salvo las excepciones que la norma establezca. Los requisitos para el ingreso de personas se perfilaban simples, sin embargo, era necesario que quien deseara entrar al territorio, presentara un pasaporte que permitiera su identificación, el conocimiento de la actividad económica a la que se dedicaría y la práctica de un examen médico para descartar algún tipo de enfermedad contigiosa.

En ese orden de cosas al parecer esta ley proponía una política internacional abierta, sobre todo en términos de desarrollo para las actividades profesionales y económicas, aspecto que se ve acentuado con las excepciones al procedimiento de ingreso, el cual no era exigible para los negociantes de víveres, agricultores, sacerdotes, médicos, ingenieros y abogados que requerían ingresar al Estado a desarrollar sus actividades.

De acuerdo con lo anterior y teniendo en consideración el desarrollo de los conceptos a los que se acude en la introducción, la visión de inmigración que se acogía implícitamente en la norma era aquella de contenido económico en la que se asume la voluntariedad de las personas para

---

2 Ver artículo 1 de la Ley 48 de 1920.

3 Ver artículo 7 de la ley 48 de 1920.

4 Ver artículos 8 y 9 de la Ley 48 de 1920, normas que fueron derogadas por leyes posteriores, Ley 103 de 1927 y Ley 2 de 1936.

realizar el cruce de la frontera internacional y radicarse en otro Estado. Así mismo, se hace un reconocimiento a la migración pendular que suele producirse en el espacio fronterizo de los Estados y que por lo regular no cuenta con un ánimo de permanencia, pero que resulta ser atractiva para el Estado de destino, pues por lo regular resulta ser un factor dinamizador para el mercado.

Por su parte, las exclusiones o limitaciones fijadas por la ley para el ingreso de los extranjeros al país están prevista en el artículo 7 de la Ley 48 y, aunque aún perviven varias de ellas en el ordenamiento jurídico, otras han sido declaradas inexequibles por vía de la jurisprudencia constitucional en la Sentencia C-258 de 2016[5]. Entre ellas conviene tener presentes, las que no han sido consideradas inconstitucionales, tales como:

Los mendigos profesionales; los vagos; los que no tengan un oficio u ocupación honorable que les permita ganar su subsistencia, los que trafican con la prostitución, los que aconsejen, ensañen o proclamen el desconocimiento de las autoridades de la República o de sus leyes, o el derrocamiento por la fuerza y la violencia de su gobierno.

Así también, se limita el ingreso de los extranjeros que hayan tenido antecedentes judiciales, y de manera textual, expresa la Ley:

> los que hayan sufrido condena por crímenes infamantes que revelen gran perversión moral, siendo entendido que los llamados delitos políticos no quedan comprendidos dentro de esta excepción, cuando a juicio, en caso de duda, de la Corte Suprema de Justicia, deban considerarse como tales, cualquiera que sea el calificativo que se les dé en el país donde hayan sido cometidos; debiéndose pro-

---

5 Corte Constitucional, Sentencia C-258 de 2016, M. P. María Victoria Calle Correa, 18 de mayo de 2016.

ceder en este caso de acuerdo con lo que se estipuló en tratados públicos vigentes[6].

Las normas que hasta el 2016 estuvieron vigentes, aunque inutilizadas, creaban preocupantes estereotipos y se fundaban en motivos de discriminación por razones de salud física o mental. De esta manera, en los numerales a) y b) de la versión original de la norma, no eran admisibles en el territorio colombiano las personas que padecían enfermedades graves, crónicas o contagiosas, como la tuberculosis, lepra, tracoma, fiebres eruptivas, entre otras. Así mismo, tampoco eran bienvenidas, las personas afectadas por una serie de enfermedades mentales[7]. Conviene puntualizar, que en la misma sentencia que declara la inexequibilidad de las condiciones señaladas, también se excluyen de los motivos inadmisibles para ingresar y permanecer en el territorio, ser considerada

6 Artículo 7.e.

7 Para mayor amplitud sobre las normas originales de la Ley 48 de 1920, se transcribe el artículo 7, literales a y b. Artículo 7o. No se permite entrar al territorio de la República a los extranjeros que se hallen en algunos de los siguientes casos: a) A los que padezcan de enfermedades graves, crónicas o contagiosas, tales como tuberculosis, lepra, tracoma (y otras enfermedades similares no sujetas a cuarentena). Los que están atacados de enfermedades agudas, graves y contagiosas, tales como fiebres eruptivas, etc., serán internados a una cuarentena, siendo de cargo del enfermo los gastos que demande su asistencia. b) A los que sufran de enajenación mental, comprendiendo en ello también la demencia, la manía, la parálisis general, a los alcoholizados crónicos, a los atáxicos, a los epilépticos; a los idiotas; a los cretinos; a los baldados a quienes su lesión impide el trabajo. En el caso de que, en algunas familias de inmigrantes, algún miembro de ella estuviere comprendido en la prohibición de este inciso, la respectiva autoridad podrá permitir su entrada siempre que los demás miembros de la familia sean personas sanas y útiles.

También quedarán excluidos de lo dispuesto en este inciso los extranjeros radicados en Colombia que habiéndose ausentado regresen al país dentro de un plazo no mayor de tres años;

una persona anárquica o comulgar con posturas comunistas o contrarias a la propiedad privada[8].

Si bien es claro que el texto integral de la norma es inconstitucional, por cuanto trasgrede no sólo los valores y principios de la Constitución de 1991, la Corte solo se pronunció sobre las disposiciones demandadas, estás fueron los literales a y b de la Ley 48 de 1920, quedando vigentes los restantes literales c, d y e, por cuanto no fueron objeto de demanda de inconstitucionalidad. Sobre esto, conviene precisar que, si bien la ley goza de vigencia dentro del ordenamiento jurídico, pues no ha sido derogada de manera integral, no es utilizada en la práctica.

En el examen constitucional de la que fue objeto la norma, se encontraron básicamente violados, el derecho a la igualdad y la prohibición de discriminación y la dignidad humana. Al punto, estimó la Corte en su argumentación, de que era necesario contextualizar en el tiempo a la ley y tener presente que es una norma expedida antes de la vigencia de la Constitución de 1991, razón por la cual la revisión y compatibilización constitucional, debía tener en consideración tales aspectos[9].

Al margen de que la norma no se aplique, es preocupante que pervivan disposiciones como las que están contenidas en el artículo 7.c, y que excluyen a las personas por sus condiciones económicas, hasta el punto de que pueden llegar a ser catalogadas como vagos o mendigos profesiona-

---

8 Originalmente, disponía el artículo 7.d, lo siguiente: "A los que aconsejen, ensañen o proclamen el desconocimiento de las autoridades de la República o de sus leyes, o el derrocamiento por la fuerza y la violencia de su gobierno; a los anarquistas y a los comunistas que atenten contra el derecho de propiedad".

9 Corte Constitucional, Sentencia C-258 de 18 de mayo de 2016, M. P. María Victoria Calle Correa, pár. 3.1 y 3.2.

les. Bajo el marco actual en el que se produce la movilidad de las personas en el mundo y teniendo en consideración que la figura del refugio es excluyente y con bajos índices de reconocimiento como veremos en un apartado posterior de este texto, los flujos migratorios mixtos, impulsan a las personas a huir de la pobreza, la exclusión, la discriminación y la falta de oportunidades en el territorio de origen o de nacionalidad de los extranjeros y las tendencias de aporofobia[10] parecieran sustentar la estructuración de políticas en términos de admisión en ingreso de personas al territorio. Dicho aspecto se camufla bajo la aplicación de conceptos jurídicos indeterminados como lo es la seguridad nacional, el orden público, integridad y salubridad de la nación.

Al margen de la crítica que se acaba de formular, es importante tener presente que el Estado colombiano en aplicación o no de esta ley, debe y puede desde el ejercicio de su soberanía, para la libre configuración de su política migratoria, evitar el ingreso de personas que hayan tenido antecedentes penales o sobre los cuales existan evidencias judiciales que determinen que puedan estar involucrados en conductas contrarias al orden público y al marco constitucional y legal vigente, como sucede en el caso de las redes de traficantes de migrantes y de trata de personas. Con lo anterior se pretende señalar entonces, que al Estado le asisten amplias competencias configurativas en materia de ingreso y permanencia de no nacionales, pero esta actuación legítima deberá ser en la actualidad compatible con los estándares del Estado social de derecho, que ha sido delimitados no solo por la Constitución de 1991, sino también por la jurisprudencia.

---

[10] Sobre este concepto consultar, por ejemplo, Cristhian, Almonacid Díaz, "Cortina, Adela. Aporofobia, el rechazo al pobre. Un desafío para la democracia", *Ideas y Valores,* 67, n. ° 166, 2018, 199-200. https://doi.org/10.15446/ideasyvalores.v67n166.70517.

En un apartado posterior de este texto se hará un análisis y una presentación de la jurisprudencia interna nacional, en la que hay oportunidad de aportar mayores reflexiones sobre este asunto de manera particular.

Por su parte, la Ley 144 de 1922, relativa a la inmigración y colonias agrícolas, estructura la política migratoria de la época, sobre criterios similares a la anterior Ley de 1920, esto es, sobre la necesidad de tener control cuidadoso al ingreso de los extranjeros al país y fomentar el desarrollo en términos económicos e intelectuales. Conviene tener presente que la norma plantea dentro de sus motivaciones, el mejoramiento de la raza, las condiciones étnicas, físicas y morales de los colombianos[11]. Así también, establece dos categorías migratorias aplicables dentro del territorio del Estado, entre ellas, los migrantes jornaleros y los inversionistas. Lo anterior, dado que se establecen criterios diferenciales en términos de cumplimiento de requisitos de ingreso y acreditación de recursos económicos[12]. Por su parte, la

11 Artículo 1 Ley 144 de 1922. Con el fin de propender al desarrollo económico e intelectual del país y al mejoramiento de sus condiciones étnicas, tanto físicas como morales, el Poder Ejecutivo fomentará la inmigración de individuos y de familias que por sus condiciones personales y raciales no puedan o no deben ser motivo de precauciones respecto del orden social o del fin que acaba de indicarse, y que vengan con el objeto de laborar la tierra, establecer nuevas industrias o mejorar las existentes, introducir y enseñar las ciencias y las artes, y en general, que sean elemento de civilización y progreso.

12 Parágrafo. Desde el punto de vista de la inmigración divídense los inmigrantes en dos categorías: los individuos que entran al país como obreros o rendidores de servicios a jornal. Los empresarios que concurran con intención de establecer artes e industrias. Los primeros no están obligados a llenar requisito alguno en cuanto a su capacidad pecuniaria. Los segundos acreditarán ser poseedores de recursos representados por un capital no menor de $ 200.

ley también busca fomentar la inmigración regular[13] y reforzar los criterios de inadmisión de personas que habían sido fijados por la Ley 48 de 1920[14]. Uno de los aspectos que conviene resaltar de esta ley, consiste en que aporta una definición de inmigrante, aspecto que no es frecuente en la normativa migratoria y que marca la concepción de la inmigración en un país, como lo son las actividades para desarrollar y las limitaciones etéreas que condicionan la admisibilidad y permanencia de las personas al territorio[15]. Con respecto a esta ley es necesario tener presente que está vigente, a pesar de estar inutilizada por parte de las autoridades migratorias, sin embargo, no ha sido derogada, ni tampoco ha sido objeto de revisión de constitucionalidad

---

13 Artículo 12. Los inmigrantes que traigan sus papeles en forma legal y que cumplan las prescripciones de esta Ley, tienen las siguientes ventajas especiales; a) Ser alojados y mantenidos por la Junta de Inmigración respectiva, durante los cinco primeros días de su llegada, b). Recibir las indicaciones de las Juntas de Inmigración de conformidad con esta Ley y con los decretos reglamentarios, c) Introducir libre de todo derecho nacional, departamental o municipal las prendas de uso personal, vestidos, muebles de servicio doméstico, instrumentos de agricultura, oficio o profesión que ejerzan, d). Recibir tarjeta de identificación para que puedan viajar en las empresas de transporte nacionales o en las particulares si el Gobierno tuviere concesión en ellas, con el objeto de trasladarse a los puertos que elijan como su radicación, e) Obtener la adjudicación hasta por veinticinco hectáreas de tierras baldías, conforme a las disposiciones que en el decreto reglamentario de esta Ley dicte el Poder Ejecutivo, f). Recibir los auxilios de viaje que las Juntas de Inmigración estén en capacidad de suministrarles; y g) Gozar del beneficio de amparo de pobreza en asuntos judiciales, administrativos o de policía, durante el año siguiente a la fecha de entrada al país.

14 Artículo 11.

15 Artículo 8. Reputase inmigrante para los objetos de esta Ley, todo extranjero, jornalero, artesano, industrial, agricultor, profesional o profesor que siendo menor de sesenta años y acredite su identidad, moralidad y aptitud, llegue a la República para establecerse en ella.

por parte de la Corte, razón por la cual las disposiciones normativas que promueven criterios raciales y de discriminación, pese a ser contrarias al marco vigente desde 1991, no han sido excluidas el ordenamiento interno.

En su lugar, la Ley 103 de 1927, es adicional a las dos leyes anteriores y formula algunas modificaciones a las mismas, derogando, por ejemplo, las normas relativas a expulsión de extranjeros, antes previstas en la Ley 48 de 1920. Al igual que las normas antes comentadas, en las disposiciones contenidas en esta ley, se evidencian los sesgos racistas, discriminatorios y constitutivos de xenofobia, pues establece que podrán ser expulsadas del territorio nacional, además de las personas que ingresen regularmente al territorio nacional, las personas anárquicas o comunistas que atenten contra el derecho a la propiedad, las personas que expresen posturas políticas relacionadas con el gobierno colombiano y quiénes tengan antecedentes penales[16]. Es importante tener presente que las infracciones al ordenamiento penal son equiparables a las posturas políticas diversas, situación que a la luz del marco constitucional vigente en la actualidad es contrario a los valores y principios constitucionales. Conviene tener presente que esta norma al igual que la Ley 144 tampoco ha sido objeto de revisión constitucional.

Las disposiciones legales son desarrolladas a través de decretos, entre los cuales conviene referir el 2232 de 1931, según el cual se establecía un estricto sistema de cuotas para el ingreso y la permanencia de extranjeros de ciertas nacionales en el territorio nacional[17]. En sentido similar, el Decreto 148

---

16 Artículo 2 Ley 103 de 1927.

17 Artículo 1 y 3 del Decreto 2232 de 1931. Artículo 1°. Establécese desde el primero de enero próximo el sistema de cuotas de inmigración para la entrada al país de individuos de las siguientes nacionalidades: búlgara, china, griega, hindú, libanesa, lituana, palestina, polaca, ru-

de 1935, complementa el sistema de cuotas para el ingreso de otras nacionalidades país con fuertes limitaciones, entre ellas, armenios, letones, hindúes, marroquíes, entre otros[18].

Por su parte en el marco normativo anterior a la transformación constitucional, es posible hallar leyes que buscan regular aspectos administrativos relacionados con los pasaportes o impuestos, entre ellas, vale señalar, las Leyes 69 de 1930 y 2 de 1936. Así también, la Ley 17 de 1971 incorpora al ordenamiento interno nacional la Convención de Viena sobre relaciones consulares, la cual fue ratificada por Colombia a través de la citada norma.

La regulación legal de cuestiones relativas a la inmigración y a la extranjería bajo la vigencia de la Constitución de 1886, evidencian una postura de utilitaristas de la inmigración, tendencia que no sólo se desarrolló en el marco normativo colombiano[19], sino que también se replicó en varios países del mundo, incluso de la región, como es el caso de

---

mana, rusa, siria, turca y yugoeslava. En consecuencia, los representantes diplomáticos y consulares de la República en el Extranjero no visarán pasaportes a individuos de las nacionalidades expresadas sin la previa autorización cablegráfica o postal del Ministerio de Relaciones Exteriores. Por su parte, el artículo 3 disponía: Artículo 3° Durante el año de 1932 se permitirá la entrada a Colombia a: 10 búlgaros; 10 hindúes; 10 palestinos; 10 chinos; 10 libaneses; 10 polacos; 10 rusos; 10 griegos; 10 lituanos; 10 rumanos; 10 sirios; 10 turcos y 10 yugoeslavos.

18 Ver artículo 1 del Decreto 148 de 1935.

19 Iván Olaya, "La selección del inmigrante "apto": leyes migratorias de inclusión y exclusión en Colombia (1920-1937)", *Nuevo mundo mundos nuevos*, 2018. https://doi.org/10.4000/nuevomundo.73878.

Chile[20], México[21], Cuba,[22], República Dominicana[23], Argentina, Estados Unidos[24]. Muestra de ello, es la celebración de la primera conferencia panamericana de eugenesia y homicultura, la cual tuvo como propósito fundamental homogenizar la legislación migratoria en América, bajo parámetros establecidos en la ciencia estadounidense[25]. Esta postura se ve alimentada de tendencias nacionalistas y que promueven la clasificación de las personas extranjeras, creando la categoría del inmigrante apto y del indeseado para ingresar o permanecer en el territorio de un Estado.

---

20 María Teresa *et al.*, "La normativa migratoria en Chile y Colombia", *en Desafíos migratorios: realidades desde diversas orillas* (Bogotá: Editorial Universidad del Rosario, 2020). https://doi.org/10.2307/j.ctv1g6q8qh.8.

21 Alexander Stern, "Mestizofilia, biotipología y eugenesia en el México posrevolucionario: hacia una historia de la ciencia y el Estado 1920-1960", *Relaciones. Estudios de historia y sociedad* 21, n. ° 81, 2000, 137-167. https://www.redalyc.org/pdf/137/13708104.pdf.

22 Armando García González y Raquel Álvarez Peláez, *En busca de la raza perfecta: Eugenesia e Higiene en Cuba (1898-1958)* (Madrid: CSIC, 1999).

23 OECD, "El panorama de la migración en República Dominicana", en *Interacciones entre Políticas Públicas, Migración y Desarrollo en República Dominicana,* 2017. https://doi.org/10.1787/9789264276918-es.

24 Tobias Schwarz, "Políticas de inmigración en América Latina: el extranjero indeseable en las normas nacionales, de la Independencia hasta los años de 1930", *Procesos, revista ecuatoriana de historia,* 2012, 39-72. https://www.Dialnet-PoliticasDeInmigracionEnAmericaLatina-4544586.pdf.

25 Iván Olaya, "La selección del inmigrante "apto": leyes migratorias de inclusión y exclusión en Colombia (1920-1937)", *Nuevo mundo mundos nuevos,* 2018 https://doi.org/10.4000/nuevomundo.73878. También ver: Rafael Carrillo, "Tres problemas mexicanos de eugenesia: etnografía y etnología, herencia e inmigración", *Revista mexicana de puericultura* 3, n. ° 25, 1932, 5.

1.2. LA CONSTITUCIÓN DE 1991 RECONOCE AMPLIOS DERECHOS A LOS EXTRANJEROS: DESAFÍOS LEGALES E INSTITUCIONALES PARA SU EFECTIVIDAD

De la misma manera, como se reconocían los derechos de los extranjeros en el marco constitucional de 1886, en la Constitución de 1991 también existen disposiciones normativas que se refieren al tratamiento de todas las personas que están sometidas a la jurisdicción del Estado colombiano. Así el artículo 100 dispone:

> ARTICULO 100.
> Los extranjeros disfrutarán en Colombia de los mismos derechos civiles que se conceden a los colombianos. No obstante, la ley podrá, por razones de orden público, subordinar a condiciones especiales o negar el ejercicio de determinados derechos civiles a los extranjeros.
> Así mismo, los extranjeros gozarán, en el territorio de la República, de las garantías concedidas a los nacionales, salvo las limitaciones que establezcan la Constitución o la ley.
> Los derechos políticos se reservan a los nacionales, pero la ley podrá conceder a los extranjeros residentes en Colombia el derecho al voto en las elecciones y consultas populares de carácter municipal o distrital.

Como puede notarse, de la lectura inicial del artículo se predica una aparente igualdad de derechos entre nacionales y extranjeros en lo que atañe concretamente a los derechos civiles. Pese a lo anterior, el marco de disfrute se produce desde la equiparación restringida[26], pues en realidad, el

---

[26] Expresión empleada por algunos doctrinantes del DIDH, como es el caso J., Bonet Pérez, "La Convención Internacional sobre la Protección de los Derechos de Todos los Trabajadores Migratorios y de sus Familiares", en *La protección Internacional de los Derechos Humanos en los albores del Siglo XXI,* Francisco Mariño Menéndez (coord.), 93-321, (Madrid: Catarata, 2006). José Juste Ruiz, "Inmigración, Nacio-

Estado está facultado para imponer limitaciones al ejercicio de estos derechos, por razones de orden público, siempre y cuando esto se encuentre regulado por la ley de la república. En ese orden de cosas y para guardar estricta coherencia con lo previsto en la Constitución, la ley limitativa de derechos de los extranjeros tendría que ser especial, esto es, una Ley Estatutaria[27]. Como se expondrá con posterioridad, a la fecha Colombia no cuenta aún con una norma que contemple el campo de aplicación y de ejercicio de los derechos de los extranjeros, pues si bien hay desarrollos normativos abundantes, sobre todo, desde el orden reglamentario, no se ha avanzado hacia la regulación integral en materia de derechos constitucionalizados desde una ley en sentido formal.

Si los extranjeros gozan en Colombia de los mismos derechos civiles que los nacionales, esto quiere decir que la garantía de los derechos fundamentales, previstos, entre el artículo 11 al 39 debería ser de aplicación personal amplia y que basta con ser persona para poder ser destinatario de estos. Por lo regular, en las constituciones internas de los países, lo que es catalogado como un derecho civil guarda coincidencia con la clasificación de los derechos fundamentales[28].

---

nalidad y Extranjería: el marco jurídico internacional" en *Estudios sobre derecho de extranjería*, Emilio Álvarez Conde y Eduardo Pérez Martín (coord.), (Madrid: Universidad Rey Juan Carlos, Instituto de Derecho Público, 2005), 312. Francisco Mariño Menéndez, "Los derechos de los extranjeros en el derecho internacional" en *Derecho de extranjería, asilo y refugio*, (Madrid: Ministerio de Asuntos Sociales, INSERSO, 1995), 118.

27 Artículo 152 de la Constitución dispone: Mediante las leyes estatutarias, el Congreso de la Republica regulara las siguientes materias: a) Derechos y deberes fundamentales de las personas y los procedimientos y recursos para su protección.

28 Un ejemplo de ello, además de la Constitución de 1991, en sus artículos del 11 al 41, es la Constitución española de 1978, previstos en el título 1, artículos 14 al 29.

Para el caso colombiano, los derechos previstos en el capítulo I del título II, se clasifican como derechos fundamentales, y la mayor parte de ellos, son civiles y políticos, salvo la garantía del derecho al trabajo que, en estricto sentido, dentro de un marco de clasificación de derecho internacional, es propiamente un derecho económico, social y cultural[29].

Es así como en lo que atañe técnicamente a los derechos civiles, estas son garantías que se deben reconocer a toda persona por el hecho de serlo, es decir, desde el reconocimiento mismo de su dignidad humana. Entre ellos, se encuentra el derecho a la vida y la prohibición de la pena de muerte (artículo 11), el derecho a la integridad personal y prohibición de malos tratos (artículo 12), el derecho a la igualdad formal y material (artículo 13), el reconocimiento de la personalidad jurídica (artículo 14), derecho a la intimidad, buen nombre, habeas data, inviolabilidad de correspondencia y documentos privados (artículo 15), derecho al libre desarrollo de la personalidad (artículo 16), prohibición de esclavitud, servidumbre y trata de personas (artículo 17), libertad de conciencia (artículo 18), libertad de cultos y religiosa (artículo 19), derecho a la opinión, prensa e información (artículo 20), derecho a la honra (artículo 21),

---

29 Ello también se puede evidenciar en algunos tratados internacionales como el Pacto Internacional de Derechos Civiles y Políticos de 1966, en el que se observa que todo el contenido dispositivo contempla específicamente derechos de esta naturaleza, Pacto Internacional de los Derechos Civiles y Políticos, 1966 https://www.ohchr.org/es/instruments-mechanisms/instruments/international-covenant-civil-and-political-rights. De la misma manera sucede con la Convención Americana de Derechos Humanos, que desarrolla de manera amplia los derechos civiles y políticos y únicamente hace referencia a los derechos económicos, sociales y culturales en el artículo 26. Ver: Convención Americana sobre Derechos Humanos, 1969, https://www.oas.org/dil/esp/tratados_b-32_convencion_americana_sobre_derechos_humanos.htm.

derecho a la paz (artículo 22), prohibición de porte de armas y monopolio legítimo de la fuerza por parte del Estado (artículo 22A), derecho de petición (artículo 23), derecho a la libertad de locomoción y domicilio (artículo 24), derecho al trabajo (artículo 25), libertad de profesión y oficios (artículo 26), libertad de enseñanza (artículo 27), derecho a la libertad (artículo 28), debido proceso, legalidad, favorabilidad, derecho de defensa y presunción de inocencia (artículo 29), habeas corpus (artículo 30), doble instancia (artículo 31), flagrancia (artículo 32), inmunidad penal (artículo 33), prohibición de destierro, confiscación y prisión perpetua, extensión de dominio (artículo 34), extradición (artículo 35), derecho de asilo (artículo 36), derecho de reunión y manifestación (artículo 37), derecho de asociación (artículo 38), derecho de asociación sindical (artículo 39).

Este extenso listado de derechos no cuenta con un proceso normativo posterior de orden legal y si bien, gran parte de los derechos fundamentales son de aplicación inmediata y no requieren ley que los desarrolle, según lo dispuesto en el artículo 85, esto no es una constante para todos los derechos civiles, pues, por ejemplo, no son considerados de aplicación inmediata los previstos en los artículos 25, 36, 38 y 39.

Sobre estos artículos vale decir que para el caso del derecho al trabajo (artículo 25), se requiere de una política de empleo que permita la incorporación de las personas al mercado laboral, dentro de los parámetros deseables del trabajo decente[30]. No obstante, la realidad colombiana en materia de empleo presenta unos grandes desafíos, pues existe un alto índice de informalidad incluso para la pobla-

---

30 El concepto de trabajo decente se dio a conocer por primera vez con estas palabras en la memoria del director general de la OIT, Juan Somavía, Discurso en la 87° reunión de la Conferencia Internacional del Trabajo, 1999.

ción nacional. Según las cifras del DANE[31], el desempleo en Colombia asciende al 10,5 % situación que se ha agudizado por la pandemia. Esta es una situación que se agrava para la población extranjera, pues a pesar de los esfuerzos del Gobierno nacional, las cifras de irregularidad migratoria registran 1 025 638 personas venezolanas[32], sin que existan datos de individuos de otras nacionalidades. Vale señalar, que la población irregular por lo general suele emplearse en trabajo informal, lo que conduce a que sus condiciones sean precarias, no solo en lo que atañe en estricto sentido al derecho al trabajo, sino que afecta considerablemente otros derechos sociales y su acceso[33].

Por su lado, otro de los derechos que no se considera de aplicación inmediata, es el derecho de asilo (artículo 36). Sobre este punto, tal y como se expondrá más adelante en este texto, es una potestad de los Estados soberana, y el derecho de la persona, se limita a poder hacer la solicitud para recibir la protección internacional, pero esto no implica el deber del Estado de destino de concederlo. Actualmente,

---

31 De acuerdo con el Departamento Nacional de Estadística DANE, en Colombia, al cierre del mes de mayo de 2023, el desempleo se registró en 10.5 %, ver Departamento Administrativo Nacional de Estadística (DANE), Estadísticas por tema: Mercado Laboral, Empleo y Desempleo. https://www.dane.gov.co/index.php/estadisticas-por-tema/mercado-laboral/empleo-y-desempleo#:~:text=Para%20el%20mes%20de%20mayo,57%2C0%25%2C%20respectivamente.

32 Es preocupante que el registro de personas irregulares en el territorio se limite a las de nacionalidad venezolana. Esto denota el déficit en identificación, rastreo, caracterización y ausencia de herramientas para conocer la situación de otros extranjeros en el país. Ver los datos en: Estoy en la Frontera, *Descendió cifra de migrantes viviendo en Colombia.* https://estoyenlafrontera.com/regularizacion-migratoria/descendio-cifra-de-migrantes-viviendo-en-colombia.

33 María Teresa, Palacios Sanabria y B, Londoño Toro, *Migración y Derechos Humanos: el caso Colombiano 2014-2021.*

en Colombia la regulación de este tema está prevista en el Decreto 2840 de 2013[34].

El derecho de asociación y de asociación sindical, previstos en los artículos 38 y 39 de la Constitución, también son derechos que no se aplican de manera inmediata, de acuerdo con lo previsto en la Constitución de 1991, lo que supone un desarrollo normativo posterior para su ejercicio. Este derecho suele ser muy sensible no solo para la población nacional, sino para la extranjera. Debe tenerse presente que a partir del ejercicio del derecho de asociación y de asociación sindical, se hace posible el ejercicio de otros derechos, como sucede con libertades esenciales como la de pensamiento, expresión, información, petición y reunión. La importancia de este derecho ha sido estudiada por parte de la Corte Constitucional, en una sentencia de hace varios años, que declaró inexequible una disposición del Código Sustantivo del Trabajo (en adelante C.S.T.), que impedía a los extranjeros ejercer este derecho y hacer parte de estas organizaciones[35]. En el capítulo 5 dedicado a la jurisprudencia, se harán mayores consideraciones sobre el particular.

Un artículo sobre el que es necesario hacer alusión particular, es el 24, pues reconoce la libertad de circulación y de selección de domicilio. Este derecho a pesar de ser civil y encontrarse en el capítulo de los derechos fundamentales, es un derecho que se garantiza únicamente a los nacionales colombianos. Vale anotar, que esta norma faculta al Estado

---

[34] Congreso de la República de Colombia, Decreto 2840 de 2013: *Por el cual se establece el Procedimiento para el Reconocimiento de la Condición de Refugiado, se dictan normas sobre la Comisión Asesora para la Determinación de la Condición de Refugiado y otras disposiciones.* https://www.funcionpublica.gov.co/eva/gestornormativo/norma.php?i=76610.

[35] Ver Corte Constitucional, Sentencia C-311 de 3 de mayo de 2007, M. P. Nilson Pinilla Pinilla.

colombiano para limitar la locomoción de los extranjeros, aspecto que por lo general es regulado en las políticas migratorias de ingreso y permanencia de personas. Esta, es justamente la razón por la cual se trata de un derecho que no se aplica de manera inmediata, sino que requiere ser desarrollado por parte del legislador.

La jurisprudencia constitucional ha marcado las líneas interpretativas de las restricciones a los derechos civiles que obedecen a los motivos de orden público, sobre las cuales se han desarrollado una serie de reglas tendientes a que se pueda realizar un estricto control constitucional frente al tema y evitar así medidas arbitrarias, desproporcionadas, innecesarias e incompatibles con el marco previsto por la Constitución de 1991 y compatibles en el Estado social y democrático de derecho[36].

En lo que se refiere al ejercicio de los derechos sociales, si bien no hay una prescripción normativa explícita que refiera a cómo se deben garantizar estos derechos, en el artículo 100, si se indica que los extranjeros gozarán de las mismas garantías que se conceden a los nacionales, prescribiendo también que la ley podrá fijar las limitaciones a su ejercicio. Debido a esto, en la práctica, el acceso a derechos sociales se

---

[36] Son varias las sentencias en este sentido que se han proferido de parte de la Corte Constitucional, entre ellas, Corte Constitucional, Sentencia C-385 de 5 de abril 2000, M. P. Antonio Barrera Carbonell, Corte Constitucional, Sentencia C-1259 de 29 de noviembre de 2001, M. P. Jaime Cordoba Triviño y Corte Constitucional, Sentencia C-1058 de 11 de noviembre de 2003, M. P. Jaime Cordoba Triviño, Corte Constitucional, Sentencia T-321 de 17 de julio de 1996, M. P. Hernando Herrera Vergara y Corte Constitucional, Sentencia C-523 de 1 de julio de 2003, M. P. Jaime Córdoba Triviño, entre otras. Sin embargo, este aspecto será abordado en un capítulo posterior relativo a la jurisprudencia de la Corte Constitucional y el rol del juez en la protección de los derechos de los extranjeros.

ha visto protegido a partir de acciones ejecutivas concretas, como es el caso de los decretos dictados por los distintos ministerios que han incluido a la población extranjera en los beneficios derivados del Estado social de Derecho[37]. Por otro lado, la jurisprudencia también ha ocupado un papel protagonista a través de la protección de derechos sociales que por vía de conexidad se relacionan con el disfrute de los derechos fundamentales[38].

En cuanto a los derechos políticos, previstos en el artículo 40 de la Constitución de 1991, tales derechos están reservados a los ciudadanos, entre ellos, no solo el acceso al sufragio activo y pasivo, sino que también incluye los mecanismos de participación ciudadana y acciones en defensa de la Constitución y la ley[39]. En este sentido, las personas extranjeras no

---

37 Al punto, se pueden referir, Ministerio de Salud y Protección Social, Resolución 572 de 2022: *Por medio de la cual se incluye el Permiso por Protección Temporal—PPT como documento válido de identificación de los migrantes venezolanos en los sistemas de información del Sistema de Protección Social y se definen sus especificaciones*, 2022, https://www.minsalud.gov.co/Normatividad_Nuevo/Resoluci%c3%b3n%20No.%20572%20de%202022.pdf. Ver también el Ministerio de Salud y Protección Social, *Plan de respuesta en salud para migrantes en Colombia*. https://www.minsalud.gov.co/sites/rid/Lists/BibliotecaDigital/RIDE/DE/COM/plan-respuesta-salud-migrantes.pdf

38 En el capítulo 5 es posible conocer el detalle de estos fallos, sin perjuicio de que se refieran en este apartado algunos ejemplos, tales como las Sentencias T-452 de 2019, T-197 de 2019, C-372 de 2019, entre otros.

39 Artículo 40. Todo ciudadano tiene derecho a participar en la conformación, ejercicio y control del poder político. Para hacer efectivo este derecho puede: 1. Elegir y ser elegido. 2. Tomar parte en elecciones, plebiscitos, referendos, consultas populares y otras formas de participación democrática.
3. Constituir partidos, movimientos y agrupaciones políticas sin limitación alguna; formar parte de ellos libremente y difundir sus ideas y programas.

tienen acceso a este grupo de derechos. Vale decir, que, en la mayoría de los países, los derechos políticos son atributos propios de la nacionalidad y así también se encuentra dispuesto en los tratados internacionales relativos a derechos humanos, como es el caso del Pacto Internacional de Derechos Civiles y Políticos de 1966 (PIDCP) y la Convención Americana de Derechos Humanos de 1969 (CADH)[40].

Además de los expuesto anteriormente para cada uno de los derechos, en la práctica para las autoridades públicas no es tan claro si los extranjeros pueden o no gozar de los mismos derechos o en la misma dimensión que los nacionales[41], pues las consideraciones sobre su ejercicio, requieren, en primer lugar, conocer si se trata de derechos aplicables de manera inmediata o no y conocer a profundidad si la Corte Constitucional ha realizado interpretaciones sobre el alcance del disfrute de los derechos para los extranjeros. Sobre este último argumento, radica la importancia de que el Congreso de la República, desarrolle una Ley Estatutaria que aporte claridad al marco de disfrute de los derechos

---

4. Revocar el mandato de los elegidos en los casos y en la forma que establecen la Constitución y la ley.
5. Tener iniciativa en las corporaciones públicas.
6. Interponer acciones públicas en defensa de la Constitución y de la ley.
7. Acceder al desempeño de funciones y cargos públicos, salvo los colombianos, por nacimiento o por adopción, que tengan doble nacionalidad. La ley reglamentará esta excepción y determinará los casos a los cuales ha de aplicarse. Las autoridades garantizarán la adecuada y efectiva participación de la mujer en los niveles decisorios de la Administración Pública.

40 Sobre el particular conviene tener presente por ejemplo lo establecido en el artículo 25 del Pacto Internacional de Derechos Civiles y Políticos y el artículo 23 de la Convención Americana de Derechos Humanos.

41 M.T. Palacios Sanabria y B. Londoño Toro, "Nuevas realidades de los flujos migratorios hacia Colombia", 11-53.

de los no nacionales, teniendo en consideración no solo los fallos constitucionales en la materia, sino los aportes del DIDH, que vinculan a Colombia bajo los parámetros de aplicación del bloque de constitucionalidad[42].

Cabe anotar, que, en un importante número de países, los derechos de los extranjeros se encuentran reconocidos no solo bajo una prescripción constitucional, como sucede en Colombia, sino que están replicados en una Ley integral migratoria, donde además de reiterar su importancia, se aplican también los estándares internacionales, derivados de los tratados ratificados por estas naciones[43].

1.2.1. El derecho a la igualdad como presupuesto para el ejercicio de los derechos de los extranjeros

En la Constitución de 1991 los derechos humanos ocupan un lugar central y ello se pone en evidencia desde el propio preámbulo de la carta, en el cual, se hace una mención a la vida, el trabajo, la justicia, la igualdad, la libertad y la paz. Si bien, lo plasmado en la constitución en este apartado, es

---

42 Rodrigo Uprimny, "El Bloque de Constitucionalidad en Colombia: Un análisis jurisprudencial y un ensayo de sistematización doctrinal", 2017, https://www.dejusticia.org/wp-content/uploads/2017/04/fi_name_recurso_46.pdf.

43 Por ejemplo, Lei nº 13.445, de 24 de maio de 2017, que institui a Lei de Migração, Ley 25.871.
Política Migratoria Argentina. *Derechos y obligaciones de los extranjeros, atribuciones del Estado Admisión de extranjeros a la República Argentina y sus excepciones, ingreso y egreso de personas, obligaciones de los medios de transporte internacional,* https://www.oas.org/dil/esp/ley_de_migraciones_argentina.pdf.
Nicaragua, Ley General de Migración y Extranjería, Ley No. 761, Aprobada el 31 de marzo del 2011, publicada en Las Gacetas Nos. 125 y 126 del 6 y 7 de Julio del 2011. https://www.ilo.org/dyn/natlex/natlex4.detail?p_isn=86382&p_lang=en.

entendido como valores constitucionales que irradian todo el ordenamiento jurídico desde una perspectiva axiológica, con posterioridad en el segmento de los principios constitucionales, se enuncia también su importancia, en el artículo 1, haciendo énfasis en el respeto a la dignidad humana, como presupuesto fundamental del Estado social de derecho. Por su parte, en el artículo 2 se afirma que es una finalidad del Estado, garantizar la efectividad de los derechos y así mismo, se constituye como una responsabilidad de las autoridades la protección de los derechos de todas las personas.

El artículo 5 reitera nuevamente la importancia de los derechos humanos, al referir que el Estado reconoce sin discriminación alguna los derechos inalienables de las personas, lo que conduce de manera ineludible a referir la dignidad humana. Vale recordar que la dignidad humana, junto con la igualdad y la prohibición de discriminación, en la mayor parte de las estructuras normativas tanto internas como internacionales, constituyen los principios o ejes centrales que sustentan todo el esquema de derechos[44].

El artículo 13 reconoce el derecho a la igualdad en el marco constitucional instaurado en 1991, con varios elementos que merecen ser resaltados respecto del ejercicio y aplicación de los derechos de los extranjeros.

> ***ARTÍCULO 13***. *Todas las personas nacen libres e iguales ante la ley, recibirán la misma protección y trato de las autoridades y gozarán de los mismos derechos, libertades y oportunidades sin ninguna discriminación por razones de sexo, raza, origen nacional o familiar, lengua, religión, opinión política o filosófica.*

---

44 J.A. Carrillo Salcedo, *Dignidad frente a la barbarie: La Declaración Universal de Derechos Humanos, cincuenta años después* (Madrid: Trotta, 1999), 54.

> El Estado promoverá las condiciones para que la igualdad sea real y efectiva y adoptará medidas en favor de grupos discriminados o marginados.
> *El Estado protegerá especialmente a aquellas personas que, por su condición económica, física o mental, se encuentren en circunstancia de debilidad manifiesta y sancionará los abusos o maltratos que contra ellas se cometan.*

En primer lugar, se evidencia el reconocimiento de la igualdad formal o igualdad ante la ley. Sobre este aspecto y en concordancia con lo antes expuesto sobre los derechos de los extranjeros en los términos del artículo 100 de la C.P de 1991, la igualdad es disfrutada por los no nacionales en el marco previsto en la Constitución y en la ley y, de hecho, el disfrute de los derechos puede estar sometido a restricciones. De acuerdo con esto, es claro que la mayor parte de los derechos civiles de las personas extranjeras están garantizados a excepción de las eventuales limitaciones que pueda tener la libertad de circulación por el territorio en función de la situación jurídica regular o irregular (artículo 24). Este tipo de limitación es legítima, pues entra a hacer parte de los elementos propios que están definidos en una política migratoria tendiente a la regulación de ingreso y permanencia y locomoción de personas al interior del territorio.

Conviene precisar que bajo el marco constitucional colombiano uno de los motivos prohibidos para discriminar es el origen nacional, lo que en la jurisprudencia interna colombiana es entendido como motivo sospechoso[45]. Por su parte, en el esquema de protección internacional, existen numerosos tratados internacionales que prohíben las discriminaciones por este motivo, sin embargo, también se faculta a los Estados para establecer distinciones consideradas legítimas

[45] Corte Constitucional, Sentencia C-276 de 19 de junio 2019, M. P. Gloria Stella Ortiz Delgado.

frente al marco del disfrute de los derechos de quienes ostentan la calidad de ciudadano y de quienes no lo son.

Justamente, suelen ser distinciones legítimas aquellas restricciones a los derechos políticos y sobre este aspecto existen pronunciamientos no solo del orden nacional que indican que en este tipo de situaciones no nos encontramos ante una discriminación prohibida, sino ante una diferencia de trato permitida por el ordenamiento jurídico interno y también por el internacional[46]. Esto, es un resultado de la inexistencia del derecho de entrada[47] en el marco internacional y nacional y es otro efecto de la potestad soberana de

---

46 Corte Constitucional, Sentencia C-070 de 3 de febrero de 2004, M. P. Clara Inés Vargas Hernández. Comité de Derechos Humanos, *Observación General No. 15, Situación de los extranjeros con arreglo al Pacto,* 27° Periodo de Sesiones, 1986, (Doc. HRI/GEN/1/Rev.9), 27 de mayo de 2008.

47 La única alusión normativa a este derecho se realiza en el artículo 13 de la Declaración Universal de Derechos de Humanos de 1948, pues refiere que: 1. Toda persona tiene derecho a circular libremente y a elegir su residencia en el territorio de un Estado. 2. Toda persona tiene derecho a salir de cualquier país, incluso del propio, y a regresar a su país. Pese a este reconocimiento, ningún tratado posterior a la DUDH ha replicado este derecho y por el contrario se hace explícita la restricción de entrada a un territorio distinto al de la nacionalidad de la persona y se somete en exclusiva a la regularidad de la persona la facultad para circular de manera libre. Ver, artículo 12 del Pacto Internacional de Derechos Civiles y Políticos; Artículo 12. Toda persona que se halle legalmente en el territorio de un Estado tendrá derecho a circular libremente por él y a escoger libremente en él su residencia. 2. Toda persona tendrá derecho a salir libremente de cualquier país, incluso del propio. Por su parte la Convención Americana sobre derechos humanos, establece en su artículo 22 "Artículo 22. Derecho de Circulación y de Residencia 1. Toda persona que se halle legalmente en el territorio de un Estado tiene derecho a circular por el mismo y, a residir en él con sujeción a las disposiciones legales. 2. Toda persona tiene derecho a salir libremente de cualquier país, inclusive del propio".

los Estados para determinar sus marcos entorno al alcance de las políticas migratorias.

El tercer elemento de la disposición del artículo 13, es la obligación constitucional que tiene el Estado de propender para que la igualdad sea real y efectiva, superando así la dimensión de la igualdad formal. En el marco normativo interno, igualdad material significa la igualdad para que el estado disponga de condiciones que permitan a las personas el acceso a las oportunidades[48], no solo para la satisfacción de los derechos civiles y políticos, sino que también deben estar fijadas para la garantía de los derechos económicos, sociales y culturales[49]. De acuerdo con lo expuesto por la Corte Constitucional, la igualdad material, permite dar tratos diferenciados para así remover los obstáculos y la desigualdad social mediante la formulación de políticas públicas que favorezcan a grupos discriminados o marginados[50].

Es importante puntualizar que el nivel de disfrute de los derechos para los extranjeros no se produce de la misma manera que para los nacionales, de tal modo que son frecuentes las restricciones que han sido impuestas por la ley, tal y como ya se ha señalado a lo largo del capítulo.

Pese a ello, no puede desconocerse que el derecho a la igualdad es aplicado a los extranjeros, y de hecho opera como una garantía instrumental que permite comprender el alcance en términos de ejercicio de los demás derechos. Ante la ausencia de una norma estatutaria que fije de mane-

---

48 Corte Constitucional, Sentencia T-909 de 1 de diciembre de 2011, M. P. Juan Carlos Henao López.

49 Corte Constitucional, *Acciones afirmativas para una igualdad material*, p. 9, https://www.corteconstitucional.gov.co/Transparencia/publicaciones/Igualaci%C3%B3n%20material%20v2%2071020.pdf.

50 Corte Constitucional, Sentencia C-410 de 15 de septiembre de 1994, M. P. Carlos Gaviria Díaz.

ra precisa las limitaciones a los derechos, el rol de la corte constitucional como intérprete de la carta de 1991, ha sido esencial para la determinación de estas coordenadas[51].

Por el momento, conviene referir que en el artículo 13 se estructura otra obligación legal para el Estado colombiano, consistente en el desarrollo de medidas de acción positiva o acciones afirmativas en favor de los grupos históricamente discriminados, dentro de los cuales los extranjeros hacen parte. Tal y como se presentó en la primera parte de este capítulo, la normativa interna expedida bajo la vigencia de la Constitución de 1886 se construyó con profundos rasgos discriminatorios y esta circunstancia no es una característica exclusiva del derecho colombiano, sino que ha sido una práctica extendida en casi la totalidad de los países del mundo. La exclusión del extranjero de los espacios de participación y de disfrute de los derechos, obedece al arraigo de los nacionalismos y a la creación de un imaginario de nacional y de ciudadano[52]. En la actualidad, las personas inmigrantes son sujetos con limitado acceso a los derechos y esta situación ha sido documentada por varios mecanismos de protección de los derechos humanos en el marco no sólo de las naciones unidas, sino también en el contexto interamericano[53].

---

51 Como ya se ha expuesto, un capítulo siguiente se dedicará a este aspecto de manera particular.

52 M. Beas Miranda, "Ciudadanía y procesos de exclusión", en *El largo camino hacia una educación inclusiva: la educación especial y social del siglo XIX a nuestros días: XV Coloquio de Historia de la Educación, Pamplona-Iruñea, 29, 30 de junio y 1 de julio de 2009*, (2009), 21-32, https://dialnet.unirioja.es/servlet/articulo?codigo=2963063.

53 Ver Comisión de Derechos Humanos, Informe presentado por la relatora especial sobre los derechos humanos de los migrantes, Sra. Gabriela Rodríguez Pizarro, Doc. E/CN.4/2003/85 (30 de diciembre de 2002), pár. 10. Comisión de Derechos Humanos, *Informe del Relator Especial sobre los derechos humanos de los migrantes: buenas prácticas e iniciativas en el ámbito de la legislación y las políticas migratorias con*

Lo anterior significaría, en estricto sentido, que el Estado colombiano tendría que desarrollar medidas afirmativas para el acceso a los derechos de la población inmigrante, teniendo en cuenta su carácter de grupo de especial protección constitucional[54]. En el desarrollo normativo interno, en efecto existen algunas acciones, planes o programas que han conducido al mejoramiento en el acceso a los derechos de las personas extranjeras, en particular orientadas para las personas venezolanas, sin embargo, estas medidas en muchos casos confluyen con otros factores o circunstancias de vulnerabilidad, como lo puede ser el hecho mismo de ser menores de edad, mujeres gestantes, adultos mayores, personas con discapacidad[55] o alguna otra condición que haga que las personas se encuentren en indefensión o en debilidad manifiesta, como sucedió, por ejemplo, en el marco de la pandemia del COVID-19, situación en la que el Gobierno

---

perspectiva de género, (Doc. A/74/191) 18 de julio de 2019. https://documents-dds-ny.un.org/doc/UNDOC/GEN/N19/222/83/PDF/N1922283.pdf?OpenElement.

54 Corte Constitucional, Sentencia SU-397 de 19 de noviembre de 2021, M.P. Alejandro Linares Cantillo.

55 Ver por ejemplo el ya referido Plan de Respuesta Plan de respuesta del sector salud al fenómeno migratorio, diseñado por el Gobierno Nacional. Ministerio de Salud de Colombia, *Plan de Respuesta para la Atención Integral en Salud a Población Migrante en Colombia,* https://www.minsalud.gov.co/sites/rid/Lists/BibliotecaDigital/RIDE/DE/COM/plan-respuesta-salud-migrantes.pdf. Así como algunas acciones a nivel distrital en Bogotá: Gobierno de Bogotá, *Avanza formulación de plan para atender e integrar población migrante.* https://bogota.gov.co/mi-ciudad/gestion-publica/avanza-formulacion-de-plan-para-atender-e-integrar-poblacion-migrante. Estrategia niñez migrante: Instituto Colombiano de Bienestar Familiar (ICBF), *Presentación Estrategia Niñez Migrante,* https://www.icbf.gov.co/sites/default/files/presentacion_estrategia_ninez_migrante_0.pdf.

nacional dictó un plan de protección para las personas venezolanas en situación de desamparo[56].

Finalmente, el último párrafo de la disposición del artículo 13, se relaciona de manera directa con el anterior, pues refuerza el deber de brindar protección a las personas que se encuentran en condiciones económicas, físicas o psíquicas desfavorables. Tal y como ya se ha expuesto la situación de las personas extranjeras suele ser compleja desde varias dimensiones, máxime cuando su migración ha tenido origen en crisis económicas, institucionales y persecución en sus Estados de origen, nacionalidad o residencia habitual.

Es importante mencionar que en la normatividad colombiana se han desarrollado leyes que adoptan medidas de acción positiva en favor de población considerada sujetos de especial protección constitucional, como sucede con las mujeres[57], niños, niñas y adolescentes[58], habitantes de calle[59],

---

56 Gobierno de Colombia, Gerencia de Frontera, *Plan de acción para migrantes en la emergencia del COVID-19*, https://estoyenlafrontera.com/soy-migrante/este-es-el-plan-de-accion-para-migrantes-en-la-emergencia-covid-19.

57 Congreso de la República de Colombia, Ley 581 de 2000: *Por la cual se reglamenta la adecuada y efectiva participación de la mujer en los niveles decisorios de las diferentes ramas y órganos del poder público, de conformidad con los artículos 13, 40 y 43 de la Constitución Nacional y se dictan otras disposiciones*, 2000 https://www.funcionpublica.gov.co/eva/gestornormativo/norma.php?i=5367.

58 Congreso de la República de Colombia, Ley 1098 de 2006, por medio de la cual se expide el Código de Infancia y adolescencia. http://www.secretariasenado.gov.co/senado/basedoc/ley_1098_2006.html.

59 Congreso de la República de Colombia, Ley 1641 de 2013*: Por la cual se establecen los lineamientos para la formulación de la política pública social para habitantes de la calle y se dictan otras disposiciones*. https://www.funcionpublica.gov.co/eva/gestornormativo/norma.php?i=53735.

personas con discapacidad[60], adultos mayores[61]. Pese a ello y a que las personas extranjeras también se consideran vulnerables no solo en los fallos nacionales, sino en los producidos en los marcos de protección internacional y de allí ingresan a la categoría de especial protección, en favor de estas personas, no se han desarrollado medidas. Por lo antes dicho, se reitera la importancia sobre la existencia de una Ley migratoria integral con reconocimiento de derechos, que acoja parámetros no solo previstos en los fallos constitucionales, sino definidos en los tratados internacionales ratificados por Colombia[62] y en los pronunciamientos de los sistemas inter-

60 Congreso de la República de Colombia, *Ley 1618 de 2013, Por medio de la cual se establecen las disposiciones para garantizar el pleno ejercicio de los derechos de las personas con discapacidad.* https://www.funcionpublica.gov.co/eva/gestornormativo/norma.php?i=52081.

61 Congreso de la República de Colombia, Ley 1850 de 2017*: por medio de la cual se establecen medidas de protección en favor del adulto mayor.* https://sidn.ramajudicial.gov.co/SIDN/NORMATIVA/TEXTOS COMPLETOS/7 LEYES/LEYES%202017%20(1822-)/Ley%201850%20de%202017%20(Establece%20medidas%20de%20protecci%C3%B3n%20al%20adulto%20mayor).pdf.

62 Sobre el punto se hace referencia a tratados generales y sectoriales que promueven la protección de la persona y de los inmigrantes, como sucede por ejemplo con el Pacto Internacional de Derechos Civiles y Políticos de 1966, con la Convención para la Eliminación de Todas las Formas de Discriminación Racial de 1965 y la Convención Internacional sobre los Derechos de Todos los Trabajadores Migratorios y sus Familias de 1990. Es importante señalar que estos no son los únicos tratados que desde el marco normativo internacional universal se aplican a los extranjeros, pues se aplican los demás tratados, pues el campo de aplicación personal de estos es amplío y benefician a toda persona. No obstante, son un buen ejemplo para ilustrar la afirmación. En lo que atañe al sistema de protección interamericano, el tratado más relevante resulta ser la Convención Americana sobre Derechos Humanos de 1969, sin perjuicio de que también les sean aplicables a estas personas otros tratados que hagan parte del sistema.

nacionales de protección de derechos humanos, en particular el universal[63] y el regional interamericano[64].

1.2.2. Bloque de constitucionalidad: ¿una estrategia de integración normativa que permite ampliar el ejercicio de los derechos de los extranjeros?

1.2.2.1. Breve referencia a los aspectos básicos del bloque de constitucionalidad

La figura del bloque de constitucionalidad tiene origen en el derecho francés, a partir de la interpretación que realiza el Consejo Constitucional de este país en el sentido de incorporar al texto de la Constitución de 1958, los derechos

---

63 Sobre esto, tal y como se expondrá más adelante, en otro capítulo, en el Sistema de Naciones Unidas es posible hallar distintos mecanismos de protección de derechos humanos, de los cuales se emiten informes, decisiones, observaciones y recomendaciones generales, que hacen énfasis en la importancia de los derechos de los extranjeros. Por su parte en el sistema de protección regional también se producen pronunciamientos, entre estos, informes, fallos contenciosos, opiniones consultivas y resoluciones que dictan medidas cautelares y provisionales, según provengan de las actuaciones de la Comisión Interamericana de Derechos Humanos o de la Corte Interamericana de Derechos Humanos, tendientes a fijar el alcance del disfrute de los derechos de los extranjeros en los Estados Parte.

64 Al punto los Principios interamericanos sobre los derechos humanos de las personas migrantes, ofrecen interesantes pautas de interpretación para ser tenidas en cuenta por los Estados en su política pública. Comisión Interamericana de Derechos Humanos, *Principios interamericanos sobre los derechos humanos de todas las personas migrantes, refugiadas, apátridas y las víctimas de la trata de personas*, 2019, https://www.oas.org/es/cidh/informes/pdfs/Principios%20DDHH%20migrantes%20-%20ES.pdf.

contenidos en la Declaración de los Derechos del Hombre y del Ciudadano[65].

En el derecho colombiano esta figura ha tenido desarrollo a partir de la jurisprudencia de la Corte Constitucional, la cual ha fijado el alcance del artículo 93 de la carta. Es importante recordar, que bajo la Constitución de 1886 los tratados internacionales no eran tenidos en consideración para realizar la interpretación de los derechos, de hecho, los derechos eran entendidos como directrices e imperativos morales sin aplicación práctica, más allá de los que podían contar con alguna consagración legislativa en los cuerpos normativos particulares que hacían parte de las ramas del derecho.

Bajo el marco de protección de la Constitución de 1991, los derechos no solo adquieren visibilidad jurídica, sino que se convierten en una finalidad para el Estado social de derecho, de tal modo que además de la creación del mecanismo de protección, se abre paso a la aplicación de los compromisos internacionales adquiridos en los tratados que versan sobre derechos humanos. Para tener una mejor comprensión sobre este concepto, es necesario puntualizar en el contenido de la norma:

> **ARTÍCULO 93.** *Los tratados y convenios internacionales ratificados por el Congreso, que reconocen los derechos humanos y que prohíben su limitación en los estados de excepción, prevalecen en el orden interno.*
> *Los derechos y deberes consagrados en esta Carta, se interpretarán de conformidad con los tratados internacionales sobre derechos humanos ratificados por Colombia (…)*

De la lectura de la norma del artículo 93, la Corte Constitucional ha desarrollado parámetros sobre la utilidad y compatibilidad de los tratados internacionales en el derecho interno.

---

65 L. Favoreu, "El bloque de la constitucionalidad", *Revista del Centro de Estudios Constitucionales*, n. ° 5, 1990, 46. https://dialnet.unirioja.es/servlet/revista?codigo=5868.

Es importante tener presente que los tratados en materia de Derecho Internacional Humanitario (DIH) y de Derecho Internacional de los Derechos Humanos (DIDH), que regulan la limitación de los derechos durante la ocurrencia de circunstancias excepcionales o estados de excepción, tienen un gran valor en el derecho colombiano, pues la propia Constitución de 1991, les asigna superioridad sobre las normas nacionales.

El bloque de constitucionalidad en la jurisprudencia nacional ha sido objeto de evolución, de esta manera, es necesario referir que a este concepto se le han asignado dos sentidos primordiales, a saber, el bloque de constitucionalidad en sentido estricto, *stricto sensu,* y el bloque de constitucionalidad en sentido amplio o *lato sensu*[66]. De acuerdo con lo anterior, el sentido estricto del bloque está conformado por los siguientes componentes:

- Tratados internacionales ratificados por Colombia, relativos a derechos humanos y que prevén las reglas de procedencia para su limitación durante la declaratoria de los estados de excepción, así como los derechos considerados intangibles y que no admiten suspensiones temporales ni siquiera bajo la vigencia de estas situaciones[67].

---

66 Para ampliar de mejor manera las aplicaciones del bloque de constitucionalidad se recomienda consultar; el trabajo de Rodrigo Uprimny-Yepes, "El bloque de constitucionalidad en Colombia. Un análisis jurisprudencial y un ensayo de sistematización doctrinal", en *Curso de formación de promotores/as en derechos humanos, libertad sindical y trabajo decente* (Bogotá: Universidad Nacional, Escuela Nacional Sindical, ENS Colombia, 2005). http://redescuelascsa.com/sitio/repo/DJS-Bloque%20Constitucionalidad%20(Uprimny).pdf.

67 Sobre esto, vale anotar que refiere en sentido concreto al artículo 4 del Pacto Internacional de Derechos Civiles y Políticos y al artículo 27 de la Convención Americana de Derechos Humanos. En estos

- Tratados sobre derechos humanos que reconocen derechos que se encuentran a su vez previstos en la Constitución de 1991 dentro de su catálogo[68].
- Tratados que fijan límites territoriales, de acuerdo con las disposiciones del artículo 102, pues, según palabras de la propia Corte Constitucional, estos son considerados normas particulares pues representan elementos constitutivos del territorio nacional[69].
- Tratados que delimitan las reglas en el marco de los conflictos armados, tanto internos como internacionales, es decir, el Derecho internacional Humanitario[70]

---

dos artículos se aporta el listado de los derechos que no pueden limitarse por ningún motivo, ni siquiera de manera temporal.

68 Al punto, el catálogo de derechos previsto en la Constitución de 1991 es bastante amplio y prevé no sólo derechos civiles y políticos, sino también económicos, sociales y culturales, así como también reconoce derechos colectivos. Al margen de ello, es claro que la mayor parte del desarrollo en materia de tratados de derechos humanos se concentra en los derechos civiles y políticos, ya sea por prever su regulación de manera general como sucede con el PIDCP de 1966 y con la CADH. Por su parte, en lo que atañe a los tratados de orden sectorial y temático, se encuentran, por ejemplo, la Convención contra la Tortura, la Convención sobre Derechos del Niño, las Convenciones que buscan la erradicación de la discriminación, como en el tema racial, contra la mujer o de las personas con discapacidad. Por su parte, tratados como la Convención… Genocidio, y la Convención para la protección de los derechos de todos los trabajadores migratorios y sus familias, por ejemplo, sin entrar a detallar el marco temático del esquema de protección regional interamericano.

69 Corte Constitucional, Sentencia C-191 de 6 de mayo 1998, M. P. Eduardo Cifuentes Muñoz.

70 Bajo este marco se encuentran los principales tratados ratificados por Colombia en materia de DIH, tales como los 4 convenios de Ginebra de 1949 y sus dos protocolos adicionales de 1977, Comité Internacional de la Cruz Roja (CICR), *Los Convenios de Ginebra de 1949 y sus Protocolos Adicionales,* https://www.icrc.org/es/document/

- Ciertos convenios de la OIT que han sido definidos por el juez constitucional[71].
- La jurisprudencia de las instancias internacionales de derechos humanos, pues actúan como marco interpretativo de los tratados internacionales de los tratados que han sido ratificados por el Estado[72].

En lo atañe al bloque en sentido amplio o lato, está integrado por toda aquella norma que sea requerida para realizar la actividad del control constitucional, por los artículos de la Constitución en su integridad, por los tratados internacionales de que trata el artículo 93 de la carta, por las leyes orgánicas y por las leyes estatutarias[73].

---

los-convenios-de-ginebra-de-1949-y-sus-protocolos-adicionales. Una norma de gran importancia es el artículo 3 común aplicable a los conflictos armados no internacionales, así como el protocolo No. 2, el cual ha sido objeto de pronunciamientos por parte de la Corte Constitucional y de hecho instaura en el orden interno la figura del bloque de Constitucionalidad por medio de la Corte Constitucional, Sentencia C-225 de 18 de mayo de 1995, M. P. Alejandro Martínez Caballero.

71 Para mayor claridad ver las sentencias: Corte Constitucional, Sentencia T-568 de 10 de agosto de 1999, M. P. Carlos Gaviria Díaz. Corte Constitucional, Sentencia C-567 de 17 de mayo de 2000, M. P. Alfredo Beltrán Sierra. Corte Constitucional, Sentencia C-401 de 14 de abril de 2005, M. P. Manuel José Cepeda Espinoza.

72 R. Uprimny-Yepes, "El bloque de constitucionalidad en Colombia. Un análisis jurisprudencial y un ensayo de sistematización doctrinal".

73 V. Suet Cock, "El bloque de constitucionalidad como mecanismo de interpretación constitucional. Aproximación a los contenidos del bloque en derechos en Colombia", *Vniversitas* 133, 2016, 329. http://dx.doi.org/10.11144/Javeriana.vj133.bcmi.

1.2.2.2. Apuntes sobre la relación del bloque de constitucionalidad y la satisfacción de los derechos de los extranjeros

Luego de haber abordado a grandes rasgos el complejo concepto del bloque de constitucionalidad[74], se hace necesario comprender dónde radica su importancia para la garantía de los derechos de los extranjeros que se hallan sometidos a la jurisdicción del Estado colombiano. Según lo expuesto con anterioridad, los tratados de derechos humanos que han sido ratificados por Colombia y que prevén derechos que resultan ser coincidentes con aquellos que han sido constitucionalizados, son varios y de diversa índole. De acuerdo con la Cancillería de la República, el Estado es parte de más de 60 tratados internacionales en la materia[75] y en este listado se incluyen no solo compromisos adquiridos con el Sistema de Protección Regional Interamericano, sino también con el universal, en el ámbito de la Organización de las Naciones Unidas, así como las normas convencionales que se derivan de los cuerpos dispositivos del DIH y Derecho Internacional de los Refugiados (DIR), para no referir los Convenios de OIT que hacen parte también del bloque[76].

---

74 Ver Arturo L. Fajardo, "Contenido y alcance jurisprudencial del bloque de constitucionalidad en Colombia", *Civilizar: Ciencias Sociales y Humanas* 7, n. ° 13, 2007, 15-34. https://doi.org/10.22518/16578953.761.

75 Cancillería de Colombia, Colombia frente a los instrumentos internacionales en materia de Derechos Humanos y Derecho Internacional Humanitario, https://www.cancilleria.gov.co/sites/default/files/colombia_frente_a_los_instrumentos_internacionales_de_derechos_humanos_y_dih-feb2014_3.pdf.

76 Al punto, Colombia ha ratificado un importante número de Convenios de la OIT, aunque aún no es parte de los que se refieren en particular a los trabajadores migrantes como sucede con el Convenio 97 Convenio no. 97, *relativo a los trabajadores migrantes*, adoptado el 1° de

De esta manera, resulta pertinente recordar que el artículo 100, antes referido reconoce los derechos de los extranjeros en el país, atributos que deben ser analizados en conjunto con el resto de las normas que integran el título II de la Constitución de 1991 y que en uno de los acápites anteriores ya se analizó.

Sobre la base de que el campo de aplicación personal de un importante número de derechos previstos en la Constitución de 1991, ampara a toda persona por el hecho de serlo, este criterio de generalización[77] y universalidad[78], también se hace aplicable a las prescripciones de los tratados internacionales ratificados por el Congreso de Colombia, de este modo, desde el orden universal, compromisos tan importantes como los contenidos en el Pacto Internacional de Derechos Civiles y Políticos[79] y sus correspondientes protocolos adicionales, así como otros tratados temáticos y sectoriales[80], tanto del contexto de las Naciones Unidas

---

julio de 1949, entrada en vigor el 22 de enero de 1952 y 143 sobre las migraciones en condiciones abusivas y la promoción de la igualdad de oportunidades y de trato de los trabajadores migrantes, adoptado el 24 de junio de 1975, entrada en vigor el 9 de diciembre de 1978.

77 Gregorio, Peces-Barba Martínez, *Curso de derechos fundamentales, con la colaboración de R. de Asís, C. Fernández Liesa y A. Llamas,* (Madrid: BOE-Universidad Carlos III de Madrid, 1995), 154 y ss.

78 Organización de las Naciones Unidas, *Declaración y Programa de Acción de Viena,* (Doc. A/CONF.157/23), 12 de julio de 1993, articulo 5.

79 Colombia incorporó al derecho interno este tratado, a través de: Congreso de la República, Ley 74 de 1968: *Por la cual se aprueban los "Pactos Internacionales de Derechos Económicos, Sociales y Culturales, de Derechos Civiles y Políticos, así como el Protocolo Facultativo de este último, aprobados por la Asamblea General de las Naciones Unidas en votación unánime, en Nueva York, el 16 de diciembre de 1966"*

80 Convención contra la Tortura y Otros Tratos o Penas Crueles, Inhumanos o Degradantes, Convención Internacional sobre la Eliminación de todas las formas de Discriminación Racial, Convención

como de la Organización de Estados Americanos[81], por citar solo algunos ejemplos, también acuden al empleo de pronombres indeterminados, lo que permite que el reconocimiento de derechos no se produzca en función del criterio de la nacionalidad o de la ciudadanía, sino en función del hecho mismo de ser personas.

De acuerdo con ello, la integración normativa y el alcance de los derechos de los extranjeros deberían contar con una interpretación a la luz de los tratados de derechos humanos. En este escenario, además de las normas que se aplican a cualquier persona, dentro de los parámetros permitidos por el Derecho Internacional[82], merece especial atención lo previsto por la Convención Internacional sobre la protección de los derechos de todos los Trabajadores Migratorios y sus familiares de 1990[83], la Convención de Ginebra sobre el Estatuto

---

sobre la Eliminación de todas las formas de Discriminación contra la Mujer, Convención para la Prevención y la Sanción del Delito del Genocidio, Convención Internacional para la protección de todas las personas contra las desapariciones forzadas, Convención sobre los Derechos del Niño.

81 Sobre ello el tratado más importante es la Convención Americana sobre Derechos Humanos, "Pacto de San José".

82 De acuerdo con esto, para los Estados resulta legítimo realizar distinciones entre las personas nacionales y los no nacionales de sus Estados, situación que no es considerada una discriminación prohibida. Tales diferencias de trato operan en función de la existencia de un vínculo jurídico político entre la persona y el Estado y está autorizada por tratados en materia de protección de derechos humanos, como puede observarse de manera más precisa con la Convención Internacional sobre la Eliminación de todas las Formas de Discriminación Racial, tal y como queda expuesto en su artículo 1.2.

83 Incorporada al derecho interno colombiano, por medio de Congreso de la República de Colombia, Ley 146 de 1994: *Por medio de la cual se aprueba la "Convención Internacional sobre la Protección de los Derechos de todos los Trabajadores Migratorios y de sus Familiares", hecha en Nueva York el 18 de diciembre de 1990.*

de los Refugiados, la Convención sobre el Estatuto de los apátridas de 1954[84] y la Convención para Reducir los casos de apatridia de 1961, pues estos tratados sectoriales, ofrecen una protección reforzada a las personas no nacionales colombianas, que carecen de nacionalidad o pueden carecer de ella y que llegan al territorio colombiano, con la pretensión de mejorar sus condiciones de vida o tratar de obtener algún tipo de protección internacional. La amplitud con la que se ha ido configurando el bloque de constitucionalidad, debería permitir que en ausencia de una ley de carácter estatutario que amplié el campo de aplicación de los derechos de los extranjeros, en particular los trabajadores migrantes, sean estos importantes tratados, criterios para la determinar el alcance y límites de los derechos que le asisten a dichas personas.

Gracias al activismo judicial interno, los tratados de derechos humanos se han tenido en consideración a la hora de proferir fallos de tutela en sede de revisión, en los que se encuentran en debate los derechos de los no nacionales. De este modo, por ejemplo, tal y como se podrá apreciar en el capítulo dedicado a la jurisprudencia constitucional, es posible notar que en las decisiones referidas a la protección del derecho a la familia, al acceso a los menores de edad al sistema educativo, al derecho a la salud, acceso al registro civil, derecho al nombre y reconocimiento de la personalidad jurídica, como presupuesto para obtener las afiliaciones al sistema[85], se invoca el interés superior del niño y otra serie de principios previstos en la Convención sobre Derechos del Niño y demás tratados

---

84 Incorporada el derecho interno por medio de Congreso de la República de Colombia, Ley 1588 de 2012: *Por medio de la cual se aprueba la "Convención sobre el Estatuto de los Apátridas", adoptada en Nueva York, el 28 de septiembre de 1954 y la "Convención para reducir los casos de Apatridia", adoptada en Nueva York, el 30 de agosto de 1961.*

85 Corte Constitucional, Sentencia T-023 de 5 de febrero de 2018, M. P. José Fernando Reyes Cuartas.

de importancia capital como el PIDCP, CADH y la CTMF por ejemplo[86]. Por su parte, la influencia de los tratados y fallos internacionales a la hora de realizar un pronunciamiento interno, también se ha puesto en evidencia en el abordaje del debido proceso, en el que se argumenta que este es un derecho que tienen todas las personas sin que entren en consideración los criterios de nacionalidad[87]. En varios de los asuntos fallados por la Corte constitucional, no solo se hace alusión explícita a los tratados internacionales aplicables a un caso, sino que también se realizan referencias genéricas de la obligación del Estado de cumplir con el derecho internacional[88].

De la misma forma que en los eventos referidos anteriormente, las garantías laborales de los trabajadores extranjeros también han sido objeto de abordaje a partir de la interpretación internacional. Vale recordar que la CTMF cuenta con un importante número de disposiciones que amplían los derechos de las personas extranjeras y dignifican su presencia en el territorio nacional, tal es el caso del artículo 25 de la CTMF que se refiere a las condiciones prestaciones de los trabajadores en situación de irregularidad migratoria, quienes a pesar de la ausencia de documentación deben ser

86 Ver las sentencias: Corte Constitucional, Sentencia T-452 de 20 de junio de 2012, M. P. Luis Ernesto Vargas Silva. Corte Constitucional, Sentencia T-660 de 23 de septiembre de 2013, M. P. Luis Ernesto Vargas Silva. Corte Constitucional, Sentencia T-956 de 19 de diciembre de 2013, M. P. Luis Ernesto Vargas Silva. Corte Constitucional, Sentencia T-338 de 3 de junio de 2015, M. P. Jorge Iván Palacio Palacio. Corte Constitucional, Sentencia T-405 de 27 de junio de 2017, M. P. Iván Humberto Escrucería Mayolo.

87 Al punto se pueden consultar las sentencias: Corte Constitucional, Sentencia T-321 de 4 de abril de 2005, M. P. Humberto Sierra Porto y Corte Constitucional, Sentencia T-295 de 24 de julio de 2018, M. P. Gloria Stella Ortiz.

88 Corte Constitucional, Sentencia T-530 de 12 de noviembre de 2019, M. P. Alejandro Linares Cantillo.

tratados en plenas condiciones de empleo bajo los parámetros del trabajo decente, esto incluye, por ejemplo, estabilidad reforzada en el caso de la mujer embaraza y el acceso a las asistencias del sistema de seguridad social[89].

De acuerdo con esto, es importante agregar que las fuentes internacionales no sólo tienen como finalidad la búsqueda de alternativas para la adopción de medidas que permitan reportar un cumplimiento de los compromisos internacionales que el país ha adquirido voluntariamente, sino que tienen la virtud de llenar los vacíos que no han sido solventados en la norma interna, en especial por el desarrollo que aún está pendiente de parte del Congreso de la República, para fijar los límites y parámetros de disfrute de los derechos de los extranjeros, de acuerdo con el artículo 100 de la Constitución de 1991.

El cuadro del anexo 2 se presentará algunos ejemplos en los que los fallos internos han tenido en consideración tanto normas internacionales en materia de derechos humanos, como fallos producidos en las Cortes Internacionales, para sustentar el disfrute de los derechos de los extranjeros.

---

89 Corte Constitucional, Sentencia T-535 de 18 de diciembre de 2020, M. P. José Fernando Reyes Cuartas.

Cuadro 2. Fallos internos

Fallo interno	Derecho invocado	Tratado internacional	Jurisprudencia internacional	Argumento principal
C-179 de 1994.	Derechos civiles de los extranjeros.	Pacto Internacional de Derechos Civiles y Políticos// Convención Americana de Derechos Humanos// Convenios de Ginebra y sus dos protocolos// Convenios de la Organización Internacional del Trabajo relativos a la libertad sindical (Consideraciones de la Corte, inciso f).	N/A	PREVALENCIA DE TRATADOS INTERNACIONALES: Se retoma el artículo 93 de la Constitución Política, ya que se señala que este no se refiere a todos los derechos humanos consagrados en los tratados y convenios internacionales. El artículo 93 mencionado debe ser necesariamente interpretado con relación al artículo 214-2 *ibidem*, que prohíbe la suspensión de los derechos humanos y libertades fundamentales durante los estados de excepción. La condición para que esos tratados o convenios internacionales rijan a plenitud es que no contraríen la Constitución, de manera que solo deberán acatarse aquellos que no vulneren sus preceptos. DERECHO INTERNACIONAL HUMANITARIO/*IUS COGENS*: Los principios del Derecho Internacional Humanitario plasmados en los Convenios de Ginebra y en sus dos protocolos hacen parte del *Ius Cogens* o derecho consuetudinario de los pueblos.

				En consecuencia, su fuerza vinculante proviene de la universal aceptación y reconocimiento que la comunidad internacional de Estados en su conjunto le ha dado al adherir a esa axiología y al considerar que no admite norma o práctica en contrario. De ahí que su respeto sea independiente de la ratificación o adhesión que hayan prestado o dejado de prestar los Estados a los Instrumentos Internacionales que recogen dichos principios. La Constitución no solamente ordena respetar el derecho internacional humanitario durante los estados de excepción, sino que también permite que se apliquen las normas internacionales sobre derechos inherentes a la persona humana LIBERTAD DE EXPRESIÓN: Es un derecho fundamental consagrado tanto en la normativa nacional como internacional. Los derechos humanos se predican de todo ser humano, cualquiera que sea su sexo, raza o condición. Por tanto, por el solo hecho de que una persona haya infringido un mandato legal, no puede ser despojada de esos derechos que la Constitución no permite limitar o restringir, aún en periodos de perturbación del orden.

Fallo interno	Derecho invocado	Tratado internacional	Jurisprudencia internacional	Argumento principal
T-215 de 1996.	Derecho de los niños	Convención de las Naciones Unidas sobre los derechos de los niños de 1989 (Consideraciones de la Corte, Parte Tercera/ Los Derechos Constitucionales Fundamentales de los Niños-literal b).	N/A	SOBRE LOS DERECHOS DEL MENOR: El derecho del menor a tener una familia y a no ser separado de ella, así como todo el conjunto de derechos constitucionales fundamentales de los niños que se reconocen en su favor por la carta política y por los tratados internacionales suscritos por Colombia, incluyen sin duda a los hijos de los extranjeros en Colombia. En esa medida, aquellos menores y sus derechos no pueden ser objeto de actuaciones discrecionales de las autoridades públicas que los lesionen o afecten, aunque medie la circunstancia de que el padre del menor sea extranjero y se encuentre en situación de irregular permanencia en el territorio nacional. En adición, conforme al artículo 44 de la Constitución, se establece que el Estado y sus autoridades no pueden desconocer de plano el mencionado derecho, ni afectar la unidad y continuidad de la familia, salvo que exista fundamento legal concreto como es el ejercicio de los poderes punitivos o correccionales; procurando siempre que sus actuaciones no se cause daño irreparable a aquellos derechos, y de velar porque en todo caso se respeten cuando menos en su núcleo esencial y no se desampare a sus titulares.

Fallo interno	Derecho invocado	Tratado internacional	Jurisprudencia internacional	Argumento principal
C-1259 de 2001.	Derecho al trabajo.	Convención Internacional sobre la Protección de los Derechos de Todos los Trabajadores Migratorios y de sus Familiares (Consideraciones de la Corte, numeral 7).	N/A	TRABAJADOR NACIONAL Y TRABAJADOR EXTRANJERO: La sola existencia de un tratamiento legal diferenciado entre los trabajadores nacionales y los trabajadores extranjeros no tiene por qué reputarse inconstitucional, pues la carta política recogiendo el contenido que hoy se le imprime a la igualdad como valor superior, como principio y como derecho, ha contemplado la posibilidad de que se configure un tratamiento diferenciado. Lo importante es determinar si ese tratamiento diferenciado es legítimo o si está proscrito por el texto fundamental. Para ello debe establecerse la diferencia de los supuestos de hecho, la presencia de un fin que explique la diferencia de trato, la validez constitucional de ese fin, la eficacia de la relación entre los supuestos de hecho, la norma y el fin y, por último, la proporcionalidad de esa relación de eficacia.

Fallo interno	Derecho invocado	Tratado internacional	Jurisprudencia internacional	Argumento principal
C-1024 de 2002.	Derecho a la libertad personal.	Declaración Universal de los Derechos del Hombre// Pacto Internacional de Derechos Civiles y Políticos// Convención Americana sobre Derechos Humanos// Convención de Salvaguardia de los Derechos del Hombre y de las Libertades Fundamentales (Consideraciones de la Corte, numeral 3.2).	N/A	LIBERTAD PERSONAL: En algunas ocasiones el interés superior de la sociedad exige la privación o restricción de la libertad personal. De la comunidad universal, también ha sido preocupación principal la libertad personal, especialmente luego de la segunda guerra mundial. Así, por ejemplo, la Declaración Universal de los Derechos del Hombre de 10 de diciembre de 1948, de ella se ocupó en su artículo 12; el Pacto Internacional de Derechos Civiles y Políticos, le consagró su artículo 9; la Convención Americana sobre Derechos Humanos, la hizo suya en el artículo 7; y en Europa, la incluyó la Convención de Salvaguardia de los Derechos del Hombre y de las Libertades Fundamentales, en su artículo 5.

		Artículo 51 del Protocolo I Adicional a los Convenios de Ginebra de 1949 (Consideraciones de la Corte, numeral, 4.3.3.4).		Pero esa privación o restricción de la libertad, en los Estados democráticos no puede ser arbitraria. De allí, que el artículo 28 de la carta política vigente, establezca requisitos para el efecto. Así, la reducción a prisión o arresto o la detención, exigen i) motivo previamente definido en la ley; ii) mandamiento escrito de autoridad judicial competente; y iii) que se realice con la plenitud de las formalidades legales. La privación o restricción de la libertad que materialmente se ejecuta por funcionarios de la rama ejecutiva del poder público, no queda a la discreción de esta, sino que exige la intervención de las otras dos ramas del poder, pues el legislador define los motivos y el juez emite la orden escrita con sujeción a estos, para que quien la practique lo haga luego con sujeción a las formalidades previamente definidas por el legislador.

Fallo interno	Derecho invocado	Tratado internacional	Jurisprudencia internacional	Argumento principal
T-704 de 2003 (14 agosto)	Derecho de asilo	Pacto Internacional de Derechos Civiles y Políticos // Tratado de Montevideo // Convenios de La Habana (1928), Montevideo (1933) y Caracas (1954) // Declaración Americana de los Derechos y Deberes del Hombre (Consideraciones de la Corte, numeral b). Declaración de Cartagena sobre los refugiados (Consideraciones de la Corte, numeral c).	Comisión Interamericana de Derechos Humanos. Informe del año 2000 "Sobre la situación de los derechos humanos de los solicitantes de asilo en el marco del sistema canadiense de determinación de la condición de refugiado" (Consideraciones de la Corte, numeral b).	ASILO Y REFUGIO: La Constitución de 1991 expresamente no alude en su articulado a los refugiados ni a sus derechos fundamentales. Por el contrario, el artículo 36 superior reconoce el derecho de asilo "en los términos previstos en la ley", institución jurídica que, si bien no es igual a aquella del refugio, guarda con todo algunas semejanzas con este, en particular, en cuanto a los fines de protección internacional del ser humano que se persiguen con uno y otro. Al respecto cabe señalar que el Estado colombiano es parte en la Convención sobre el Estatuto de los Refugiados suscrita en Ginebra en 1951, aprobada por la Ley 35 de 1961; del Protocolo sobre el Estatuto de Refugiados del 31 de enero de 1967, aprobado por la Ley 65 de 1979 y suscribió la Declaración de Cartagena sobre los refugiados del 22 de noviembre de 1984.

		Convención sobre el Estatuto del Refugiado y el Protocolo sobre el Estatuto de los Refugiados (Consideraciones de la Corte, numerales b, c, d).	Comisión Interamericana de Derechos. "Informe sobre terrorismo y derechos humanos", presentado en octubre de 2002 (Consideraciones de la Corte, numeral b).	Compromisos internacionales que, en virtud del artículo 9 constitucional, en consonancia con el principio de la ejecución de buena fe de los instrumentos internacionales, consagrado en el artículo 26 de la Convención de Viena sobre Derecho de los Tratados de 1969, Colombia debe estrictamente cumplirla, lo cual conlleva que sean tomadas las medidas legislativas y administrativas necesarias para que sean respetados y garantizados los derechos de las personas que demanden y obtengan el estatuto de refugiado en nuestro país. CONDICIÓN DE REFUGIADO: Considera la Sala de Revisión que hace parte del debido proceso administrativo en el caso de los demandantes de refugio a quienes un Estado les ha negado tal condición, que, dentro de un plazo razonable, que nuestra legislación establece "hasta por treinta días a partir de la notificación de la resolución respectiva", gestione su admisión legal en otro país. De conformidad con el artículo 16 del decreto 1598 de 1995, durante ese término, el Ministerio de Relaciones Exteriores podrá solicitar colaboración al ACNUR "para que gestione la admisión legal del peticionario en otro país donde su vida e integridad no peligren".

Fallo interno	Derecho invocado	Tratado internacional	Jurisprudencia internacional	Argumento principal
C-1058 de 2003 (11 nov).	Derecho de extranjeros. Derecho a la igualdad de extranjeros.	Convención Internacional sobre la Protección de los Derechos de Todos los Trabajadores Migratorios y de sus Familiares (Consideraciones de la Corte, numeral 3.4.5)	N/A	DERECHO A LA IGUALDAD DE EXTRANJEROS: Si bien el derecho a la igualdad prohíbe discriminar contra los extranjeros, dicho derecho no opera de la misma manera para los nacionales y los extranjeros, pues estos no tienen derechos políticos, salvo las excepciones constitucionales que llegue a desarrollar la ley, y sus derechos civiles pueden ver subordinados o negados por razones de orden público. Para efectos de preservar el derecho de igualdad debe precisarse si la limitación impuesta se inscribe en alguno de aquellos ámbitos en los que, por razones de orden público, pueden establecerse diferencias entre nacionales y extranjeros, tal como lo señala el artículo 100. De lo contrario, debe establecerse si la distinción establecida por el legislador es un trato razonable constitucionalmente, en virtud del artículo 13 y lo dispuesto por la jurisprudencia constitucional.

				Las razones de orden público para subordinar a condiciones especiales o negar el ejercicio de determinados derechos civiles a los extranjeros no se pueden invocar en forma abstracta por el legislador, sino en forma concreta, pues las restricciones a los derechos fundamentales deben ser (i) expresas, (ii) necesarias, (iii) mínimas e (iv) indispensables, y (v) estar dirigidas a la realización de finalidades constitucionales legítimas en una sociedad democrática. En todo caso la intensidad del juicio de igualdad en casos en los que estén comprometidos los derechos de los extranjeros dependerá del tipo de derecho afectado y de la situación concreta por analizar.
C-820 de 2005	Derecho al debido proceso	Declaración Americana de Derechos y Deberes del Hombre // Pacto Internacional de Derechos Civiles y Políticos // Declaración Americana sobre Derechos Humanos de 1969 (Consideraciones de la Corte, apartado sobre el bloque de constitucionalidad en la materia).	N/A	La Corte ha señalado que constituye un aspecto fundamental del debido proceso el principio de favorabilidad penal (artículo 29 de la carta y convenios internacionales que lo contienen), el cual parte de un presupuesto básico como lo es la sucesión de leyes en el tiempo. Este principio, ha señalado la Corte, no se predica frente a normas generales, impersonales y abstractas por cuanto la aplicación de la norma que más beneficia o favorece al procesado corresponde al juez en cada caso concreto.

Fallo interno	Derecho invocado	Tratado internacional	Jurisprudencia internacional	Argumento principal
C-288 de 2009	Derechos de los migrantes. Derecho a la dignidad humana.	Pacto Internacional de los Derechos Civiles y Políticos// Convención Americana sobre Derechos Humanos // Convención Internacional sobre la Protección de los Derechos de todos los Trabajadores Migratorios y de sus familiares// Protocolo Adicional a la Convención Americana sobre Derechos Humanos o Protocolo de San Salvador// Convención de los Derechos del Niño (Consideraciones de la Corte, numeral 7.2.2.)	Corte Interamericana de Derechos Humanos. Opinión Consultiva OC-18 de 17 de septiembre de 2003, solicitada por los Estados Unidos Mexicanos. Condición Jurídica y Derechos de los Migrantes Indocumentados (Consideraciones de la Corte, numerales 7.2.1. y 7.2.2.)	DERECHOS FUNDAMENTALES DE MIGRANTES: La migración es un asunto regulado por distintos instrumentos internacionales y objeto de pronunciamiento por distintos órganos internacionales, que busca garantizar los derechos humanos del migrante con independencia de su situación de irregularidad. Así mismo, debe precisarse que en la medida que los extranjeros gozan en el territorio colombiano de las garantías concedidas a los nacionales salvo las limitaciones constitucionales y legales, dicho reconocimiento genera a la vez la responsabilidad de los extranjeros de cumplir los deberes que la misma normatividad consagra para los nacionales, conforme al artículo 4 de la Constitución.

				Doctrina constitucional que para la Corte responde adecuadamente a los tratados internacionales sobre derechos humanos que consagran los derechos de los extranjeros, como el artículo 1º de la Convención Americana sobre Derechos Humanos; el artículo 2.1. del Pacto Internacional de Derechos Civiles y Políticos; los artículos 3º y 9º del Protocolo Adicional a la Convención Americana sobre Derechos Humanos o Protocolo de San Salvador; el artículo 2º de la Convención de los Derechos del Niño; y particularmente la Convención Internacional sobre la Protección de los Derechos de todos los Trabajadores Migratorios y de sus Familiares. DERECHO A LA DIGNIDAD HUMANA: En cuanto al concepto y alcance de la dignidad humana, la Corte le ha reconocido un carácter absoluto por su triple naturaleza de valor, principio y derecho fundamental autónomo que soporta la totalidad de los derechos constitucionales.

Fallo interno	Derecho invocado	Tratado internacional	Jurisprudencia internacional	Argumento principal
T-452 de 2012	Derecho a la una familia. Derecho a la educación. Derechos de los niños.	Convención sobre derechos de los niños (Consideraciones de la Corte, numeral 4.1.1 y 4.1.2).	N/A	A partir del artículo 44 de la Constitución Política, se hace un análisis de las normas superiores y del derecho internacional de los derechos humanos que resultan pertinentes para el caso, en el que se establece que el objetivo de todas las actuaciones oficiales o privadas que conciernan a los niños debe ser la prevalencia de los derechos e intereses de los menores, como sujetos de especial protección constitucional. De acuerdo con las disposiciones nacionales e internacionales, los criterios que deben regir la protección de los derechos e intereses de los menores que comprende la garantía de un desarrollo armónico e integral son: i) la prevalencia del interés del menor; ii) la garantía de las medidas de protección que su condición de menor requiere; iii) la previsión de las oportunidades y recursos necesarios para desarrollarse mental, moral, espiritual y socialmente de manera normal y saludable, y en condiciones de libertad y dignidad. Ahora bien, las garantías a las cuales se hace alusión anteriormente, pactadas en los tratados internacionales ratificados por Colombia, son aquellas que contribuyen al desarrollo integral del menor, el pleno ejercicio de sus derechos fundamentales, protección del menor frente a riesgos prohibidos, equilibrio entre los derechos de los niños y los de sus parientes, sobre la base de la prevalencia de los derechos del menor y necesidad de evitar cambios desfavorables en las condiciones presentes del menor involucrado.

Fallo interno	Derecho invocado	Tratado internacional	Jurisprudencia internacional	Argumento principal
C-622 de 2013 (10 sept).	Derechos de los extranjeros. Derecho a la nacionalidad. Derecho a la no discriminación.	Declaración Universal de Derechos Humanos// Declaración Americana de Derechos y Deberes del Hombre// Pacto Internacional de Derechos Civiles y Políticos// Convención Americana sobre Derechos Humanos (Consideraciones de la Corte, numerales 5.4.2.3., 5.6.1.1., 5.6.2.3.) Convención sobre el Estatuto de los Apátridas (Consideraciones de la Corte, numeral 5.4).	Corte Interamericana de Derechos Humanos, Opinión Consultiva OC-4 DE 1984. "Propuesta de modificación a la Constitución de Costa Rica" (Consideraciones de la Corte, numeral 5.6.1.1.)	CONVENCION SOBRE EL ESTATUTO DE APATRIDAS Y CONVENCIÓN PARA REDUCIR CASOS DE APÁTRIDAS: La Corte encuentra que se ajusta a los postulados constitucionales relativos a la integración con otros Estados, a la soberanía nacional y a la autodeterminación, el deber del Estado garantizar el respeto por la dignidad humana, la solidaridad de las personas que la integran, el deber de las autoridades de proteger a todas las personas residentes en Colombia, de garantizar el ejercicio de sus derechos fundamentales, así como la protección de los derechos de los extranjeros y de las normas sobre la nacionalidad, a la facultad del presidente de la república de dirigir las relaciones internacionales, a la potestad de configuración legislativa en materia de contribuciones fiscales, a la función de aprobar o improbar los tratados que celebre el Gobierno nacional con otros Estados y a la efectividad de los principios y derechos consagrados en la Constitución, así como con el deber de protección de la vida de todos las personas residentes en Colombia.

Fallo interno	Derecho invocado	Tratado internacional	Jurisprudencia internacional	Argumento principal
				DERECHO A LA NO DISCRIMINACIÓN: Para la Corte la prohibición de discriminación en la aplicación de las disposiciones del tratado, es consonante con los derechos fundamentales consagrados en la Constitución Política, en especial, con el artículo 13 que establece que *"todas las personas nacen libre e iguales ante la ley, recibirán la misma protección y trato de las autoridades y gozaran los mismos derechos, libertades y oportunidades sin ninguna discriminación por razones de sexo, raza, origen, nacional o familiar, lengua, religión, opinión política o filosófica"* y con los Tratados y Convenciones Internacionales que reconocen derechos humanos los cuales han sido ratificados por el Congreso de la República y que acorde al artículo 93 de la Constitución prevalecen en el orden interno y hacen parte del Bloque de Constitucionalidad, como lo son: los artículos 1 y 2 de la Declaración Universal de Derechos Humanos, el preámbulo y el artículo II de la Declaración Americana de Derechos y Deberes del Hombre, los artículos 2, 3 y 26 del Pacto Internacional de Derechos Civiles y Políticos y los artículos 1 y 24 de la Convención Americana sobre Derechos Humanos.

				DERECHO A LA NACIONALIDAD: Varios instrumentos internacionales consideran la nacionalidad como un derecho y una prerrogativa de la persona. Es así como la Corte Interamericana de Derechos Humanos ha afirmado que *"La nacionalidad, conforme se acepta mayoritariamente, debe ser considerada como un estado natural del ser humano. Tal estado es no sólo el fundamento mismo de su capacidad política sino también de parte de su capacidad civil. De allí que, no obstante que tradicionalmente se ha aceptado que la determinación y regulación de la nacionalidad son competencia de cada Estado, la evolución cumplida en esta materia nos demuestra que el derecho internacional impone ciertos límites a la discrecionalidad de los Estados y que, en su estado actual, en la reglamentación de la nacionalidad no sólo concurren competencias de los Estados sino también las exigencias de la protección integral de los derechos humanos".*

Fallo interno	Derecho invocado	Tratado internacional	Jurisprudencia internacional	Argumento principal
T-660 de 2013 (23 sept).	Derecho a la educación.	Convención de los Derechos del Niño// Pacto Internacional de Derechos Económicos, Sociales y Culturales (Consideraciones de la Corte, numeral 3.1).	N/A	La Constitución Política de 1991, en su artículo 67 desarrollado por la Ley 115 de 1994, estableció que la educación es un derecho de la persona y un servicio público que cumple una función social, la cual es ser la fuente de conocimientos y cultura que dignifique a las personas brindándoles acceso a la ciencia, a la técnica y, en general, a los demás bienes y valores de la cultura. La jurisprudencia ha reconocido el carácter fundamental del derecho a la educación, en especial cuando se exige la prestación del servicio para los niños, las niñas y los adolescentes, considerando que, por su debilidad natural para asumir una vida totalmente independiente, requieren de una protección especial por parte del Estado, la familia y la sociedad. Así lo indicó esta Corporación en Sentencia T-492 de 1992, al referirse a la especial connotación de indefensión de los menores de edad y a la *ius fundamentalidad* de la educación respecto de éstos, sin excepción, conforme al artículo 44 superior y a varios instrumentos internacionales ratificados por Colombia, tales como el Pacto Internacional de Derechos Económicos, Sociales y Culturales, el Protocolo de San Salvador y la Convención de los Derechos del Niño.

Fallo interno	Derecho invocado	Tratado internacional	Jurisprudencia internacional	Argumento principal
T-956 de 2013 (dic).	Derecho a la vida digna. Libre desarrollo de la personalidad. Derecho a tener una familia.	Convención sobre los Derechos del Niño //Pacto Internacional de Derechos Civiles y Políticos // Convención Americana de Derechos Humanos (Consideraciones de la Corte, numeral 10).	N/A	El artículo 44 de la Constitución prevé los derechos fundamentales de los niños. Entre ellos dispone que los menores de edad tengan derecho a tener una familia y no ser separados de ella, así como al cuidado y el amor. La jurisprudencia constitucional ha señalado, de forma consistente, que estas garantías conforman uno de los ámbitos en que se expresa el mandato constitucional de interés superior del menor. Dicha previsión constitucional, además, encuentra sustento en normas del derecho internacional de los derechos humanos. Así las cosas, el derecho constitucional de los niños y niñas a tener una familia y a no ser separado de ella, debe ser interpretado de forma tal que (i) garantice en todo momento que el menor mantenga el contacto y unión familiar con sus progenitores; (ii) para la validez constitucional de la separación de su grupo familiar, deba acreditarse que esa es la única medida posible para garantizar el interés superior del menor afectado; y (iii) cuando la separación sea consecuencia de una actuación legal contra alguno de los padres, como sucede en los casos de la privación de la libertad o la deportación, la misma tiene que ser estrictamente necesaria, someterse a las reglas y procedimientos aplicables, así como contar con la posibilidad de un control judicial en donde los interesados cuenten con instancias de participación en la decisión que deba adoptarse.

Fallo interno	Derecho invocado	Tratado internacional	Jurisprudencia internacional	Argumento principal
				DERECHO DE CONTRADICCIÓN Y DEFENSA DE LOS MIGRANTES: El artículo 29 de la Constitución Política prevé, a manera de cláusula general, la garantía del debido proceso en toda clase de actuaciones judiciales y administrativas, universo en el cual están comprendidos los procedimientos que adelantan las autoridades migratorias. A su vez, el derecho constitucional al debido proceso es plenamente predicable a los extranjeros que están sometidos a los mencionados trámites, conforme lo estipula el artículo 100 Constitución Política. Esto implica que el Estado debe ofrecerles todas las garantías que confiere a los nacionales dentro de los procedimientos judiciales y administrativos.

Fallo interno	Derecho invocado	Tratado internacional	Jurisprudencia internacional	Argumento principal
T-338 de 2015	Derecho a la familia. Derecho al debido proceso.	Convención sobre los Derechos del Niño // Convención Europea para la Protección de los Derechos Humanos y Libertades Fundamentales (Consideraciones de la Corte, numeral 5.11). Convenio de Ginebra del 12 de agosto de 1949 // Convención Internacional sobre la Protección de los Derechos de todos los Trabajadores Migratorios y de sus Familiares // Convención sobre la Prevención y el Castigo de Delitos contra personas internacionalmente protegidas //	N/A	De conformidad con el artículo 100 de la carta política, los extranjeros gozan de los mismos derechos civiles y garantías de que gozan los nacionales, salvo las limitaciones que establezca la Constitución o la ley. La Corte Interamericana de Derechos Humanos (Corte IDH) ha reconocido que, si bien los Estados tienen la facultad de fijar políticas migratorias para establecer un control de ingreso a su territorio y salida de él, respecto a sus nacionales, como aquellos que no lo son, dichas políticas deben ser compatibles con las normas de protección de los derechos humanos. Sin embargo, esto no significa que los Estados no puedan iniciar acción alguna en contra de aquellas personas que no cumplan con su ordenamiento estatal, sino que, al adoptarlas, deben respetarse los derechos humanos y garantizar su pleno ejercicio a toda persona bajo su jurisdicción.

Fallo interno	Derecho invocado	Tratado internacional	Jurisprudencia internacional	Argumento principal
		Convención Internacional para prevenir, sancionar y erradicar la violencia contra la mujer // Convenio relativo a la protección del niño y a la cooperación en materia de adopción internacional // Convención Americana sobre Derechos Humanos en Materia de Derechos Económicos, Sociales y Culturales // Convención Interamericana sobre Obligaciones Alimentarias // Protocolo Facultativo de la Convención sobre los Derechos del Niño relativo a la venta de niños, la prostitución infantil y la utilización de los niños en la pornografía (Consideraciones de la Corte, numeral 5.3.2).		En este sentido, la Corte IDH ha reconocido que los Estados deben garantizar que toda persona extranjera tenga la posibilidad de hacer valer sus derechos y defender sus intereses de forma efectiva y en condiciones de igualdad procesal. Para ello, considera que es necesario eliminar cualquier obstáculo que reduzca una defensa eficaz, siendo el idioma un factor crucial en este tema. Debido a lo anterior, dicho tribunal considera que debe proveerse de traductor, a quien desconoce el idioma en que se desarrolla el procedimiento. Con relación a lo anterior, la Comisión Interamericana de Derechos Humanos (CIDH) también ha considerado como una norma mínima del debido proceso para garantizar un juicio justo a los migrantes, cualquiera que sea su estatus, la presencia de un traductor, con la finalidad de que este comprenda los cargos que se le imputan, así como los derechos procesales que tiene a su disposición.

Fallo interno	Derecho invocado	Tratado internacional	Jurisprudencia internacional	Argumento principal
C-725 de 2015	Derecho a la igualdad entre nacionales y extranjeros. Derecho a la personería jurídica.	Convención Sobre Derechos del Niño (Consideraciones de la Corte, numeral 13). Pacto Internacional de Derechos Civiles y Políticos // Convención Americana sobre Derechos Humanos (Consideraciones de la Corte, numeral 16).		La jurisprudencia ha reconocido que los extranjeros tienen en Colombia derechos y deberes correlativos tal y como se desprende de diversos artículos constitucionales. Pese a ello, para constatar la posible violación del derecho a la igualdad de los extranjeros, es preciso que el juez determine si la restricción a ciertos derechos o prerrogativas se inscribe en alguno de aquellos ámbitos que así lo exigen, por razones de orden público, o si la distinción establecida por el legislador es razonable constitucionalmente. Por lo tanto, cuando el legislador establezca un trato diferente entre el extranjero y el nacional, será preciso examinar (i) si el objeto regulado permite realizar tales distinciones; (ii) la clase de derecho que se encuentre comprometido; (iii) el carácter objetivo y razonable de la medida; (iv) la no afectación de derechos fundamentales; (v) la no violación de normas internacionales; y (vi) las particularidades del caso concreto.

Fallo interno	Derecho invocado	Tratado internacional	Jurisprudencia internacional	Argumento principal
T-459 de 2016 (29 de agosto)	Derecho a la vivienda digna. Derecho de los niños.	Pacto Internacional de Derechos Económicos, Sociales y Culturales (Consideraciones de la Corte, numeral 6.1). Convención sobre los Derecho del Niño (Consideraciones de la Corte, numeral 7.2).	Corte Interamericana de Derechos Humanos, condición Jurídica y Derechos Humanos del Niño. Opinión Consultiva OC-17/02 de 28 de agosto de 2002. Serie A No. 17, párr. 56. Corte Interamericana de Derechos Humanos, Opinión Consultiva OC-17/02, supra nota 122, párr. 60.	DERECHO A LA VIVIENDA DIGNA: En principio la Corte se abstuvo de amparar el derecho a la vivienda mediante la acción de tutela, al considerar que no se trataba de asunto fundamental, sino de carácter prestacional, el cual no podía protegerse de manera inmediata, por la ausencia de un derecho subjetivo que permitiera su exigibilidad. Con posterioridad y tras analizar los artículos 51 de la Constitución Política y el 11 del Pacto Internacional de Derechos Económicos, Sociales y Culturales, este Tribunal varió su tesis y sostuvo que efectivamente existía relación entre los derechos económicos sociales y culturales y la vida digna; en otras palabras, que la vida digna implica la posibilidad de tener un sitio de habitación apropiado.

		Convención Internacional para el Estatuto de los Refugiados// Convención sobre el Estatuto de los Refugiados de las Naciones Unidas// la Convención contra la tortura y otros tratos degradantes// la Declaración sobre el Asilo Territorial// el Convenio de Ginebra del 12 de agosto de 1949// la Declaración sobre la Protección de todas las personas contra las desapariciones forzadas de las Naciones Unidas// la Declaración Universal de los Derechos humanos (Consideraciones de la Corte, numeral 5.6).	Corte Interamericana de Derechos Humanos, caso Atala Riffo y Niñas vs. Chile, sentencia del 24 de febrero de 2012. (Consideraciones de la Corte, numeral 7.2).	INTERÉS SUPERIOR DEL MENOR: la Convención sobre los Derechos del Niño, aprobada por el Congreso de la República mediante Ley 12 de 1991, impone a los Estados parte no solo respetarlos sino asegurar la aplicación a cada niño, *"sin distinción alguna, independientemente de la raza, el color, el sexo, el idioma, la religión, la opinión política o de otra índole, el origen nacional, étnico o social, la posición económica, los impedimentos físicos, el nacimiento o cualquier otra condición del niño, de sus padres o de sus representantes legales"*, y tomar las medidas convenientes para asegurar la protección del menor contra *"toda forma de discriminación o castigo por causa de la condición, las actividades, las opiniones expresadas o las creencias de sus padres, o sus tutores o de sus familiares"*.

Fallo interno	Derecho invocado	Tratado internacional	Jurisprudencia internacional	Argumento principal
C-470 de 2016 (31 de agosto)	Derecho a la Dignidad Humana. Prohibición de la trata de personas.	Protocolo de Palermo// Convención de las Naciones Unidas contra la delincuencia organizada transnacional.	N/A	DELITO DE TRATA DE PERSONAS: De lo anotado se infiere que, sin perjuicio de sus manifestaciones internas y a diferencia de otros delitos, el de trata de personas tiene un reconocido carácter "transnacional", como que "despliega su origen en el contexto internacional", en el cual se han adoptado instrumentos como el Protocolo para prevenir, reprimir y sancionar la trata de personas, que complementa la Convención de las Naciones Unidas contra la delincuencia organizada transnacional, denominado Protocolo de Palermo, aprobado en Colombia mediante la Ley 800 de 2003 y declarado exequible por esta Corte. En este sentido no constituye ninguna casualidad que el Protocolo de Palermo se haya concebido como instrumento complementario a la Convención de las Naciones Unidas contra la Delincuencia Organizada Transnacional y que en su preámbulo se declare que para combatir eficazmente la trata de personas "se requiere un enfoque amplio e internacional en los países de origen, tránsito y destino que incluya medidas para prevenir dicha trata, sancionar a los traficantes y proteger a las víctimas de esa trata".

Fallo interno	Derecho invocado	Tratado internacional	Jurisprudencia internacional	Argumento principal
T-239 de 2017 (24 de abril)	Derecho a la salud	Pacto Internacional de Derechos Económicos, Sociales y Culturales (Consideraciones de la Corte, numerales 56,90). Pacto Internacional de Derechos Civiles y Políticos (Consideraciones de la Corte, numeral 56).	N/A	PRINCIPIO DE IGUALDAD ENTRE NACIONALES Y EXTRANJEROS: El artículo 13 de la Constitución Política protege el derecho a la igualdad de los extranjeros frente a los nacionales al afirmar que "todas las personas nacen libres e iguales ante la Ley, recibirán la misma protección y trato de las autoridades y gozarán de los mismos derechos, libertades y oportunidades sin ninguna discriminación por razones de sexo, raza, origen nacional o familiar, lengua, religión, opinión política o filosófica". EL PRINCIPIO DE ACCESIBILIDAD DE LA SALUD Y EL DERECHO A LA SALUD DE LOS EXTRANJEROS: El derecho a la salud comprende, entre otras dimensiones, el acceso oportuno y eficaz a los servicios para conservar la salud, la integridad personal y la dignidad.

Fallo interno	Derecho invocado	Tratado internacional	Jurisprudencia internacional	Argumento principal
				El artículo 12 del Pacto Internacional de Derechos Económicos, Sociales y Culturales –norma integrada (PIDESC) al bloque de constitucionalidad– fue interpretado por el Comité de Derechos Económicos, Sociales y Culturales de las Naciones Unidas a través de su Observación General No. 14 –doctrina relevante en la interpretación de la norma mencionada–, en la cual sostuvo que el derecho a la salud se compone de cuatro elementos que son necesarios para su desarrollo: disponibilidad, accesibilidad, aceptabilidad y calidad. No obstante, estos elementos deben entenderse a la luz de la Ley Estatutaria de Salud y de la jurisprudencia constitucional que ha desarrollado reglas que permiten determinar cuándo pueden invocarse como elemento integrante del derecho a la salud. Para el caso específico, la sala se detendrá en la accesibilidad.

Fallo interno	Derecho invocado	Tratado internacional	Jurisprudencia internacional	Argumento principal
T-421 de 2017 (4 de julio).	Derecho a la nacionalidad y a la personalidad jurídica de extranjero.	Convención Americana sobre Derechos Humanos// Declaración Universal de los Derechos Humanos (Consideraciones de la Corte, numeral 4.1, 6.2).	Corte Interamericana de Derechos Humanos, caso Yean y Bosico vs Republica Dominicana, sentencia del 8 de septiembre de 2005 (Consideraciones de la Corte, numeral 4.1). Corte Interamericana de Derechos Humanos, Opinión Consultiva OC-4/84 del 19 de enero de 1984 (Consideraciones de la Corte, numeral 4.1).	DERECHO A LA NACIONALIDAD: El derecho a la nacionalidad, en su concepción universal, está contenido en varios instrumentos internacionales, entre los cuales cabe resaltar el numeral 1° del artículo 15 de la Declaración Universal de Derechos Humanos y el artículo 20 de la Convención Americana sobre Derechos Humanos. Con base en estas disposiciones la Corte IDH, en el caso Yean y Bosico contra la República Dominicana, concluyó que el derecho a la nacionalidad es condición previa para el disfrute del resto de derechos y beneficios que se otorgan a los nacionales de un país. En dicha decisión el organismo internacional condenó a República Dominicana al considerar: *"la situación de extrema vulnerabilidad en que el Estado colocó a las niñas Yean y Bosico, en razón de la denegación de su derecho a la nacionalidad por razones discriminatorias, así como la imposibilidad de recibir protección del Estado y de acceder a los beneficios de que eran titulares"*.

Fallo interno	Derecho invocado	Tratado internacional	Jurisprudencia internacional	Argumento principal
				DERECHO A LA PERSONALIDAD JURÍDICA: El artículo 14 de la Constitución Política de Colombia consagra que *"(t)oda persona tiene derecho al reconocimiento de su personalidad jurídica"*, surgiendo para el Estado la obligación de brindar los medios y mecanismos necesarios para que el ciudadano pueda ejercer libremente tal personería, sin obstáculos injustificados. Como se precisó en el acápite 4.6. de esta providencia, con base en la Sentencia T-212 de 2013, uno de estos medios es el registro civil de nacimiento, a partir del cual se genera un reconocimiento con el que devienen los atributos propios de la personalidad. En ese sentido, esta última consiste en la idoneidad con la que cuentan todos los miembros de la sociedad para ser titulares de sus intereses. Sin embargo, en Sentencia C-109 de 1995 esta Corporación reconoció que *"el derecho a la personalidad jurídica no se reduce únicamente a la capacidad de la persona humana a ingresar al tráfico jurídico y ser titular de derechos y obligaciones sino que comprende, además, la posibilidad de que todo ser humano posea, por el simple hecho de existir e independientemente de su condición, determinados atributos que constituyen la esencia de su personalidad jurídica e individualidad como sujeto de derecho. Son los llamados atributos de la personalidad"*.

Fallo interno	Derecho invocado	Tratado internacional	Jurisprudencia internacional	Argumento principal
-469 de 2017 (19 de julio).	Derechos fundamentales del extranjero.	Convención Americana sobre Derechos Humanos // Pacto Internacional de Derechos Civiles y Políticos (Consideraciones de la Corte, numeral 5).	Corte Interamericana de Derechos Humanos. Voto concurrente del juez Diego García-Sayán, sentencia de la Corte IDH, caso masacres del Mozote y lugares aledaños vs. El Salvador de 25 de octubre de 2012. Los Jueces y Juezas Leonardo A. Franco, Margarette May Macaulay, Rhadys Abreu Blondet y Alberto Pérez Pérez se adhirieron al Voto (Aclaración de voto de la Magistrada Cristina Pardo Schlesinger, numeral 3).	DERECHOS FUNDAMENTALES DEL EXTRANJERO: Los derechos fundamentales de los extranjeros en Colombia derivan de diversas fuentes normativas, entre las cuales se encuentran la Constitución Política de 1991, la ley estatutaria, los tratados internacionales sobre derechos humanos y los tratados multilaterales y bilaterales que sobre la materia han sido ratificados por el Estado colombiano DERECHOS Y DEBERES DEL EXTRANJERO: La Corte se ha ocupado de establecer el alcance de los derechos reconocidos a los extranjeros. Allí se han establecido entre otras las siguientes subreglas: (i) en ningún caso el legislador está habilitado para desconocer la vigencia y el alcance de los derechos fundamentales garantizados en la carta política y en los tratados internacionales en el caso de los extranjeros así aquellos se encuentren en condiciones de permanencia irregular en el país; (ii) en virtud de lo dispuesto en la Constitución de 1991 es claro que las autoridades colombianas no pueden desatender el deber de garantizar la vigencia y el respeto de los derechos constitucionales de los extranjeros y de sus hijos menores, por cuanto sus

Fallo interno	Derecho invocado	Tratado internacional	Jurisprudencia internacional	Argumento principal
				derechos prevalecen en el ordenamiento jurídico colombiano;(iii) la Constitución o la ley pueden establecer limitaciones con respecto a los extranjeros para los efectos de su permanencia o residencia en el territorio nacional, en virtud del principio de soberanía estatal y los extranjeros en Colombia, disfrutarán de los mismos derechos civiles que se conceden a los colombianos, aunque por razones de orden público, mediante ley algunos de dichos derechos podrán ser subordinados a condiciones especiales o podrá negarse su ejercicio; (iv) no en todos los casos el derecho de igualdad opera de la misma manera y con similar arraigo para los nacionales y los extranjeros, toda vez que cuando las autoridades debatan acerca del tratamiento que se debe brindar a los extranjeros en una situación particular, habrán de determinar en primer lugar cuál es el ámbito en el que se establece la regulación, con el objeto de esclarecer si este permite

Fallo interno	Derecho invocado	Tratado internacional	Jurisprudencia internacional	Argumento principal
				realizar diferenciaciones entre los extranjeros y los nacionales. De esta forma, la intensidad del examen de igualdad sobre casos en los que estén comprometidos los derechos de los extranjeros dependerá del tipo de derecho y de la situación concreta por analizar; (v) el reconocimiento de los derechos de los extranjeros no implica que en nuestro ordenamiento esté proscrita la posibilidad de desarrollar un tratamiento diferenciado en relación con los nacionales; (vi) la aplicación de un tratamiento diferente debe estar justificado por situaciones de hecho diferentes, una finalidad objetiva y razonable y una proporcionalidad entre el tratamiento y la finalidad perseguida; y (vii) la reserva de titularidad de los derechos políticos para los nacionales tiene su fundamento en el hecho de que por razones de soberanía es necesario limitar su ejercicio, situación que está en concordancia con el artículo 9° de la carta, que prescribe que las relaciones exteriores del Estado colombiano deben cimentarse en la soberanía nacional.

Fallo interno	Derecho invocado	Tratado internacional	Jurisprudencia internacional	Argumento principal
T-023 de 2018 (5 feb).	Derecho a la nacionalidad. Derecho a la personalidad jurídica. Derecho a la salud.	Declaración Universal de los Derechos Humanos // Pacto Internacional de Derechos Civiles y Políticos // Convención Americana de los Derechos Humanos // Convención sobre los Derechos del Niño (Consideraciones de la Corte, numeral 7 –El derecho a la personalidad jurídica y el registro civil de nacimiento–).	N/A	Los derechos de los niños, niñas y adolescentes prevalecen sobre los demás y son considerados como un mandato expreso de la Constitución. Así lo reconoce el artículo 44 superior, mediante el cual se señalan algunos de los derechos fundamentales de los niños y se establece que gozarán de todos aquellos consagrados en la carta política, las leyes de la República y los tratados internacionales ratificados por Colombia. De igual forma, el Código de la Infancia y la Adolescencia, en su artículo 25 determina que "Los niños, las niñas y los adolescentes tienen derecho a tener una identidad y a conservar los elementos que la constituyen como el nombre, la nacionalidad y filiación conformes a la ley. Para estos efectos deberán ser inscritos inmediatamente después de su nacimiento, en el registro del estado civil". Ahora bien, la nacionalidad es el mecanismo jurídico mediante el cual el Estado reconoce la capacidad que tienen sus ciudadanos de ejercer ciertos derechos y es reconocida como un derecho fundamental frente al cual las autoridades competentes tienen deberes de diligencia y protección. Entre estos está la obligación de realizar los trámites registrales estipulados en el ordenamiento jurídico para efectuar su reconocimiento. Así las cosas, la

				Corte destaca que, frente al derecho a la nacionalidad de menores con padres colombianos, pero nacidos en otro país, no requieren cumplir con el trámite de apostilla de su registro civil de nacimiento para obtener la inscripción extemporánea contemplada en el ordenamiento jurídico interno. En ese sentido, quien reúna los correspondientes requisitos debe presentarse, junto con dos testigos, ante la autoridad competente y solicitar su registro, sin que la ausencia de apostilla pueda ser motivo para negar tal petición. Lo anterior, evidencia la necesidad de que los menores sean inscritos en el Registro Civil, toda vez que ello les permite ser afiliados al Sistema de Seguridad Social en Salud y así poder acceder a los servicios médicos. Otra razón de la importancia del registro radica en que el Estado tenga conocimiento de la existencia física de una persona para garantizarle sus derechos. Es por esta razón que resulta fundamental registrar a los menores inmediatamente después de su nacimiento, tal y como lo establece el artículo 48 del Decreto 1260 de 1979 al disponer que el registro debe realizarse al mes siguiente del nacimiento del menor.

Fallo interno	Derecho invocado	Tratado internacional	Jurisprudencia internacional	Argumento principal
T-210 de 2018 (1 de junio).	Derecho a la salud.	Convención Internacional sobre la Protección de los Derechos de Todos los Trabajadores Migratorios y de sus Familiares (Consideraciones de la Corte, numerales 18, 40). Pacto Internacional de Derechos Económicos Sociales y Culturales (Consideraciones de la Corte, numeral 8,17).	Observación General 14 del año 2000 del Comité de Derechos Económicos, Sociales y Culturales (Consideraciones de la Corte, numeral 8). Observación General 12 del año 1999 del Comité de Derechos Económicos, Sociales y Culturales (Consideraciones de la Corte, numeral 8).	DERECHO A LA SALUD DE LOS MIGRANTES: De acuerdo con el derecho internacional, los Estados deben garantizar a todos los migrantes, incluidos aquellos que se encuentran en situación de irregularidad, no solo la atención de urgencias con perspectiva de derechos humanos, sino la atención en salud preventiva con un enérgico enfoque de salud pública. No obstante, de acuerdo con otros instrumentos de derecho internacional y a algunos desarrollos recientes de *soft law* sobre el contenido mínimo esencial del derecho a la salud de los migrantes, se ha establecido con fundamento en el principio de no discriminación, que (i) el derecho a la salud debe comprender la atención integral en salud en condiciones de igualdad e ir mucho más allá de la urgencia. Por eso, de contar con estándares más bajos; (ii) pese a los limitados recursos disponibles, los Estados tienen la "obligación concreta y constante de avanzar lo más expedita y eficazmente posible hacia la plena realización del artículo 12" del Pacto de Derechos Económicos, Sociales y Culturales mediante la adopción de medidas; especialmente y con mayor rigurosidad, cuando dichos estándares atentan contra una obligación de naturaleza inmediata, como lo es la obligación de no discriminación en la prestación del servicio de salud.

Fallo interno	Derecho invocado	Tratado internacional	Jurisprudencia internacional	Argumento principal
T-295 de 2018 (24 de julio).	Derecho al debido proceso.	Convención Americana sobre Derechos Humanos // Pacto Internacional de Derechos Civiles y Políticos (Consideraciones de la Corte, numeral 18).	Corte Interamericana de Derechos Humanos, caso Vélez Loor contra Panamá, sentencia del 23 de noviembre de 2010 (Consideraciones de la Corte, numeral 18) // Caso Wong Ho Wing contra Perú, sentencia del 30 de junio de 2015 (Consideraciones de la Corte, numeral 23) // Caso Familia Pacheco Tineo contra el Estado Plurinacional de Bolivia, sentencia del 25 de noviembre de 2013 (Consideraciones de la Corte, numeral 24).	DEBIDO PROCESO: Las autoridades administrativas deben garantizar en virtud del derecho al debido proceso, principios como el de legalidad, contradicción, defensa y que se conozcan las actuaciones de la administración, de cuya aplicación se derivan importantes consecuencias para las partes involucradas en el respectivo proceso administrativo. La Corte Interamericana de Derechos Humanos ha señalado que toda persona contra la cual se dirige una acusación formal tiene derecho a ser oída en un plazo razonable en toda actuación judicial, administrativa o de cualquier otro carácter. De esta manera, los procesos que puedan culminar con la expulsión o deportación de extranjeros deben observar las garantías mínimas como la del plazo razonable, el cual debe apreciarse con relación a la duración total del proceso, desde su inicio hasta su finalización, incluyendo los recursos de instancia que eventualmente pueden presentarse.

Fallo interno	Derecho invocado	Tratado internacional	Jurisprudencia internacional	Argumento principal
				También se destaca que se vulnera el derecho al debido proceso en el marco de un procedimiento administrativo cuando el Estado no cuenta con intérpretes que le permitan al migrante que no domina el idioma castellano expresarse, comprender las etapas del respectivo trámite administrativo y oponerse al proceso que se adelanta. POLÍTICAS MIGRATORIAS: La Corte IDH ha reconocido que los Estados pueden fijar políticas migratorias para establecer el ingreso y salida de su territorio. Sin embargo, en desarrollo de dicha política y de los procedimientos que adelanta deben respetar los derechos humanos y garantizar su pleno ejercicio a toda persona que se encuentre bajo su jurisdicción. En particular, sobre la necesidad de eliminar cualquier barrera que limite la defensa eficaz de las personas extranjeras, se destacó que la Corte Interamericana de Derechos Humanos ha reconocido que: "es necesario eliminar cualquier obstáculo que reduzca una defensa eficaz, siendo el idioma un factor crucial en este tema. Debido a lo anterior, dicho tribunal considera que debe proveerse de traductor, a quien desconoce el idioma en que se desarrolla el procedimiento".

Fallo interno	Derecho invocado	Tratado internacional	Jurisprudencia internacional	Argumento principal
SU-096 de 2018 (17 de oct).	Derechos sexuales y reproductivos. Derecho fundamental a la IVE	Pacto Internacional sobre los Derechos Económicos, Sociales y Culturales// Pacto Internacional de Derechos Civiles y Políticos// Convención contra la Tortura y otros Tratos o Penas Crueles, Inhumanos o Degradantes //Convención para la Eliminación de todas las formas de Discriminación contra la Mujer (Consideraciones de la Corte, numeral 10). Convención sobre los Derechos de las Personas con Discapacidad (Consideraciones de la Corte, numerales 56,57). Convención Americana sobre Derechos Humanos (Consideraciones de la Corte, numerales 10,157).	Corte Interamericana de Derechos Humanos, Medidas provisionales respecto del El Salvador, Asunto B., decisión del 29 de mayo del 2013 (Consideraciones de la Corte, numeral 157).	DERECHOS SEXUALES Y REPRODUCTIVOS: En un sentido semejante, la Convención para la Eliminación de todas las formas de Discriminación contra la Mujer (CEDAW, por sus siglas en inglés) establece, en su artículo 16, que la mujer y el hombre tienen derecho a decidir libremente el número de sus hijos y el intervalo entre los nacimientos, así como a acceder a la información, a la educación y a los medios que les permitan ejercer ese derecho. El artículo 12 del Pacto Internacional sobre los Derechos Económicos, Sociales y Culturales (PIDESC), por su parte, reconoce que todas las personas tienen derecho a disfrutar del más alto nivel posible de salud física y mental, lo que comprende el pleno ejercicio del derecho a la salud sexual y reproductiva. La Convención contra la Tortura y otros Tratos o Penas Crueles, Inhumanos o Degradantes y el Pacto de Derechos Civiles y Políticos de Naciones Unidas, a su turno, comprometen a sus Estados parte a prohibir actos que constituyan tortura, tratos crueles, inhumanos y degradantes. La Convención Americana sobre Derechos Humanos, finalmente, protege el derecho a la autonomía reproductiva y el acceso a servicios de salud reproductiva (artículos 11 y 17).

Fallo interno	Derecho invocado	Tratado internacional	Jurisprudencia internacional	Argumento principal
				La Corte Constitucional ha precisado cual es el fundamento y el alcance de los derechos sexuales y reproductivos en el ordenamiento jurídico colombiano. En tal sentido, ha indicado que la estructura de estas garantías se edifica sobre dos dimensiones. La primera, relacionada con la libertad, que supone la imposibilidad del estado y la sociedad de implantar restricciones injustificadas en contra de las determinaciones adoptadas por cada persona; y la segunda, prestacional, que implica la responsabilidad de adoptar medidas positivas para garantizar el goce efectivo de estos derechos. DERECHO FUNDAMENTAL A LA IVE Y DERECHO AL DIAGNOSTICO: La obligación de respeto de la faceta de diagnóstico del derecho a la interrupción voluntaria del embarazo implica que el sistema de seguridad social no puede i) negar o dilatar la realización de consultas o exámenes necesarios para verificar si el embarazo amenaza la vida o la salud física o mental de la gestante y ii) negar o dilatar la emisión del certificado médico una vez hecha la valoración o expedir uno que no corresponda con el diagnostico efectuado.

Fallo interno	Derecho invocado	Tratado internacional	Jurisprudencia internacional	Argumento principal
T-025 de 2019 (29 de enero).	- Derecho a la salud y afiliación al sistema de seguridad social en salud de extranjeros no regularizados.	Pacto Internacional de Derechos Económicos, Sociales y Culturales (Consideraciones de la Corte, numerales 3, 5). Declaración Universal de Derechos Humanos (Consideraciones de la Corte, numeral 5). Convención Americana sobre Derechos Humanos (Consideraciones de la Corte, numeral 2).	N/A	DERECHO A LA SALUD Y AFILIACIÓN A LA SEGURIDAD SOCIAL: Esta Corporación ha sido enfática en manifestar que "(i) los extranjeros no residentes tienen el derecho a recibir atención de urgencias como contenido mínimo de su derecho a la salud sin que les sea exigido documento alguno o pago previo, siempre y cuando no cuenten con pólizas de seguros ni los medios económicos propios o de sus familias para asumir los costos directamente; (ii) las entidades privadas o públicas del sector salud no pueden abstenerse de prestar los servicios de salud mínimo de atención de urgencias a extranjeros que no estén afiliados en el sistema de seguridad social en salud o que estén indocumentados en el territorio colombiano; y (iii) las entidades territoriales de salud donde fue prestado el servicio al extranjero no residente, bajo el supuesto que no puede pagar directamente los servicios ni cuenta con un seguro médico que los cubra, deben asumir los costos de los servicios médicos de atención de urgencias".

Fallo interno	Derecho invocado	Tratado internacional	Jurisprudencia internacional	Argumento principal
T-074 de 2019 (25 feb).	Derecho a la salud. Derecho de los extranjeros.	Declaración Universal de Derechos Humanos// Convención Americana sobre Derechos Humanos (Consideraciones de la Corte, numeral 3).	Comité de Derechos Económicos, Sociales y Culturales. Observación General no. 14 (Consideraciones de la Corte, numeral 4).	DERECHO A LA SALUD: (i) El derecho a la salud es un derecho fundamental y uno de sus pilares es la universalidad, cuyo contenido no excluye la posibilidad de imponer límites para acceder a su uso o disfrute; (ii) los extranjeros gozan en Colombia de los mismos derechos civiles que los nacionales y, a su vez, se encuentran obligados a acatar la Constitución y las leyes, y a respetar y obedecer a las autoridades. Como consecuencia de lo anterior y en atención del derecho a la dignidad humana, se establece que; (iii) todos los extranjeros, regularizados o no, tienen derecho a la atención básica de urgencias en el territorio, sin que sea legítimo imponer barreras a su acceso; (iv) a pesar de ello, los extranjeros que busquen recibir atención médica integral –más allá de la atención de urgencias–, en cumplimiento de los deberes impuestos por la ley, deben acatar las normas de afiliación al Sistema de Seguridad Social en Salud, dentro de lo que se incluye la regularización de la situación migratoria; finalmente, (v) el concepto de urgencias puede llegar a incluir, en casos extraordinarios, procedimientos o intervenciones médicas, siempre y cuando se acredite su urgencia para preservar la vida y la salud del paciente.

Fallo interno	Derecho invocado	Tratado internacional	Jurisprudencia internacional	Argumento principal
				DERECHOS DE LOS EXTRANJEROS EN COLOMBIA: Los extranjeros tienen los mismos derechos civiles que se reconocen a los nacionales colombianos; tienen la obligación de cumplir con la Constitución y ley la como los demás residentes del país y; a su vez, tienen derecho a recibir un mínimo de atención por parte del Estado en casos de urgencia con el fin de atender sus necesidades básicas, especialmente las relacionadas con asuntos de salud.
T-178 de 2019 (6 de mayo).	Derecho de acceso al sistema de salud de niños y niñas recién nacidos de padres migrantes en situación irregular.	Convención sobre los Derechos del Niño// Convención Americana sobre Derechos Humanos (Consideraciones de la Corte, numeral 13).	Corte Interamericana en la Opinión Consultiva No. 21 relativa a los "derechos y garantías de niñas y niños en el contexto de la migración y en necesidad de protección internacional" (Consideraciones de la Corte, numeral 13).	DERECHO DE ACCESO AL SISTEMA DE SALUD DE NIÑOS Y NIÑAS RECIEN NACIDOS: La Corte reitera que, en el caso del acceso a servicios de salud de los niños y niñas recién nacidos de padres extranjeros en situación irregular, le corresponde al prestador de servicios de salud registrar al recién nacido en el Sistema de Afiliación Transaccional e inscribirlo en una EPS del régimen subsidiado en el respectivo municipio. Del mismo modo, le corresponde a las entidades territoriales y a sus autoridades, de acuerdo con sus competencias del sector salud, conocer, informar y asistir a la población migrante con el fin de garantizar su acceso al Sistema de Seguridad Social en Salud conforme a las leyes y la reglamentación vigentes

Fallo interno	Derecho invocado	Tratado internacional	Jurisprudencia internacional	Argumento principal
			Comité del Pacto Internacional de Derechos Económicos, Sociales y Culturales. Observación General No. 14. 11 de agosto de 2000 (Consideraciones de la Corte, numeral 13).	SISTEMA GENERAL DE SEGURIDAD SOCIAL: Las reglas de afiliación al Sistema General de Seguridad Social en Salud se encuentran establecidas en el Decreto 780 de 2016. De conformidad con lo dispuesto en dicha normativa, la afiliación se realiza por una sola vez y con ella se adquieren todos los derechos y obligaciones derivados del Sistema General de Seguridad Social en Salud. Con fundamento en lo anterior, se evidencia que esa disposición indica que todos los ciudadanos independientemente de que sean nacionales colombianos o extranjeros, deben tener un documento de identidad válido para poderse afiliar al Sistema General de Seguridad Social en Salud. Por lo tanto, si un extranjero se encuentra con permanencia irregular en el territorio colombiano, tiene la obligación de regularizar su situación migratoria para obtener un documento de identificación válido y así iniciar el proceso de afiliación.

Fallo interno	Derecho invocado	Tratado internacional	Jurisprudencia internacional	Argumento principal
T-197 de 2019 (14 de mayo)	Derecho a la salud de los migrantes. Derecho a la salud y afiliación a la seguridad social de extranjeros no regularizados.	Pacto Internacional de Derechos Económicos, Sociales y Culturales (Consideraciones de la Corte, numeral 2.1).	N/A	DERECHO A LA SALUD Y AFILIACIÓN A LA SEGURIDAD SOCIAL: Garantizar, como mínimo, la atención que requieren con urgencia los migrantes en situación de irregularidad tiene una finalidad objetiva y razonable y es entender que, en virtud del principio de solidaridad, el Sistema de Salud no le puede dar la espalda a quienes se encuentran en condiciones evidentes de debilidad manifiesta. En esa medida, no es constitucionalmente legítimo "restringir el acceso de [estos] extranjeros a esas prestaciones mínimas, en especial, en materia de salud, garantizadas en diversas cláusulas constitucionales y tratados internacionales sobre derechos humanos que vinculan al Estado colombiano" y que persiguen garantizar el más alto nivel posible de bienestar. En aplicación directa de estos postulados superiores, se ha consolidado –como regla de decisión en la materia– que, cuando carezcan de recursos económicos, "los migrantes con permanencia irregular en el territorio nacional tienen derecho a recibir atención de urgencias con cargo [a las entidades territoriales de salud], y en subsidio a la Nación cuando sea requerido, hasta tanto se logre su afiliación al Sistema General de Seguridad Social en Salud". Esta prestación deberá efectuarse sin barreras irrazonables y a través de los convenios o contratos que se suscriban con la red pública de salud del departamento o del distrito, según sea el caso.

Fallo interno	Derecho invocado	Tratado internacional	Jurisprudencia internacional	Argumento principal
T-351 de 2019 (1 agosto)	Derechos de los extranjeros	Declaración Universal de Derechos Humanos// Convención Americana sobre Derechos Humanos (Consideraciones de la Corte, numeral 8).	N/A	DERECHOS DE LOS EXTRANJEROS: La Corte reitera que respecto a los derechos de las personas extranjeras el artículo 2 de la Declaración Universal de Derechos Humanos determina que *"[t]oda persona tiene todos los derechos y libertades proclamados en esta Declaración, sin distinción alguna de raza, color, sexo, idioma, religión, opinión política o de cualquier otra índole, origen nacional o social, posición económica, nacimiento o cualquier otra condición"*. En esa misma línea, el artículo 24 de la Convención Americana de Derechos Humanos precisa que *"[t]odas las personas son iguales ante la ley. En consecuencia, tienen derecho, sin discriminación, a igual protección de la ley"*. Así mismo, el artículo 100 de la Constitución consagra un mandato de igualdad expreso entre extranjeros y nacionales, pero autoriza la posibilidad de establecer un tratamiento diferenciado en relación con los nacionales cuando existan suficientes razones que lo justifican. De lo contrario, toda diferenciación realizada con fundamento en la nacionalidad se entenderá inadmisible por basarse en un criterio sospecho de discriminación. En todo caso, los no nacionales tienen la responsabilidad de cumplir con los deberes que el legislador establece para todos los que se encuentran en el territorio colombiano en cuanto al acatamiento de la Constitución, las leyes y el respeto a las autoridades, de conformidad con lo dispuesto en el artículo 4 superior.

Fallo interno	Derecho invocado	Tratado internacional	Jurisprudencia internacional	Argumento principal
T-452 de 2019 (3 de oct).	Derecho a la salud de los migrantes.	Pacto Internacional de Derechos Económicos, Sociales y Culturales (Consideraciones de la Corte, numerales 27,28, 32). Declaración Universal de los Derechos Humanos (Consideraciones de la Corte, numeral 26). Convención Americana sobre Derechos Humanos (Consideraciones de la Corte, numeral 25). Convención Internacional sobre la Protección de los Derechos de todos los Trabajadores Migrantes y de sus Familiares (Consideraciones de la Corte, numeral 29).	Corte Interamericana de Derechos Humanos. Resolución 02 de 2018 (Consideraciones de la Corte, numeral 50). Comité de Derechos Económicos, Sociales y Culturales. Observación General No. 14 del 2000 (Consideraciones de la Corte, numerales 27,28,31).	DERECHO A SALUD DE LOS MIGRANTES: En cuanto a la población extranjera es importante resaltar que el artículo 1° de la Convención Americana sobre Derechos Humanos señala que los Estados parte se comprometen a respetar los derechos y libertades reconocidos en esta, así como a garantizar su libre y pleno ejercicio a "toda persona que esté sujeta a su jurisdicción, sin discriminación alguna por motivos de raza, color, sexo, idioma, religión, opiniones políticas o de cualquier otra índole, origen nacional o social, posición económica, nacimiento o cualquier otra condición social". La Declaración Universal de los Derechos Humanos, en su artículo 22 señala que toda persona "como miembro de la sociedad, tiene derecho a la seguridad social, y a obtener, mediante el esfuerzo nacional y la cooperación internacional, habida cuenta de la organización y los recursos de cada Estado, la satisfacción de los derechos económicos, sociales y culturales, indispensables a su dignidad y al libre desarrollo de su personalidad". Significa lo anterior, que cada estado de forma individual, así como a través de la cooperación internacional está en la obligación de disponer de los recursos necesarios para satisfacer los derechos de los asociados. A su turno, el artículo 25 preceptúa que toda persona tiene derecho a un nivel de vida adecuado que le asegure su salud y bienestar, así como la alimentación, el vestido, la vivienda, la asistencia médica y los servicios sociales necesarios.

Fallo interno	Derecho invocado	Tratado internacional	Jurisprudencia internacional	Argumento principal
		Declaración de Quito (Consideraciones de la Corte, numeral 35).	Consejo Económico y Social de las Naciones Unidas, Declaración del Comité de Derechos Económicos Sociales y Culturales: "Obligaciones de los Estados con respecto a los refugiados y los migrantes en virtud del Pacto Internacional de Derechos Económicos, Sociales y Culturales", E/C.12/2017/1, 13 de marzo de 2017 (Consideraciones de la Corte, numeral 30).	El Pacto Internacional de Derechos Económicos, Sociales y Culturales en su artículo 12, estableció que "todo ser humano tiene el derecho al disfrute del más alto nivel posible de salud que le permita vivir dignamente". Igualmente, el Comité de Derechos Económicos, Sociales y Culturales, en la Observación General No. 14 del 2000 advirtió que "la salud es un derecho humano fundamental e indispensable para el ejercicio de los demás derechos humanos". Es decir, que ese derecho fue entendido como "el disfrute de toda una gama de facilidades, bienes, servicios y condiciones necesarios para alcanzar el más alto nivel posible de salud".

Fallo interno	Derecho invocado	Tratado internacional	Jurisprudencia internacional	Argumento principal
T-565 de 2019 (26 noviembre).	Derecho de acceso al sistema de salud de niños y niñas recién nacidos de padres migrantes en situación irregular. Derecho a la salud de los migrantes.	Pacto Internacional de Derechos Civiles y Políticos // Declaración Universal de los Derechos Humanos (Consideraciones de la Corte, numeral 26). Pacto Internacional de Derechos Económicos, Sociales y Culturales (Consideraciones de la Corte, numerales 26,35). Convención Internacional sobre la Protección de los Derechos de Todos los Trabajadores Migratorios y de sus Familiares (Consideraciones de la Corte, numeral 31). Convención Sobre los Derechos del Niño (Consideraciones de la Corte, numerales 43,45).	Observación General Nº 14 del Comité de Derechos Económicos, Sociales y Culturales (Consideraciones de la Corte, numerales 27, 29, 33). Comité de los Derechos del Niño. Observación General Nº 15 de 2013 (Consideraciones de la Corte, numerales 47, 58,69).	DERECHO DE LAS NIÑAS Y NIÑOS MENORES DE UN AÑO: Para respetar, proteger y hacer efectivo el derecho fundamental a disfrutar del más alto nivel posible de salud que les asiste a todas las niñas y niños menores de un año que habitan y transitan irregularmente en Colombia, se debe garantizar, de forma gratuita, lo siguiente: (i) la atención de urgencias en los términos más amplios fijados en la materia por el derecho internacional y la jurisprudencia constitucional; (ii) la autorización, suministro y prestación de todos los insumos, exámenes y demás servicios prescritos por el médico tratante para el tratamiento de las enfermedades y la rehabilitación de su salud física o mental; (iii) la autorización y prestación de todos los servicios sanitarios de calidad que necesiten, incluidos servicios de prevención, promoción, tratamiento, rehabilitación y atención paliativa; (iv) la afiliación a la seguridad social sin barreras u obstáculos desproporcionados e irrazonables; y (v) todo aquello que tienda por alcanzar un nivel de vida apropiado para su desarrollo físico, mental, espiritual, moral y social.

Fallo interno	Derecho invocado	Tratado internacional	Jurisprudencia internacional	Argumento principal
T-006 de 2020 (17 enero).	Derechos de los migrantes Derecho a la nacionalidad de los niños y niñas hijos de extranjeros que se encuentran en riesgo de apatridia en Colombia.	Declaración Universal de los Derechos Humanos// Pacto Internacional de los Derechos Civiles y Políticos// Declaración Americana de los Derechos y Deberes del Hombre// Convención Americana sobre Derechos Humanos// Convención sobre los Derechos del Niño// Convención sobre el Estatuto de los Apátridas de 1954 y la Convención para reducir los casos de Apatridia de 1961 (Consideraciones d de la Corte, numeral 4.1.).	Corte Interamericana de Derechos Humanos, caso de las Niñas Yean y Bosico contra República Dominicana. Párrafos 174-175, 179-180 y 186-187. Corte Interamericana de Derechos Humanos. Opinión Consultiva 21/14. Observación General Conjunta núm. 3 (2017) del Comité de Protección de los Derechos de Todos los Trabajadores Migratorios y de sus Familiares y núm. 22 (2017) del Comité de los Derechos del Niño.	DERECHO A LA NACIONALIDAD DE LOS NIÑOS Y NIÑAS HIJOS DE EXTRANJEROS QUE SE ENCUENTRAN EN RIESGO DE APATRIDIA EN COLOMBIA: El derecho a la nacionalidad ha sido reconocido por el ordenamiento jurídico nacional y en los tratados internacionales ratificados por el Estado colombiano como un derecho humano, particularmente ha sido consagrado de forma expresa y reiterada como un derecho de especial relevancia en cabeza de la población infantil. Con ocasión de los avances asociados al derecho internacional de los derechos humanos dicha facultad pública pasó a ser reconocida como un derecho fundamental, especialmente en el caso de los menores de edad, a partir del cual existe un deber de diligencia y protección estatal que debe remover cualquier obstáculo administrativo para su reconocimiento ágil y eficaz.

Fallo interno	Derecho invocado	Tratado internacional	Jurisprudencia internacional	Argumento principal
			(Consideraciones de la Corte, numeral 4.1.)	De conformidad con el artículo 93 de la Constitución, la interpretación de los derechos y deberes consagrados en la carta superior debe hacerse de conformidad con los tratados internacionales sobre derechos humanos ratificados por Colombia y a la luz de la jurisprudencia de los tribunales internacionales que sobre dichas normas se haya producido. Ha dicho la Corte Constitucional en ese sentido, que tales pronunciamientos son criterio hermenéutico relevante para establecer el alcance de estos. Solo en ese contexto del derecho internacional de los derechos humanos es posible comprender el contenido del derecho a la nacionalidad, y del derecho a la nacionalidad en relación con el derecho a la personalidad jurídica.

Fallo interno	Derecho invocado	Tratado internacional	Jurisprudencia internacional	Argumento principal
C-383 de 2020 (3 sept).	Derecho a la salud.	Convención Americana sobre Derechos Humanos (Consideraciones de la Corte, numerales 41 y 86).	N/A	A partir del análisis correspondiente, la Corte determina que las medidas contenidas en el Decreto Legislativo 800 de 2020 cumplen con los criterios de validez que, a saber, son: Finalidad, conexidad, motivación suficiente, ausencia de arbitrariedad, intangibilidad, no contradicción específica, incompatibilidad, necesidad, proporcionalidad y no discriminación. Adicionalmente, un factor ligado a estas normas es la temporalidad, lo que se refiere a la obligación de que "las medidas de excepción tengan una duración limitada, de acuerdo con la naturaleza de los hechos que dieron lugar a la declaratoria correspondiente, por lo que la aplicación de las medidas bajo examen se encuentra justificada durante el tiempo en que se incremente la demanda de servicios de salud con ocasión de la pandemia, pues una vez se supere la crisis generada por el COVID-19, y dicha demanda retorne a los niveles normales, desaparecerán las razones para mantener su vigencia".

Fallo interno	Derecho invocado	Tratado internacional	Jurisprudencia internacional	Argumento principal
T-390 de 2020 (7 de sept).	Derecho a la salud de los migrantes Derecho de acceso al sistema de salud de niños y niñas venezolanos.	Pacto Internacional de Derechos Económicos Sociales y Culturales// Declaración Universal de los Derechos del Niño (Consideraciones de la Corte, numeral 4). Declaración Universal de Derechos Humanos (Consideraciones de la Corte, numerales 4, 5). Convención Internacional sobre los Derechos del Niño (Consideraciones de la Corte, numeral 4). Convención Americana de Derechos Humanos (Consideraciones de la Corte, numeral 5).	Comité de Derechos Económicos, Sociales y Culturales. Observación general No. 14 (Consideraciones de la Corte, numeral 5).	DERECHO A LA SALUD: Ha estimado este Tribunal que la garantía al derecho a la salud para los nacionales de otros países, independientemente de su permanencia regular o irregular en el país, se hace efectiva cuando estos reciben un mínimo de servicios de salud de atención de urgencias para atender sus necesidades básicas con el fin de preservar la vida en los siguientes eventos: (i) que no haya un medio alternativo, (ii) que la persona no cuente con recursos para costearlo; y (iii) que se trate de un caso grave y excepcional. Los extranjeros tienen la obligación de regularizar su situación migratoria, lo que implica obtener un documento de identificación válido que les permita iniciar el proceso de afiliación al SGSSS. Sin embargo, en casos de extrema necesidad y urgencia, estos tendrán derecho a recibir una atención mínima del Estado; (ii) En casos excepcionales, la atención mínima a que tienen derecho los migrantes, que se concreta en el servicio de urgencias, puede llegar a incluir el tratamiento de enfermedades catastróficas como el cáncer, cuando el mismo sea solicitado por el médico tratante ante la necesidad inminente de una atención plena de la patología; (iii)

Fallo interno	Derecho invocado	Tratado internacional	Jurisprudencia internacional	Argumento principal
				Cuando el médico tratante expresamente indique que el procedimiento o medicamento requerido es urgente, debe brindarse cuando la persona no tenga capacidad de pago e independientemente de su situación migratoria; (iv) El Estado está en la obligación de prestar los servicios de salud, libre de discriminación y de obstáculos de cualquier índole, a los menores de edad que sufren de algún tipo de afección física y mental y de garantizarles un tratamiento integral, adecuado y especializado conforme a la enfermedad padecida, incluyendo a los niños, niñas y adolescentes (NNA) migrantes; (v) En el caso de los NNA extranjeros, la falta de diligencia o cuidado de sus representantes legales, reflejada en el hecho de no adelantar oportunamente los trámites administrativos tendientes a regularizar su condición migratoria y gestionar su vinculación al Sistema de Seguridad Social en Salud, no puede traer como consecuencia la desatención en los servicios que requieran los menores con necesidad y, por tanto, el menoscabo de sus derechos a la vida, la salud, la integridad física y la dignidad humana. Como bien lo ha considerado la Corte Constitucional en su jurisprudencia, en tratándose de sujetos de especial protección, como es el caso de los NNA y de personas discapacitadas, resulta inadmisible trasladarles a estos las consecuencias negativas derivadas de una mala gestión en la defensa de sus derechos.

Fallo interno	Derecho invocado	Tratado internacional	Jurisprudencia internacional	Argumento principal
T-436 de 2020 (2 de oct).	Derecho a la salud de los niños y niñas migrantes. Derecho de los extranjeros.	Declaración Universal de Derechos Humanos (Consideraciones de la Corte, numeral 21). Convención Americana sobre Derechos Humanos (Consideraciones de la Corte, numeral 21). Convención Internacional sobre la Protección de los Derechos de Todos los Trabajadores Migratorios y de sus Familiares// Convención sobre los Derechos del Niño (Consideraciones de la Corte, numeral 39).	Organización de Naciones Unidas. Observación general conjunta núm. 3 (2017) del Comité de Protección de los Derechos de Todos los Trabajadores Migratorios y de sus Familiares y núm. 22 (2017) del Comité de los Derechos del Niño sobre los principios generales relativos a los derechos humanos de los niños en el contexto de la migración internacional.	DERECHO DE LOS EXTRANJEROS: Con el fin de asegurar las condiciones de vida y los derechos de las personas que se trasladan a países diferentes a los de origen, se ha configurado un marco normativo internacional e interamericano, que asegura flujos migratorios en condiciones dignas, bajo la premisa de la realización universal de los derechos humanos. El Estado colombiano ha adquirido varios compromisos. Ellos apuntan al tratamiento equivalente entre nacionales y extranjeros, como a la necesidad de que cualquier persona reciba "(...) atención mínima del Estado en casos de extrema necesidad y urgencia, en aras de atender sus necesidades primarias y respetar su dignidad humana; un núcleo esencial mínimo que el Legislador no puede restringir", sino ampliar, conforme el mandato de progresividad en materia de derechos económicos, sociales y culturales. Esa atención mínima no depende de la regularización de la situación migratoria, sino de la condición humana.

Fallo interno	Derecho invocado	Tratado internacional	Jurisprudencia internacional	Argumento principal
			Convención Internacional sobre la Protección de los Derechos de Todos los Trabajadores Migratorios y de sus Familiares. Convención sobre los Derechos del Niño (Consideraciones de la Corte, numeral 39).	DERECHO A LA SALUD DE LOS NIÑOS Y NIÑAS MIGRANTES: El denominado interés superior del menor de edad ha sido reconocido como parte de la transformación de la concepción sobre la infancia y su participación en la democracia, a partir de la investigación científica sobre sus potencialidades y capacidades. Deviene del reconocimiento de la condición de indefensión, debido a "(...) su desarrollo físico, mental y emocional [que] está en proceso de alcanzar la madurez requerida para la toma de decisiones y participación autónoma dentro de la sociedad", pues debido a ello los niños y niñas demandan una protección reforzada. En el contexto de la migración, este principio ha sido reconocido como una guía para la acción estatal en relación con la población infantil, que persigue su "desarrollo holístico", lo que "significa que los intereses del niño tienen máxima prioridad".

Fallo interno	Derecho invocado	Tratado internacional	Jurisprudencia internacional	Argumento principal
T-517 de 2020 (14 de dic).	Derecho a la salud. Derecho de los migrantes.	Convención Internacional sobre la Eliminación de todas las Formas de Discriminación Racial// Convención sobre la eliminación de todas las formas de discriminación contra la mujer// Convención sobre los Derechos del Niño // Declaración Universal de Derechos Humanos (Consideraciones de la Corte, numeral 48). Pacto Internacional de Derechos Económicos, Sociales y Culturales (Consideraciones de la Corte, numerales 48,51,57,80).	Recomendación General N. º 14 del Comité PIDESC, pár. 4 y 9 (Consideraciones de la Corte, numeral 48).	DERECHO A LA SALUD DE PERSONAS MIGRANTES: La tesis de la conexidad migró hacia el reconocimiento jurisprudencial de la salud como un derecho fundamental y autónomo atendiendo al marco internacional de los derechos humanos. Sobre estas normas, se destaca el artículo 12 del PIDESC en el que los Estados **"reconocen el derecho de toda persona al disfrute del más alto nivel posible de salud física y mental"** (negrillas fuera del texto original). Frente al aparte resaltado del citado artículo 12, el Comité PIDESC estableció que la salud abarca el acceso a los servicios médicos y sociales, la rehabilitación y la prestación efectiva de forma que se garantice el pleno respeto de sus otros derechos y de su dignidad. En esta medida, el "más alto nivel posible de salud" tiene en cuenta tanto las condiciones biológicas y socioeconómicas esenciales de la persona, como los recursos con los que cuenta el Estado. Con ello, la salud supera su carácter meramente prestacional y se debe abordar desde la integralidad.

Fallo interno	Derecho invocado	Tratado internacional	Jurisprudencia internacional	Argumento principal
				Bajo la lógica de la protección integral a la salud su garantía no permite hacer distinciones debido a la nacionalidad; por esa razón, el trámite de afiliación al SGSSS tampoco diferencia entre nacionales y extranjeros. En uno y otro caso se exige agotar una carga dual: (i) identificarse a través de uno de los documentos previstos por ley; y (ii) acreditar el trámite legal para afiliarse al Sistema. El cumplimiento de esta carga, en materia de nacionales y extranjeros, atiende a "la obligación de cumplir la Constitución Política y las leyes establecidas para todos los residentes en Colombia".

Fallo interno	Derecho invocado	Tratado internacional	Jurisprudencia internacional	Argumento principal
T-529 de 2020 (16 dic).	Derecho a la salud.	Declaración Universal de Derechos Humanos // Declaración Americana de los Derechos y Deberes del Hombre (Consideraciones de la Corte, numeral 5.2).	N/A	DERECHO A LA SALUD: De acuerdo con lo anterior, se advierte que todos los ciudadanos independientemente de que sean nacionales colombianos o extranjeros, tienen la obligación de afiliarse al Sistema General de Seguridad Social en Salud y tener un documento de identidad válido que les permita efectuar tal vinculación. Sin perjuicio de este deber de afiliación, la Corte Constitucional en reiteradas oportunidades ha señalado que, por regla general, todos los extranjeros migrantes, incluidos aquellos que se encuentran en situación de irregularidad, tienen derecho a recibir atención básica y de urgencias en el territorio nacional, toda vez que "se trata de un contenido mínimo esencial del derecho a la salud que busca comprender que toda persona que se encuentra en Colombia" (...)"tiene derecho a un mínimo vital, en tanto que manifestación de su dignidad humana, es decir, un derecho a recibir una atención mínima por parte del Estado en casos de [extrema] necesidad y urgencia, en aras a atender sus necesidades más elementales y primarias". Además, "garantizar, como mínimo, la atención que requieren con urgencia los migrantes en situación de irregularidad tiene una finalidad objetiva y razonable y es entender que, en virtud del principio de solidaridad, el Sistema de Salud no le puede dar la espalda a quienes se encuentran en condiciones evidentes de debilidad manifiesta".

Fallo interno	Derecho invocado	Tratado internacional	Jurisprudencia internacional	Argumento principal
SU-016 de 2021 (21 enero).	Derecho a la vivienda.	Convención Internacional sobre la Protección de los Derechos de todos los Trabajadores Migrantes y de sus Familiares (Consideraciones de la Corte, numeral 97). Declaración de Nueva York para los Refugiados y los Migrantes// Pacto Global para una Migración Segura, Ordenada y Regular (Consideraciones de la Corte, numeral 92).	Observación General 7 del Comité de las Naciones Unidas de Derechos Económicos, Sociales y Culturales (Consideraciones de la Corte, numeral 35, 39). Observación General No. 4, en la cual el Comité de Derechos Económicos Sociales y Culturales (Consideraciones de la Corte, numeral 50).	DERECHO AL ACCESO A LA VIVIENDA: es necesario destacar que en el derecho internacional se reconoce el derecho a una vivienda adecuada, el cual debe ejercerse sin discriminación alguna por motivos raciales o étnicos, sexuales, religiosos, de idioma, de opinión política o de otra índole, origen nacional o social, posición económica, nacimiento o cualquier otra condición social. Por su parte, el artículo 43 de la Convención Internacional sobre la Protección de los Derechos de todos los Trabajadores Migrantes y de sus Familiares obliga a los Estados a garantizarles la igualdad de trato respecto de los nacionales en relación con el acceso a la vivienda, bien estén "documentados o en situación regular". Ello a través de su inclusión en los planes sociales de vivienda y de la protección contra la explotación en materia de alquileres.

				Con base en los elementos descritos, para la garantía del derecho a la vivienda de la población migrante debe considerarse que: (i) la realización del derecho a la vivienda es de carácter progresivo; (ii) está proscrita la discriminación fundada en criterios como el origen nacional, pero se otorga un margen de actuación a los Estados para que definan cómo garantizar los derechos económicos a los nacionales de otros países; (iii) la regularización de la situación migratoria es un criterio relevante en el acceso a políticas de vivienda, no solo desde una perspectiva de los deberes, sino también porque esta condición está relacionada con el interés de permanencia[213]; y (iv) en todo caso la faceta prestacional se desarrolla mediante herramientas de priorización, que implican la postergación y exclusión de soluciones habitacionales para algunos sujetos, y a través de políticas de largo plazo.

Fallo interno	Derecho invocado	Tratado internacional	Jurisprudencia internacional	Argumento principal
T-090 de 2021 (14 abril).	Derecho a la salud de los migrantes. Derecho de acceso al sistema de salud de migrantes.	Pacto Internacional de Derechos Económicos, Sociales y Culturales (Consideraciones de la Corte, numerales 4.6, 5.7). Pacto Internacional de Derechos Civiles y Políticos (Consideraciones de la Corte, numeral 4.6). Declaración Universal de Derechos Humanos (Consideraciones de la Corte, numerales 4.6, 5.4).	Observación General No. 14 del Comité de Derechos Económicos, Sociales y Culturales, párrafo 34 (Consideraciones de la Corte, numeral 4.8).	DERECHO A LA SALUD DE NIÑOS Y NIÑAS MIGRANTES: La protección del derecho a la salud de los menores de edad, tal como quedó plasmado, tiene su asidero en la Constitución Política, en las normas mencionadas y en la jurisprudencia relacionada, pero sin limitarse a esta. Sin embargo, su sustento no deviene exclusivamente de nuestra carta magna, pues en el contexto internacional, existen diferentes instrumentos, como la Declaración Universal de Derechos Humanos (artículo 2, 25), la Declaración Universal de los Derechos del Niño (principio 2), el Pacto Internacional de Derechos Civiles y Políticos (artículo 2.1) y el Pacto Internacional de Derechos Económicos Sociales y Culturales (artículo 2.2 y artículo 12), que le dan una connotación más amplia.

		Declaración Universal de los Derechos del Niño (Consideraciones de la Corte, numeral 4.6). Convención Americana de Derechos Humanos (Consideraciones de la Corte, numeral 5.4). Convención Internacional sobre los Derechos del Niño (Consideraciones de la Corte, numerales 4.7, 4.10).		Es necesario mencionar la Convención Internacional sobre los Derechos del Niño, donde expresamente se reitera el derecho de los menores de edad al disfrute del más alto nivel posible de salud y servicios para el tratamiento de las enfermedades que padezcan, así como la rehabilitación de su estado físico. De esta manera, prevé que "Los Estados Partes asegurarán la plena aplicación de este derecho, y, en particular, adoptarán las medidas apropiadas para: (...) b) Asegurar la prestación de la asistencia médica y la atención sanitaria que sean necesarias a todos los niños, haciendo hincapié en el desarrollo de la atención primaria de salud". En ese orden de ideas, uno de los principios decantados es el de 'no discriminación', desarrollado por el párrafo 34 de la Observación General No. 14 del Comité de Derechos Económicos, Sociales y Culturales, el cual sostiene que es deber de los Estados garantizar, en condiciones de igualdad, el derecho a la salud de todas las personas, "incluidos, los presos o detenidos, los representantes de las minorías, los solicitantes de asilo o los inmigrantes ilegales"; por tanto, podría entenderse que los niños, niñas y adolescentes, migrantes en situación irregular tienen derecho a la salud, al igual que los menores connacionales.

Fallo interno	Derecho invocado	Tratado internacional	Jurisprudencia internacional	Argumento principal
C-119 de 2021 (29 abril).	Derecho de los migrantes. Derecho a la nacionalidad.	Declaración Universal de los Derechos Humanos// Pacto Internacional de Derechos Civiles y Políticos// Convención Americana sobre Derechos Humanos// Convención sobre los Derechos del Niño // Convención sobre el Estatuto de los Apátridas// Convención para Reducir los Casos de Apatridia (Consideraciones de la Corte, numerales 5.1, inciso 52 y 5.1.2., incisos 83,84,85,86 y 87).	Comisión Interamericana de Derechos Humanos. Resolución 2 de marzo 2 de 2018, "Migración forzada de personas venezolanas" (Consideraciones de la Corte, numeral 5.1.1., inciso 55 y 5.1.3., inciso 98).	APATRIDIA: Para la Sala Plena, la medida legislativa es compatible con los artículos 2, 5 y 13 de la Constitución, por las siguientes razones: -Persigue una finalidad constitucional imperiosa al precaver el riesgo de apatridia que enfrentan las hijas e hijos de personas venezolanas solicitantes de refugio o en situación migratoria regular o irregular, que han nacido en territorio colombiano entre el año 2015 y el término de vigencia de la Ley 1997 de 2019. Por tanto, protege el derecho a la nacionalidad de los niños y niñas destinatarios de la medida –sujetos de especial protección–, que garantizan los arts. 14, 44 y 96 de la Constitución, 15 de la Declaración Universal de los Derechos Humanos, 24 del Pacto Internacional de Derechos Civiles y Políticos –aprobada mediante la Ley 74 de 1968–, 20 de la Convención Americana sobre Derechos Humanos –aprobada mediante la Ley 16 de 1972– y 7 y 8 de la Convención sobre los Derechos del Niño y la Niña –aprobada mediante la Ley 12 de 1991– y da cumplimiento a las obligaciones derivadas de las convenciones sobre el Estatuto de los Apátridas y para Reducir los Casos de Apatridia, aprobadas mediante la Ley 1588 de 2012 y declaradas exequibles mediante la Sentencia C-622 de 2013.

				-Es idónea o efectivamente conducente ya que al presumir la residencia y ánimo de permanencia en Colombia de las personas de nacionalidad venezolana –migrantes o solicitantes de refugio–, cuyos hijos e hijas hubiesen nacido en territorio colombiano en el término de vigencia de la ley demandada, facilita el reconocimiento de la nacionalidad por nacimiento a favor de estas niñas y niños, de manera compatible con el artículo 96.1.a de la Constitución, lo cual constituye una medida adecuada para precaver el riesgo de apatridia que enfrentan. -Es necesaria, no solo ante las restricciones desproporcionadas que enfrentan los padres y madres de estas niñas y niños –destinatarios de la medida– para que en Venezuela se les reconozca la nacionalidad, sino ante la menor eficacia de los mecanismos previos a su adopción para regularizar la situación migratoria de los sujetos de especial protección destinatarios de la medida y para prevenir el riesgo de apatridia que enfrentan.

Fallo interno	Derecho invocado	Tratado internacional	Jurisprudencia internacional	Argumento principal
				-Finalmente, es ponderada o proporcional en sentido estricto dado que la medida preferente es estrictamente excepcional y temporalmente delimitada a las circunstancias que pretende conjurar, relacionadas con la grave crisis humanitaria que padece la población venezolana; no es la única alternativa para que las hijas e hijos de extranjeros accedan a la nacionalidad colombiana y, por último, la legislación interna cuenta con un mecanismo adecuado para prevenir la apatridia de otros grupos nacionales que no enfrentan las restricciones de aquellos destinatarios de la medida. Por tanto, los beneficios de su adopción exceden el no otorgamiento de un trato idéntico a favor de otros grupos nacionales.
T-155 de 2021 (26 de mayo de 2021).	Derecho a la nacionalidad.	Declaración Universal de Derechos Humanos (Consideraciones de la Corte, numerales 110,147).	Corte Interamericana de Derechos Humanos. Caso de las Niñas Yean y Bosico vs. República Dominicana. Sentencia del 8 de septiembre de 2005. (Consideraciones de la Corte, numeral 109, 111,114, 152)	DERECHO A LA NACIONALIDAD: Además de ser considerada como el vínculo con un Estado, la nacionalidad es un derecho humano y fundamental, que está consagrado en el artículo 15 de la Declaración Universal de Derechos Humanos, el artículo 20 de la Convención Americana de Derechos Humanos y el artículo 19 de la Declaración Americana de los Derechos y Deberes del hombre. Así mismo, es un derecho específicamente reconocido a los menores por el ordenamiento nacional e internacional. Así, está expresamente establecido en el artículo 44 de la Constitución Política, el artículo 24 del Pacto Internacional de Derechos Civiles y Políticos y el artículo 7 de la Convención sobre los Derechos del Niño.

		Convención Americana de Derechos Humanos (Consideraciones de la Corte, numerales 110, 111, 147). Declaración Americana de los Derechos y Deberes del hombre (Consideraciones de la Corte, numerales 110). Pacto Internacional de Derechos Civiles y Políticos (Consideraciones de la Corte, numerales 110, 131, 147, 151). Convención sobre los Derechos del Niño (Consideraciones de la Corte, numerales 110, 131,151).	Corte Interamericana de Derechos Humanos. Caso de personas dominicanas y haitianas expulsadas vs. República Dominicana. Sentencia del 28 de agosto de 2014 en el (Consideraciones de la Corte, numeral 132).	Respecto del derecho a la nacionalidad, la jurisprudencia constitucional ha afirmado que este "se erige como un verdadero derecho fundamental en tres dimensiones: i) el derecho a adquirir una nacionalidad; ii) el derecho a no ser privado de ella; y iii) el derecho a cambiar de nacionalidad". Por su parte, la Corte Interamericana de Derechos Humanos ha explicado que "[l]a importancia de la nacionalidad reside en que ella, como vínculo jurídico político que liga una persona a un Estado determinado, permite que el individuo adquiera y ejerza los derechos y responsabilidades propias de la pertenencia a una comunidad política". De esta manera, "es un prerrequisito para el ejercicio de determinados derechos. Por último, este organismo internacional ha afirmado que, a la luz de la Convención Americana de Derechos Humanos, el derecho a la nacionalidad tiene una doble connotación, a saber: (i) "desde la perspectiva de dotar al individuo de un mínimo amparo jurídico en el conjunto de relaciones, al establecer su vinculación con un Estado determinado" y (ii) "el de proteger al individuo contra la privación de su nacionalidad de forma arbitraria".

Fallo interno	Derecho invocado	Tratado internacional	Jurisprudencia internacional	Argumento principal
		Convención para Reducir los Casos de Apatridia (Consideraciones de la Corte, numeral 131).		En suma, la nacionalidad es un derecho humano y fundamental, de especial importancia para los menores, a través del cual un individuo crea un vínculo jurídico, legal y político con un Estado. De esta manera, éste comprende el derecho a adquirir la nacionalidad, a no ser privado de esta y a poder cambiarla cuando se desee. Como consecuencia de su reconocimiento, se generan una serie de derechos y deberes, cuyo amparo y ejercicio depende del vínculo con el respectivo Estado del que se es nacional.

Fallo interno	Derecho invocado	Tratado internacional	Jurisprudencia internacional	Argumento principal
T-236 de 2021 (23 de julio).	Derecho a la igualdad. Derecho a la dignidad humana. Derecho a la atención integral de las víctimas del delito de trata de personas.	Declaración Universal de los Derechos Humanos// Pacto Internacional de Derechos Civiles y Políticos// Convención Americana sobre Derechos Humanos// Convención de las Naciones Unidas contra la Delincuencia Organizada Transnacional y sus Protocolos (Consideraciones de la Corte, numeral 16).	N/A	ATENCIÓN INTEGRAL E INTERSECCIONAL A LAS VÍCTIMAS DEL DELITO DE TRATA DE PERSONAS: para entender el contexto histórico de un particular caso de trata de personas, se han de tener en cuenta, además de las circunstancias individuales de la víctima, las circunstancias grupales, pues existen supuestos en los que el motivo se encuentra en un aspecto grupal que caracteriza a la persona. En este sentido, lo reconoce el Protocolo de Investigación y Judicialización para el Delito de Trata de Personas en Colombia, cuando exige evaluar la edad, el género, el lugar de origen, el lugar de hallazgo y la falta de documentación. En relación con las mujeres migrantes, por ejemplo, convergen en ellas varios factores que las exponen a padecer discriminación interseccional pues no solamente enfrentan el riesgo de sufrir tratos discriminatorios por situaciones particulares sino también por el país de origen. En consecuencia, se hace indispensable que las medidas de protección y asistencia den cuenta de esos factores, tal como lo advierte el artículo 6 de la Ley 800 de 2003. La interseccionalidad, por tanto, debe servir para reforzar la protección debida, teniendo en cuenta el mayor estado de vulnerabilidad al que se encuentra expuesta la víctima.

Fallo interno	Derecho invocado	Tratado internacional	Jurisprudencia internacional	Argumento principal
				Con independencia de los esfuerzos institucionales para combatir el delito de trata de personas en el país, se proferirán órdenes para cumplir con las obligaciones de garantizar y respetar los derechos humanos que se vulneran con su comisión. En el caso concreto, la Sala constató: (...) (iii) particulares y complejas situaciones económicas y sociales que padece la población migrante venezolana que la expone a una mayor vulnerabilidad frente al delito de trata de personas, mencionadas brevemente en la parte considerativa de esta sentencia, (iv) alarmantes cifras reportadas por la Alcaldía Mayor de Bogotá que alertan que más del 98 % de las personas extranjeras que están en la prostitución son de nacionalidad venezolana.

Fallo interno	Derecho invocado	Tratado internacional	Jurisprudencia internacional	Argumento principal
T-386 de 2021 (10 de noviembre).	Derechos de los extranjeros. Derecho a no ser discriminado.	Convención Americana sobre Derechos Humanos (Consideraciones de la Corte, numerales 3.1, 4.10,5.10, 6.6, 6.8). Convención Interamericana Contra Toda Forma de Discriminación e Intolerancia (Consideraciones de la Corte numerales 4.11, 4.12, 10.7, 10.10). Pacto Internacional de Derechos Civiles y Políticos (Consideraciones de la Corte, numerales 3.2, 4.10).	Corte Interamericana de Derechos Humanos, caso Tristán Donoso vs. Panamá. Excepción Preliminar, Fondo, Reparaciones y Costas. Sentencia de 27 de enero de 2009. Serie C No. 193, párr. 114 (Consideraciones de la Corte, numeral 5.10).	DERECHO A NO SER DISCRIMINADO: El alcance del derecho fundamental a no ser discriminado se encuentra delimitado en instrumentos internacionales, disposiciones de la Constitución Política, así como en reglas y subreglas jurisprudenciales. Concretamente, la Corte Constitucional se ha referido a la naturaleza autónoma e iusfundamental de esta garantía, cuyo contenido se identifica a partir de la cláusula de igualdad que se encuentra en el artículo 13 de la carta política, en el que se enuncian algunas categorías, aunque no en forma taxativa, consideradas sospechosas, pues su uso ha estado históricamente asociado a prácticas que tienden a subvalorar y a colocar en situaciones de desventaja a ciertas personas o grupos. La norma en mención alude a razones de sexo, raza, origen nacional o familiar, lengua, religión, opinión política o filosófica.

Fallo interno	Derecho invocado	Tratado internacional	Jurisprudencia internacional	Argumento principal
		Declaración Americana de los Derechos y Deberes del Hombre// Pacto Internacional de Derechos Económicos, Sociales y Culturales (Consideraciones de la Corte, numeral 4.10).		La Corte se refirió a la teoría de los denominados "criterios sospechosos" a partir del estudio de las categorías prohibidas de clasificación decantadas por tribunales constitucionales que *"(i) se fundan en rasgos permanentes de las personas, de las cuales éstas no pueden prescindir por voluntad propia a riesgo de perder su identidad; (ii) esas características han estado sometidas, históricamente, a patrones de valoración cultural que tienden a menospreciarlas; y, (iii) no constituyen, per se, criterios con base en los cuales sea posible efectuar una distribución o reparto racionales y equitativos de bienes, derechos o cargas sociales"*. El carácter autónomo del derecho a la no discriminación *"más allá de reflejar un alcance discursivo, permite reconocer que no se trata de una simple prohibición abstracta, sino que impone la manifestación específica de hacer efectivo el goce de todos los derechos que dependen de la inexistencia concreta de los actos discriminatorios proscritos en nuestro contexto"*. Así pues, el amparo de este derecho es una respuesta y una expresión propia de la dignidad del ser humano.

Fallo interno	Derecho invocado	Tratado internacional	Jurisprudencia internacional	Argumento principal
SU-397 de 2021 (19 de noviembre).	Derecho al debido proceso.	Convención Americana sobre Derechos (Consideraciones de la Corte, numerales 141,145, 147,169,211,233,264). Pacto Internacional de Derechos Civiles y Políticos (Consideraciones de la Corte, numerales 171,173,212).	Corte Interamericana de Derechos Humanos, caso Nadege Dorzema y otros Vs. República Dominicana. Fondo, Reparaciones y Costas. Sentencia de 24 de octubre de 2012. (Consideraciones de la Corte, numeral 235)	DERECHO AL DEBIDO PROCESO DE EXTRANJEROS: sobre la naturaleza de los procedimientos administrativos sancionatorios de carácter migratorio. La Corte ha precisado que, conforme a lo establecido en el artículo 100 de la carta y lo dispuesto por la jurisprudencia constitucional, la discrecionalidad del Estado para crear los procedimientos y definir la situación migratoria del extranjero, no puede entenderse como una potestad arbitraria exógena al Estado constitucional. En efecto, el derecho fundamental al debido proceso, consagrado en el artículo 29 de la Constitución Política, ha sido definido como el derecho que tienen las partes de hacer uso del conjunto de facultades y garantías que el ordenamiento jurídico les otorga, para efecto de hacer valer sus derechos sustanciales, dentro de un procedimiento judicial o administrativo. A partir de la revisión de varios fallos de tutela que versaban sobre hechos similares a los que ahora ocupan la atención de la Sala, la Corte ha señalado que la autoridad migratoria es la responsable de que, en el curso de los procesos sancionatorios que le corresponde adelantar, se garanticen, por lo menos, los siguientes elementos:

Fallo interno	Derecho invocado	Tratado internacional	Jurisprudencia internacional	Argumento principal
				(i) El Estado debe garantizar el derecho de defensa y contradicción a los extranjeros contra los que se dirige el proceso administrativo sancionatorio, lo cual, presupone que estos deben conocer y comprender el trámite en el que se encuentran involucrados. (ii) El trámite sancionatorio de naturaleza migratoria debe surtirse en un plazo razonable, el cual debe apreciarse en relación con la duración total de la actuación, desde su inicio hasta la finalización, incluyendo los recursos de instancia que serían procedentes. Esta garantía no solo se refiere a la protección de que el procedimiento se adelante sin dilaciones injustificadas, sino además de que no se lleve a cabo con tanta celeridad al punto de tornar ineficaz o anular el ejercicio del derecho de defensa y en especial de contradicción en forma oportuna y eficaz. (iii) El contenido del derecho de defensa y contradicción también comprende el deber del Estado de asistir gratuitamente por un traductor o intérprete, a todo extranjero que no comprenda o hable con suficiencia el idioma en el que se adelanta el trámite administrativo sancionatorio.

				(iv) En el curso del antedicho proceso la autoridad migratoria debe valorar, a la luz de los postulados constitucionales y los compromisos adquiridos por el Estado en tratados internacionales que versan sobre derechos humanos, las circunstancias familiares del extranjero. Este mandato cobra mayor relevancia cuando el grupo familiar se encuentra integrado por menores de edad. La Sala se detendrá sobre este tema más adelante cuando estudie la jurisprudencia constitucional dictada en materia del derecho de los niños y las niñas a tener una familia y no ser separados de ella. (v) La autoridad migratoria está en la obligación de motivar de manera suficiente el acto administrativo por medio del cual se resuelve sancionar al extranjero con la medida de deportación o expulsión. De esta forma, se evita que se confunda la facultad discrecional en materia migratoria, con la arbitrariedad y capricho del funcionario.

Fallo interno	Derecho invocado	Tratado internacional	Jurisprudencia internacional	Argumento principal
C-055 de 2022 (21 de febrero).	Derecho a la igualdad. Derechos sexuales y reproductivos de mujeres migrantes.	Convención Americana sobre Derechos Humanos// Convención de Belem do Pará (Consideraciones de la Corte, numeral 170).	N/A	DERECHO A LA IGUALDAD Y NO DISCRIMINACIÓN: En efecto, el argumento de discriminación indirecta que sustenta la acusación de las demandantes confronta la disposición demandada con un principio de rango superior, esto es, el derecho a la igualdad reconocido tanto en el artículo 13 de la Constitución como en instrumentos internacionales de derechos humanos que hacen parte del bloque de constitucionalidad. En particular, se contrapone al artículo 9 de la Convención de *Belem do Pará*, que obliga a los Estados parte a tener especialmente en cuenta la situación de vulnerabilidad a la violencia que puedan sufrir las mujeres en razón, entre otras, de su condición de migrantes, desplazadas, menores de edad o de su situación socioeconómica desfavorable o afectada por el conflicto armado.

Fallo interno	Derecho invocado	Tratado internacional	Jurisprudencia internacional	Argumento principal
SU-180 de 2022 (26 de mayo).	Derechos de los niños. Derecho a la nacionalidad. Derecho a tener una familia y no ser separado de ella.	Convención Internacional sobre los Derechos del Niño (Consideraciones de la Corte, numerales 160-168). Convención Americana sobre Derechos Humanos (Consideraciones de la Corte, numerales 169-173).	Observación General No. 6 (2005) del Comité de los Derechos del Niño (Consideraciones de la Corte, numeral 175).	DERECHOS DE LOS NIÑOS: En virtud de la Convención sobre los Derechos del Niño el Estado de Colombia (i) se obligó a proteger y garantizar los derechos de todos y cada uno de los niños que se encuentren en su jurisdicción, entre los cuales se encuentran, los derechos (a) a la vida; (b) a la nacionalidad; (c) a un nivel de vida adecuado para su desarrollo físico, mental, espiritual, moral y social; y (d) a no ser separados de sus padres salvo que ello sea necesario para proteger su interés superior. - Para el efecto, el Estado se comprometió a (ii) adoptar todas las medidas internas que resultaran necesarias y adecuadas, (iii) dar prevalencia al interés superior de los niños siempre que tuviera que decidir sobre alguna medida que les concierna; (iv) dar asistencia y protección especial a las niñas, niños y adolescentes que se encuentran temporal o permanentemente privados de su medio familiar; y (v) reconocer que la adopción en un país diferente al del origen del niño, puede ser considerada como una forma de cuidarlo en el caso en que este no pueda ser atendido de manera adecuada en su país de origen, siempre que ello obedezca su interés superior.

Fallo interno	Derecho invocado	Tratado internacional	Jurisprudencia internacional	Argumento principal
				- En el Sistema Interamericano de Derechos Humanos, la Convención Americana sobre Derechos Humanos y el *corpus juris* internacional sobre los derechos de los niños, niñas y adolescentes –que se compone y nutre de la Convención sobre los Derechos del Niño, entre otros instrumentos internacionales–, son fuente de obligaciones para el Estado colombiano en torno a los derechos de los niños. Dentro de esas obligaciones que vinculan al Estado se encuentran las de (i) respetar y garantizar los derechos humanos de todos los niños, niñas y adolescentes (artículo 1.1 de la Convención Americana sobre Derechos Humanos); (ii) brindarles protección especial, conforme a sus particulares condiciones de vulnerabilidad (artículo 19 ibidem), (iii) adoptar las disposiciones de derecho interno que fueren necesarias y adecuadas para dar efectividad a ese deber de protección especial (artículo 2 ibidem); y (iv) adoptar medidas especiales, adecuadas e idóneas para proteger a los niños, niñas y adolescentes que se encuentren en una situación de especial vulnerabilidad, porque, por ejemplo, fueron abandonados por sus familiares (artículos 2 y 19 *ibidem*).

Fallo interno	Derecho invocado	Tratado internacional	Jurisprudencia internacional	Argumento principal
T-344 de 2022 (5 de octubre de 2022).	Derecho a la salud. Derecho a la vida. Derecho a la seguridad social.	Convención sobre los Derechos del Niño// Convención Americana sobre Derechos Humanos (Consideraciones de la Corte, numeral 77).	N/A	DERECHO A LA SALUD: *"(...) las mujeres gestantes que no cuentan con afiliación al sistema por su situación migratoria irregular enfrentan barreras de acceso a los controles prenatales y los exámenes paraclínicos esenciales".* Tal situación, se torna importante en el caso de gestantes adolescentes, debido al impacto del embarazo adolescente en la salud materna y fetal y la salud mental. De este modo, enfatizaron en la necesidad de *"(...) facilitar el acceso de las gestantes a los servicios de salud, promover el inicio temprano del mismo y la asistencia periódica al mismo hasta el momento del parto (...)"* pues, de lo contrario, *"(...) todas aquellas actividades y barreras que no permitan un acceso y una atención adecuada en salud digna, respetuosa, basada en la evidencia científica y que involucre de manera razonable los deseos de la mujer gestante (...)"*, así como, el *"(...) desconocimiento por parte de algunas instituciones en salud de los derechos de las migrantes, especialmente gestantes, así como de la reglamentación que enmarca su atención en salud (...)"* podrían ser potenciales acciones que constituirían violencia obstétrica.

Fallo interno	Derecho invocado	Tratado internacional	Jurisprudencia internacional	Argumento principal
				El respeto por los principios constitucionales de solidaridad, dignidad humana, interés superior y protección especial de los menores de edad, y en razón a la prevalencia de los derechos fundamentales de estos, *"impide a las instituciones prestadoras de servicios de salud negar la atención médica prenatal requerida por una menor de edad en estado de gestación debido a su situación de permanencia irregular en territorio nacional. El no suministro oportuno de dicha atención, además de contravenir los mencionados principios superiores, vulnera los derechos fundamentales de la menor de edad a la salud y a la vida en condiciones dignas, y justifica la intervención del juez constitucional para su efectivo restablecimiento"*.

Fallo interno	Derecho invocado	Tratado internacional	Jurisprudencia internacional	Argumento principal
T-393 de 2022 (9 de noviembre).	Derecho a la nacionalidad. Derecho a la personalidad jurídica.	Convención sobre el Estatuto de los Refugiados de 1951// Protocolo sobre el Estatuto de los Refugiados de 1967// Declaración de Cartagena sobre refugiados de 1984// Declaración de San José de Costa Rica sobre Refugiados y Personas Desplazadas Internas de 1994// Declaración de Nueva York sobre Refugiados y Migrantes de 2016 (Consideraciones de la Corte, numeral 36).	Opinión Consultiva OC-21/14 de la Corte Interamericana de Derechos Humanos//Opinión Consultiva OC-25/18 de la Corte Interamericana de Derechos Humanos// Resolución 04/19 de la Comisión Interamericana de Derechos Humanos (Consideraciones de la Corte, numeral 38).	DERECHO A LA NACIONALIDAD Y LA PERSONALIDAD JURÍDICA: la Sala Sexta concretó el análisis en la presunta vulneración de los derechos a la nacionalidad colombiana por nacimiento y a la personalidad jurídica. Para ello, (i) reiteró la jurisprudencia sobre los derechos a la nacionalidad y a la personalidad jurídica de hijos de colombianos nacidos en Venezuela en la inscripción extemporánea de su nacimiento, en especial, se detalló cómo las autoridades registrales colombianas tienen deberes de diligencia y protección, estando obligadas a realizar los trámites registrales estipulados en el ordenamiento jurídico que, a la luz de las condiciones específicas y particulares, no resulten irrazonables, desproporcionados ni injustificados. Además, (ii) precisó el contenido del derecho al reconocimiento de la condición de refugiado, en particular, respecto del principio de no devolución y el deber correlativo del Estado de no exigir requisitos que impliquen un retorno involuntario.

Fallo interno	Derecho invocado	Tratado internacional	Jurisprudencia internacional	Argumento principal
				Con estos elementos, la Sala concluyó que la exigencia del requisito de apostilla, dadas las condiciones particulares y actuales de la accionante, resultaba una carga manifiestamente desproporcionada, irrazonable e injustificada. Esto, por cuanto: (i) la accionante acreditó los requisitos de acceso a la nacionalidad colombiana por nacimiento, (ii) demostró las dificultades para adelantar el trámite de apostilla presencial del documento cuya apostilla se exige; (iii) probó que, a pesar de su diligencia y buena fe en tramitar el requisito de apostilla de manera virtual, el medio electrónico resultó infructuoso; (iv) acreditó que se trata de población refugiada en riesgo de persecución política y, por lo tanto, de acuerdo con el principio de no devolución, no puede retornar a su país para un trámite de documentación formal; (v) la oficina registral se apartó injustificadamente de la normativa que admite el registro extemporáneo de nacimiento mediante testigos y, adicionalmente, (vi) dejó de justificar por qué, en el caso concreto, no era admisible el procedimiento de registro mediante la presencia de dos testigos hábiles.

Fallo interno	Derecho invocado	Tratado internacional	Jurisprudencia internacional	Argumento principal
Sentencia SU-543 de 2024 (5 de diciembre)	Derecho a la igualdad, debido proceso, unidad familiar, principio de no devolución, DESC.	Pacto Internacional de Derechos Económicos sociales y culturales de 1966, Convención Americana de Derechos Humanos de 1969 (Consideraciones de la Corte, numeral 148 y ss.) Convención de Ginebra sobre el Estatuto de los Refugiados de 1951 y Protoclo adicional de 1967 (Consideraciones de la Corte, numeral 88 y ss)	Corte IDH, Corte IDH. Caso Familia Pacheco Tineo Vs. Bolivia. Excepciones Preliminares, Fondo, Reparaciones y Costas. Sentencia de 25 de noviembre de 2013. Serie C No. 272	Para referirse a la importancia del debido proceso, la Corte Constitucional acude a diversos pronunciamientos de los sistemas de protección internacional de derechos humanos, específicamente de la Corte IDH, así como a los informes de la CIDH y de los órganos de los tratados de las Naciones Unidas. Señala de esta manera que, han reiterado que el derecho de acceso a un proceso para la determinación de la condición de refugiado es la piedra angular de la protección internacional de los migrantes que solicitan refugio. En este sentido, han sostenido que los Estados tienen la obligación internacional de adoptar procesos "justos y eficientes" para determinar la condición de refugiado de los migrantes que soliciten asilo. Lo anterior, puesto que, a pesar de que la condición de refugiada de una persona se deriva de las circunstancias que enfrentó en su país y no de la determinación que hacen los Estados receptores, el pleno y efectivo goce de los derechos y beneficios que derivan de la condición de persona refugiada depende, en la práctica, del reconocimiento formal. En el mismo sentido, en el marco de estos procedimientos, los Estados determinan si, a pesar de no tener la condición de refugiado, el migrante podría ser titular de algún otro tipo de protección internacional complementaria[90].

90 Corte Constitucional, Sentencia SU-543 de 2023, M.P. Paola Meneses, pár. 91.

Fallo interno	Derecho invocado	Tratado internacional	Jurisprudencia internacional	Argumento principal
T-056 de 2024	Debido proceso, unidad familiar, trabajo, incompatibilidad entre el PPT y la solicitud para el reconocimiento de condición de refugiado, ETPMV	Convención Americana de Derechos Humanos de 1969, Convención sobre el Estatuto de los Refugiados de 1951 (Consideració- No.60.2)	Corte IDH. Opinión Consultiva 21. Derechos y Garantías de Niños y Niñas en el contexto de la migración y/o en necesidad de protección internacional. 19 de agosto de 2014, párr. 275.	La Corte Constitucional acude a la interpretación que se ha dado en el seno del SIDH para sustentar la importancia de que en las medidas administrativas se respete el debido proceso y que a partir de allí también se derive protección a la unidad familiar dando aplicación al derecho a la igualdad.

Fuente: elaboración propia

Como se pudo evidenciar, para los fallos internos, los estándares internacionales propuestos por los diversos sistemas de protección se han usado como criterios hermenéuticos para interpretar los derechos plasmados en la Constitución de 1991. Dicha jurisprudencia, puede impactar positivamente la formulación de la política pública interna.

Por otra parte, para el caso de Colombia, que ha venido construyendo la política migratoria en función de las coyunturas que se han ido presentando con los flujos migratorios provenientes de Venezuela, en las últimas décadas y que ha sido el juez interno, quien ha buscado dar aplicación a los tratados, es importante conocer el alcance de las sentencias internacionales, pues pueden servir de referente sobre posibles violaciones que en términos análogos se presentaren en Colombia, de no adoptar los estándares de modo apropiado o continuar omitiendo el cumplimiento a obligaciones internacionales.

Por este motivo, a continuación, se presenta un cuadro que resumen los principales aportes de estos fallos internacionales, así como de jurisprudencia *de soft law* de los órganos de los tratados del ámbito universal y que abordan aspectos centrales en la materia, los cuales deberían ser tenidos en consideración en el caso de Colombia para mejorar la política de atención a personas no solo venezolanas, sino extranjeras, en general.

Cuadro 3. Decisiones de la Corte Interamericana de Derechos Humanos

a) Decisiones de la Corte Interamericana de Derechos Humanos:

Caso	Derechos protegidos	Restitución y Compensación económica	Medidas de satisfacción	Medidas de rehabilitación	Garantías de no repetición
Ivcher Brostein vs. Perú (2001).	- Artículos 20.1 y 20.3 sobre el derecho a la nacionalidad (Corte IDH, 2001, p.69). - Artículos artículo 8.1 y 8.2 sobre el derecho a las garantías judiciales (Corte IDH, 2001, p.69). - Artículo 25.1 sobre el derecho a la protección judicial (Corte IDH, 2001, p.69). - Artículos 21.1 y 21.2 sobre el derecho a la propiedad privada (Corte IDH, 2001, p.69).	- Restituir la nacionalidad, propiedad privada y libertad de expresión (Corte IDH, 2001, párr. 171). - El Estado tiene el deber de facilitar las condiciones para que Baruch Ivcher Bronstein pueda realizar las gestiones necesarias para recuperar el uso y goce de sus derechos como accionista mayoritario de la Compañía Latinoamericana de Radiodifusión S.A., como lo era hasta el 1 de agosto de 1997, en los términos de la legislación interna (Corte IDH, 2001, p.69).	- Investigar y sancionar a las autoridades internas responsables de las violaciones a los DDHH (Corte IDH, 2001, párr. 171c).	N/A	Adoptar las medidas legislativas y administrativas internas para garantizar que estos hechos no se vuelvan a producir (Corte IDH, 2001, párr. 171.b).

Caso	Derechos protegidos	Restitución y Compensación económica	Medidas de satisfacción	Medidas de rehabilitación	Garantías de no repetición
	- Artículos 13.1 y 13.3 sobre el derecho a la libertad de expresión (Corte IDH, 2001, p.69). - Artículo 1.1 sobre la obligación general de respetar los derechos (Corte IDH, 2001, p.69). Todo lo anterior consagrado en la Convención Americana sobre Derechos Humanos (Corte IDH, 2001, p.69).	- El Estado está en la obligación de pagar a Baruch Ivcher Bronstein una indemnización de US$20 000,00 o su equivalente en moneda peruana al momento de efectuar el pago por concepto de daño moral (Corte IDH, 2001, p.70). - Como reintegro de las costas y gastos generados en la jurisdicción interna y en la jurisdicción internacional, el Estado está en el deber de pagar a Baruch Ivcher Bronstein, la suma de US$50.000,00 o su equivalente en moneda peruana al momento de efectuar el pago. (Corte IDH, 2001, p.70).			

Caso	Derechos protegidos	Restitución y Compensación económica	Medidas de satisfacción	Medidas de rehabilitación	Garantías de no repetición
Niñas Yean y Bosico vs. República Dominicana (2005).	- Artículos 20 sobre el derecho a la nacionalidad y 24 sobre la igualdad ante la ley, relacionados con el artículo 19 sobre los derechos del niño y el artículo 1.1 sobre la obligación de respetar los derechos establecidos en la Convención Americana (Corte IDH, 2005, p.89).	- Por concepto de indemnización por daño inmaterial, el Estado está obligado a pagar la cantidad fijada en el párrafo 226 de la Sentencia de Excepciones Preliminares, Fondo, Reparaciones y Costas, a la niña Dilcia Yean, y la cantidad fijada en el mismo párrafo a la niña Violeta Bosico (Corte IDH, 2005, p. 90).	- Se debe publicar, en el plazo de seis meses, contado a partir de la notificación de la presente Sentencia en el Diario Oficial y en otro diario de circulación nacional en la República Dominicana, al menos por una vez, tanto la Sección denominada "Hechos Probados" (Corte IDH, 2005, p. 89).	N/A	- Desarrollar medidas pedagógicas que informen sobre los DDHH y sobre la importancia del derecho a la igualdad y la prohibición de discriminación por origen nacional o nacimiento (Corte IDH, 2005, párr.242). Realización de un acto público de reconocimiento de responsabilidad internacional y de petición de disculpas a las víctimas Dilcia Yean y Violeta Bosico, y a Leonidas Oliven Yean, Tiramen Bosico Cofi y Teresa Tucent Mena, con la participación de autoridades estatales, de las víctimas y sus familiares, así como de los representantes y con difusión en los medios de comunicación (radio, prensa y televisión) (Corte IDH, 2005, p. 89).

	- Artículos 3 sobre el derecho al nombre y 18 sobre el derecho al reconocimiento de la personalidad jurídica, de forma conexa con el incumplimiento del artículo 19 sobre los derechos del niño y el artículo 1.1 sobre la obligación de respetar los derechos consagrados en la Convención Americana (Corte IDH, 2005, p. 89). - Artículo 5 sobre el derecho a la integridad personal con relación a el artículo 1.1 sobre la obligación de respetar los derechos de la Convención Americana (Corte IDH, 2005, p. 89).	- Por otro lado, por concepto de las costas y gastos generados en el ámbito interno e internacional ante el sistema interamericano de protección de los derechos humanos, el Estado tiene el deber de pagar la cantidad fijada en el párrafo 250 de la Sentencia de Excepciones Preliminares, Fondo, Reparaciones y Costas a las señoras Leonidas Oliven Yean y Tiramen Bosico Cofi, quienes efectuarán los pagos al Movimiento de Mujeres Domínico Haitianas (MUDHA), al Centro por la Justicia y el Derecho Internacional (CEJIL), y a la International Human Rights Law Clinic, School of Law (Boalt Hall), University of California, Berkeley para compensar los gastos realizados por éstos (Corte IDH, 2005, p. 90).	El Estado está en el deber de realizar un acto público de reconocimiento de responsabilidad internacional y de petición de disculpas a las víctimas Dilcia Yean y Violeta Bosico, y a Leonidas Oliven Yean, Tiramen Bosico Cofi y Teresa Tucent Mena, con la participación de autoridades estatales, de las víctimas y sus familiares, así como de los representantes y con difusión en los medios de comunicación (radio, prensa y televisión) (Corte IDH, 2005, p. 89).		El Estado está en el deber de adoptar en su derecho interno, dentro de un plazo razonable, de acuerdo con el artículo 2 de la Convención Americana, las medidas legislativas, administrativas y de cualquier otra índole que sean necesarias para regular el procedimiento y los requisitos conducentes a adquirir la nacionalidad dominicana, mediante la declaración tardía de nacimiento. Tal procedimiento debe ser sencillo, accesible y razonable, en consideración de que, de otra forma, los solicitantes pudieran quedar en condición de ser apátridas. De igual forma, debe existir un recurso efectivo para los casos en que sea denegada la solicitud, en los términos de la Convención Americana (Corte IDH, 2005, pp. 89-90).

Caso	Derechos protegidos	Restitución y Compensación económica	Medidas de satisfacción	Medidas de rehabilitación	Garantías de no repetición
Caso Vélez Loor vs. Panamá (2010).	- Artículos 7.1, 7.3, 7.4, 7.5 y 7.6 sobre el derecho a la libertad personal, con relación a los artículos 1.1 y 2 de la Convención Americana sobre Derechos Humanos (Corte IDH, 2010, p. 98). - Artículos 8.1, 8.2.b, 8.2.c, 8.2.d, 8.2.e, 8.2.f y 8.2.h sobre el derecho a las garantías judiciales, relacionad con los artículos 1.1 y 2 de la Convención Americana (Corte IDH, 2010, p. 98). - Artículo 9 sobre el principio de legalidad, con relación a el artículo 1.1 de la Convención Americana sobre Derechos Humanos (Corte IDH, 2010, p. 98).	- El Estado tiene el deber de pagar $27,500 dólares por indemnización y $24,000 por concepto de gastos (Corte IDH, 2010, p. 98). - El Estado tendrá que continuar eficazmente y conducir con la mayor diligencia y dentro de un plazo razonable, la investigación penal iniciada en relación con los hechos denunciados por el señor Vélez Loor, con el fin de determinar las correspondientes responsabilidades penales y aplicar, en su caso, las sanciones y demás consecuencias que la ley prevea (Corte IDH, 2010, p. 98).	- El Estado está obligado a publicar por una sola vez, en el Diario Oficial de Panamá, la Sentencia de Excepciones Preliminares, Fondo, Reparaciones y Costas, con los respectivos títulos y subtítulos, sin las notas al pie de página, así como la parte resolutiva de la misma.	- Por concepto de tratamiento y atención médica y psicológica especializada, así como medicamentos y otros gastos futuros relacionados, el Estado tiene la obligación de pagar $ 7500 dólares, dentro de un plazo de seis meses (Corte IDH, 2010, p. 98).	- El Estado tiene el deber de, en un plazo razonable, adoptar las medidas necesarias para disponer de establecimientos con capacidad suficiente para alojar a las personas cuya detención es necesaria y proporcionada en el caso en concreto por cuestiones migratorias, específicamente adecuados para tales propósitos, que ofrezcan condiciones materiales y un régimen acorde para migrantes, y cuyo personal sea civil y esté debidamente calificado y capacitado (Corte IDH, 2010, p. 99)

	- Artículos 5.1 y 5.2 acerca del derecho a la integridad personal, con relación a el artículo 1.1 de la Convención Americana (Corte IDH, 2010, p. 98). - Artículos 1, 6 y 8 de la Convención Interamericana para Prevenir y Sancionar la Tortura (Corte IDH, 2010, p. 98). - Artículos 8.1 y 25 acerca de la obligación de garantizar, sin discriminación, el derecho de acceso a la justicia, relacionado con el artículo 1.1 de la Convención Americana (Corte IDH, 2010, p. 98).		De igual forma, el Estado debe publicar en un diario de amplia circulación en Panamá y otro de Ecuador, el resumen oficial de la Sentencia de Excepciones Preliminares, Fondo, Reparaciones y Costas elaborado por la Corte (Corte IDH, 2010, p. 98).		- El Estado está en la obligación de implementar, en un plazo razonable, un programa de formación y capacitación para el personal del Servicio Nacional de Migración y Naturalización, así como para otros funcionarios que por motivo de su competencia tengan trato con personas migrantes, en cuanto a los estándares internacionales relativos a los derechos humanos de los migrantes, las garantías del debido proceso y el derecho a la asistencia consular (Corte IDH, 2010, p. 99).

Caso	Derechos protegidos	Restitución y Compensación económica	Medidas de satisfacción	Medidas de rehabilitación	Garantías de no repetición
					- El Estado tiene la obligación de implementar, en un plazo razonable, programas de capacitación sobre la obligación de iniciar investigaciones de oficio siempre que exista denuncia o razón fundada para creer que se ha cometido un hecho de tortura bajo su jurisdicción, destinados a integrantes del Ministerio Público, del Poder Judicial, de la Policía Nacional, así como a personal del sector salud con competencia en este tipo de casos y que por motivo de sus funciones sean los primeros llamados a atender a víctimas de tortura (Corte IDH, 2010, p. 99).

Caso	Derechos protegidos	Restitución y Compensación económica	Medidas de satisfacción	Medidas de rehabilitación	Garantías de no repetición
Caso Nadege Dorzena vs. República Dominicana (2012).	Artículo 4.1 acerca del derecho a la vida, reconocido en la Convención Americana sobre Derechos Humanos, relacionad con el artículo 1.1 de la misma (Corte IDH, 2012, p. 78). - Artículo 5.1 sobre el derecho a la integridad personal, con relación a el artículo 1.1 de la Convención Americana (Corte IDH, 2012, p. 78). - Artículos 7.1, 7.2, 7.3, 7.4, 7.5 y 7.6 acerca del derecho a la libertad personal, reconocidos en la Convención Americana sobre Derechos Humanos, de forma conexa con el artículo 1.1 de la misma (Corte IDH, 2012, p. 78).	- Indemnizar económicamente a las víctimas sobrevivientes, a los heridos, según lo tasado por la Corte IDH (Corte IDH, 2012, p. 80).	- Reabrir y adelantar en plazo razonable la investigación y para individualizar, juzgar y sancionar a todos los responsables de los hechos del caso (Corte IDH, 2012, p. 79). - Identificar, repatriar y costear los restos mortales de las víctimas desaparecidas (Corte IDH, 2012, p. 79). - Publicación del resumen oficial de la sentencia en francés y creole (Corte IDH, 2012, pp. 69-70).	- Proporcionar asistencia médica y psicológica a las víctimas (Corte IDH, 2012, p.79).	- Remover todos los obstáculos que impidan la debida investigación de los hechos en los respectivos procesos, a fin de evitar la repetición de lo ocurrido en el caso (Corte IDH, 2012, p.67). -Asegurarse que los distintos órganos del sistema de justicia involucrados en el caso cuenten con los recursos humanos y materiales necesarios para desempeñar sus tareas de manera adecuada, independiente e imparcial y que todos los actores procesales, cuenten con las debidas garantías de seguridad (Corte IDH, 2012, p.67).

Caso	Derechos protegidos	Restitución y Compensación económica	Medidas de satisfacción	Medidas de rehabilitación	Garantías de no repetición
	- Artículos 8.1 y 22.9 sobre los derechos a las garantías judiciales y de libre circulación respectivamente, establecidos en la Convención Americana sobre Derechos Humanos, con relación a el artículo 1.1 del mismo instrumento (Corte IDH, 2012, p. 78). - Artículos 8.1 y 25.1 acerca de los derechos a las garantías judiciales y a la protección judicial respectivamente, reconocidos en la Convención Americana sobre Derechos Humanos, con relación a el artículo 1.1 de la misma (Corte IDH, 2012, p. 78).		- Reconocimiento de responsabilidad internacional y disculpas públicas con funcionarios y víctimas (Corte IDH, 2012, p. 79).		-Divulgar el fallo interno para que la sociedad conozca los hechos objeto del caso, así como a sus responsables (Corte IDH, 2012, p.67). -Capacitación a funcionarios públicos sobre estándares internacionales y uso de la fuerza dirigidas a las fuerzas armadas y policía nacional (Corte IDH, 2012, p.71).

	- Artículo 2 sobre la obligación de adecuar su derecho interno, establecida en la Convención Americana sobre Derechos Humanos, relacionado con los artículos 4.1, 8 y 25 del mismo instrumento (Corte IDH, 2012, pp. 78-79). - Artículo 1.1 sobre el deber de no discriminar, contenido en la Convención Americana sobre Derechos Humanos, con relación a los derechos reconocidos en los artículos 2, 4, 5, 7, 8, 22.9 y 25 de la misma (Corte IDH, 2012, p. 79).				-Realización de campaña en medios públicos sobre los derechos de los migrantes regulares e irregulares para luchar contra la discriminación sistemática (Corte IDH,2012, p.71). -Adoptar medidas internas normativas de adecuación para evitar el uso desproporcionado de la fuerza en casos futuros e incorporar estándares internacionales (Corte IDH,2012, p.72).

Caso	Derechos protegidos	Restitución y Compensación económica	Medidas de satisfacción	Medidas de rehabilitación	Garantías de no repetición
Caso personas haitianas y dominicanas de origen haitiano vs. República Dominicana (2014).	- Artículos 3, 20 y 18 sobre los derechos al reconocimiento de la personalidad jurídica, la nacionalidad y el nombre respectivamente, establecidos en la Convención Americana sobre Derechos Humanos, con relación a la obligación de respetar los derechos sin discriminación, establecida en el artículo 1.1 y a los derechos del niño consagrado en el artículo 19 de la misma Convención (Corte IDH, 2014, p. 169). - Artículos 7 incisos 1, 2, 3, 4, 5 y 6 acerca del derecho a la libertad personal reconocido en la Convención Americana sobre Derechos Humanos, relacionado con el incumplimiento de la obligación de respetar los derechos sin discriminación, establecida en el artículo 1.1 y con los derechos del niño consagrados en el artículo 19 de esta misma (Corte IDH, 2014, p. 169).	- El Estado está en el deber adoptar las medidas necesarias para que las víctimas cuenten con la documentación necesaria para acreditar su identidad y nacionalidad dominicana, debiendo si fuera necesario, proceder al reemplazo o restitución de documentación, así como proceder a cualquier otra acción que sea necesaria a efectos de cumplir lo dispuesto, en forma gratuita. (Corte IDH, 2014, p. 171). - Implementación de medidas necesarias para dejar sin efecto las investigaciones administrativas, así como los procesos judiciales civiles y penales en curso vinculados a registros y documentación las víctimas (Corte IDH, 2014, p. 171).	- Publicación de extractos de sentencia (Corte IDH, 2014, p.172).	N/A	- Adoptar medidas para que se realice la garantía de los DDHH en plazo razonable (Corte IDH, 2014, p 172). - Obligación de todas las autoridades y órganos de un Estado Parte en la Convención de ejercer un control de convencionalidad (Corte IDH, 2014, p.159).

	- Artículo 22.9 sobre la prohibición de la expulsión colectiva de extranjeros, de forma conexa con el incumplimiento de la obligación de respetar los derechos sin discriminación, establecida en el artículo 1.1 y con los derechos del niño consagrado en el artículo 19 de la Convención Americana (Corte IDH, 2014, p. 170). - Artículos 22.1 y 22.5 acerca de los derechos de residencia y de circulación, y la prohibición de la expulsión de nacionales de la Convención Americana, con relación a el incumplimiento de la obligación de respetar los derechos sin discriminación, consagrada en el artículo 1.1 y con los derechos del niño establecido en el artículo 19 de la misma Convención (Corte IDH, 2014, p. 170).	- Regularización documental, anulación o sanción de normas jurídicas que limiten el ejercicio de los DDHH de las personas (Corte IDH, 2014, p.172). - Pagar a las víctimas una indemnización como compensación por daños materiales e inmateriales ocasionados (Corte IDH, 2014, p.172).			- Implementar programas permanentes de capacitación dirigidos a miembros de las Fuerzas Armadas, agentes de control fronterizo y agentes encargados de procedimientos migratorios y judiciales, vinculados con materia migratoria a fin de que hechos como los del presente caso no se repitan. (Corte IDH, 2014, p.158).

Caso	Derechos protegidos	Restitución y Compensación económica	Medidas de satisfacción	Medidas de rehabilitación	Garantías de no repetición
	- Artículos 8.1, y 25.1 acerca de los derechos a las garantías judiciales y protección judiciales respectivamente, reconocidos en la Convención Americana sobre Derechos Humanos, relacionados con el incumplimiento de la obligación de respetar los derechos sin discriminación, establecida en el artículo 1.1 y con los derechos del niño consagrado en el artículo 19 de la misma (Corte IDH, 2014, p. 170). - Artículo 17.1 referente a el derecho a la protección a la familia, reconocido en la Convención Americana, con relación a el incumplimiento de la obligación de respetar los derechos convencionales sin discriminación establecida en el artículo 1.1 y con los derechos del niño, reconocido en el artículo 19 del mismo instrumento (Corte IDH, 2014, p. 170).				

Caso	Derechos protegidos	Restitución y Compensación económica	Medidas de satisfacción	Medidas de rehabilitación	Garantías de no repetición
	- Artículo 11.2 acerca del derecho a la protección de la honra y de la dignidad, reconocido en la Convención Americana sobre Derechos Humanos, de forma conexa con el incumplimiento de la obligación de respetar los derechos sin discriminación, establecida en el artículo 1.1 y con los derechos del niño consagrado en el artículo 19 de la Convención (Corte IDH, 2014, pp. 170-171).				

Caso	Derechos protegidos	Restitución y Compensación económica	Medidas de satisfacción	Medidas de rehabilitación	Garantías de no repetición
	- Artículo 2 respecto del deber de adoptar disposiciones de derecho interno, establecido en la Convención Americana sobre Derechos Humanos, relacionado con los derechos al reconocimiento de la personalidad jurídica, al nombre y la nacionalidad, así como en relación con tales derechos, el derecho a la identidad, y el derecho a la igualdad ante la ley, reconocidos en los artículos 3, 18, 20 y 24 y con el incumplimiento de las obligaciones establecidas en el artículo 1.1 de la Convención (Corte IDH, 2014, p. 171).				

Fuente: elaboración propia

Cuadro 4. Recomendaciones y observaciones generales de órganos de los tratados en el entorno universal

b) Recomendaciones y observaciones generales de órganos de los tratados en el entorno universal

Ente internacional	Recomendaciones/ Observaciones generales	Año	Referencia a la movilidad humana
Organización Internacional del Trabajo.	R086–Recomendación sobre los trabajadores migrantes.	1949	- De una manera general, los miembros deberían tener por norma el desarrollo y uso de todas las posibilidades de empleo, y deberían facilitar, a estos efectos, la distribución internacional de la mano de obra y, en particular, su movimiento desde los países en que haya excedente hacia los países que tengan un déficit. - Debería ayudarse a los migrantes y a los miembros de sus familias para que puedan beneficiarse de las medidas relativas al recreo y al bienestar, y deberían tomarse medidas, cuando ello fuere necesario, para asegurar a los migrantes el disfrute de facilidades especiales durante el período inicial de instalación en el país de inmigración. - Cuando los trabajadores o los miembros de sus familias que hayan conservado la nacionalidad de su Estado de origen regresen a él, dicho Estado debería conceder a las referidas personas el beneficio de cualesquiera medidas que estén vigentes sobre la asistencia a los desamparados y a los desempleados, así como el de aquellas tendientes a facilitar la reintegración al trabajo de los desempleados, eximiéndolos al mismo tiempo de toda condición de residencia o de ocupación previa en el país o en la localidad.

Ente internacional	Recomendaciones/ Observaciones generales	Año	Referencia a la movilidad humana
Organización Internacional del Trabajo.	R151–Recomendación sobre los trabajadores migrantes.	1975	Los trabajadores migrantes y los miembros de sus familias que se encuentren legalmente en el territorio de un miembro deberían disfrutar de igualdad de oportunidades y de trato con los trabajadores nacionales en lo relativo a: (a) acceso a los servicios de orientación profesional y de colocación; (b) acceso a la formación profesional y al empleo de su propia elección, de acuerdo con sus aptitudes personales para tal formación o empleo, tomando en cuenta las calificaciones adquiridas en el extranjero y en el país de empleo; (c) promoción, de acuerdo con sus cualidades personales, experiencia, aptitudes y aplicación al trabajo; (d) seguridad del empleo, obtención de otro empleo, obras para absorber el desempleo y readaptación profesional; (e) remuneración por trabajo de igual valor; (f) condiciones de trabajo, incluso la duración del trabajo, los períodos de descanso, las vacaciones anuales pagadas, las medidas de seguridad y de higiene del trabajo, así como las medidas de seguridad social y los servicios y prestaciones sociales relacionados con el empleo; (g) afiliación a las organizaciones sindicales, ejercicio de los derechos sindicales y posibilidades de ocupar cargos en los sindicatos y en los organismos de relaciones profesionales, incluidos los órganos de representación de los trabajadores en las empresas; (h) derecho a adherirse a cooperativas de todo tipo; (i) condiciones de vida, incluidos el alojamiento y el acceso a los servicios sociales y a las instituciones docentes y sanitarias.

Ente internacional	Recomendaciones/ Observaciones generales	Año	Referencia a la movilidad humana
Organización Internacional del Trabajo.	R100–Recomendación sobre la protección de los trabajadores migrantes (países insuficientemente desarrollados).	1975	- Deberían adoptarse medidas, por leyes o reglamentos nacionales o locales, por acuerdo entre gobiernos o por cualquier otro procedimiento, con objeto de proteger a los trabajadores migrantes y a sus familias durante el viaje entre el punto de partida y el lugar de empleo, tanto en interés de los migrantes como en el de los países o regiones de donde procedan, por donde transiten y adonde se dirijan. - Debería hacerse todo lo posible para asegurar que los trabajadores migrantes disfruten de condiciones de vida y de trabajo igualmente favorables que las previstas por la ley o la práctica para otros trabajadores ocupados en los mismos empleos. - Excepto cuando el establecimiento permanente de los trabajadores migrantes sea claramente contrario a su propio interés y al de sus familias, o al de la economía de los países o territorios interesados, la política general que se aplique debería orientarse hacia la instalación de los trabajadores y de sus familias en los centros de empleo o en sus cercanías.
Comisión Interamericana de Derechos Humanos.	Recomendaciones en el Informe de progreso sobre la situación de los trabajadores migrantes y sus familias en el hemisferio.	1996	- Durante el 921 Período Extraordinario de Sesiones de la Comisión Interamericana de Derechos Humanos, que finalizó el 3 de mayo de 1996, se decidió iniciar la consideración del tema de los trabajadores migrantes en el hemisferio. - La Comisión constituyó un Grupo de Trabajo para estudiar la situación de los trabajadores migrantes y sus familias en el hemisferio. El alcance del estudio de la Comisión se limitará a la situación de los trabajadores migrantes y sus familias en el hemisferio, sin entrar al análisis de problemas como los de las "personas desplazadas en el ámbito interno", los "apátridas" o los "refugiados".

Ente internacional	Recomendaciones/ Observaciones generales	Año	Referencia a la movilidad humana
Comisión Interamericana de Derechos Humanos.	Recomendaciones de la Comisión Interamericana de Derechos Humanos.	1997	Los trabajadores migratorios y sus familias frecuentemente se encuentran en una situación de desprotección en los Estados donde desarrollan su trabajo. Esto se debe, entre otros factores, a diferencias en cuanto a idioma, raza, costumbre, cultura, recursos económicos y nivel educacional. Esta situación de vulnerabilidad conlleva a que en repetidas ocasiones el trabajador migratorio y su familia sean objeto de discriminación, postergación y desconocimiento de sus derechos fundamentales. La Comisión recomienda a los Estados miembros que –en conformidad con los instrumentos internacionales pertinentes y su legislación doméstica– promuevan, respeten y garanticen los derechos fundamentales de los trabajadores migratorios y sus familias.
Comisión Interamericana de Derechos Humanos	Recomendaciones de la Comisión Interamericana de Derechos Humanos.	1998	La Comisión Interamericana de Derechos Humanos recomienda a los Estados miembros de la OEA que se hagan parte o ratifiquen la Convención de 1951 y su protocolo de 1967 sobre el estatuto de los refugiados, y las Convenciones de 1954 y 1961 sobre el estatuto de los apátridas. La Comisión recomienda a los Estados miembros que en conformidad con los instrumentos internacionales pertinentes y su legislación doméstica "promuevan, respeten y garanticen los derechos fundamentales de los trabajadores migratorios y sus familias". Con este propósito, la Comisión hace un llamado a los Estados miembros para que cooperen y colaboren con la Relatoría Especial sobre la situación de los Trabajadores Migratorios y miembros de sus familias en el hemisferio.

Ente internacional	Recomendaciones/ Observaciones generales	Año	Referencia a la movilidad humana
Comisión Interamericana de Derechos Humanos	Recomendación sobre el asilo y su relación con crímenes internacionales.	2000	La Comisión Interamericana debe señalar que constituye una total desnaturalización de la institución del asilo el otorgar tal protección a personas que abandonen su país para eludir la determinación de su responsabilidad como autores materiales o intelectuales de crímenes internacionales. La institución del asilo supone que la persona que pide protección es perseguida en su Estado de origen, y no que es apoyada por este en su solicitud. En tal virtud, la Comisión Interamericana de Derechos Humanos, en ejercicio de la atribución que le confiere el artículo 41(b) de la Convención Americana, recomienda a los Estados miembros de la OEA que se abstengan de otorgar asilo a presuntos autores materiales o intelectuales de crímenes internacionales.
Comité para la Eliminación de la Discriminación contra la Mujer.	Recomendación general No. 26 sobre las trabajadoras migratorias.	2005	Las responsabilidades comunes de los países de origen y de destino son, entre otras, las siguientes: a) Formular políticas amplias en que se tengan en cuenta las cuestiones de género y los derechos humanos: los Estados parte deben basarse en la Convención y las recomendaciones generales para formular políticas en que se tengan en cuenta las cuestiones de género y los derechos humanos, así como los principios de igualdad y no discriminación, para reglamentar y administrar todos los aspectos y fases de la migración, con el fin de facilitar así el acceso de las trabajadoras migratorias a oportunidades de empleo en otros países, promover la migración segura y velar por la protección de los derechos de las trabajadoras migratorias (artículo 2 a) y artículo 3);

Ente internacional	Recomendaciones/ Observaciones generales	Año	Referencia a la movilidad humana
			b) Promover la participación activa de las trabajadoras migratorias y de las organizaciones no gubernamentales pertinentes: los Estados parte deben promover la participación activa de las trabajadoras migratorias y las organizaciones gubernamentales pertinentes en la formulación, la aplicación, la supervisión y la evaluación de esas políticas (artículo 7 b)); c) Realizar actividades de investigación, reunión de datos y análisis: los Estados parte deben realizar y apoyar la realización de investigaciones cuantitativas y cualitativas, la reunión de datos y los análisis para identificar los problemas y las necesidades de las mujeres migrantes en todas las fases del proceso de migración, con el objetivo de promover los derechos de las trabajadoras migratorias y formular las políticas pertinentes (artículo 3).
Comisión Interamericana de Derechos Humanos	Séptimo informe de progreso de la relatoría especial sobre trabajadores migratorios y miembros de sus familias correspondiente al período entre enero y diciembre del 2005.	2005	El papel de los Estados emisores en la protección y garantía de los derechos humanos de los trabajadores migratorios y sus familias es supremamente relevante. Mediante acciones concretas a través de sus representaciones consulares y mediante gestiones diplomáticas, los Estados emisores deben tomar medidas que repercutan de manera directa en la protección y garantía de los derechos de sus nacionales residentes en el exterior. Como se describió en este capítulo, a pesar de no encontrarse en el territorio del Estado del cual son nacionales, los trabajadores migratorios y sus familias mantienen sus vínculos con el Estado emisor y en muchas ocasiones dependen del mismo para poder ejercer y gozar de sus derechos humanos.

Ente internacional	Recomendaciones/ Observaciones generales	Año	Referencia a la movilidad humana
Comité de Protección de los Derechos de Todos los Trabajadores Migratorios y de sus Familiares	Observación general Nº 1, sobre los trabajadores domésticos migratorios.	2011	Entre las principales recomendaciones se encuentran: - Los Estados parte deben adoptar medidas apropiadas para dar a sus nacionales que estén considerando la posibilidad de migrar para trabajar en el servicio doméstico información sobre los derechos que les reconoce la Convención, así como sobre los requisitos establecidos para su admisión y su empleo y sobre sus derechos y obligaciones con arreglo a la ley y a la práctica del Estado interesado (artículo 33). - Los Estados de origen, los Estados de tránsito y los Estados de empleo comparten la responsabilidad de regular y vigilar los procesos de contratación y colocación. - Los derechos de los trabajadores domésticos migratorios deben abordarse en el marco más amplio de las disposiciones relativas al trabajo decente de los trabajadores domésticos. A este respecto, el Comité considera que la legislación nacional debe reglamentar adecuadamente el trabajo doméstico de forma que los trabajadores domésticos disfruten del mismo nivel de protección que otros trabajadores. - Con miras a prevenir la migración irregular, el tráfico ilícito de migrantes y la trata de seres humanos, los Estados parte deben velar por que los trabajadores domésticos migratorios tengan acceso a los canales ordinarios de migración, sobre la base de la demanda efectiva (artículo 68).

Ente internacional	Recomendaciones/ Observaciones generales	Año	Referencia a la movilidad humana
Comisión Interamericana de Derechos Humanos	Derechos humanos de migrantes, refugiados, apátridas, víctimas de trata de personas y desplazados internos: Normas y Estándares del Sistema Interamericano de Derechos Humanos.	2015	La Comisión ha identificado que uno de los principales desafíos que enfrentan las personas en el contexto de la migración en materia de derechos humanos en la región es la persistencia de un gran número de políticas, leyes y prácticas estatales, así como de acciones y omisiones de actores no estatales y personas individuales, que desconocen las personas en el contexto de la migración como sujetos de derecho y que violan sus derechos humanos. La Comisión y la Corte Interamericana han adoptado una interpretación evolutiva al desarrollar sus estándares con relación a los derechos humanos de las personas en el contexto de la movilidad humana. En este sentido, la Corte ha establecido que la interpretación debe atender a "la evolución de los tiempos y las condiciones de vida actuales", y que la correspondiente a otras normas internacionales no puede ser utilizada para limitar el goce y el ejercicio de un derecho; asimismo, debe contribuir a la aplicación más favorable de la disposición que se pretende interpretar.
Comisión Interamericana de Derechos Humanos	Debido proceso en los procedimientos para la determinación de la condición de persona refugiada, y apátrida y el otorgamiento de protección complementaria.	2020	Entre las principales recomendaciones se encuentran: - Garantizar el acceso a los territorios y a los procedimientos de protección de manera eficaz, incluyendo el acceso a derechos sociales y económicos desde el momento de solicitud, especialmente el derecho al trabajo y a la educación. - Revisar constantemente sus procedimientos, normativos y prácticas buscando asegurar la protección integral de las garantías procesales necesarias para garantizar procedimientos no discriminatorios y justos, comprometiéndose también con seguir el desarrollo gradual de los estándares interamericanos de derechos humanos en la materia.

Ente internacional	Recomendaciones/ Observaciones generales	Año	Referencia a la movilidad humana
			- Adoptar procedimientos centralizados de determinación de la condición de apátrida que sean llevados a cabo por un órgano especializado en la materia, que tenga a su cargo la toma de decisiones de todas las solicitudes presentadas, a través de un cuerpo técnico capacitado. - Establecer y mantener procedimientos de determinación de la condición de apátrida que sean accesibles, sencillos y rápidos; que se encuentran formalizados en la legislación; y, que se rijan por las garantías judiciales mínimas de debido proceso.
Comisión Interamericana de Derechos Humanos	Guía Práctica Protección internacional y regularización de la condición legal en el contexto de movimientos mixtos a gran escala en las Américas.	2022	Entre las principales recomendaciones se encuentran: - Adoptar un enfoque de complementariedad entre los mecanismos de regularización de la condición legal (estatutos migratorios) y los estatutos de protección internacional, basado en el acceso a derechos y soluciones duraderas; ello, para afrontar los retos que representan los movimientos mixtos a gran escala en la región. - Eliminar las barreras legales y prácticas para que las personas puedan acceder a los procedimientos de regularización migratoria o de protección internacional en los distintos puntos geográficos del territorio. Para ello, se recomienda que los Estados adopten medidas tales como: i) simplificar los procedimientos a través de la utilización de medios digitales para gestionar las solicitudes, dar seguimiento al procedimiento y realizar las entrevistas de elegibilidad; ii) flexibilizar la presentación de diferentes documentos de identidad, incluyendo aquellos que por las condiciones particulares del país, se encuentren vencidos o que carezcan de legalización; y iii) abstenerse de cobrar tasas para tramitar estos procedimientos, creando facilidades administrativas y expandiendo el acceso a tales procedimientos.

Ente internacional	Recomendaciones/ Observaciones generales	Año	Referencia a la movilidad humana
			- Adoptar todas las medidas necesarias para prevenir la devolución de personas incluido el rechazo en las fronteras y la devolución indirecta, sin realizar un análisis individual y previo de las posibles necesidades de protección internacional. En particular, los Estados deberán abstenerse de devolver a cualquier persona al país donde su vida o libertad peligren o donde sería sometida a tortura, o a tratos o penas crueles, inhumanos o degradantes. - Crear y mantener procedimientos de reconocimiento del estatuto de refugiado y de regularización que incorporen la perspectiva de género, tratamientos diferenciados, y consecuente enfoque interseccional, que permita enfrentar los impactos diferenciados respecto de mujeres y otros grupos en situación de riesgo, que derivan de género, edad, discapacidad, origen étnico-racial, condición socioeconómica, orientación sexual, identidad o expresión de género, nacionalidad, entre otros.

Fuente: elaboración propia.

Cuadro 5. Opiniones consultivas del SIDH.

c) Opiniones consultivas del SIDH

Ente internacional	Opinión Consultiva	Año	Referencia a la movilidad humana
Corte Interamericana de Derechos Humanos	Opinión consultiva oc-16/99 de 1 de octubre de 1999, solicitada por los Estados Unidos Mexicanos. "El derecho a la información sobre la asistencia consular en el marco de las garantías del debido proceso legal".	1999	En el caso al que se refiere la presente Opinión Consultiva, ha de tomarse en cuenta la situación real que guardan los extranjeros que se ven sujetos a un procedimiento penal, del que dependen sus bienes jurídicos más valiosos y, eventualmente, su vida misma. Es evidente que, en tales circunstancias, la notificación del derecho a comunicarse con el representante consular de su país contribuirá a mejorar considerablemente sus posibilidades de defensa y a que los actos procesales en los que interviene –y entre ellos los correspondientes a diligencias de policía– se realicen con mayor apego a la ley y respeto a la dignidad de las personas. En tal virtud, la Corte estima que el derecho individual que se analiza en esta Opinión Consultiva debe ser reconocido y considerado en el marco de las garantías mínimas para brindar a los extranjeros la oportunidad de preparar adecuadamente su defensa y contar con un juicio justo. La incorporación de este derecho en la Convención de Viena sobre Relaciones Consulares –y el contexto de las discusiones respectivas, durante su redacción–, demuestran un reconocimiento uniforme de que el derecho a la información sobre la asistencia consular constituye un medio para la defensa del inculpado, que repercute –y en ocasiones decisivamente– en el respeto de sus otros derechos procesales.

Ente internacional	Opinión Consultiva	Año	Referencia a la movilidad humana
Corte Interamericana de Derechos Humanos	Opinión consultiva oc-18/03 de 17 de septiembre de 2003, solicitada por los Estados Unidos Mexicanos. Condición jurídica Y derechos de los migrantes indocumentados.	2003	Entre las principales conclusiones de la Opinión se encuentran: - Que los Estados tienen la obligación general de respetar y garantizar los derechos fundamentales. Con este propósito deben adoptar medidas positivas, evitar tomar iniciativas que limiten o conculquen un derecho fundamental, y suprimir las medidas y prácticas que restrinjan o vulneren un derecho fundamental. - Que el principio fundamental de igualdad y no discriminación forma parte del derecho internacional general, en cuanto es aplicable a todo Estado, independientemente de que sea parte o no en determinado tratado internacional. En la actual etapa de la evolución del derecho internacional, el principio fundamental de igualdad y no discriminación ha ingresado en el dominio del *jus cogens*. - Que el derecho al debido proceso legal debe ser reconocido en el marco de las garantías mínimas que se deben brindar a todo migrante, independientemente de su estatus migratorio. El amplio alcance de la intangibilidad del debido proceso comprende todas las materias y todas las personas, sin discriminación alguna. - Que la calidad migratoria de una persona no puede constituir una justificación para privarla del goce y ejercicio de sus derechos humanos, entre ellos los de carácter laboral. El migrante, al asumir una relación de trabajo, adquiere derechos por ser trabajador, que deben ser reconocidos y garantizados, independientemente de su situación regular o irregular en el Estado de empleo. Estos derechos son consecuencia de la relación laboral.

Ente internacional	Opinión Consultiva	Año	Referencia a la movilidad humana
Corte Interamericana de Derechos Humanos	Opinión consultiva oc-21/14 de 19 de agosto de 2014 solicitada por la República Argentina, la República Federativa de Brasil, la República del Paraguay y la República oriental del Uruguay. Derechos y garantías de niñas y niños en el contexto de la migración y en necesidad de protección internacional.	2014	Entre las principales conclusiones de la Opinión se encuentran: - Los Estados se encuentran obligados a identificar a las niñas y niños extranjeros que requieren de protección internacional dentro de sus jurisdicciones, a través de una evaluación inicial con garantías de seguridad y privacidad, con el fin de proporcionarles el tratamiento adecuado e individualizado que sea necesario acorde a su condición de niña o niño y, en caso de duda sobre la edad, evaluar y determinar la misma; determinar si se trata de una niña o un niño no acompañado o separado, así como su nacionalidad o, en su caso, su condición de apátrida; obtener información sobre los motivos de su salida del país de origen, de su separación familiar si es el caso, de sus vulnerabilidades y cualquier otro elemento que evidencie o niegue su necesidad de algún tipo de protección internacional; y adoptar, en caso de ser necesario y pertinente de acuerdo con el interés superior de la niña o del niño, medidas de protección especial. - Los Estados no pueden recurrir a la privación de libertad de niñas o niños para cautelar los fines de un proceso migratorio ni tampoco pueden fundamentar tal medida en el incumplimiento de los requisitos para ingresar y permanecer en un país, en el hecho de que la niña o el niño se encuentre solo o separado de su familia, o en la finalidad de asegurar la unidad familiar, toda vez que pueden y deben disponer de alternativas menos lesivas y, al mismo tiempo, proteger de forma prioritaria e integral los derechos de la niña o del niño. - Los Estados tienen la prohibición de devolver, expulsar, deportar, retornar, rechazar en frontera o no admitir, o de cualquier manera transferir o remover a una niña o niño a un Estado cuando su vida, seguridad y libertad estén en riesgo de violación a causa de persecución o amenaza de la misma, violencia generalizada o violaciones masivas a los derechos humanos, entre otros, así como donde corra el riesgo de ser sometido a tortura u otros tratos crueles, inhumanos o degradantes, o a un tercer Estado desde el cual pueda ser enviado a uno en el cual pueda correr dichos riesgos.

Fuente: elaboración propia.

En el contexto de protección del SIDH, se han emitido una serie de pronunciamientos en sede contenciosa, consultiva y medidas de protección (cautelares y provisionales), que permiten conformar un cuerpo interpretativo de las disposiciones de la CADH. La utilidad de esta jurisprudencia, además de tener un carácter declarativo en lo que atañe a la protección derivada de los fallos, evitar los daños irreparables (a través de las medidas provisionales dictadas por la Corte IDH y las cautelares a cargo de la CIDH) y ofrecer orientaciones a los Estados para interpretar apropiadamente la CADH, para el caso de la función consultiva, han delineado estándares que conducen al mejoramiento de las condiciones de disfrute y ejercicio de las personas extranjeras, que habitan en los Estados que conforman el sistema.

La fijación de estos estándares permiten no solo proteger y reparar a las víctimas de violaciones concretas a los derechos humanos, a la luz del corpus normativo interamericano, sino que promueven una conciencia de respeto a las normas en la región, además de contar con una vocación útil para el desarrollo de acciones que deben ser implementadas por parte de todas las ramas del poder público, como es el caso de medidas legislativas desarrolladas en los órganos colegiados de deliberación política, adelantar acciones ejecutivas y reglamentarias por vía de la política pública migratoria o hacer uso de la herramienta del control de convencionalidad para integrar la interpretación regional a los fallos judiciales dictados internamente. Es por ello por lo que referir los principales aportes de la jurisprudencia interamericana, es para el caso de Colombia un vehículo oportuno para que en el marco del desarrollo de medidas de atención a los derechos de las personas en movilidad se cuente con acciones coherentes con el bloque de constitucionalidad.

Los estándares establecidos por el SIDH suelen ser más conocidos internamente y ocurre que lo que ha desarrollado en sistema universal no parece tener mayor impacto en los países que integran las Naciones Unidas. Lo anterior, obedece a que la mayor parte de los mecanismos convencionales y extraconvencionales de protección de derechos humanos carecen de carácter vinculante en los Estados y se decantan por tener una naturaleza facultativa. Ello no descarta la importancia de los progresos en este sistema, pues los órganos de los tratados, a partir de sus acciones de seguimiento, como el sistema de informes, por ejemplo, ha derivado una profunda interpretación a partir de las Observaciones y Recomendaciones Generales, no solo en el caso del comité de protección de los derechos de todos los trabajadores migratorios y sus familiares, sino también en los criterios que han sido fijados en el Comité de Derechos del Niño, Comité de Eliminación de la Discriminación Racial, el CEDAW, Comité de Derechos Humanos, Comité DESC, entre otros, pues resultan ser interpretaciones que complementan las acciones de protección de los derechos de los extranjeros desde una perspectiva integral.

Además de esto, en el SUDH, es posible hallar algunas cuestiones que refieren los derechos de los no nacionales, a partir del empleo de las quejas individuales, que si bien no tienen el carácter de fallo judicial que derive responsabilidad internacional de los Estados, si se caracterizan por proponer estándares interpretativos de los tratados que integran el núcleo duro del DIDH.

En lo que atañe a los aportes de los Convenios y Recomendaciones de la OIT es oportuno precisar, que, si bien estas fuentes no hacen parte en sentido estricto del corpus universal, si constituyen unos antecedentes aportes significativos, pues incluso antes de la conformación de la ONU, ya existían en el seno de la OIT convenios que visibilizaban la problemática de los derechos de las personas extranjeras como sucedió con el Convenio No. 21 de 1926[91], el 66 de 1939[92]. Si bien en el primero de los casos, este fue derogado y en el segundo nunca entró en vigor, tales normas se pueden considerar el punto de partida del posterior desarrollo evolutivo de los Convenios 97 de 1949[93] y 143 de 1975[94], que sin lugar a duda marcaron un antecedente importante para la labor que con posterioridad adelantó la ONU al adoptar la Convención Internacional para la Protección de los Derechos de todos los Trabajadores Migrantes y sus Familias de 1990.

Así, el primer capítulo permite evidenciar la larga evolución de los derechos de los extranjeros en el marco jurídico colombiano, el cual continúa en expansión y refiere los criterios de interpretación internacional que han tenido o pueden llegar a tener ascendencia positiva en el ejercicio de los derechos de este grupo en el contexto interno. Además, la Constitución de 1991 en aplicación de ciertos estándares se ha caracterizado por promover un esquema de equiparación que no es absoluto entre los nacionales y los no nacionales, pero que presenta su anclaje en la aplicación del principio-derecho a la igualdad y en la prohibición de discriminación. En ello ha ocupado un papel importante la influencia de los sistemas internacionales de protección de derechos humanos y sus fuentes normativas, las cuales han tenido cabida en el derecho interno a partir de la figura del bloque de constitucionalidad. Es por ello por lo que en los fallos internos es posible hallar estándares de protección de las personas extranjeras y a su vez, las decisiones internacionales inspiran

---

[91] Convenio sobre la inspección de los emigrantes.

[92] Sobre trabajadores migrantes.

[93] Convenio sobre los trabajadores migrantes.

[94] Sobre los Trabajadores Migrantes. Conviene precisar que Colombia no es parte del Convenio 143 de 1975, pese a que si ha ratificado la CTMF de 1990.

el diseño e implementación de la política pública en el país. En el capítulo segundo se analizará el recorrido normativo posterior a la Constitución de 1991 y los intentos por lograr contar con una política migratoria integral.

Capitulo 2.

Desarrollo de la normatividad en materia migratoria desde la óptica de la Constitución de 1991

Como se pudo apreciar con anterioridad, la Constitución de 1991 promueve la aplicación de los tratados internacionales en materia de derechos humanos y esta tendencia debería ser constante y, además, replicada en el desarrollo normativo de inferior jerarquía, pues así se daría cumplimiento a lo previsto en el artículo 4 de la carta, relativo a la supremacía de la Constitución. Para el caso puntual de los derechos de los extranjeros, no han sido muchas las normas que el Congreso de la República ha expedido para brindar una protección integral, por el contrario, este progreso se ha tornado escaso y las leyes vigentes no abordan la cuestión de manera completa.

2.1. NUMEROSOS INTENTOS FALLIDOS POR TENER UNA LEY MIGRATORIA: INICIATIVAS NORMATIVAS QUE NO HAN LOGRADO LLEGAR A SER LEYES DE LA REPÚBLICA

Conforme a lo anterior, se presentarán dos cuadros que reflejan principalmente dos aspectos: por un lado, los numerosos intentos de proyectos de ley que buscan regular asuntos relacionados con derechos de los extranjeros y aspectos relacionados con la nacionalidad y, que han sido archivados. Por otro lado, se evidencia que la iniciativa legislativa que busca el abordaje normativo de estos asuntos todavía es reciente, pues fue hasta el 2011 que surgen tales propuestas de regulación.

Cuadro 6. Proyectos de ley relacionados con asuntos migratorios y su estado actual

Proyecto de Ley	Título	Publicación-Gaceta	Estado actual
Proyecto de Ley 188/11 Senado- 244/11 Cámara	Por medio de la cual se establece la norma que regula el retorno de compatriotas residentes en el exterior y se fijan incentivos migratorios.	Gaceta 195/11	Ley 1565 de 2012
Proyecto de Ley 33/12 Senado	Por medio de la cual se aprueba el acuerdo entre el Gobierno de la República de Colombia y el Gobierno de la República Federativa del Brasil sobre permiso de residencia, estudio y trabajo para los nacionales fronterizos brasileños y colombianos entre las localidades fronterizas vinculadas. Suscrito en Brasilia el 1 de septiembre de 2010.	Gaceta 469/12	Ley 1664 de 2013
Proyecto de Ley 09/15 Senado	Por la cual se reforma el artículo 8 y adiciona un articulado a la Ley 1465 de junio 29 de 2011, mediante la cual se crea el Sistema Nacional de Migraciones y se expiden normas para la protección de los colombianos en el exterior.	Gaceta 525/15	Retirado por el autor con base en el artículo 155 de la Ley 5 de 1992
Proyecto de Ley 101/15 Senado-073/14 Cámara	Por medio del cual se fortalecen los mecanismos de participación de los colombianos en el exterior, se reforma la Ley 1465 de 2011 y se dictan otras disposiciones.	Gaceta 426/14	No cumplió su trámite legislativo en primer debate.
Proyecto de Ley 210/18 Senado	Por medio del cual se establecen parámetros en materia migratoria, se organiza el sistema nacional, se dictan lineamientos para la política pública de migraciones y se dictan otras disposiciones.	Gaceta 1091/18	Archivado por vencimiento de términos de acuerdo con el artículo 162 de la Constitución y 190 de la Ley 5 de 1992.

Proyecto de Ley	Título	Publicación-Gaceta	Estado actual
Proyecto de Ley 230/19 Senado	Por medio de la cual se establece un régimen especial para la adquisión de la nacionalidad colombiana para las víctimas de la crisis política y económica de Venezuela que estuvieron avecindados en el territorio nacional hasta el 31 de diciembre del año 2018, a través de la carta de naturaleza colombiana y que deben tener ánimo de trabajar formalmente en el país, una conducta ejemplar como ciudadanos y hacer aportes a la sociedad colombiana.	Gaceta 97/19	Archivado por vencimiento de términos de acuerdo con el artículo 162 de la Constitución y 190 de la Ley 5 de 1993.
Proyecto de Ley 251/19 Senado	Por medio del cual se establece un régimen especial para adquirir la nacionalidad colombiana por adopción, para hijos e hijas de venezolanos en situación de migración irregular nacidos en territorio colombiano, con el fin de prevenir la apatridia.	Gaceta 216/19	Ley 1997 de 2019
Proyecto de Ley 252/19 Senado	Por medio de la cual se regulan algunos asuntos relativos a la obtención de la nacionalidad en Colombia.	Gaceta 216/19	Archivado por vencimiento de términos de acuerdo con el artículo 162 de la Constitución y 190 de la Ley 5 de 1993.
Proyecto de Ley 275/19 Senado-276/18 Cámara	Por medio de la cual se declara el 10 de octubre como el Día Nacional del Colombiano Migrante.	Gaceta 1057/18	Ley 1999 de 2019

Proyecto de Ley	Título	Publicación-Gaceta	Estado actual
Proyecto de Ley 299/20 Senado-231/19 Cámara	Por medio de la cual se establece un Régimen Especial para los Corregimientos, Municipios, Departamentos y Regiones de Frontera de Colombia, en desarrollo de lo dispuesto en los artículos 9o., 289 y 337 de la Constitución Política.	Gaceta 684/2021	Ley 2135 de 2021
Proyecto de Ley 001/19 Senado- Acumulado con- Proyecto de Ley 036/19 Senado	Por medio del cual se crea un marco legal para una política migratoria integral y de largo plazo.	Gaceta 658/19	Ley 2136 de 2021
Proyecto de Ley 378/22 Senado	Por medio de la cual se establecen los requisitos y el procedimiento necesarios para la adquisición, pérdida y recuperación de la nacionalidad colombiana y se dictan otras disposiciones.	Gaceta 748/2023	Radicación de informe de conciliación
Proyecto de Ley 368/22 Senado	Por medio del cual se adiciona un capítulo a la Ley 043 de 1993 para la adquisición de la nacionalidad colombiana por adopción a menores de edad migrantes bajo la protección del estado, y se dictan otras disposiciones –mensaje de urgencia–.	Gaceta 564/2022	Archivado

Fuente: elaboración propia con base en respuesta de derecho de petición del Congreso de la República de Radicado UAC-CS-CV19-5236-2022.

Con relación a la información brindada por el Senado, de 13 proyectos de ley que se tramitaron, casi que la mitad de estos fueron archivados o no cumplieron con ciertos trámites legislativos, lo que demuestra poco interés por parte de la Rama Legislativa de Colombia de avanzar en el manejo normativo de los derechos de los extranjeros y temas relacionados con la nacionalidad.

Cuadro 7. Proyectos de ley relacionados con asuntos migratorios que pasaron por la Cámara de Representantes y no completaron trámite en el Congreso de la República

Proyecto de Ley	**Título**
Proyecto de Ley 073/14 Cámara	Por medio del cual se fortalecen los mecanismos de participación de los colombianos en el exterior, se reforma la Ley 1465 de 2011 y se dictan otras disposiciones.
Proyecto de Ley 092/14 Cámara	Por medio de la cual se establece la protección del patrimonio en territorio nacional de los colombianos residentes en el exterior y se dictan otras disposiciones.
Proyecto de Ley 130/16 Cámara	Por medio de la cual se crean los consejos de residentes en el exterior y se dictan otras disposiciones.
Proyecto de Ley 029/17 Cámara	Por el cual se crea un mecanismo de visa o permiso de ingreso humanitario para extranjeros y se dictan otras disposiciones.
Proyecto de Ley 314/17 Cámara- 170/16 Senado	Por la cual se establecen normas sobre servicio exterior y se dictan otras disposiciones.
Proyecto de Ley 148/17 Cámara	Por medio del cual establecen lineamientos para la política integral migratoria en Colombia y se dictan otras disposiciones.
Proyecto de Ley 276/18 Cámara- 275/19 Senado	Por medio de la cual se declara el 10 de octubre como el Día Nacional del Colombiano Migrante.
Proyecto de Ley 020/18 Cámara- 134/19 Senado	Por medio del cual se crea parcialmente la ley general fronteriza, bajo los preceptos constitucionales del Artículo 337 de la Constitución Política, con respecto al desarrollo económico y social de los departamentos fronterizos y se dictan otras disposiciones.

Proyecto de Ley 231/ 19 Cámara- 299/20 Senado	Por medio de la cual se establece un Régimen Especial para los Corregimientos, Municipios, Departamentos y Regiones de Frontera de Colombia, en desarrollo de lo dispuesto en los artículos 9o., 289 y 337 de la Constitución Política.
Proyecto de Ley 231/19 Cámara- 299/20 Senado	Por medio de la cual se establece un régimen especial para los corregimientos, municipios, departamentos y regiones de frontera de Colombia, en desarrollo de lo dispuesto en los artículos 9, 289 y 337 de la Constitución Política.
Proyecto de Ley 359/19 Cámara	Por medio del cual se plantean las bases para una política migratoria y se dictan otras disposiciones.
Proyecto de Ley 459/20 Cámara- 001/19 Senado	Por medio del cual se crea un Marco Legal para una política migratoria integral y de largo plazo "política migratoria".
Proyecto de Ley 236/2021 Cámara	Por medio de la cual se establecen los requisitos y el procedimiento necesarios para la adquisición, pérdida y recuperación de la nacionalidad colombiana y se dictan otras disposiciones –política de nacionalidad–.
Proyecto de Ley 471/2022 Cámara- 368/2022 Senado	Por medio de la cual se adiciona un capítulo a la Ley 043 de 1993 para la adquisición de la nacionalidad colombiana por adopción a menores de edad migrantes bajo protección del Estado, y se dictan otras disposiciones.
Proyecto de Ley 236/ 2021 Cámara	Por medio de la cual se establecen los requisitos y el procedimiento necesarios para la adquisición, pérdida y recuperación de la nacionalidad colombiana y se dictan otras disposiciones.
Proyecto de Ley 471/2022 Cámara	Por medio del cual se adiciona un capítulo a la Ley 043 de 1993 para la adquisición de la nacionalidad colombiana por adopción a menores de edad migrantes bajo la protección del estado, y se dictan otras disposiciones –mensaje de urgencia–.

Fuente: elaboración propia con base en respuesta de derecho de petición del Congreso de la República de Radicado UAC-CS-CV19-5236-2022.

Respecto a la información brindada por la Cámara de Representantes, se observa que desde 2014 a 2022 solo han sido tramitado 16 proyectos de ley en ocho años, evidenciando que ha sido poco el desarrollo legislativo de asuntos migratorios en años clave, donde el flujo migratorio en Colombia ha aumentado exponencialmente, por lo que no se ha abordado de manera exhaustiva ni integral.

Lo visto en el recorrido legislativo y sus intentos por contar con leyes en materia migratoria, nos confirma parte de los planteamientos que se han propuesto en este texto, y que consisten en afirmar que la gran preocupación del Estado colombiano en temas de movilidad ha circundado al abordaje del desplazamiento forzado interno, y la protección de los colombianos en el exterior, dejando de lado así, lo que tiene que ver con el cruce de la frontera internacional de otras personas. En los acápites siguientes se analizará, como además de ser emergente el asunto de los derechos de los extranjeros y las acciones migratorias en Colombia, tales medidas se han concentrado casi en su totalidad en abordar la afluencia de personas provenientes de Venezuela, dejando al margen a las personas de otras nacionalidades.

2.2. APORTES DE LAS ACCIONES EJECUTIVAS EN FAVOR DEL DESARROLLO DE LAS NORMAS MIGRATORIAS

Además de los esfuerzos normativos para dar tratamiento a la migración en el derecho colombiano por vía de una ley en el sentido formal, es importante también referir los aportes que han provenido de la actuación del ejecutivo, como sucede con los documentos CONPES, y los planes de desarrollo gubernamentales, toda vez que estos han enmarcado el desarrollo de leyes emitidas por el Congreso de la República y también han delimitado ciertas coordenadas de la política migratoria.

Previo a esto, conviene referir la visibilidad de la migración en los planes de los gobiernos posteriores a la sanción de la Constitución de 1991, pues solo es posible hallar referencias concretas a la cuestión migratoria en los periodos presidenciales de 2002-2006[1] y 2006-2010[2], sin embargo, esta preocupación se circunscribió al abordaje de la situación de los colombianos en el exterior, con miras a desarrollar los programas de retorno[3]. Anterior a ello, la principal preocupación consistía en el abordaje del desplazamiento interno causado por la violencia, situación que quedó plasmada en los planes de 1994-1998[4] y 1998-2002[5].

1 Congreso de la República de Colombia, Ley 812 de 2003: *Por la cual se aprueba el Plan Nacional de Desarrollo 2003-2006, hacia un Estado comunitario,* p. 113, https://colaboracion.dnp.gov.co/CDT/Normatividad/Ley812_de_2003.pdf.

2 Congreso de la República de Colombia, Ley 1151 de 2007: *Por la cual se expide el Plan Nacional de Desarrollo 2006-2010.* Departamento Nacional de Planeación, *Plan Nacional de Desarrollo, Estado comunitario: desarrollo para todos, tomo II,* punto 5 y 7.2, 549 y 649. https://colaboracion.dnp.gov.co/CDT/PND/PND_Tomo_2.pdf. Los puntos 5 y 7.2 son referidos al desarrollo de la política exterior, en los que se hace alusión a la necesidad de desarrollar una política integral migratoria.

3 M.T. Palacios Sanabria, "El sistema colombiano de migraciones a la luz del derecho internacional de los derechos humanos: la Ley 1465 de 2011 y sus antecedentes normativos", *Opinión Jurídica* 11, n. ° 21, 2012, 89. http://www.scielo.org.co/scielo.php?script=sci_abstract&pid=S1692-25302012000100006&lng=en&nrm=iso&tlng=es.

4 Congreso de la República de Colombia, Ley 188 de 1995: *Plan Nacional de Desarrollo e Inversiones 1995–1998.*

5 Cabe señalar que debido a que la Ley 389 para dar tratamiento al desplazamiento interno por la violencia, ya se había sancionado en 1997, en el plan de 1998 a 2002, esta preocupación se hace visible en varios apartados del PND de ese gobierno. Ver: Congreso de la República de Colombia, Ley 508 de 1999: *Por la cual se expide el Plan Nacional de Desarrollo para los años de 1999-2002,* 1999. Departamento Nacional de Planeación, *Los compromisos fundamentales de la sociedad: Reconstrucción del Tejido Social.* https://colaboracion.dnp.gov.co/CDT/PND/Pastrana2_Compromisos_Fundam.pdf.

Bajo el desarrollo de las normas que ya hacen visible de manera explícita la migración, como una situación que debe ser resuelta por el Estado colombiano, se expide el documento CONPES 3603 de 2009, en el que se formula la planeación de la Política Integral Migratoria en el Estado colombiano. El documento resulta valioso para el progreso de las acciones en materia de movilidad, pues ubica en la agenda política una temática que antes no estaba considerada, sin embargo, estas se limitan a buscar el mejoramiento de las condiciones de los colombianos en el exterior, aspecto que ya había sido planteado bajo el marco del programa Colombia Nos Une, desarrollado en el año 2006.

Dicho documento, formula un buen diagnóstico preliminar del estado de los avances del país con respecto a las acciones encaminadas a dar tratamiento a la migración. De dicho insumo, conviene resaltar básicamente lo siguiente:

- Recopilación de instrumentos internacionales de los contextos de Naciones Unidas, Organización de Estados Americanos, Comunidad Andina y Mercosur que abordan temas migratorios y pueden llegar a tener incidencia en el posible desarrollo de la política migratoria que pudiera implementar el Estado colombiano, así como también la normativa nacional que había sido adelantada hasta el momento[6].
- Enunciación de planes y programas para fomentar el acceso de los colombianos a las oportunidades y oferta nacional, así como el fomento a los procesos de retorno, servicios consulares, acciones relativas a

6 Consejo Nacional de Política Económica y Social República de Colombia, Departamento Nacional de Planeación, Documento CONPES 3603 de 2009, *Política Integral Migratoria*, 2-7 https://www.cancilleria.gov.co/colombia/migracion/conpes.

la lucha contra la trata de personas, acciones de regularización[7].

- En el CONPES 3603 se citan los principios rectores de la política integral migratoria que para este momento se busca promover y que luego serán incorporados de manera parcial en las leyes que han sido sancionadas en el Congreso de la República. En este apartado, también se incluyen conceptos esenciales asociados a la migración[8].
- Un aspecto que se remarca en el CONPES en mención es la poca atención y el deficiente abordaje que ha tenido la migración en Colombia para ese momento, en el que se emite el texto de política interna[9].
- En el documento 3603, tal y como ya se expuso, se fijan las bases para la construcción de la política migratoria, la cual se presenta en ejes, sobre los cuales se detectaron las principales problemáticas internas en la materia, así como tópicos para su fortalecimiento, por ejemplo, la deficiente estructura normativa, insuficiencia institucional, poca información sobre la población migrante, acceso a servicios consulares, riesgos asociados a la migración, como el tráfico de migrantes y la trata de personas, inserción laboral de la población migrante, bajo acceso a la protección social, insuficiencia de diagnósticos en materia de género y familia[10].

Con posteriores planes de desarrollo, como sucede con los que estuvieron vigentes entre los periodos 2010-2014, 2014 y 2018 y 2018-2022, se han adelantado las mayores ac-

---

7 *Ibidem,* 8-23

8 *Ibidem,* 25-27

9 *Ibidem,* 26 y ss.

10 *Ibidem,* 27-53.

ciones que hasta el momento se han adoptado en el Estado colombiano, con miras a dar tratamiento a la inmigración. Es necesario hacer énfasis específico, tanto en los planes como en la normativa expedida.

En el plan de desarrollo 2010-2014, de manera particular y por primera vez en los planes de desarrollo del Gobierno nacional, pareciera que se busca realizar un abordaje de distintas de las realidades en materia de movilidad humana, lo anterior, por cuanto en la formulación de los planes de acción se hace referencia a la emigración de los colombianos, junto con la inmigración de personas extranjeras y esto en contraste con el interés de continuar promoviendo acciones en materia de atención de población desplazada interna[11]. Sobre la base de estas falencias detectadas, se construyeron los objetivos de la política. Como lo podremos ver con posterioridad, no todas estas debilidades han sido abordadas ni desarrolladas, sin embargo, si se registran avances en la materia, aspectos que se trabajarán en los acápites y capítulos posteriores de esta obra.

Tal y como se ha expuesto con anterioridad, uno de los mayores progresos del documento es el fortalecimiento del programa de Colombia Nos Une, el cual se fijó como objetivos esenciales, atender y vincular a los colombianos en el exterior y hacerlos sujetos de políticas públicas, a través del fomento de iniciativas, proyectos y estrategias, orientadas a establecer contactos y promover actividades colaborativas entre colombianos dentro y fuera del país, propiciar el aporte positivo de la migración a las problemáticas y nece-

---

11 Congreso de la República de Colombia, Ley 1450 de 2011: *Por la cual se expide el Plan Nacional de Desarrollo, 2010-2014,* 2011. Departamento Nacional de Planeación, Plan Nacional de Desarrollo 2010-2014, M*ás empleo, menos pobreza y más seguridad,* Tomo I, 124 y Tomo II, 758 y 894. https://colaboracion.dnp.gov.co/CDT/PND/PND2010-2014%20Tomo%20I%20CD.pdf.

sidades reales del país, gestionar iniciativas institucionales para los colombianos en el exterior y sus familias en Colombia, en materia de seguridad social, adquisición de vivienda, apertura de cuentas de ahorros en bancos colombianos desde el exterior, aprovechamiento adecuado de las remesas e información y orientación sobre la homologación y convalidación de títulos. También, promover acciones orientadas a propiciar un retorno en condiciones positivas para los colombianos que deciden regresar al país y desarrollar procesos sociales en red que permitan incrementar el capital social de las comunidades colombianas en el exterior.

Por su parte, el Plan de Desarrollo 2018-2022 incluye la realidad migratoria en el apartado denominado "Colombia en la escena global", y bajo los derroteros de contar con una política internacional responsable propone como objetivo concreto "dar respuesta oportuna a las cambiantes dinámicas migratorias, apuntando a que la migración sea ordenada, segura y regular"[12]. Bajo este propósito, plantea acciones conducentes al incremento en el otorgamiento de visados para extranjeros, presentar a Colombia como un polo de atracción para la migración calificada, mejorar la atención en las zonas fronterizas, formular la política integral migratoria, diseñar e implementar una nueva política de fronteras, promover el retorno de los nacionales que se encuentran en el exterior, entre otros propósitos[13]. Debe señalarse que en varios de l0s apartados del Plan, se incorpo-

---

12 Ver, documento, Departamento Nacional de Planeación, Plan Nacional de Desarrollo 2018-2022, *Pacto por Colombia, pacto por la equidad,* 25. https://colaboracion.dnp.gov.co/CDT/Prensa/Resumen-PND2018-2022-final.pdf.

13 Ibidem, 150.

ra el lenguaje del Pacto Mundial de las Migraciones, promovido y adoptado por las Naciones Unidas en el año 2018[14].

Varias de las acciones emprendidas por el gobierno del periodo en mención, han tenido como marco de desarrollo el Documento CONPES 3950 de 2018[15], de acuerdo con el cual se busca implementar una estrategia para la atención de la migración que proviene de Venezuela.

Este documento de política constituye un avance con respecto al anterior del año 2009, pues busca presentar una respuesta estatal aparentemente completa, con respecto a la realidad del cambio del perfil migratorio que vive el país, sin que ello se circunscriba a enfocar los esfuerzos gubernamentales a la atención de los colombianos en el exterior, como sucedió con el anterior documento de política social. Pese a esto, el CONPES de nuevo, al igual que sucede con otras de las medidas que han sido adoptadas por el Gobierno colombiano, entiende la migración de manera parcial y segmentada, pues tal y como el propio título del documento lo denota, se especializa a buscar acciones de atención para la migración exclusivamente proveniente de Venezuela, dejando de lado, otras realidades latentes en materia de presencia de extranjeros en el territorio nacional, tal y como se analizará más adelante. Al margen de esto, del documento merecen ser resaltados los siguientes aspectos:

---

14 Naciones Unidas, Conferencia Intergubernamental para el Pacto Mundial sobre Migración, *El Pacto Mundial para una Migración Segura, Ordenada y Regular,* https://www.un.org/es/conf/migration/global-compact-for-safe-orderly-regular-migration.shtml.

15 Consejo Nacional de Política Económica y Social República de Colombia, Departamento Nacional de Planeación, Documento CONPES 3950, *Estrategia para la atención de la migración desde Venezuela,* 2018, https://colaboracion.dnp.gov.co/CDT/Conpes/Econ%C3%B3micos/3950.pdf.

- Inicia con una justificación sobre el contexto migratorio nacional, las medidas, planes y programas adoptados por el país a la fecha y la identificación de buenas prácticas a nivel mundial para el abordaje de voluminosos flujos de movilidad.
- Presenta un diagnóstico sobre la realidad migratoria vivida en Colombia, pero en particular sobre las necesidades qué en términos de derechos humanos, tiene la población inmigrante proveniente de Venezuela, así como los colombianos retornados.
- En tercer lugar, se concentra el plasmar los objetivos puntuales de la política, fijar las estrategias para implementar las acciones de atención a la población inmigrante, así como plantear la necesidad de que se produzca un fortalecimiento de la estructura institucional colombiana, para dar una respuesta eficiente ante la migración.

Con la finalidad de realizar un análisis del efecto del documento en la estructuración de la política de atención a la población migrante vigente en la actualidad, es necesario enfocar primero la mirada en los aspectos centrales del CONPES, estos son, en la necesidad de estructurar una respuesta integral en favor de las personas extranjeras y definir las competencias institucionales de distintas autoridades del Estado colombiano para dar cumplimiento a dichos propósitos.

De esta manera el CONPES, en el diagnóstico previo para su formulación, planteó los siguientes desafíos, los cuales coinciden con las principales dificultades, que para el momento de su expedición presentaba el abordaje de la realidad migratoria en el país.

- Debilidad institucional en la atención en municipios de destino de las personas migrantes y de frontera.

- Insuficiencia en el registro, identificación, caracterización de las personas que se ingresaban y permanecían en el territorio nacional.
- Precariedad en las acciones de respuesta en términos de registro para los colombianos retornados desde Venezuela.
- Ausencia de órgano o autoridad para la coordinación y articulación de las acciones migratorias.
- Debilidad en los sistemas de información.
- Identificación de principales barreras en términos de acceso a derechos para la población inmigrante[16].

Cabe referir, que en virtud de las acciones que se identifican para trazar los parámetros de acción del CONPES, se fija como objetivo fundamental, atender a la población migrante proveniente de Venezuela, en el mediano plazo, a través del fortalecimiento de la estructura institucional del Estado colombiano[17]. Lo anterior a partir de la comprensión de la migración como una oportunidad de desarrollo para el país[18].

El referenciado documento de política contribuye a la visibilidad casi integral de la migración, sin embargo, como lo veremos en el acápite posterior, si bien es cierto que se han adelantado numerosas acciones para desarrollar de manera más particular varios de las estrategias allí propuestas, aún es necesario continuar adoptando e implementando acciones en aras de contar con una verdadera política de Estado en materia de comprensión integral de la movilidad.

---

16 *Ibidem*, 29-80.

17 *Ibidem*, 82

18 *Ibidem*, 26.

En el año 2022 se expide otro documento CONPES, el 4100, el cual tiene por objeto "Ajustar la respuesta institucional a las necesidades en materia de integración social, económica y cultural de la población migrante venezolana, para lograr la materialización de su contribución al desarrollo y la prosperidad del país"[19]

El documento CONPES tiene por objeto desarrollar acciones concretas para que el Estado pueda implementar de manera correcta el propósito de las acciones de regularización de personas en el marco del EPTMV, pues plantea acciones a 10 años, que busquen erradicar barreras en el acceso a los principales derechos de las personas venezolanas y dificultan su integración social.

Los principales frentes de acción de la política derivada del documento de planeación fija sus objetivos en la generación de una ruta unificada de bienes y servicios para la población migrante que, facilite el acceso a la formalización de mercados, permita identificar los factores de riesgo y promueva contextos saludables de integración económica y cultural, así como permitir el refuerzo de fuentes sostenibles de financiamiento en los entes territoriales.

Tales medidas han sido propuestas a partir de líneas de acción, que persiguen la implementación de acciones para hacer viable el acceso a los derechos de la población migrante.

El planteamiento anterior se traduce en acciones concretas como las aquellas que inciden en el mejoramiento en términos de vinculación al sistema de seguridad social en

---

19 Consejo Nacional de Política Económica y Social República de Colombia, Departamento Nacional de Planeación, Documento CONPES 4100, Estrategia para la integración de la población migrante venezolana como factor de desarrollo para el país, 2022, https://colaboracion.dnp.gov.co/CDT/Conpes/Econ%C3%B3micos/4100.pdf

salud de la población extranjera proveniente de este país y el desarrollo de medidas en salud sexual y reproductiva de las mujeres y niñas migrantes. Dicho propósito cuenta con una ventana de tiempo del 2022 al 2027. Las acciones en materia de salud, se complementan con un plan de cobertura en vacunación. Las medidas para el fortalecimiento del derecho a la salud tienen como eje transversal la flexibilización en el acceso a los registros del SISBEN.

Debido a que la carencia y el acceso efectivo de los derechos de la población migrante es múltiple, el derecho a la salud también es una prioridad en el contenido del documento CONPES. Por ello, propone el diseño e implementación de lo que se ha llamado "Ruta de acceso, bienestar y permanencia para los niños, niñas y adolescentes migrantes". La medida busca ser útil para los niveles de formación de educación preescolar, básica y media y se concentra en el monitoreo de las trayectorias educativas. Lo anterior era de esperarse, pues la mayor parte de los problemas de los menores de edad extranjeros radica en la deserción escolar que se presente por varios factores, entre ellos, la ausencia de herramientas de validación de los estudios en el Estado de origen y los sesgos que conducen a la discriminación en las instituciones educativas. Las acciones de fomento a la educación están propuestas con el apoyo del ICBF.

El acceso a la vivienda se presenta como otro de los aspectos centrales del documento de política social, aspecto que debe ser celebrado, pues en investigaciones previas realizadas en el Grupo de Investigación en DDHH de la UR, se ha puesto de manifiesto que para las personas extranjeras el acceso efectivo a este derecho pareciera una utopía y que en realidad tal población goza de un derecho precario, pues a lo máximo que ha podido aspirar es a tener un alojamiento, lo que es distinto y distante de los contenidos básicos del derechos a la vivienda de acuerdo con las observaciones generales del Comité de Derechos Económicos, sociales y Culturales y según lo que ha establecido la propia Corte Constitucional en Colombia. Por lo anterior, el documento de política económica y social sugiere al ministerio encargado de estos asuntos, este es, el Ministerio de Vivienda, Ciudad y Territorio, asignar subsidios de arriendo de vivienda a partir del programa denominado Semillero de propietarios arrendamiento". El programa promovido en la política merece una reflexión preliminar pues está propuesto para tres años, entre el periodo de 2023 a 2026 y lo que en realidad genera inquietud, consiste en que esta acción en concreto sigue percibiendo la migración como una circunstancia transitoria en el país, lo que conduce a que la vivienda pueda continuar siendo precaria. No se propone un plan de acceso a vivienda de interés social o prioritario para esta población, pese a ser catalogados como grupos de especial protección, a raíz de sus condiciones de vulnerabilidad.

Además de las acciones educativas mencionadas de competencia del ICBF, esta institución también tiene a cargo la implementación de un plan de alimentación de alimentación conducente a la erradicación de la desnutrición de los NNA en situación migratoria dentro del país, para lo cual aspira a contar con puntos de atención en frontera para los migrantes en tránsito o recién llegados en departamentos priorizados según la mayor afluencia de personas. Debe tenerse presente que si bien esta medida es positiva pues los caminantes o población migrante en tránsito padecen profundas carencias en alimentación, es preocupante que se restrinja únicamente a dos departamentos del país, pues la itinerancia de los migrantes es compleja y la acción es insuficiente y podrá generar un perverso efecto llamada, como el que se presentó en el contexto del desplazamiento interno en Colombia, que concentró en pocas ciudades o departamentos a la población, por ser atraídos por la oferta institucional mejor definida en algunos lugares que en otros. Es imperativo que medidas de este tipo se hagan extensivas a todos los territorios donde hay presencia de población en tránsito y de destino.

Merece mencionar que otra de las acciones a cargo del ICBF, consisten en brindar acompañamiento de los adolescentes y jóvenes para el fortalecimiento de sus proyectos de vida y la prevención de vulneración a sus derechos mediante el fortalecimiento de habilidades.

El Ministerio de Justicia y del Derecho tiene planteada en el CONPES, una misión central de caracterizar no sólo el acceso a la justicia de esta población como derecho procesal autónomo, sino la garantía a otros derechos, caso en el cual opera de modo instrumental. Para ello se propone contar con una APP, LegalApp de fácil acceso.

De responsabilidad del Ministerio de Hacienda y Crédito Público está el programa para la inclusión financiera de la población. Este aspecto es fundamental, pues la formalización financiera de esta población ha sido una dificultad recurrente que genera barreras para el acceso a otros derechos como el empleo formal y en condiciones dignas, ejercicio de actividades comerciales, acceso a la vivienda entre otros. De la mano de estas acciones, a través de la actuación del Ministerio de Comercio, Industria y Turismo, tendrá la responsabilidad de promover un fortalecimiento a los proyectos de emprendimiento.

Uno de los principales problemas que padece la población extranjera y en este caso la venezolana que no cuenta con recursos económicos y que es percibida como una carga para los sistemas fiscales de los estados de destino, es la discriminación, lo que resulta ser un desconocimiento del derecho a la igualdad no sólo en los espacios institucionalizados, sino que conduce a la xenofobia en los entornos sociales por el estereotipo que se crea de estas personas. En varias investigaciones realizadas por el Grupo de DDHH de la UR, se ha puesto de presente esta dificultad y resulta ser una situación transversal que afecta el ejercicio de todos los derechos. Tal situación, afecta no sólo a las personas indocumentadas o con estatus administrativo irregular, sino que incluso llega a impactar a quienes tienen doble nacionalidad y a los migrantes regulares. Esta ausencia de empatía social no se trabaja únicamente desde las altas instancias del Estado, sino que requiere del despliegue de acciones pedagógicas para la comunidad de destino, es decir para todos los habitantes del territorio nacional. En esta línea el CONPES, plantea que desde el Ministerio de Educación Nacional se desarrollen componentes que contribuyan a este objetivo de erradicar la discriminación y la xenofobia.

Debido a que los programas antes descritos de manera somera se orientan al logro de una integración efectiva de la población, el DAPRE tiene la responsabilidad de elaborar diagnósticos sobre el correcto funcionamiento de las iniciativas, lo que permite redireccionar acciones que deban ser replanteadas en un momento determinado y dentro de la vigencia de las mismas, las cuáles oscilan, según el tema, para ser implementadas entre 2022 a 2032.

2.3. LEYES MIGRATORIAS VIGENTES: ANTECEDENTES Y ANÁLISIS CRÍTICO DE LOS AVANCES Y RETOS FRENTE A LA PROTECCIÓN DE LOS DERECHOS DE LOS EXTRANJEROS

Las leyes migratorias son una necesidad en los Estados contemporáneos. Lo anterior debido a que ningún país del mundo puede permanecer al margen de esta realidad, ya sea por ser un Estado de origen de emigrantes, serlo de destino de flujos mixtos de movilidad humana o incluso de tránsito. Lo anterior, ha impulsado que en cada vez más países se cuente con normatividad que determine cuáles son las condiciones de ingreso, permanencia y acceso a derechos de las personas no nacionales, así como el tratamiento referido a las limitaciones y margen de ejercicio de los derechos que se garantizan a los extranjeros.

Como ejemplo de ello y con el objeto de ilustrar la importancia de una ley con este contenido, se realizará una breve referencia a las leyes vigentes en países de la región que enfrentan movimientos humanos similares a los vividos en Colombia y que de manera particular han desplegado respuestas orientadas a abordar la emigración masiva venezolana y también de otros países.

De esta manera, por ejemplo, Ecuador cuenta con una Ley orgánica de movilidad humana del año 2017, que desarrolla postulados de su Constitución nacional, según la cual se predica una aparente igualdad entre los nacionales y los extranjeros que están sometidos a la jurisdicción del Estado, pues se reconoce el concepto de la ciudadanía universal y así la plena libertad de circulación y el derecho de entrada[20]. Por su parte, en el caso de Perú la ley migratoria, está reglamentada por el Decreto N° 007-2017-IN, intenta buscar un balance entre el respeto a los derechos humanos y el

---

20 Asamblea Nacional de la República de Ecuador, Oficio No. T.7166-SGJ-17-0100 de 31 de enero de 2017. https://www.derechoshumanos.gob.ec/wp-content/uploads/2023/01/Ley_Organica_de_Movilidad_Humana.pdf. Ver específicamente el artículo 2°, en el cual se definen los conceptos de ciudadanía universal y libre circulación por el territorio.

Ciudadanía universal: El reconocimiento de la potestad del ser humano para movilizarse libremente por todo el planeta. Implica la portabilidad de sus derechos humanos independientemente de su condición migratoria, nacionalidad y lugar de origen, lo que llevará al progresivo fin de la condición de extranjero. **Libre movilidad humana**: El reconocimiento jurídico y político del ejercicio de la ciudadanía universal, implica el amparo del Estado a la movilización de cualquier persona, familia o grupo humano, con la intención de circular y permanecer en el lugar de destino, de manera temporal o definitiva.

fortalecimiento de las relaciones con los países vecinos y la política internacional[21]. Desde el punto de vista de la estructura institucional, el Decreto Legislativo N° 1130 de 2012, da creación a la Superintendencia Nacional de Migraciones como un organismo técnico especializado, el cual actúa como gran ente coordinador de la política migratoria en el Estado. Para el caso de Brasil, la Ley No. 13.445, de 24 de mayo de 2017, evidencia una transformación con respecto a la política migratoria anterior vigente desde 1980, esta ley incorpora de manera amplia los estándares internacionales, los principios fundamentales del Derecho Internacional de los Derechos Humanos, sin que ello signifique dejar de tener en consideración los intereses orientados a la protección de la soberanía de los Estados[22].

Por su parte, el desarrollo de las leyes en sentido formal que buscan dar tratamiento a la realidad migratoria en Colombia de manera particular, en algunos de los casos, se inscriben en los esfuerzos gubernamentales de definir un marco jurídico aplicable en la materia. Ello estuvo puesto en evidencia en el anterior acápite en el cual se realizó una breve reflexión en torno a los progresos de las acciones ejecutivas para tales fines.

A continuación, se realizará un análisis crítico de las leyes que están vigentes y enmarcan el listado de esfuerzos legislativos para abordar la movilidad al interior del territorio nacional.

---

21 M. Cepeda, *El aporte peruano a la política pública migratoria (2015-2017). Un modelo de buenas prácticas para américa latina* (Colombia, 2019). https://repository.ucatolica.edu.co/bitstream/10983/23028/1/El%20aporte%20peruano%20a%20la%20pol%C3%ADtica%20p%C3%BAblica%20migratoria%20%282015-2017%29.%20Un%20modelo%20de%20buenas%20pr%C3%A1cticas%20para%20Am%C3%A9r.pdf.

22 Corte IDH, *CIDH saluda aprobación de la nueva Ley de Migración en Brasil, 2017* https://www.oas.org/es/cidh/prensa/comunicados/2017/078.asp.

2.4. LEY 43 DE 1993: DELIMITA LAS COORDENADAS DE LA NACIONALIDAD COLOMBIANA

La Ley 43 de 1993 desarrolla uno de los aspectos más clásicos de los Estados de derecho, este es el de nacionalidad, el cual está contenido en el artículo 96 de la Constitución de 1991, dentro del título dedicado a los habitantes y al territorio. Vale decir, que este título se divide en capítulos, uno de ellos orientado a los colombianos, capítulo I y el otro, a los extranjeros y sus derechos[23], en el capítulo II.

La nacionalidad goza gran importancia para el estudio de los movimientos de personas, pues de un lado es un derecho autónomo que permite el reconocimiento de otros derechos, no solo en el caso colombiano, sino en la mayor parte de los ordenamientos internos de los países, pues es el principal factor de atribución de los derechos humanos, cualquiera sea su clasificación[24] y, en segundo lugar, se configura como el concepto contrario al de extranjero, que es la base a partir de la cual se produce toda la configuración de las políticas migratorias desde el ámbito soberano de los países.

De acuerdo con la doctrina y sin entrar a profundizar sobre los aspectos históricos o filosóficos, por nacionalidad se entiende "el vínculo jurídico político de carácter perma-

---

[23] Específicamente el artículo 100 de la Constitución, como ya fue señalado con anterioridad.

[24] Es importante tener en cuenta que cada constitución determinará qué tipo de derechos reconoce a sus nacionales y a los extranjeros, de tal modo que podrán hallarse los derechos civiles y políticos, que se asocian a los fundamentales en algunos ordenamientos jurídicos, los derechos económicos, sociales y culturales, también conocidos como derechos prestacionales y también habrá marcos normativos que dan reconocimiento a los derechos colectivos o del ambiente, asociados a los derechos de solidaridad.

nente, en virtud del cual se relaciona estrechamente al individuo con el Estado"[25].

Por su parte, el extranjero se define como la "persona física que no tiene la nacionalidad del Estado en cuyo territorio se encuentra"[26] y de allí, que la mayor parte de las normas internas de los países y los tratados de Derecho Internacional de los Derechos Humanos, permitan que se puedan establecer restricciones a su ejercicio.

Regresando al tema de nacionalidad colombiana, esta se puede adquirir por dos vías fundamentalmente, por nacimiento y por adopción. Sobre la primera de ellas, esta es, por nacimiento, se requiere de criterios combinados, es decir, nacer en el territorio (*ius soli*) y además de ello, cumplir con una de dos condiciones, ser hijo de colombiano en caso de ser nacido en el exterior (*ius singuini*) o que los padres extranjeros (cualquiera de ellos) se encuentren domiciliados en el territorio (*ius domicili*). Un aspecto que, se revisará más adelante, tiene que ver con el concepto de domicilio, residencia permanente y régimen de visados, pues la estancia regular en el territorio facilita la adquisición de la nacionalidad de los menores de edad nacidos en Colombia y este es un tema que guarda estrecha relación con la prevención de la apatridia.

El artículo 2 de la Ley 43, reproduce y desarrolla lo previsto en el artículo 96 de la Constitución de 1991, de tal modo que se precisa que un colombiano por nacimiento será la persona:

---

25 G. Lozano Villegas, "La nacionalidad en la Constitución Política colombiana de 1991", *Revista de Derecho del Estado*, n. ° 15, 2003, 145, https://revistas.uexternado.edu.co/index.php/derest/article/view/805.

26 OIM, Glosario de la OIM sobre migración, n. ° 34, 2019, 87, iml-34-glossary-es.pdf (iom.int).

- Que ha nacido dentro del territorio colombiano, de acuerdo con lo previsto en el artículo 101 de la Constitución, es decir según los límites territoriales que han sido fijados por los tratados internacionales y que han sido aprobados por el Congreso de la República e incorporados al derecho interno[27].
- También lo será, quien ha nacido en aquellos lugares del exterior asimilados al territorio nacional, según los tratados internacionales y la costumbre internacional.
- Los menores nacidos en el exterior y que alguno de sus padres sea colombiano. Bajo este supuesto Colombia permite la doble nacionalidad.
- En lo relacionado con el domicilio, la Ley 43, retoma este concepto, del contenido en el Código Civil, es decir la residencia con ánimo de permanencia[28]. Vale señalar, que esta ley es adicionada por una disposición normativa prevista en la ley 1997 de 2019, que busca evitar la apatridia de los menores de edad nacidos en Colombia, hijos de padres venezolanos que carecen de documentación o que se encuentran en situación

---

27 Dispone expresamente el artículo 101, con relación al territorio nacional. Artículo 101: Los límites de Colombia son los establecidos en los tratados internacionales aprobados por el Congreso, debidamente ratificados por el presidente de la república, y los definidos por los laudos arbitrales en que sea parte la nación. Los límites señalados en la forma prevista por esta Constitución solo podrán modificarse en virtud de tratados aprobados por el Congreso, debidamente ratificados por el presidente de la república. Forman parte de Colombia, además del territorio continental, el archipiélago de San Andrés, Providencia, y Santa Catalina, la Isla de Malpelo y demás islas, islotes, cayos, morros y bancos que le pertenecen.

28 El artículo 76 del Código Civil prevé que: "El domicilio consiste en la residencia acompañada, real o presuntivamente del ánimo de permanecer en ella".

de irregularidad migratoria. Por lo anterior, se agrega a la disposición del artículo 2, la siguiente adición:

Parágrafo: Excepcionalmente se presumirá la residencia y ánimo de permanencia en Colombia de las personas venezolanas en situación migratoria regular o irregular, o solicitantes de refugio, cuyos hijos e hijas hayan nacido en territorio colombiano desde el 1 de enero de 2015 y hasta 2 años después de la promulgación de esta ley[29].

De acuerdo con el mandato constitucional y con arreglo también a la Ley 43 de 1993, y a la Ley 962 de 2005, la nacionalidad colombiana también se puede adquirir por adopción, esta alternativa la podrán tener:

- Las personas que hayan cumplido con un mínimo de permanencia en el territorio colombiano, de tal manera que para los latinoamericanos y del caribe, deberá acreditarse una permanencia regular, a través de la visa de residencia de un año.
- Para quienes no hacen parte de la región, la permanencia deberá acreditarse por cinco años, también a través de la visa de residencia.
- En el caso de los extranjeros que no sea latinoamericanos o del caribe y estén casados, sean compañeros permanentes o padres de un colombiano, podrán adquirir la carta de naturalización al cabo de los dos años de ostentar una visa de residente[30].

---

29 Artículo 2 de la Ley 43 de 1993. Congreso de la República de Colombia, Ley 43 de 1993: *Por medio de la cual se establecen las normas relativas a la adquisición, renuncia, pérdida y recuperación de la nacionalidad colombiana; se desarrolla el numeral séptimo del artículo 40 de la Constitución Política y se dictan otras disposiciones.*

30 Ver artículo 39 de la Ley 962 de 2005. Congreso de la República de Colombia, Ley 962 de 2005: *Por la cual se dictan disposiciones sobre racionalización de trámites y procedimientos administrativos de los organismos*

- Finalmente, también podrán ser naturalizados como colombianos los hijos de extranjeros nacidos en el territorio a los cuales ningún Estado les reconozca la nacionalidad, es decir, las personas que tengan riesgo de ser apátridas.

Es importante tener presente que, para efectos de la ley, la prueba de la nacionalidad es el registro civil de nacimiento sin exigencia del domicilio. Sin embargo, es necesario que los padres extranjeros acrediten a través de certificación de la misión diplomática de su país de origen, que dicho país no concede la nacionalidad de los padres al niño por consanguinidad[31].

Sobre la nacionalidad por adopción en este último supuesto previsto por las leyes internas, es importante puntualizar que Colombia es Estado parte de los principales tratados internacionales en materia de apatridia, esto es, de la Convención sobre el Estatuto de los apátridas de 1954[32] y de la Convención para reducir los casos de apatridia de 1961[33], en esta última, los países que suscriben los compromisos, se comprometen a remover los obstáculos tanto formales como materiales que internamente puedan existir y que conduz-

---

y entidades del Estado y de los particulares que ejercen funciones públicas o prestan servicios públicos.

31 *Ibidem.*

32 Adoptada en Nueva York, Estados Unidos, el 28 de septiembre de 1954 por una Conferencia de Plenipotenciarios convocada por el Consejo Económico y Social en su resolución 526 A (XVII), de 26 abril de 1954 Entrada en vigor: 6 de junio de 1960, de conformidad con el artículo 39 Serie Tratados de Naciones Unidas N. ° 5158, Vol. 360, 117.

33 Adoptada el 30 de agosto de 1961 por una Conferencia de Plenipotenciarios que se reunió en 1959 y nuevamente en 1961, en cumplimiento de la resolución 896 (IX) de la Asamblea General, de 4 de diciembre de 1954. Entrada en vigor: 13 de diciembre de 1975, de conformidad con el artículo 18.

can a que los menores de edad puedan estar en situación apatridia[34]. Tal y como se reflexionará con posterioridad, el reconocimiento de la Constitución de 1991 al adoptar los criterios combinados para la obtención de la nacionalidad por nacimiento dificulta el acceso a ser colombiano a los nacidos en el territorio, pues el criterio *de ius soli,* no será suficiente para ostentar la condición de colombiano.

Si bien la ratificación de parte del Estado colombiano a la Convención de 1961 representa un progreso desde el punto de vista del acceso y el reconocimiento de los derechos de los niños, es importante revisar si la prueba de la apatridia resulta ser razonable en todos los casos, o si por el contrario se puede convertir en un obstáculo formal para la naturalización de los menores de edad. La norma interna, exige que para que un menor de edad pueda ser naturalizado, deberá contarse con la certificación diplomática que acredite que esta persona no tiene nacionalidad.

En Estados en los que las relaciones diplomáticas y consulares no funcionan o simplemente, no existe la posibilidad para el peticionario de la naturalización y su familia de acceder materialmente al documento, la garantía de la naturalización se torna nugatoria y en ese sentido existe una gran barrera para el acceso al derecho. Sobre el particular, en los esquemas de protección internacional se ha considerado que este tipo de exigencias pueden resultar desproporcionadas en ciertos casos, ante la imposibilidad de aportar pruebas de esta naturaleza, originando así el desconocimiento de los derechos de los niños y del interés superior del niño[35].

---

34 Jo Boyden y Jason Hart, "The statelessness of the world's children," *Children and Society,* 21, no. 4 2007, 237.

35 Ver, por ejemplo, Comité de los Derechos del Niño, *Observación General No. 6, Trato de los menores no acompañados y separados de su familia fuera de su país de origen,* Doc. CRC/GC/2005/6, de 1 de septiembre

Además de los aspectos operativos para la adquisición de la naturalización, de esta ley conviene resaltar que permite al colombiano por adopción conservar su nacionalidad de origen[36], así como también trasmitirla a sus descendientes[37]. Por su parte, contiene disposiciones relativas a la doble nacionalidad[38], renuncia y pérdida de la nacionalidad[39] colombiana, recuperación de la nacionalidad[40], desempeño de cargos públicos de los nacionales por adopción y sus restricciones[41], documentos de identidad, visados y pasaportes de colombianos nacidos en el exterior[42] y normas relacionadas con el servicio militar para colombianos con doble nacionalidad, residentes en el exterior y naturalizados[43].

---

de 2005, pár. 89, https://www.acnur.org/fileadmin/Documentos/BDL/2005/3886.pdf, Comité de Protección de los Derechos de Todos los Trabajadores Migratorios y sus Familias y Comité de los Derechos del Niño, *Observación General No. 3 y 22, respectivamente, sobre sobre los principios generales relativos a los derechos humanos de los niños en el contexto de la migración internacional*, Doc. CMW/C/GC/3-CRC/C/GC/22, de 16 de noviembre de 2017, párr. 29, 30 y 31, https://documents-dds-ny.un.org/doc/UNDOC/GEN/G17/343/62/PDF/G1734362.pdf?OpenElement.

36 *Ibidem*, artículo 14.

37 *Ibidem*, artículo 17.

38 *Ibidem*, artículo 22.

39 *Ibidem*, artículo 23 y 24.

40 *Ibidem*, artículo 25.

41 *Ibidem*, artículos 28 y 29.

42 *Ibidem*, artículos 30 al 33.

43 *Ibidem*, artículos 34 al 36.

2.5. LEY 1465 DE 2011: UN ESFUERZO NORMATIVO INCOMPLETO

En cumplimiento de los propósitos fijados en el plan de desarrollo del periodo 2010-2014, se debate y sanciona en el seno del Congreso de la República de Colombia, la Ley 1465 de 2011, un esfuerzo legislativo que bajo su título se presenta como la normativa que da creación al Sistema Nacional de Migraciones (SNM). Por otra parte, en esta ley se reitera la importancia de continuar con el desarrollo de las acciones tendientes a completar el esquema de protección de los colombianos en el exterior.

La ley marca un paso importante en visibilizar la migración como un concepto un poco más complejo que la adquisición de la nacionalidad colombiana. Pues luego de varios años en que se había desarrollado la Ley 43, antes comentada, se incluye dentro de la agenda legislativa el tema relativo el tema de la migración internacional. La ley se compone de dos grandes partes, una parte sustantiva que condensa los principios y objetivos de esta y una segunda parte, de estructura orgánica del SNM. A continuación, se expondrán de manera crítica los principales aciertos y falencias de la norma.

2.5.1. Aspectos axiológicos de la Ley 1465

Lo primero que debe tenerse en consideración es que se trata de una norma bastante sucinta, pues está integrada únicamente por 9 artículos, que focaliza sus esfuerzos en fortalecer la atención de los connacionales en el exterior, dejando de lado otro de los elementos centrales que está propuesto en la exposición de motivos, consistente en dar una robusta y suficiente estructura al SNM.

La Ley 1465 de 2011, en el artículo relativo a la creación del SNM, buscaba fundamentalmente contribuir a la construcción de la política pública en materia migratoria, bajo el presupuesto de la participación de distintos actores que se relacionan con la cuestión. Es decir, bajo la coordinación de iniciativas, no solo propuestas por las instituciones, sino por los representantes de la sociedad civil y de las asociaciones de migrantes[44].

Pese a ello, en los años que transcurren luego de la sanción de esta ley, no es posible observar este desarrollo, ni en los aspectos institucionales ni tampoco normativos de lo que debe ser una política integral migratoria, a excepción de las acciones implementadas desde el año 2019 en adelante, como se verá con posterioridad en este acápite.

Las dimensiones de la movilidad humana de carácter transfronterizo para el caso colombiano han incrementado de manera significativa, tal y como se expuso en la introducción de este texto, situación que no solo se ha visto impactada por la llegada de ciudadanos venezolanos, sino por la presencia de importantes contingentes migratorios de tránsito pertenecientes a diversos orígenes nacionales, que han exigido respuestas de parte del Estado colombiano. Pese a ello, y a que las olas migratorias han ido progresando en número, presencia territorial y planteamiento de necesidades multidimensionales de la población que transita o permanece por el territorio nacional, la Ley 1465 no cumplió con su propósito de poder fomentar el desarrollo de una serie de acciones que permitieran el progreso de la política pública de forma completa, pues como lo veremos a partir de las acciones ejecutivas adoptadas, el abordaje de la migración en el país, ha buscado especializarse en el tratamiento de las personas venezolanas, omitiendo así otras realidades y la necesidad de acción para la garantía de los derechos de los demás extranjeros.

---

44 Ver artículo 1 Ley 1465 de 2011. Congreso de la República de Colombia, Ley 1465 de 2011: *Por la cual se crea el Sistema Nacional de Migraciones y se expiden normas para la protección de los colombianos en el exterior.*

Lo anterior, tiene sentido si se analiza en detalle el planteamiento del artículo 2, el cual es bastante limitado y propone una visión unidireccional de la migración, además de entender que el abordaje de la realidad migratoria ha de ser simplemente una política de gobierno y no de Estado. Esta concepción de corto alcance resulta ser bastante conflictiva desde el punto de vista de los derechos que han sido previstos en la Constitución de 1991, pues las acciones gubernamentales o ejecutivas tienden a ser susceptibles a constantes cambios y ello redunda negativamente en la seguridad jurídica de los destinatarios de las normas.

Es claro, que de acuerdo con el artículo 9 de la Constitución de 1991, las relaciones exteriores del Estado tienen sustento en el principio de soberanía estatal y de respeto a la libre determinación de los pueblos, sin embargo, la clásica concepción de soberanía debe ser repensada y replanteada frente a la exigencia misma del Estado social de derecho, dentro del cual, el respeto al cumplimiento de los derechos humanos, se reconoce bajo la prohibición de discriminación, tal y como queda expuesto en el artículo 5 de la Constitución de 1991, y además se debe puntualizar, que partir del proceso de humanización del derecho internacional[45], los derechos humanos previstos, no solo en el derecho interno, sino en los tratados internacionales, adquieren una importancia capital y limitan el concepto de soberanía, razón por la cual estas cuestiones toman aún mayor valor.

De lo anterior, que sea imperativo que al margen de lo que pueda irse definiendo a partir de las acciones ejecutivas por vía del desarrollo de la política migratoria, estas medidas, tengan

---

45 J, Bonet Pérez, "La Convención Internacional sobre la protección de los derechos de todos los Trabajadores Migratorios y de sus Familiares", en *Un mundo sin desarraigo: El derecho Internacional de las Migraciones*, (Madrid: Catarata, 2006).

sustento en leyes en sentido formal, debatidas en el máximo órgano de participación democrática, este es, en el Congreso de la República, pues solo allí se podrán limitar y dar alcance a los derechos de los extranjeros, a través de la Ley Estatutaria, que permita que los no nacionales tengan garantizados sus derechos, no sólo desde el marco constitucional, sino a través de una política de Estado, más estable y menos proclive a las distintas vertientes ideológicas de los gobiernos.

Además de lo anterior, conviene remarcar que el mismo artículo 2 de la Ley 1465 de 2011, deja explícito que la función del SNM, desde su rol de acompañamiento al gobierno en la estructuración de las políticas y planes en el marco de la migración, están enfocados en el fortalecimiento de las relaciones de Estado con las comunidades de colombianos que se encuentran en el exterior.

La Ley 1465 plantea una serie de principios rectores para el funcionamiento del SNM, dentro de los cuales se proponen directrices para la adecuada gestión de la inmigración, que no se ven desarrolladas inmediatamente por parte del Estado colombiano, sino únicamente de manera parcial en las acciones normativas y ejecutivas promovidas en los años más recientes y orientadas en su mayoría para la población proveniente de Venezuela, sobre todo en el año 2021, es decir diez años más tarde de la expedición de la ley.

Entre los puntos incluidos en los principios, llama especial atención la enunciación de aspectos como el respeto a los DD. HH de los migrantes y a sus familiares, el fomento de acciones para reducir los efectos negativos de la trata de personas y de la inmigración irregular, así como la promoción de acciones para el logro de una política migratoria ordenada, el impulso de la integración social de los extranjeros, la estructuración de los planes transversales basados en la no discriminación y en la reciprocidad, generación de diálogos con países de la región para la gestión de la migración y el fortalecimiento de los procesos de retorno de los colombianos, entre otros[46]. Conviene señalar, que, pese a que tales aspectos son centrales para la estructura de un sistema migratorio, no todos ellos son principios desde la concepción normativa de los mismos, pues no resultan ser los criterios o las herramientas para la interpretación de las normas posteriores que hagan parte del desarrollo de la política, de los planes o programas que integran todo un sistema articulado que aborde la materia.

Además de la ausencia de técnica legislativa para identificar claramente aspectos que son principios y objetivos, debe señalarse que varios de estos propósitos o finalidades, no se han alcanzado y en algunos casos, tampoco se han adoptado acciones puntuales para avanzar hacia su implementación. Es el caso, por ejemplo, de la enunciación, reconocimiento y garantía de los extranjeros bajo el marco de la regulación para los trabajadores migrantes y sus familias, aspecto que está regulado de manera integral en la CTMF de 1990, importante tratado ratificado por Colombia, por medio de la Ley 46 de 1994, pero que aún no ha redundado en un marco de derechos para los extranjeros, ni siquiera en la reciente Ley 2136 de 2021.

Por otro lado, otro de los aspectos bien ponderados de los llamados principios de la ley, es su intención en que las acciones adelantadas en el marco del SNM, sean transversales y conducentes a promover la igualdad y erradicar la discriminación, dicho propósito no se ha alcanzado tampoco al cabo de doce años de vigencia de esta norma, pues la mayor parte de los planes, programas y acciones, se han focalizado

---

46 Artículo 3 Ley 1465 de 2011. Congreso de la República de Colombia, Ley 1465 de 2011: *Por la cual se crea el Sistema Nacional de Migraciones y se expiden normas para la protección de los colombianos en el exterior*, 2011.

en dar regulación a la situación de los venezolanos en el país, ignorando otras realidades migratorias existentes en el país[47].

Así mismo, otro de los principios centrales de la ley radica en la promoción exitosa de los procesos de retorno de colombianos, sin embargo, uno de los aspectos más preocupantes en esta materia, consiste en que colombianos que regresan al país, no encuentran satisfechas sus necesidades y por el contrario han sido frecuentes en estos años las barreras, no sólo desde el punto de vista documental, sino también para la incorporación a su país de origen[48].

Además de los ejemplos anteriores, la integración socioeconómica del inmigrante, que también se dibuja como un principio de la ley, es uno de esos desafíos grandes que tiene la política migratoria que hasta la fecha se ha planteado.

---

47 El ejemplo más representativo de ello es el Estatuto de Protección temporal de Migrantes Venezolanos, como será analizado en el capítulo 4 de este texto, así como las acciones de regularización anteriores a este, las cuales solo contemplan como público objetivo a las personas de esta nacionalidad. En lo que se refiere a acciones en términos de cobertura de derechos sociales, se puede referir por ejemplo el Decreto 866 de 2017, expedido por el Ministerio de Salud, sobre el aprovisionamiento de recursos para garantizar la atención de urgencias, Circular Conjunta 16 de 2018 del Ministerio de Salud y la Unidad Administrativa Especial de Migración Colombia, conducente a promover la garantía del derecho a la educación de los menores venezolanos, Circular 115 de 2019 del Servicio Nacional de Aprendizaje –SENA–, que fija lineamientos para la prestación de servicios de formación, certificación de competencias laborales, gestión de empleo, emprendimiento de personas venezolanas.

48 Victoria Prieto Rosas, “El desafío de la inserción laboral en las políticas de retorno de Colombia”, *Carta Económica Regional*, n. ° 120, 2017, 5-38. Carmen Egea Jiménez, Adriano Díez Jiménez y José Francisco Márquez Guerra, “El retorno en Colombia desde sus dimensiones de análisis. Una revisión sistemática de la literatura”, *Revista de Estudios Sociales*, n. ° 81, 2022, 75-92.

Finalmente, como principio también se enuncia la importancia de la reciprocidad en el desarrollo de las relaciones internacionales en materia migratoria, desconociendo así que este tema debe estar irradiado por el cumplimiento de los derechos humanos y en consecuencia por los tratados vigentes en la materia, de allí, que bajo la lógica hermenéutica de estas normas no sea posible invocar o plegarse a cláusulas de reciprocidad, pues al estarse ante tratados de carácter multilateral que buscan la protección de intereses superiores, comunes y propios de la humanidad, no es factible dar aplicación a criterios propios de normas bilaterales de otro carácter regulatorio[49]. Por lo anterior, al ser Colombia Estado parte de la CTMF deberá aplicar a todo extranjero este marco normativo, sin que puedan mediar análisis sustentados en la reciprocidad en función de la nacionalidad de los extranjeros que estén sometidos a la jurisdicción del Estado colombiano.

Se extraña la ausencia de otra serie de elementos que han debido ser previstos como principios en la ley, este es el caso de la primacía de los derechos humanos, en los términos descritos en la Constitución de 1991, así como también el respeto a la dignidad de la persona humana, la aplicación del principio de igualdad y la prohibición de discriminación, la primacía de los tratados internacionales suscritos por Colombia en materia de derechos humanos y el principio *propersona*. Lo anterior podría contribuir a lograr una mayor coherencia con las normas jurídicas, alcanzando así, que los principios fueran una herramienta esencial para la interpretación de un importante número de disposiciones, no solo emanadas de la Ley 1465, sino de los desarrollos positivos posteriores.

---

49 Humberto, Henderson, "Los tratados internacionales de derechos humanos en el orden interno: la importancia del principio pro homine", *Revista IIDH*, 2004, 84, https://www.te.gob.mx/formulario/media/files/edf28972bb5689c.pdf.

Gran parte de los elementos que integran el artículo 3 son realmente, más que principios y objetivos de la ley, como sucede con la promoción del diálogo con países de la región y el fomento de planes que conduzcan a la migración ordenada y regular. Por lo anterior, estos elementos han debido quedar consignados en el artículo 4, el cual desarrolla los objetivos del SNM.

2.5.2. Aspectos funcionales del SNM: Apartado normativo con escaso desarrollo

El artículo 5 de la Ley 1465 de 2011, aborda la estructura funcional del SNM, la cual se fundamenta en la participación de los distintos actores que inciden en la gestión de la migración. De este modo según la norma, hacen parte del sistema:

- La Comisión Nacional Intersectorial de Migraciones. La cual estaba creada previamente a la vigencia de la ley y está regulada por el Decreto 1239 de 2003. Dicha comisión se define como un órgano de coordinación y orientación de la política migratoria nacional.
- La comisión está integrada por varios ministerios[50] y departamentos administrativos[51].

---

50 Artículo 2 del Decreto 1239 de 2003, El ministro del Interior y de Justicia, o su delegado; El ministro de Relaciones Exteriores, o su delegado; El ministro de Defensa Nacional, o su delegado; El ministro de la Protección Social, o su delegado; El ministro de Comercio, Industria y Turismo, o su delegado.

51 También de acuerdo con el artículo No. 2, hacen parte de la Comisión, El Director del Departamento Administrativo de Seguridad -DAS-, o su delegado; El Director General del Departamento Nacional de Planeación, o su delegado; El Director del Instituto Colombiano para el Fomento de la Educación Superior –Icfes–, o su delegado; El Director del Instituto Colombiano de Crédito Educativo y Estudios Técnicos en el Exterior –Mariano Ospina Pérez– –Icetex–,

- Las entidades estatales y gubernamentales, que no formen parte de la primera, pero cuyas funciones y objetivos tengan relación con los temas concernientes a la emigración y la inmigración en Colombia.
- Las Comisiones Segundas del Senado y la Cámara de Representantes.
- La Mesa Nacional de la Sociedad Civil para las Migraciones, integrada por el sector privado, las organizaciones no gubernamentales, la academia y las organizaciones de colombianos en el exterior cuyos objetivos atiendan temas migratorios.

Luego de la sanción de esta ley se hubiera esperado que una estructura administrativa como la propuesta por esta norma, tuviera un desarrollo que condujera a la implementación de acciones para la regulación de la migración. Pese a ello y como fruto de algunas investigaciones que se han realizado en la materia, no todos los integrantes de la Comisión han desarrollado acciones visibles que hayan dado resultados para el tratamiento de la situación[52].

---

o su delegado; El Director de Asuntos Consulares y Comunidades Colombianas en el Exterior del Ministerio de Relaciones Exteriores.

52 Estas afirmaciones se obtuvieron de la realización de grupos focales con representantes de las entidades estatales y de la sociedad civil en el proyecto de Feminización de la Migración Venezolana, disponible en el repositorio institucional de la Universidad del Rosario, cuyo parte de los resultados pueden consultarse en el texto La mujer migrante en Colombia: María Teresa, Palacios Sanabria (Investigador principal), María Lucía, Torres Villarreal (Coinvestigador), Beatriz Socorro, Londoño Toro (Coinvestigador), Paola Marcela, Iregui Parra (Coinvestigador), Natalia, Rojas Rodriguez (Estudiante), "Feminización de la migración venezolana en Colombia: análisis regional con enfoque de derechos humanos 2014-2018". María Teresa, Palacios Sanabria, María Lucia, Torres Villarreal, Paola Marcela, Iregui Parra y Beatriz Socorro, Londoño Toro, "*Diagnóstico regional de la migración en Colombia con enfoque de DDHH (2014-2018)*".

Los ministerios, por ejemplo, han implementado acciones en materia de salud y educación principalmente, que buscan dar respuestas a las demandas concretas que, en términos de derechos, se relacionan con sus funciones misionales, sin embargo, estas acciones se han circunscrito, por ejemplo, en el ámbito de la educación a buscar espacios de escolarización para los menores de edad, aspecto que resulta ser de gran importancia para el ejercicio de los derechos de los niños[53]. Pese a ello, existen acciones que también redundan en la integración de la población migrante en el Estado de acogida y que no han sido una prioridad gubernamental, tal es el caso de la homologación de los títulos de los profesionales que provienen de otros países y concretamente de Venezuela y la apertura de la educación de para los jóvenes extranjeros en el país y que hasta ahora parecen tener cabida en la agenda gubernamental a partir del EPT-MV que será analizado en el capítulo 4.

En lo que concierne a la protección en materia de salud, el ministerio también ha desplegado una serie de medidas de protección en caso de urgencias y para el colectivo vulnerable de las mujeres en estado de embarazo[54]. Pese a ello, la atención en materia de salud se produce de manera completa solamente cuando el extranjero hace parte del sistema contributivo, situación que supone una previa regularidad migratoria en el territorio colombiano.

---

53 Lisa Alexandra Pinto, Paola Baracaldo Amaya, y Felipe Aliaga Sáez, "La integración de los venezolanos en Colombia en los ámbitos de la salud y la educación", *Espacio Abierto* 28, n. ° 1, 2019, 199-223. https://www.redalyc.org/journal/122/12262976013/12262976013.pdf.

54 Solange Bonilla Valencia y Sergio Hernández Vásquez, "Habitar en tierra ajena: estudio sobre las condiciones de vida de mujeres migrantes venezolanas en Colombia" *Revista Latinoamericana Estudios de la Paz y el Conflicto* 3, n. ° 5, 2022, 160-182. https://camjol.info/index.php/ReLaPaC/article/view/12808.

La gestión del Ministerio de Relaciones Exteriores en esta materia ha sido fundamental y se ha enfocado en las acciones tendientes a la regularización de las personas extranjera en el territorio, estas acciones han requerido del concurso y la participación de la Unidad Administrativa Especial de Migración Colombia y a raíz de estas acciones en el país, han existido varios tipos de permisos para el ingreso y la permanencia de la población venezolana. Ejemplo de ello ha sido el Permiso de Ingreso y Permanencia (PIP), el Permiso Temporal de Permanencia (PTP), el Permiso Especial de Permanencia (PEP) en sus diversas versiones y vigencias, el Permiso Especial de Permanencia para el Fomento de la Formalización (PEPFF), la Tarjeta de Movilidad Fronteriza (TMF)[55]. Todos estos permisos, se han enfocado en la realidad de las personas venezolanas, sin tener en cuenta la migración proveniente de otros países.

Otros de los ministerios que hacen parte de la Comisión son el de Defensa y Comercio Industria y Turismo y bajo el cumplimiento de sus funciones han desarrollado algunas acciones tendientes a abordar ciertos aspectos que se relacionan con la migración, entre estos, por ejemplo, el Ministerio de Defensa que en el año 2019 desarrolló una política de defensa y seguridad nacional, en la que incorporó acciones tendientes a buscar la erradicación de la trata de personas y del tráfico de migrantes, desde una perspectiva de lucha contra las economías ilícitas[56]. Por parte del Ministerio de Comercio, Industria y Turismo se han adelantado

---

55 En el capítulo 4 además de analizar estas medidas se refieren las normas que dan creación a cada instrumento jurídico del derecho interno.

56 República de Colombia, Ministerio de Defensa *Nacional, Política de Defensa y Seguridad PDS. Para la legalidad, el emprendimiento y la equidad,* 2019, https://www.mindefensa.gov.co/irj/go/km/docs/Mindefensa/Documentos/descargas/Prensa/Documentos/politica_defensa_deguridad2019.pdf.

algunas acciones tendientes a advertir a la potencial población inmigrante que el ingresó al territorio nacional que requiere de ciertos permisos y que existen redes de traficantes de migrantes y tratantes de personas que buscan engañar a las personas con promesas de trabajo falsas. Dicha prevención busca que el sector de turismo no se vea afectado por estas conductas al margen de la ley[57].

Como puede notarse, las acciones de estos dos ministerios se orientan hacia la prevención del delito, percibiendo la migración como un asunto de estricto control de fronteras y con una visión desde la securitización[58] de las mismas. Lo anterior, explica las escasas medidas que en materia de integración de la población se hayan podido dar. Vale decir, que la protección de las personas sometidas a la jurisdicción del Estado colombiano, lo que incluye a los nacionales y a los extranjeros, es una cuestión que parece no percibirse de parte del Ministerio de Defensa, pues es frecuente que la población inmigrante, sobre todo aquella en situación de irregularidad, sea víctima de los delitos que se asocian a la migración, pero también de abusos de parte de los ciudadanos de la sociedad de destino, sin embargo, acciones en defensa, conocimiento y protección de sus derechos, desde la esfera de las competencias de seguridad por ejemplo ciudadana, no han sido abordadas hasta el momento.

Por su parte, para el caso del Ministerio de Comercio, Industria y Turismo, existen algunas acciones que se relacionan con los movimientos migratorios, sin que ello alcance

---

57 Ministerio de Comercio, Industria y Turismo de Colombia, *Prevención de Tráfico de Migrantes y Trata de Personas,* 2022, https://www.mincit.gov.co/minturismo/analisis-sectorial-y-promocion/turismo-responsable/prevencion-trafico-migrantes-y-trata-personas.

58 S. Tello, "Revisando la securitización de la agenda internacional: la normalización de las políticas del pánico" *Relaciones internacionales,* n. ° 18, 2011, 189-200. https://scholar.google.es/scholar?hl=es&as sdt=0%2C5&q=securitizaci%C3%B3n&btnG=.

a abordar aspectos particulares para la atención de la migración humanitaria con miras a promover la integración económica del inmigrante. Así, se han desarrollado acciones que buscan fomentar la regularización de personas en el marco de negociaciones comerciales y por lo general, los tratados de libre comercio contienen cláusulas sobre visados de tránsito y permanencia de personas para poder desarrollar las actividades de manera regular en el país.

De otro lado, otro de los ejes centrales para este ministerio, radica en contribuir con la lucha en contra del tráfico de migrantes y la trata de personas, pues se considera como una amenaza para el desarrollo del turismo y el comercio, además los riesgos humanos que esto comporta. Si bien estas acciones contribuyen al desarrollo de las actividades económicas de las personas de negocios en el país, sería apropiado que la inmigración de carácter humanitario también estuviera allí contenida, pues podrían desarrollarse acciones conjuntas con el Ministerio del Trabajo para fomentar el empleo y la integración socioeconómica de la población.

Otro de los efectos de la ausencia de un abordaje completo e integral de la migración, se evidencia en las medidas emprendidas por los entes territoriales, pues estas instancias de la organización del Estado han debido desarrollar una serie de acciones para dar atención de manera particular a la migración y esto se torna heterogéneo, según el municipio o departamento del que se trate y en función del volumen de personas extranjeras que se encuentren en el territorio. Las acciones de los entes territoriales no serán objeto de estudio a profundidad en esta investigación, por lo que solo se podrán hacer referencias generales sobre las dificultades que en materia de diseño e implementación de medias esto comporta[59].

---

59 De acuerdo con una investigación desarrollada en la Universidad del Rosario, en ausencia de leyes nacionales que definan de manera

En el apartado de estructura, la ley prevé también la creación de un fondo Especial para las Migraciones, en el artículo 6, el cual está adscrito al Ministerio de Relaciones Exteriores, con el propósito fundamental de desarrollar acciones que permitan brindar protección a la población en situación de vulnerabilidad o por razones humanitarias.

Además de lo anterior, la norma no desarrolla más aspectos de funcionamiento de la migración en Colombia, pues se reduce a enunciar una serie de temas que deben ser profundizados por las políticas, planes y programas puntuales a cargo de la Comisión Intersectorial y sus integrantes.

La Ley 1465 finaliza con dos temas de gran importancia para una política migratoria integral, pero que al igual que varios de los artículos allí incluidos, no se ubican de manera apropiada en la norma y además padecen de escaso desarrollo. Se trata de los temas de retorno y de participación de los colombianos en el exterior. El artículo 7 se limita a señalar que el Gobierno nacional deberá crear espacios de colaboración para los colombianos en el exterior, aspecto que refuerza el programa de Colombia nos Une, sobre el cual ya se han hecho comentarios. En lo que se refiere al retorno, previsto en el artículo 8 de la ley, se faculta al Congreso o al Gobierno para emprender las medidas que fomentarán el retorno de colombianos y de esta manera facilitar el acceso a los derechos, así como el reenvío de las remesas y la reinserción de los colombianos al país desde diferentes perspectivas, tales como la fiscal y la socioeconómica.

---

precisa los derechos de las personas extranjeras, tanto los departamentos, como los municipios a nivel nacional han desarrollado acciones dentro del ámbito de sus competencias para dar respuestas a la migración de personas. Ver, Palacios Sanabria, M.T y Londoño Toro, B., Migración y Derechos Humanos, ob. cit. En este investigación se aportaron diagnósticos regionales sobre las respuestas ante la migración proveniente de Venezuela.

En la norma del artículo 8 se incluyen dos enunciados poco desarrollados y que se presentan de manera fragmentada, que buscan promover a través de los consulados la protección de los derechos fundamentales de los colombianos en los Estados en los que se encuentren y la prohibición de reseñar a los colombianos que sean deportados de algún Estado por circunstancias que obedezcan a la irregularidad migratoria, a la documentación incompleta o a la negación de la protección internacional en de parte de un Estado de acogida.

El problema de los anteriores artículos radica en varios aspectos, el primero, que como los demás de la ley, carecen de un contexto completo y una ubicación apropiada, se presentan como una mixtura poco técnica de temas relacionados con la migración y carecen de profundidad.

Como conclusión de esta ley se podría afirmar, que, para el momento de sanción de la ley, se perdió una buena oportunidad de poder adelantar una iniciativa normativa completa en la materia que pudiera dar un contexto coordinado y coherente al Sistema Nacional de Migraciones. Como se verá más adelante, fue necesario que transcurrieran diez años para revisar nuevamente aspectos contenidos en la Ley 1465, llenar vacíos, complementar temas funcionales e incluir otras realidades relacionadas con la movilidad humana en el país.

2.6. LEY 1565 DE 2012: LA LEY DE RETORNO BUSCA REDUCIR LOS EFECTOS NEGATIVOS DE LA EMIGRACIÓN

En el marco del plan de desarrollo del periodo 2010-2014 y con base en las políticas propuestas en el CONPES 3603, se expidió por parte del Congreso de la República la Ley 1565 de 2012, la cual tiene por objeto dictar una serie de disposiciones para favorecer el retorno voluntario de los colombianos al país, a través de la creación de incentivos tributarios, acompañamiento institucional para la incorporación de las personas al país y su posterior acceso a los derechos básicos. Es pertinente puntualizar que esta ley también busca desarrollar lo previsto en la 1465 de 2011, que como ya se expuso, tiene un centro de gravedad muy claro en el favorecimiento de las condiciones de los colombianos en el exterior a partir del programa de Colombia nos Une. De hecho, evidencia de esto, es que la ley enuncia en algunos de sus apartados su coordinación con dicho programa, tal y como se observará más adelante.

La norma de fomento al retorno fija en su artículo 2 una serie de requisitos para que los colombianos que se encuentran en el extranjero puedan regresar al país. Entre ellos, conviene precisar:

- La realización de la inscripción en el registro de retorno (RUR).
- Que hayan permanecido al menos tres años fuera de Colombia.
- Ser mayor de edad.

Además de los requisitos para acceder al beneficio, también existen exclusiones, que son aplicables al caso de las personas que han cometido algún ilícito en Colombia o en el exterior, así como de quienes han cometido conductas contra la administración pública[60]. Por su parte, quien quiera acceder al beneficio del retorno solo lo podrá hacer para una sola de las categorías[61]

Dentro de los aspectos positivos de la ley vale señalar, que se regula un tema que no era visible dentro de los desarrollos

---

60 Parágrafo, artículo 1 Ley 1565 de 2012. Congreso de la República de Colombia, Ley 1565 de 2012: *Por medio de la cual se dictan disposiciones y se fijan incentivos para el retorno de los colombianos residentes en el extranjero*, 2012.

61 Artículo 5, ibidem.

normativos que se habían producido, lo que permite que se llene un vacío en la materia. De otra parte, busca la incorporación de los colombianos al país. No obstante, en la práctica el acceso de los colombianos retornados a bienes y servicios no se ha producido de manera tan exitosa, pues aún no se cuentan con cifras exactas de las personas que han podido acceder a los beneficios de la ley, ya que la mayoría de los programas adelantados por las entidades correspondientes se encuentran en fase inicial y en construcción de los mismos[62].

Entre los aspectos que preocupan de la norma se pueden evidenciar, de una parte, la concepción puramente administrativa del retorno, despojándolo de su carácter de derecho humano. Esta orientación axiológica de la ley se pone de presente, desde el artículo 1, parágrafo 3, al señalar que la situación administrativa de regularidad o irregularidad del colombiano que desea retornar, no será tenida en consideración de parte del Estado colombiano para poder ser beneficiario de la ley, si bien esta es una visión que puede ser positiva en la práctica, se restringe a los efectos netamente administrativos de la condición migratoria, dejando de lado el contenido que en términos de derechos humanos, tiene este tipo de movilidad.

A primera vista esta disposición parece ser bien intencionada y ajustada a derecho, sin embargo, la norma desconoce por completo que el derecho a regresar al propio país es un derecho humano, previsto en el Pacto Internacional de Derechos Civiles y Políticos en su artículo 12, en la CADH en el artículo 22.9 y en la Constitución de 1991 en el artículo 24, relativo a la libertad de circulación. Lo anterior permite afirmar que la norma no incluye una disposición excepcional, pues debe recordarse que la situación administrativa de un colombiano en el exterior, no le priva de ningún dere-

---

62 Prosperidad Social, Respuesta a Derecho de Petición, Radicado No. E-2022-0007-183163, 2022.

cho en el territorio de su nacionalidad. Por lo anterior, el carácter regular o irregular resultaría ser indiferente.

Vale decir qué, si bien el derecho de entrada no existe, esta es una restricción que solamente se aplica a los extranjeros, pero de ninguna manera los nacionales pueden ser privados del derecho a regresar a su Estado de origen a menos que existan motivos graves que deriven en alguna sanción accesoria. Sin perjuicio de lo anterior, sería oportuno que en el evento en el que esto se produjera, se revisara caso por caso, con el objeto de determinar, si, por ejemplo, en los casos en el que el nacional del Estado esté en riesgo en su vida o en su integridad personal, por ser víctima de malos tratos, o se encuentre de por medio la unidad familiar, el estado pudiera fijar la restricción.

Sobre el supuesto anterior, si se siguen los lineamientos internacionales e incluso los internos, derivados de la jurisprudencia internacional, los cuales se han aplicado para extranjeros, resulta coherente que no se procediera a fijar este tipo de limitaciones para los nacionales, ni siquiera en el caso de la comisión de delitos.

Otro de los aspectos que deja una mala percepción de la ley de retorno de 2012, es la tendencia orientada a favorecer el regreso de nacionales con medios económicos y facilidades financieras[63], situación que desconoce la realidad de nuestros compatriotas de poder recibir atención humanitaria para lograr ejercer su derecho a regresar a su estado de origen. Como se analizará enseguida, una ley posterior sancionada en el año 2021, busca solventar la dificultad de esta norma al crear las categorías de diferentes tipos de retorno,

---

63 F. A. Aliaga Sáenz, "Una innecesaria tipología para la migración de retorno. Análisis sociojurídico de la Ley para el retorno de los colombianos en el exterior", *Revista Austral de Ciencias Sociales*, n. ° 36, 2019, 215-232, https://www.redalyc.org/journal/459/45961140011/html/.

incluyendo así el regreso de personas que requieren especial protección y atención de parte del Estado colombiano.

Pese a esto, la ley de retorno prevé varias tipologías[64], entre ellas, el retorno solidario, humanitario, laboral, productivo y académico[65], los cuales tienen como propósito adaptarse a las causas que han originado la emigración de colombianos hacia el exterior y también, evidenciar la necesidad de recuperar el capital humano como motor de desarrollo para el país[66], o dar cumplimiento de obligaciones esenciales de Colombia como Estado de origen de otorgar protección a sus nacionales[67]. Las tipologías de retorno van complementadas de una serie de acciones particulares de acompañamiento

---

64 Artículo 3 de la Ley 1565 de 2012. Congreso de la República de Colombia, Ley 1565 de 2012, ob. cit.

65 En la teoría clásica de las migraciones, los motivos por los cuales las personas emigran pueden responder a la voluntariedad o a motivos originados en la fuerza (involuntarios), razón por la cual, desde una perspectiva jurídica, se han creado una serie de clasificaciones o categorías, como sucede con la migración económica, el refugio y el asilo y el desplazamiento forzado interno, por ejemplo.

66 Para el caso de la ley colombiana en cuestión, los nacionales que se han formado en otros países representan una oportunidad de desarrollo, así también aquellos que buscan regresar para desarrollar actividades económicas y laborales.

67 Por su parte, en lo que atañe al retorno solidario y humanitario, es necesario tener en cuenta que una de las principales obligaciones del Estado es evitar que sus nacionales abandonen de manera forzada el territorio, por temores o algún tipo de circunstancia que afecte gravemente su vida o integridad personal, situaciones que han sido regularmente asociadas al retorno y al asilo. Lo anterior constituye una debilidad del aparato institucional para lograr ser eficiente en la protección que debe dar a las personas. Por su parte, en lo que se refiere a las críticas condiciones económicas por las que pueden pasar los colombianos en exterior, vale puntualizar que ello recibe un tratamiento de migración económica, lo que también genera una obligación para el Estado de proteger y buscar garantizar el disfrute de los derechos sociales.

que buscan promover la integración económica y social de los colombianos[68]. Tales acciones no estaban previstas en el texto original de la norma, sino que fueron incorporadas por la Ley 2136 de 2021. Las acciones antes enunciadas, se podrían clasificar de la siguiente manera:

- Medidas de acompañamiento para facilitar el acceso a los derechos fundamentales y los derechos económicos, sociales y culturales, tales como el acceso a la educación, a la salud, vivienda, inserción laboral, acompañamiento para el desarrollo de competencias, y acceso a servicios de orientación profesional, sicosocial y jurídica. Formación para promover el emprendimiento y favorecer el empleo de acuerdo con los diversos perfiles y grados de formación[69].
- Medidas de soporte para reducir los riesgos del migrante y permitir la atención humanitaria, fomento de programas sociales y de reasentamiento de personas retornadas.
- Acciones de orientación profesional, técnica y tecnológica, oportunidades laborales, desarrollo de capacidades en el país de origen.

---

68 Artículo 4 Ley 1565 de 2012. Congreso de la República de Colombia, Ley 1565 de 2012, ob. cit.

69 Ver, por ejemplo, las acciones propuesta para los retornos humanitarios, solidarios y para deportista, previstos en el artículo 4 de la Ley de retorno, por virtud de una modificación insertada a través de la Ley 2136 de 2021. Congreso de la República de Colombia, Ley 2136 de 2021: *Por medio de la cual se establecen las definiciones, principios y lineamientos para la reglamentación y orientación de la Política Integral Migratoria del Estado Colombiano–PIM, y se dictan otras disposiciones.*

- Incentivos y exoneración de tributos en cuanto a ciertos bienes y actividades profesionales[70].

Incentivos orientados a la situación militar no resuelta[71] y frente a los beneficios derivados de las cajas de compensación familiar[72].

Las acciones enunciadas por la norma tienen la particularidad de estar dirigidas a cada tipo de retorno de manera diferenciada. A primera vista este enfoque diferencial puede percibirse positivo y orientado a dar cumplimiento a las necesidades que, en términos de derechos humanos, tienen las personas retornadas. Pese a esto y a que se considera que los tipos de retorno son complementarios, es importante señalar que quien busque acceder a los beneficios de la ley debe ser clasificado en solo uno de los tipos de retorno[73], lo que limita las acciones de acompañamiento, de acuerdo con lo dispuesto

---

70 Con relación a ello, el artículo 5 describe un listado de bienes y actividades que serán objeto de exención en materia impositiva y se trata específicamente de menajes personales y familiares, maquinarias y equipos para el desarrollo de actividades profesionales o económicas del retornado, siempre y cuando sean para beneficio propio y no para terceros, recursos económicos y capitales. Todo ello, con un límite cuantificado por la Ley 2316 de 2021, que incorpora la medida a la Ley de retorno. Por su parte, en el artículo 6 se contemplan las causales para que se produzca la pérdida de los incentivos económicos, como por ejemplo que con la entrada de los bienes se busque un beneficio comercial que redunde en terceros, es decir el ingreso de mercancías para su comercialización. También están por fuera de los beneficios fiscales los vehículos y cierto equipo técnico y maquinaria que no se ajusten la normatividad del artículo 5.

71 Ver artículo 7 Ley, 1565 de 2012. Congreso de la República de Colombia, Ley 1565 de 2012, ob. cit.

72 Ver artículo 8, Ley 1565 de 2012. Congreso de la República de Colombia, Ley 1565 de 2012, ob. cit.

73 Ver parágrafo 1 del artículo 4. Congreso de la República de Colombia, Ley 1565 de 2012, ob. cit.

en el artículo 4. Por su parte, en la propia ley se establece que en el marco de acción existirán unas acciones prioritarias, tales como aquellas dirigidas con especial énfasis en atención humanitaria, emprendimiento y reinserción laboral[74].

Si bien las medidas de apoyo son apropiadas en términos amplios, pues buscan enfocarse de manera concreta en cada caso o tipología de retorno, desde el punto de vista de los derechos humanos, el Estado no puede entrar a clasificar que derechos son más importantes que otros en su ejercicio, según la tipología a la que pertenezca cada retornado. Una aproximación de esta naturaleza al disfrute de las garantías amparadas por la Constitución de 1991 para todos los colombianos desvirtúa los postulados del Estado social de derecho, del principio de igualdad del artículo 13 superior, así como el carácter universal, interdependiente, indivisible e interrelacionado[75] de los derechos humanos.

Por otro lado, las acciones se enfocan en el disfrute de los derechos sociales, salvo el acceso a la salud, el cual, de acuerdo con la clasificación interna para el entorno colombiano, tiene carácter de derecho fundamental. En términos de los derechos civiles y políticos, existen otras barreras a tales derechos que no parecieron estar visibilizadas en la modificación a la ley, es el caso del acceso a la documentación de los hijos de los retornados, así como la adquisición de la nacionalidad por *ius sanguini*, el fomento para el ejercicio de los derechos políticos y la promoción de la participación

---

74 Artículo 9 Ley 1565 de 2012, entre ellas, las de atención humanitaria, emprendimiento y reinserción laboral. Congreso de la República de Colombia, Ley 1565 de 2012, ob. cit.

75 Es apropiado mencionar que estas características de los derechos humanos están previstas en el artículo 5 de la Declaración y Programa de Acción de Viena de 1993. Naciones Unidas, *Declaración y Programa de Acción de Viena,* 1993 https://www.un.org/es/events/humanrightsday/2013/about.shtml.

de la vida pública de las personas retornadas. Es claro, que estos derechos son de titularidad de todos los nacionales, sin embargo, las barreras en su acceso no se producen por la falta de reconocimiento, sino que se derivan del ejercicio material a los mismos y de la implementación de malas prácticas en entidades del Estado por el desconocimiento en estos aspectos relativos a la movilidad[76].

Desde el punto de vista institucional la Ley 1565 de 2012, ha reportado beneficios derivados de la Ley 2136 de 2021, pues designa algunas entidades responsables de atención y fomento de las acciones para el acompañamiento a las personas retornadas. Entre las entidades conviene tener en consideración:

a) El Ministerio de Relaciones Exteriores a través del programa Colombia Nos Une y el Fondo Rotatorio del Ministerio.

   Este órgano del nivel nacional tiene como principal responsabilidad, diseñar, poner en funcionamiento y supervisar la creación de oficinas regionales en los territorios de origen y retorno de personas, llamados Centros de Referenciación y Oportunidad para el Retorno (CRORE), con el propósito de que dar atención a la población retornada.

b) Departamento de Prosperidad Social. Deberá diseñar programas de atención a la población retornada con prioridad para aquellos que hacen parte del programa de retorno humanitario, emprendimiento y reinserción laboral.

[76] El análisis que se realiza en esta afirmación deriva del trabajo de investigación del Grupo de Derechos Humanos, en algunos proyectos sobre la materia.

c) Departamentos y Municipios. Estas entidades territoriales podrán dar creación a las Redes Interinstitucionales de Atención al Migrante.

Dichas redes tienen como propósito ser canales de coordinación entre las entidades públicas, sector privado y organismos de cooperación para: i) Contribuir a la inscripción de personas al Registro único de Retorno en caso de que en la zona territorial no esté disponible un CRORES; ii) poner en funcionamiento el plan de acompañamiento al retorno formulado por los entes territoriales; iii) Definir la oferta local para la población retornada; iv) definir las rutas de atención; y, v) dar trámite a las problemáticas identificadas en la prestación de servicios ante la Comisión Intersectorial para el Retorno o a la Comisión Nacional Intersectorial de Migración[77].

De la ley en mención se puede concluir que plantea varios canales para favorecer el retorno de las personas colombianas, sin embargo, estas acciones al parecer no han sido lo suficientemente atractivas o conocidas por parte de los colombianos que se busca incentivar a regresar. Vale decir que pareciera que esta ley de nuevo busca el perfilamiento de personas, aspecto que se reproduce en leyes posteriores, como se observará más adelante.

---

77 Ver artículo 9 Ley 1565 de 2012. Congreso de la República de Colombia, Ley 1565 de 2012, ob. Cit.

2.7. LEY 1997 DE 2019: REMUEVE DE MODO TEMPORAL LOS OBSTÁCULOS CONSTITUCIONALES PARA LA ADQUISICIÓN DE LA NACIONALIDAD

Conocida como la Ley de Apatridia, es otra de las normas que se han expedido en el Estado colombiano como reacción coyuntural a la llegada masiva de personas venezolanas al país. Para comprender la necesidad de esta ley es importante comprender los antecedentes tanto constitucionales, como normativos de inferior jerarquía que motivaron su expedición.

Como ya se expuso, el artículo 96 de la Constitución de 1991 establece las reglas para la adquisición de la nacionalidad. De esta manera son visibles los criterios combinados a partir de los cuáles se puede configurar la nacionalidad colombiana por nacimiento, y así, deberán concurrir el *ius domicili,* junto con el *ius soli* para que, por ejemplo, los hijos de personas extranjeras puedan ser colombianos. Como ya ha sido indicado anteriormente, la Ley 43 de 1993 reproduce la norma constitucional en su artículo 2[78].

El hecho mismo del nacimiento no merece mayor consideración para el análisis, sin embargo, si se hace necesario

---

78 Artículo 2º.- De los requisitos para la adquisición de la nacionalidad colombiana por nacimiento. Son naturales de Colombia los nacidos dentro de los límites del territorio nacional tal como quedó señalado en el artículo 101 de la Constitución Política, o en aquellos lugares del exterior asimilados al territorio nacional según lo dispuesto en tratados internacionales o la costumbre internacional. 2. Para los hijos nacidos en el exterior, la nacionalidad colombiana del padre o de la madre se define a la luz del principio de la doble nacionalidad según el cual, "la calidad de nacional colombiano no se pierde por el hecho de adquirir otra nacionalidad". Por domicilio se entiende la residencia en Colombia acompañada del ánimo de permanecer en el territorio nacional de acuerdo con las normas pertinentes del Código Civil.

comprender que significa ostentar el domicilio en Colombia y referir que impactos tiene esta regulación con respecto a la inmigración proveniente de Venezuela, toda vez que el objeto específico de la ley objeto de análisis, tiene como propósito evitar la apatridia de los niños nacidos en Colombia y que son hijos de venezolanos, como se analizará posteriormente. En primer término, tanto la Ley 1997 de 2019, como la Ley 43 de 1993 prescriben que el domicilio se sujeta a las normas previstas en el Código Civil sobre la materia. De esta forma, se entiende por tal la residencia con ánimo de permanencia. Así, el artículo 76 del Código Civil prevé que: "El domicilio consiste en la residencia acompañada, real o presuntivamente del ánimo de permanecer en ella".

Son numerosos los autores que dan una definición de domicilio y de tales nociones es necesario resaltar algunos elementos comunes en dichas aproximaciones doctrinales[79], tales como: i) tratarse de un atributo de la personalidad; ii) tener el ánimo de permanencia en un lugar; iii) consistir en un elemento vital para el ejercicio pleno de los derechos que están reconocidos en el ordenamiento jurídico interno de un Estado; iv) y facilitar el cumplimiento de las obligaciones y la relación de la persona con el Estado y los particulares.

Por su parte, la Corte Constitucional colombiana también se ha referido al alcance del artículo 76 del Código Civil y ha expuesto que: el domicilio es "la sede jurídica de la persona

---

79 Ver, por ejemplo, A. Colin y H. Capitant, Derecho Civil, *Introducción, Personas, Estado Civil, Incapaces* (México: Jurídica Universitaria, 2003), 281. A. Alessandri y M. Somarriva, *Curso de Derecho Civil. Parte General y los Sujetos de Derecho* (Santiago de Chile: Nascimento, 1971), 246. Guillermo Borda, *Tratado de Derecho Civil, Parte General No. 1* (Buenos Aires, Argentina: Editorial Perrot, 1980), 344, entre otros.

o su asiento legal. Es el lugar en el cual la ley supone que siempre está la persona presente para los efectos jurídicos”[80].

En lo que tiene que ver con los nacionales del Estado el debate sobre el domicilio se circunscribe a la permanencia de las personas en un sitio determinado, pero este siempre se presume regular, puesto que existe la plenitud en el ejercicio de los derechos y no hay cuestionamientos con relación la existencia de la nacionalidad. Al margen de las discusiones doctrinales que pueda suscitar la prueba del domicilio para los nacionales colombianos, la cuestión esencial en el marco de este libro está orientada al cumplimiento de los requisitos para que un hijo de un extranjero nacido en el territorio colombiano pueda ser considerado como nacional. Lo anterior, supone, de hacer una interpretación del concepto de domicilio, de los padres del menor, lo que conduce a tengan una residencia regular en el territorio colombiano, esto implica, contar con la documentación no solo para ingresar en el Estado, sino para poder permanecer en el, o estar empleados a través de una relación laboral formal.

De acuerdo con las normas emitidas con relación a la residencia, esta se concreta en la obtención de un tipo de visado, pues de esta manera se puede acreditar el domicilio, es decir el ánimo de permanencia de los extranjeros en el país. Para efectos de la inmigración de personas venezolanas hacia Colombia, las posibles visas aplicables serían aquellas conocidas como latipo R y yipo M, pues son aquellas que buscan regularizar su situación al interior del país de acuerdo con el cumplimiento de algunos supuestos.

En lo que atañe al visado de residente o tipo R, es oportuno tener en cuenta que este permiso se orienta a quienes

---

80 Corte Constitucional, Sentencia C-049 de 6 de febrero de 1997, M. P. Jorge Arango Mejía, consideración 4, 7.

buscan fijar su domicilio permanente en Colombia por varios motivos[81], entre ellos, ser padre de nacional colombiano por nacimiento, por el cumplimiento de tiempo acumulado de permanencia en el país[82].

Por su parte la visa de migrante o tipo M, está orientada, para los extranjeros que deseen ingresar o permanecer en el territorio nacional con la intención de establecerse, y no cumplan con las condiciones para solicitar visa de residente[83]. El acceso a esta visa se da para los siguientes extranjeros:

- Cónyuge o compañero permanente de un nacional colombiano.
- Padre o hijo de colombiano por adopción.
- Migrante en el marco de las normas del Mercosur.
- Refugiado.
- Empresario o que desarrolle actividad independiente.
- Religioso.
- Estudiantes de primaria, secundaria, media y pregrado.
- Inversor inmobiliario.
- Jubilado o rentista[84].

De la aplicación de los criterios combinados de nacionalidad, dada la situación y contexto en el que se produce la inmigración proveniente de Venezuela, la cual en una mayor medida y en los últimos años, se produce de carácter

---

81 Haber renunciado a la nacionalidad colombiana, inversión extranjera directa.

82 Ministerio de Relaciones Exteriores, *ABC de las visas en Colombia*, https://www.cancilleria.gov.co/tramites_servicios/visa/abece.

83 *Ibidem*.

84 *Ibidem*.

humanitario, se debe resaltar que el hecho de que el extranjero ostente algún tipo de visado, significa que estos se encuentran en situación administrativa regular en Colombia, lo que supedita la adquisición de la nacionalidad de un menor de edad nacido en el territorio, a que sus padres den cumplimiento estricto de los requisitos de residencia para poder acreditar su domicilio.

De esto se deriva el riesgo de apatridia para los niños nacidos en Colombia, hijos de venezolanos que se encuentran indocumentados en el país. Al punto, conviene recordar que hasta un determinado momento se contabilizaban cerca de 2 millones de personas de esta nacionalidad en Colombia, de los cuales, antes de la implementación del Registro Único de Migrantes Venezolanos (RUMV), que pueden acceder al Permiso de Protección Temporal (PPT), en cerca de un 50 % de las personas se encontraban irregulares[85]. Lo anterior encendió una alerta en el Estado colombiano, consistente en que pudiera generarse una posible situación generalizada de apatridia de los niños que nacieran en el territorio bajo la irregularidad migratoria de sus padres. Ello condujo a que se buscara dar una solución coyuntural a la situación. Dicha alternativa quedó contenida en la Ley 1997 de 2019, la cual tiene por finalidad

> establece un Régimen Especial y Excepcional para Adquirir la Nacionalidad Colombiana por Nacimiento, para hijos e hijas de venezolanos en Situación de Migración Regular o Irregular, o de Solicitantes de Refugio, Nacidos en Territorio Colombiano, con el fin de Prevenir la Apatridia.

85 Ver motivaciones del Decreto 216 de 2021, por medio del cual se implementa el Estatuto de Protección Temporal de Migrantes Venezolanos, como se pondrá de manifiesto en el capítulo 4 de este texto. Ministerio de Relaciones Exteriores, Decreto 216 de 2021: *Por medio del cual se adopta el Estatuto Temporal de Protección para Migrantes Venezolanos Bajo Régimen de Protección Temporal y se dictan otras disposiciones en materia migratoria.*

Conviene tener presente que Colombia es Estado parte de dos de los tratados internacionales más importantes en la materia, así ha suscrito la Convención sobre el Estatuto de los apátridas y la ha incorporado a la legislación interna, a través de la Ley 1588 de 2012. La Convención, y en consecuencia la ley, se enfocan en determinar cuáles son los derechos de los apátridas, los cuáles deben ser disfrutados en el estado de destino, estableciendo así un estándar de trato para estas personas, sin perjuicio de carecer de nacionalidad. Además, el país ha ratificado la Convención para reducir los casos de apatridia de 1961, el 15 de agosto de 2014[86].

La Ley 1997 de 2019 busca remover los obstáculos que constitucionalmente se presentan para la adquisición de la nacionalidad por nacimiento, por los criterios concurrentes a los que ya se ha hecho referencia, ello obedeció al riesgo de los menores de edad hijos de venezolanos en situación irregular, nacidos en Colombia. En un primer momento, la ley en comento, estuvo antecedida de una circular emitida por la Registraduría Nacional del Estado Civil que tenía por objeto el mismo propósito, es decir, evitar la ocurrencia de casos de apatridia en el país, por la falta de mecanismos eficientes y operativos que permitieran a los menores de edad, adquirir la nacionalidad venezolana[87].

---

86 Conviene precisar que este tratado aún no se ha incorporado el derecho interno de manera completa, pues hace falta la Ley aprobatoria por parte del Congreso de la República.

87 Ver Registraduría Nacional del Estado Civil, Circular No. 8470 de 5 de agosto de 2019: *por medio de la cual Por la cual se adopta una medida administrativa de carácter temporal y excepcional, "Válido para demostrar nacionalidad" en el Registro Civil de Nacimiento de niñas y niños nacidos en Colombia, que se encuentran en riesgo de apatridia, hijos de padres venezolanos, que no cumplen con el requisito de domicilio.* https://www.registraduria.gov.co/IMG/pdf/resolucion_8470.pdf.

Entrando en materia sobre la regulación prevista por la ley, esta se compone de dos artículos, dentro de los cuales el primero de ellos, reproduce las reglas contenidas por la Constitución de 1991 en lo tocante con la nacionalidad por nacimiento, pero agrega el siguiente parágrafo, el cual busca proporcionar una solución temporal al riesgo de apatridia de los hijos de las personas venezolanas. Dispone el parágrafo:

> Excepcionalmente se presumirá la residencia y ánimo de permanencia en Colombia de las personas venezolanas en situación migratoria regular o irregular, o solicitantes de refugio, cuyos hijos e hijas hayan nacido en territorio colombiano desde el 1° de enero de 2015 y hasta 2 años después de la promulgación de esta ley.

De la norma transcrita se puede derivar como conclusión, que conduce a los padres venezolanos a un proceso temporal de regularización migratoria, para permitir el acceso al derecho a la nacionalidad de los niños nacidos en el territorio colombiano.

Esta ley completa el desarrollo normativo emanado del Congreso de la República, sin que hasta el momento se pueda configurar una verdadera y coordinada normativa migratoria en Colombia. A continuación, se hará un análisis de la ley más reciente en la materia, que permitirá ver como varios de los aspectos antes regulados se recopilan en esta norma, marcando así un avance nunca antes visto en la normativa nacional en materia de movilidad humana.

2.8. LA LEY DE FRONTERAS INCORPORA ASPECTOS TANGENCIALES QUE SE RELACIONAN CON LA MIGRACIÓN

La Ley 2135 de 2021 se sancionó casi de manera concomitante con la ley que adopta el Sistema Nacional de Migraciones, sin embargo, pasó un poco inadvertida debido a la presión mediática entorno a la norma 2136 de 2021. A continuación, se analizarán algunas de las disposiciones de la Ley de Fronteras que pueden tener impacto en los temas de movilidad, eje central de esta obra.

Se trata de una ley compuesta por 30 artículos que básicamente busca fomentar el desarrollo de las zonas de frontera a partir de la coordinación con el Gobierno central, bajo el presupuesto de la participación de los departamentos y municipios ubicados en zona de frontera, con miras a favorecer acciones de cooperación comercial, económica, social y humana, tendientes al mejoramiento de las condiciones de vida de los habitantes de estos territorios[88]. Dentro de los

---

88 El artículo 1° relativo al objeto de la Ley, prevé: **ARTÍCULO 1°. Objeto.** El objeto de la presente ley es fomentar el desarrollo integral y diferenciado de los departamentos fronterizos, los municipios y las áreas no municipalizadas fronterizas, declarados como zonas de frontera, propiciando desde todas las organizaciones del Estado, con plena articulación entre las entidades del orden central y territorial competentes, tanto el aprovechamiento de sus potencialidades endógenas como el fortalecimiento de sus organizaciones e instituciones públicas, privadas y comunitarias, así como la integración de sus propios territorios y de éstos con el interior del país y con las zonas fronterizas de los países vecinos. Con la aplicación de esta ley, se pretende el mejoramiento de la calidad de vida de los habitantes de frontera; fomentar la equidad con relación al resto del país; promover la integración con las zonas fronterizas de los países vecinos y garantizar el ejercicio efectivo de la Soberanía Nacional. **PARÁGRAFO 1**. Los gobiernos nacional, departamental y municipal fronterizos adelantarán la formulación, implementación y evaluación de políticas públicas para los fines establecidos en esta ley, contando con la activa participación de los organismos gubernamentales y no gubernamentales, como también de los diferentes sectores de la sociedad, incluidos los consejos territoriales de planeación. **PARÁGRAFO 2°.** Con el fin de garantizar los derechos de los grupos étnicos presentes en los territorios fronterizos, el Gobierno nacional expedirá vía decreto los preceptos normativos específicos para esta población.

aspectos que pueden ser relevantes y hallan relación con la movilidad humana, conviene mencionar los siguientes:

- La ley invita al Gobierno nacional a desarrollar normas que se relacionen con el acceso a los derechos de las personas integrantes de comunidades étnicas que habitan en las zonas de frontera[89]. Este aspecto goza de gran interés, pues si bien Colombia, desde su Constitución de 1991 se ha ocupado de proteger desde el punto de vista legal a las minorías étnicas y dichas personas hacen parte de los sujetos de especial protección constitucional[90], en materia migratoria no se han desarrollado acciones en favor de poblaciones binacionales.

Uno de los aspectos a tener en consideración, podría ser lo atinente a la nacionalidad, bajo el entendido de que la carta política en el artículo 96, reconoce que podrán ser colombianos por adopción: "c) Los miembros de los pueblos indígenas que comparten territorios fronterizos, con aplicación del principio de reciprocidad según tratados públicos". A pesar de que el otorgamiento de la nacionalidad es una potestad soberana del país y este goza de libertad para establecer tales condiciones, valdría la pena cuestionarse sobre situaciones de graves vulneraciones a derechos como los casos en los que existe riesgo de apatridia o no se puede ejercer la nacionalidad. En la actualidad, no se cuenta con medidas

---

89 Artículo 1, parágrafo 2. Congreso de la República de Colombia, Ley 2136 de 2021, ob. Cit.

90 Diana Rocío Bernal-Camargo y Andrea Carolina Padilla-Muñoz, "Los sujetos de especial protección: construcción de una categoría jurídica a partir de la constitución política colombiana de 1991", *Jurídicas* 15, n. ° 1, 2018, 46-64, https://revistasojs.ucaldas.edu.co/index.php/juridicas/article/view/3225.

afirmativas legislativas, ejecutivas ni judiciales, que permitan la incorporación de un enfoque étnico-migratorio[91].

- En lo concerniente al fortalecimiento institucional, el artículo 8 refiere acciones para promover la integración fronteriza y la asociatividad de las estas zonas, las cuales podrán derivar en planes de intervención para promover el desarrollo y la integración.

Este aspecto podría transcender de la esfera económica y comercial y buscar el desarrollo de planes sociales, que guarden coherencia con lo previsto en la Ley 2136 de 2021 en lo relativo al desarrollo de medidas el logro de la integración socioeconómica de los migrantes[92].

- La Ley 2135 se orienta a identificar situaciones particulares que ameriten la intervención estatal de manera excepcional para mejorar las condiciones de los habitantes de la frontera[93] y en función de esto, adoptar medidas de política pública.

Para tales efectos, la ley incorpora el concepto de "hechos jurisdiccionalmente fronterizos", dentro de los cuales resultan ser de relevancia para nuestro análisis, los que se relacionen con los asentamientos humanos, las actividades humanas relativas a desarrollo productivo, agropecuario, seguridad alimentaria, desarrollo de las capacidades para la producción, el turismo sostenible y aspectos sociales y culturales con impacto en la educación tendiente a generar la apropiación y

---

91 Al punto resulta interesante e ilustrativo el estudio que refiere la necesidad de que las políticas migratorias reconozcan las particularidades de las comunidades indígenas. Ver Laura, Velasco, Migración, fronteras e identidades étnicas transnacionales, *México: El Colegio de la Frontera Norte, Miguel Ángel Porrúa,* 2008.

92 Ver capítulo V de la Ley 2136 de 2021 y comentarios del capítulo 3 de este texto, el cual analiza puntualmente estas medidas.

93 Artículo 18 de la Ley 2135 de 2021.

la valoración de la riqueza y la diversidad cultural, gestión del patrimonio cultural para la promoción, fortalecimiento y la recuperación del patrimonio cultural material e inmaterial; reconstrucción del tejido social, fomento de la justicia restaurativa y resolución de conflictos, así como, aspectos de formación y promoción deportiva, entre otros[94].

A partir de esta formulación, es posible que los entes territoriales, en concurso con la nación diseñen planes de integración migratoria, coordinen acciones de recepción de personas, mejoren el trámite de solicitudes de protección internacional, establezcan acciones de cooperación para la atención de personas migrantes, diseñen planes estratégicos para la flexibilización de documentación, formulen acciones para la prevención y erradicación de los riesgos asociados a la migración, entre otros. Lo anterior con el propósito de lograr coordinación de procesos asociativos de las entidades territoriales y los gobiernos de países vecinos. Todo ello, está previsto en el artículo 16 de la Ley 2135 de 2021[95].

Estos acuerdos entre países pueden verse beneficiados del fortalecimiento de los procesos de integración en la región. En la actualidad, tanto en la Comunidad Andina de Naciones como en el Mercosur, existen instrumentos para facilitar no solo la fluidez de las relaciones comerciales, sino también las que pueden incidir positivamente en la circulación de personas[96].

---

94 Congreso de la República de Colombia, Ley 2135 de 2021: *Por medio de la cual se establece un régimen especial para los departamentos fronterizos, los municipios y las áreas no municipalizadas fronterizas, declarados zonas de frontera, en desarrollo de lo dispuesto en los artículos 9, 289 y 337 de la constitución política* (2021) art. 15, núms. 2-4.

95 *Ibidem*, art. 16.

96 Nora Vichich, "El Mercosur y la migración internacional", *Expert Group Meeting on*, 2005, http://www.conapo.gob.mx/work/models/CONAPO/migracion_internacional/migint_desarro-

- La ley a través de la declaratoria de zonas de intervención fronteriza, previstas en el artículo 17, propende por la reducción de las brechas en términos de satisfacción de derechos y calidad de vida que existe entre las zonas de frontera y el resto del país. Es por ello por lo que se propone la adopción de medidas que garanticen la salvaguarda de los derechos fundamentales de los habitantes de estas zonas.

Vale señalar que el texto de la ley no diferencia sobre si estas acciones cobijan únicamente a los nacionales del Estado, por esto, que las personas extranjeras sometidas a la jurisdicción colombiana podrían verse beneficiadas de las medidas. Conviene señalar, que las personas que han vivido algún tipo de proceso de movilidad están una situación de vulnerabilidad que amerita de las acciones estatales de manera oportuna. Además de lo anterior, se debe tener presente que los derechos que redundan en el mejoramiento de las condiciones de vida son además de los derechos civiles, los DESC, los cuales permiten que las personas realicen su dignidad[97].

- En relación con lo anterior y con la potestad para que las autoridades municipales y distritales, mediante acto administrativo puedan realizar la declaratoria de la zona de intervención fronteriza, la ley caracteriza el aumento de los flujos migratorios hacia Colombia como una circunstancia que amerita tales actuaciones.

---

llo/13.pdf. Gina Benavides Llerena y Gardenia Chávez Núñez, "Migraciones y derechos humanos. El caso de la Comunidad Andina (CAN)", *Revista Científica General José María Córdova* 12, n. ° 14, 2014, 75-93. http://www.scielo.org.co/scielo.php?pid=S1900-65862014000200005&script=sci_arttext.

97 La Declaración Universal de Derechos Humanos, refiere en el artículo 25, el derecho al nivel de vida adecuado, el cual implica la satisfacción de una serie de DESC, tales como la salud, el empleo, la asistencia social, el vestuario, la alimentación, pensión, vivienda, entre otros.

Sobre esto, es claro que la afluencia de flujos migratorios es una cuestión de interés nacional, regional y local y si bien la ley busca que el Estado cuente con herramientas adecuadas para gestionar las crisis humanitarias que se puedan presentar en las fronteras, preocupa, que una vez más Colombia plantea las acciones de modo unidireccional. Lo más apropiado sería, que estas medidas también se enfoquen en los flujos migratorios de tránsito y salida, tanto de colombianos, como de personas extranjeras de cualquier nacionalidad. Vale recordar que en el país y en la frontera con Panamá, por ejemplo, ha sido visible una crisis donde cerca de 250 000 personas migrantes atravesaron la selva del Darién, en condiciones de peligro y precariedad, para dirigirse a países de América Central y finalmente a Norte América[98]. Colombia no puede ser ajeno a esta situación, máxime cuando se conoce, de acuerdo con la Defensoría del Pueblo, que en este paso fronterizo operan numerosos grupos ilegales, armados y redes de traficantes de migrantes y tratantes de personas[99]. Esta grave situación, no está lejos de generar responsabilidad internacional a la luz de mecanismos convencionales universales y regionales.

- Por último, en el artículo 28 se incluye una interesante prescripción normativa consistente en la inclusión de una herramienta de caracterización demográfica de la población que habita en la frontera.

---

98 Organización Internacional para las Migraciones (OIM), *"2022: Duplica el número de migrantes en la peligrosa ruta de la selva del Darién"*. https://www.iom.int/es/news/2022-duplica-el-numero-de-migrantes-en-la-peligrosa-ruta-de-la-selva-del-darie.

99 Defensoría del Pueblo, *"Defensor del Pueblo advierte agravamiento de la crisis humanitaria de migrantes que cruzan el Tapón del Darién"*. https://www.defensoria.gov.co/-/defensor-del-pueblo-advierte-agravamiento-de-la-crisis-humanitaria-de-migrantes-que-cruzan-el-tap%C3%B3n-del-dari%C3%A9n.

A cargo del DANE y del DNP, recae la responsabilidad de actualizar esta información, que resulta vital para la formulación de política pública interna. Para el asunto que nos ocupa, es decir, el conocimiento del número y características de la población extranjera que habita en el territorio, podría pensarse que este mecanismo excede las limitadas competencias y campo de aplicación del RUMV, pues de ser implementado apropiadamente, permitiría que los no nacionales que estén en zonas de frontera o ingresen por Centros Nacionales o Binacionales de Atención en Frontera[100], puedan ser registrados, ello, implicaría que cualquier extranjero, no necesariamente venezolano se podría beneficiar del mecanismo. La aplicación de esta medida supone un progreso parcial pero crucial en términos de gestión migratoria, pues en Colombia carece de un mecanismo de caracterización que sea abierto para todos los extranjeros y el país, dado que se ha especializado únicamente en la atención de personas venezolanas, tal y como lo evidencian las medidas de regularización y caracterización que se analizan en este texto.

Las leyes analizadas nos muestran que el tratamiento que se le ha dado a la movilidad humana en el país obedece a una reacción puntual de coyuntura en la medida en la que se van haciendo visibles las problemáticas en términos de acceso a derechos o de tensión institucional para su garantía. Muchas de estas normas, están propuestas para la atención de un caso o situación particular, lo que evita que gocen de carácter sostenible y en consecuencia su campo de aplicación personal o temporal se hace limitado. A continuación, en el capítulo 3, se propondrán reflexiones sobre

---

100 La Ley 2135 de 2021 ofrece una serie de definiciones de utilidad, en el artículo 2 y concretamente los literales a y b se refieren a los centros nacionales y binacionales de atención en frontera, los cuales dentro varias competencias, tienen a cargo gestionar las actividades que se presentan en los cruces de frontera, incluida la migración.

una ley que mejora algunas de las preocupaciones que se han plasmado hasta el momento y también se identifican algunos retos que siguen estando presentes.

2.9. LA LEY 2332 DE 2023 PROPONE ALTERNATIVAS PARA SUPERAR LA APATRIDIA EN COLOMBIA

En septiembre de 2023 el Estado colombiano emprende un nuevo esfuerzo para dar respuesta a una problemática creciente a raíz de la presencia de personas extranjeras en el país, en contraste con los estrictos criterios para la adquisición de la nacionalidad, dentro de los cuales, tal y como ya se expuso en un acápite anterior de este capítulo, se configura a partir de requisitos combinados para lograr su efectivo reconocimiento.

Luego del impacto de la Sentencia SU-180 de 2022 emitida por la Corte Constitucional y de los anteriores esfuerzos para dar respuesta al incremento de la apatridia, máxime cuando Colombia es parte de los principales tratados de Naciones Unidas que regulan la materia, se sanciona la Ley 2332 de 2023, cuyo objeto determina *"Por medio de la cual se establecen los requisitos y el procedimiento necesarios para la adquisición, pérdida y recuperación de la nacionalidad colombiana y se dictan otras disposiciones"*.

En los primeros artículos, esto es, del 1° al 3°, la ley reproduce las normas sobre la materia que reposan en la Constitución de 1991, es decir, lo dispuesto en el artículo 96 superior. Por su parte, también retoma elementos de la Ley 43 de 1993, que por muchos años ha sido el estatuto vigente para el desarrollo de los aspectos relacionados con la nacionalidad colombiana.

En lo que atañe a las reflexiones centrales de este libro, que se concentran en la movilidad humana con cruce de frontera internacional, sus impactos y las respuestas a las distintas realidades de tales contextos, es importante detenerse en el artículo 4, concretamente en tres parágrafos finales, que buscan dotar desde la normativa de una herramienta eficiente al Estado colombiano, para desarrollar una respuesta ante la apatridia y el acceso a no solo a la nacionalidad, sino a los derechos de los menores de edad que no gozan de un marco efectivo de protección. De este modo, las normas objeto de análisis disponen:

> ***Artículo 4 (...)***
> **PARÁGRAFO 2°.** *Los hijos de extranjeros nacidos en territorio colombiano a los cuales ningún Estado les reconozca la nacionalidad podrán inscribirse como colombianos por nacimiento sin la exigencia del domicilio. Para el efecto, se requerirá previamente el reconocimiento de la condición de persona apátrida de acuerdo con la legislación vigente y el cumplimiento de los requisitos que establezca la Registraduría Nacional del Estado Civil o quien haga sus veces, como autoridad registral.*
> **PARÁGRAFO 3°.** *De igual manera, se presume el ánimo de permanencia de los extranjeros que estén cobijados por mecanismos temporales o especiales de flexibilización migratoria, cuando las circunstancias especiales de un país o nacionalidad lo hayan hecho necesario, en concordancia con el artículo 14 de la Ley 2136 de 2021*[101]*.*
> **PARÁGRAFO 4°.** *El sólo hecho de que un extranjero habite en el territorio nacional de manera accidental o estacional o como visitante, no constituye domicilio en el país. La permanencia irregular en el país tampoco constituye domicilio.*

Al punto, resulta de importancia realizar un análisis pormenorizado de cada uno de estos parágrafos, pues ofrecen una alternativa que en un primer momento puede parecer intermedia entre lo que significa una supresión de requisitos o

---

101 Congreso de la República de Colombia. Ley 2136 de 2021: *Por medio de la cual se establecen las definiciones, principios y lineamientos para la reglamentación y orientación de la política integral migratoria del estado colombiano–PIM, y se dictan otras disposiciones,* art. 14.

flexibilización constitucional para acceder a la nacionalidad[102] y actualiza lo previsto en la Ley 43 que desde hace tiempo requería una revisión profunda para responder a las nuevas realidades en materia de movilidad internacional en el país.

El parágrafo 2° atiende a uno de los principales problemas que se vienen presentando por la presencia de población en situación jurídica de irregularidad migratoria. Esta es, una situación que es más visible en los nacionales venezolanos, sin embargo, desde el supuesto jurídico no es una situación exclusivamente aplicable a estos, pues hijos de otros extranjeros podrían verse afectados por la ausencia de nacionalidad. Este podría ser un avance importante de la ley, pues como se ha expuesto ampliamente a lo largo del texto, una de las principales dificultades de la normativa interna ha sido la tendencia a desarrollar normas exclusivamente aplicables a las personas con este origen nacional, invisibilizando la realidad de cientos de personas de otras nacionalidades que pueden hallarse en condiciones análogas, como sucede con los haitianos, cubanos y otros migrantes extracontinentales que se encuentran en el territorio.

La población irregular, cuando ha ingresado por lugares no controlados y sin el cumplimiento de los requisitos para tales efectos, inicia un drama que incide negativamente en el acceso a sus derechos y esto no afecta únicamente la vida de los inmigrantes, sino que trasmite a sus hijos la situación de irregularidad migratoria. Las barreras derivadas de la ausencia de un estatus administrativo regular, ha conducido al nacimiento de niños dentro del territorio que carecen de uno de los principales derechos humanos, este es, la nacio-

---

102 Es importante señalar que, de acuerdo con la Constitución de 1991, según los artículos 375, 376 y 378 existen estrictas maneras para reformar el texto, entre ellas, el acto legislativo, el referendo constitucional y la convocatoria para una asamblea nacional constituyente.

nalidad. Vale decir, que como se ha expuesto en otros apartados de este texto, este derecho se relaciona de manera estrecha con el nombre, la personalidad jurídica, derecho al registro, acceso a la salud, a la educación, entre otros, por lo que la revictimización de estos NNA es la regla constante. Esta situación no es una cuestión preocupante únicamente para el caso de Colombia, pues ya en numerosos y sucesivos informes del Relator de las Naciones Unidas sobre los Derechos de los Migrantes, así como en la jurisprudencia interamericana, se ha puesto de presente la necesidad de que los Estados eliminen las barreras a los derechos de los menores extranjeros, pero sobre todo que exista claridad sobre el hecho de que la irregularidad migratoria no pueda ser entendido como un delito de sangre, trasmisible y heredable, que pasa de padres a hijos. Así también lo ha expuesto la jurisprudencia del SIDH[103].

En este aspecto en concreto radica la verdadera importancia del parágrafo 2°, pues elimina la carga de probar el domicilio de los padres, como requisitos que por demás es imposible de cumplir cuando los padres están en situación de irregularidad migratoria. Recordemos, que, de acuerdo con las disposiciones administrativas sobre la materia, este domicilio se prueba con la residencia con ánimo de permanencia y una persona irregular no puede acceder a este título jurídico que permite habilitar administrativamente al extranjero, por carecer de un permiso, un pasaporte, en ocasiones cédula de su Estado de origen, entre otros documentos.

Debe anotarse, que el alcance de la norma no se proyecta para eliminar el requisito del domicilio por sí mismo, sino favorecer a aquellos NNA que no pueden tener acceso a la nacionalidad de otro Estado. En el contexto de los flujos mi-

---

103 Corte IDH, *Caso de las Niñas Yean y Bosico Vs. República Dominicana*, párr. 156.

gratorios mixtos y sucede con el caso puntual de Venezuela, la barrera de no poder hacer uso efectivo de la nacionalidad, pese a que formalmente pueda obtenerse. Se trata concretamente del caso de padres que tienen la nacionalidad venezolana, pero no pueden registrar, inscribir o hacer efectiva esa transmisión de nacionalidad por numerosas barreras institucionales, que se traducen en la falta de relaciones eficientes entre los Estados, precarias vías de obtención de documentos, dificultades económicas o paquidermia institucional.

Lo anterior, conduce a una negación en el acceso efectivo al derecho a la nacionalidad y sin lugar a duda, interfiere en los demás derechos. De manera paralela a esto, es importante no perder de vista que la Convención sobre el Estatuto de los Apátridas de 1954, no prevé dentro de su campo de aplicación personal a las personas apátridas de facto, es decir, que, al parecer, a la luz de la Convención es suficiente con que alguno de los padres ostente el derecho desde el punto de vista formal, es decir sea nacional de un Estado, para poder trasmitirla a un hijo y en este caso el tratado excluye la protección. Allí radica uno de los principales problemas de la Convención, pues pese a que ofrece una definición de apatridia, establece un estricto marco, que se enfoca en la negación de la nacionalidad desde el punto de vista exclusivamente normativo. Esta restricción del tratado no da cuenta de la realidad de muchos menores que, aunque puedan tener desde el punto de vista formal acceso a la nacionalidad, en la realidad no la pueden hacer efectiva. Dispone la Convención:

> ***Artículo 1. Definición del término "apátrida"***
> *A los efectos de la presente Convención, el término "apátrida" designará a toda persona que no sea considerada como nacional suyo por ningún Estado, conforme a su legislación.*

La alusión a la legislación propia del Estado parte circunscribe el reconocimiento de la condición de apatridia, máxime cuando no prevé la falta de ejercicio de la nacionalidad, es decir la efectividad de esta.

Por ello, la alternativa propuesta en la norma colombiana en mención excede la restricción de la Convención y resulta formular una propuesta de acceso a la nacionalidad que resulta ser más compatible con la realidad de las personas extranjeras, que, pese a que la normativa nacional de su Estado de origen no les impida trasmitir la nacionalidad, no la pueden hacer realidad por la existencia de barreras reales en el acceso a la documentación. Por esto, el reconocimiento nacional contiene un estándar más evolutivo en el reconocimiento de los derechos.

El deseo de la Ley 2332 de eliminar los casos de apatridia para el Estado colombiano, supone la adopción de acciones en el marco de la Convención de 1961 para la erradicación de los casos de apatridia y ello se ve plasmado, no solo en el parágrafo 2°, sino en el 3°, que reconoce los documentos producto de los procesos de regularización y flexibilización migratoria en el Estado colombiano, como prueba del domicilio para efectos de los trámites de nacionalidad. Esto puede ser valorado de manera positiva toda vez que no es necesario tener la visa o permiso de residencia para poder certificar el tiempo para la adquisición de la nacionalidad.

Conviene señalar que la norma refiere los permisos temporales o permanentes otorgados a los extranjeros en los casos que amerita la medida, lo que permite afirmar que la ley no parece buscar únicamente el favorecimiento de las personas de origen venezolano, sino que queda abierta a posibles aplicaciones futuras para otras nacionalidades. Pese a esto, a la fecha los únicos procesos de regularización migratoria se han focalizado en las personas venezolanas, como se analiza en el capítulo dedicado a las medidas administrativas que han sido adelantadas por Colombia.

Por último, el párrafo 4° consagra una limitación expresa a la prueba del domicilio, consistente en excluir de la medida a los extranjeros que permanecen en el territorio de manera temporal, estacional o irregular. Frente a este aspecto, es claro que la ley no pretende contrariar la exigencia constitucional de estar domiciliado en Colombia, sino que únicamente busca dar una respuesta para los menores en riesgo de apatridia. No sobra recordar, que esta prohibición debe ser compatible con el parágrafo 2°, que se acaba de analizar, pues los precedentes interamericanos nos muestran que una de las principales razones por las cuales se registran altos índices de apatridia en la región, radica en que personas trabajadoras migrantes temporales o estacionales cuyos hijos nacen en el territorio de un Estado de destino o de empleo temporal, no pueden acceder a los derechos. Basta con ver los casos fallados por la Corte IDH en contra de República Dominicana. Si bien, en nuestra Constitución no se incluye esta restricción de modo expreso, resulta inapropiado, contradictorio y complejo que la ley la contemple, pues estaría adicionando una limitación. De lo anterior se puede colegir que es necesario hacer una correcta aplicación e interpretación en favor de la persona, acudiendo al principio *pro homine* de las disposiciones objeto de análisis para no dejar sin efectos el progreso logrado en parágrafo 2° de la Ley 2332 de 2023.

De acuerdo con el artículo 96 de la Constitución de 1991, la nacionalidad colombiana se puede adquirir por nacimiento y por adopción. En el análisis anterior, revisamos las disposiciones de la Ley 2332 de 2023 que se refieren al supuesto del nacimiento. Por su parte, el artículo 25 incluye disposiciones para la obtención de la nacionalidad por adopción de la siguiente manera:

> ***ARTÍCULO 25°***. *De la naturalización y su competencia. Las personas nacidas fuera del territorio nacional, radicadas en Colombia, a las que se haya reconocido la condición de persona apátrida de conformidad con la legislación vigente, podrán solicitar de manera gratuita la naturalización ante el Ministerio de Relaciones Exteriores, una vez hayan cumplido con el término de un (1) año de domicilio, contado a partir de la expedición de la visa de residente.*

> El solicitante gozará de las facilidades para la naturalización que para el efecto disponga el Ministerio de Relaciones Exteriores.
> ***PARÁGRAFO.*** *Se exime a las personas apátridas de presentar exámenes de conocimiento.*

La intención de la norma antes transcrita consiste en beneficiar a un grupo de personas, no necesariamente menores de edad que puedan tener barreras de orden institucional o documental para contar con su nacionalidad. Vale decir que, dentro de la movilidad mixta de personas, es frecuente que viajen menores de edad que ingresan a los territorios de los Estados sin ningún tipo de vínculo jurídico con el Estado, lo que permite que menores nacidos en otros Estados, distintos al colombiano, al llegar a este territorio puedan ser tratados en condiciones de igualdad y se les permita ser colombianos.

Si bien, los menores son los más afectados por la apatridia, ello no excluye que los adultos en movilidad humana y que cruzan una frontera internacional, también puedan estar inmersos en esta situación, por lo que la ley establece resulta ser una medida protectora y favorable para este tipo de situaciones.

La norma en mención tiene un espíritu loable y sin duda, resuelve un problema latente que se presenta a raíz de los flujos migratorios mixtos en el Estado colombiano. A pesar de esto, es necesario recordar que en la actualidad existen problemas de implementación par esta norma, pues en Colombia no está reglamentado el procedimiento para acceder a la condición de persona apátrida, más allá de lo que disponen los artículos 66 y 67 de la Ley 2136 de 2021[104]. Por esto, se hace urgente que a través de un decreto se pueda contar con la herramienta

---

104 Congreso de la República de Colombia. Ley 2136 de 2021: *Por medio de la cual se establecen las definiciones, principios y lineamientos para la reglamentación y orientación de la política integral migratoria del estado colombiano–PIM, y se dictan otras disposiciones,* art. 66.

adecuada para perfeccionar la garantía prevista en la ley. Por otro lado, la experiencia vivida con el refugio muestra que es importante que cuando se cuente con este desarrollo infralegal, se robustezcan los canales institucionales y se capacite a los funcionarios y a las instituciones competentes para que los tiempos de estudio de las solicitudes sean razonables, eficientes y sobre todo acordes con el marco de los derechos de las personas en condición de apatridia.

De acuerdo con el artículo 66 de la Ley 2136 de 2021, se fija un término para el estudio de las solicitudes de condición de personas apátrida no mayor a 18 meses, lo que supone un tiempo considerable en el que las personas carecen de derechos, pues es muy posible que tales solicitantes se encuentren en situación de irregularidad migratoria, por lo que se hace necesario que durante este tiempo se les permita tener un salvo conducto que les conceda regularidad migratoria y que este no sea un título precario como sucede con el documento que reciben las personas solicitantes de refugio, el cual les limita varios derechos, entre ellos, uno de los esenciales para tener una vida digna como es el trabajo.

Como alternativa el Estado colombiano podría aplicar las disposiciones contenidas en la CTMF, pues este tratado internacional solventa la carencia de derechos de las inmigrantes en situación jurídica de irregularidad migratoria. Vale decir que Colombia es parte de este tratado[105] y en tanto las personas, que solicitan ser reconocidos como apátridas, así como los que solicitan el refugio, junto con sus

---

[105] La CTMF ha sido incorporada al derecho interno mediante la Ley 146 de 1994: Por medio de la cual se aprueba la "Convención Internacional sobre la Protección de los Derechos de todos los Trabajadores Migratorios y de sus Familiares", hecha en Nueva York el 18 de diciembre de 1990.

familias, podrían verse protegidos por un amplio grupo de derechos que es compatible con la dignidad humana.

Entre los beneficios que se otorgan a las personas apátridas se encuentra la exoneración de los exámenes de conocimientos, la extensión de la naturalización para los hijos de las personas a las que les haya sido otorgada la condición de apátrida[106].

Por su parte los artículos 26 y 27 de la Ley 2332 de 2023, crea otros beneficios para las personas que han sido reconocidas como apátridas en el territorio colombiano y que acceden posteriormente a la nacionalidad por adopción y consiste en extender la naturalización a sus hijos los cuales han nacido también fuera del territorio colombiano.

> ***ARTÍCULO 26°. Extensión de la naturalización.*** *Con la presentación de la solicitud de naturalización, la persona bajo la condición de apátrida podrá solicitar la extensión de la nacionalidad a sus hijos menores de edad.*
> ***ARTÍCULO 27°.*** *Naturalización de menores de edad nacidos fuera del territorio nacional y reconocidos como apátridas en Colombia.*
> Los menores de edad una vez sean reconocidos por el Estado colombiano como personas apátridas les otorgará la nacionalidad colombiana por adopción mediante acto administrativo, de conformidad con la reglamentación expedida sobre la materia por el Ministerio de Relaciones Exteriores.
> *En el caso de los menores de edad no acompañados, el Instituto Colombiano de Bienestar Familiar o quien haga sus veces, representará a los niños, niñas o adolescentes durante todo el trámite, de acuerdo con la legislación vigente en materia de infancia y adolescencia.*

---

106 Ver artículo 26, el que dispone. Extensión de la naturalización. Con la presentación de la solicitud de naturalización, la persona bajo la condición de apátrida podrá solicitar la extensión de la nacionalidad a sus hijos menores de edad. Congreso de la República de Colombia. Ley 2136 de 2021: *Por medio de la cual se establecen las definiciones, principios y lineamientos para la reglamentación y orientación de la política integral migratoria del estado colombiano–PIM, y se dictan otras disposiciones,* art. 67.

Esta norma tiene una interesante previsión, pues puede cobijar a niños de inmigrantes en situación irregular y que pueden ser a su vez hijos de padres adolescentes que ingresan al territorio. Las dos normas obedecen a la aplicación del principio y derecho a la igualdad y excluyen de plano una posible discriminación por nacimiento. Nótese, además, que estas disposiciones favorecen la creación de medidas afirmativas o de acción positiva en favor de un grupo que ha sido considerado de especial protección tanto en el entorno nacional como en el internacional como lo son los menores de edad. Por su lado, se evidencia la importancia creciente que ha tenido el interés superior del menor en el marco jurídico colombiano. En este orden, se hace imperativa la reglamentación normativa de procedimiento para dar una eficaz aplicación a la Ley 2332.

Cabe señalar, que las normas antes analizadas deben interpretarse de manera sistemática con el artículo 65 de la Ley 2136 de 2021, toda vez que también está referido a las personas apátridas nacidas en el exterior y fija reglas que son reproducidas en la norma de 2023[107].

---

107 Congreso de la República de Colombia. Ley 2136 de 2021: *Por medio de la cual se establecen las definiciones, principios y lineamientos para la reglamentación y orientación de la política integral migratoria del estado colombiano–PIM, y se dictan otras disposiciones,* art. 65.

Capítulo 3.

La Ley 2136 de 2021: una norma que no resuelve los desafíos en materia de protección de derechos de los extranjeros en Colombia

Si bien el capítulo segundo de este texto se ha ocupado de abordar de manera analítica la normativa posterior a la Constitución de 1991 que se ha dedicado a diversos aspectos en materia de movilidad, la Ley 2136 de 2021, merece un análisis extenso y particular de cada una de sus disposiciones. Por esta razón, el presente capítulo se dedicará a cada uno de los aspectos fundamentales de la norma.

Al cabo de diez años de la sanción de la Ley 1465 de 2011, el Congreso de la República aprueba la Ley 2136 de 2021, la cual tiene por objeto dar continuidad a una serie de acciones en torno a la protección de la población en situación de movilidad que llega a nuestro país. Esta ley busca desarrollar aspectos no abordados en la norma anterior de 2011 y establece un campo de aplicación más amplio que el formulado por las acciones ejecutivas que únicamente han beneficiado a la población inmigrante proveniente de Venezuela.

A continuación, se hará un análisis crítico de los principales aspectos normativos contenidos en la ley, de esta manera, se resaltarán los progresos logrados en la aprobación de la norma y también se identificarán los desafíos y cuestiones que aún es necesario desarrollar en el marco interno colombiano. Por lo anterior, el análisis se dividirá en dos grandes partes, una relativa a los aspectos sustantivos y otra relativa a la estructura institucional y administrativa de la norma.

Antes de realizar el abordaje puntual de la ley se debe señalar que esta cuenta con diez (X) capítulos en total, en donde se abordan varios temas relativos a la movilidad, entre estos, aspectos tendientes a dar una regulación sobre la inmigración internacional, atención y fortalecimiento de las relaciones de los colombianos en el exterior, medidas conducentes a fomentar e incentivar el retorno de colombianos al país, tratamiento del refugio, y otras formas de protección internacional, tales como la concesión del asilo y medidas orientadas a dar abordaje a la apatridia, situación de los extranjeros en Colombia, nacionalidad y asistencia a víctimas de trata de personas y tráfico de migrantes.

Como puede notarse de esta breve descripción del contenido de la norma, son varias las realidades que allí se desarrollan, sin embargo, esto no quiere decir que estén solventadas todas las falencias de las que adolece el marco normativo colombiano en dicha materia, pues como lo veremos más adelante, no todos los aspectos son abordados a profundidad, sobre todo en lo que se refiere al contenido y alcance de los derechos humanos en los contextos de movilidad.

A continuación, nos referiremos a varios de los puntos que han significado un progreso en la legislación interna en materia migratoria y en los demás asuntos de orden funcional, para luego resaltar las cuestiones en las que se debe continuar trabajando para contar con una normatividad verdaderamente completa que brinde respuestas lo más efectivas posibles a la diversidad de la movilidad humana que Colombia debe enfrentar.

3.1. LA LEY 2136 DE 2021 DESARROLLA DE MANERA TÍMIDA UN MARCO DE DERECHOS EN LO RELATIVO A LA MOVILIDAD HUMANA

Uno de los principales progresos que presenta la ley sancionada en 2021, con respecto a las normas anteriores radica en que se enuncian aspectos que de manera directa aluden o permiten efectuar la interpretación en torno al contenido y ejercicio de derechos de los extranjeros. De esta manera, la ley desde la descripción del objeto de la norma, previsto en el artículo 1°, determina que se producirá un desarrollo concordante con lo previsto en la Constitución de 1991 y en los tratados internacionales relativos a derechos humanos, aplicables a esta temática, siendo este, un aspecto instrumental para todo lo que se defina desde la estructura institucional.

De este modo, la ley presenta elementos centrales que definen las principales acciones del Estado en la materia, entre ellos, sus objetivos, lineamientos, principios, entre otros. Tales aspectos serán analizados a continuación, pues en algunos de estos se observan progresos si se realiza una comparación con la legislación y demás normatividad precedente.

3.1.1. Objetivos y lineamientos desde una óptica de derechos

Al hacer una lectura del desarrollo de los objetivos y lineamientos propuestos en los artículos 2 y 3, pareciera que la ley busca fortalecer en una mayor medida los aspectos sustanciales del tratamiento a las personas extranjeras en el país, pues un importante número de sus objetivos puntualizan cuestiones como las siguientes:

a. **Promover una migración segura, ordenada y regular**. Este objetivo se encuentra fijado en el artículo 2.1 de la Ley 2136 de 2021 y sobre este aspecto, es pertinente tener presente que tales finalidades, son justamente los pilares bajo los cuales se estructuró el Pacto Mundial Migratorio (en adelante PMM) de 2018. Vale señalar, que, si bien se denomina pacto, en realidad se trata de un instrumento internacional que carece de obligatoriedad para los Estados y queda de este modo, sujeto a la soberanía estatal y al amplio marco de configuración de cada uno, el determinar en qué grado y proporción se incorporan o implementan acciones derivadas de los objetivos allí previstos, para conducir las políticas migratorias bajo tales parámetros.

Debe precisarse también, que el contenido del PMM si bien, propone un esquema equilibrado de la gestión de las políticas migratorias en los países y se fundamenta en el respeto de la soberanía de cada país, sustenta sus 23 objetivos en un abordaje integral de todos los escenarios que se pueden presentar en el contexto de la migración y otorga el mayor protagonismo a la satisfacción de los derechos humanos de todas las personas migrantes. De esta manera, es posible evidenciar que este instrumento parte de la importancia de la Declaración Universal de los Derechos Humanos de 1948 y refiere la relevancia no solo de los instrumentos, sino de los tratados internacionales que han buscado desde los textos generales y sectoriales el respeto por los derechos humanos a toda persona sometida a la jurisdicción de un Estado.

Además de lo previsto en los objetivos, el artículo 3, contiene los lineamientos de la política, dentro de los cuales se reiteran los postulados del PMM, y se hace énfasis en la realización de la dignidad humana, como principio que permitirá materializar los derechos humanos de las personas en situación de movilidad humana transnacional, es decir, para quienes son migrantes económicos, refugiados, solicitantes de asilo y retornados (artículo 3.1) y también, como eje transversal para entender la migración despojada de toda óptica o concepción utilitarista y con intenciones de explotación (artículo 3.3), como puede suceder cuando de allí se derivan delitos como la trata de personas y el tráfico de migrantes.

Por su parte, en los lineamientos planteados en la Ley 2136 también se estructura como eje articulador, la adopción de acciones por parte del Estado colombiano conducentes a luchar en contra de la discriminación, la xenofobia, el racismo y la intolerancia en contra de la población migrante. Este elemento reviste gran importancia, pues permite dar cumplimiento a lo previsto en el artículo 13 de la Constitución de 1991, pero además, honra los compromisos internacionales ratificados de manera particular en la Convención Internacional sobre la Eliminación de todas las Formas de Discriminación Racial[1], así como la Convención Interamericana contra el racismo, la discriminación racial y formas conexas de intolerancia[2], principales tratados sectoriales que buscan la erradicación de la discriminación, así también se da cumplimiento a lo previsto en la Convención internacional sobre la protección de los derechos de todos los trabajadores migratorios y de sus familiares[3], tratado

---

1 Adoptada y abierta a la firma y ratificación por la Asamblea General en su resolución 2106 A (XX), de 21 de diciembre de 1965, Entrada en vigor: 4 de enero de 1969, de conformidad con el artículo 19, incorporada el ordenamiento interno mediante la Ley 22 de 1981. Congreso de la República de Colombia, Ley 22 de 1981: *por medio de la cual se aprueba La Convención Internacional sobre la Eliminación de todas las formas de Discriminación Racial", adoptado por la Asamblea General de las Naciones Unidas en Resolución 2106 (XX) del 21 de diciembre de 1965, y abierta a la firma el 7 de marzo de 1966.* https://www.suin-juriscol.gov.co/viewDocument.asp?ruta=Leyes/1578189.

2 Adoptada en La Antigua, Guatemala, el 5 de junio de 2013 en el cuadragésimo tercer período ordinario de sesiones de la Asamblea General

3 Convención internacional sobre la protección de los derechos de todos los trabajadores migratorios y de sus familiares, Adoptada por la Asamblea General en su resolución 45/158, de 18 de diciembre de

también específico que por excelencia visibiliza y condensa la importancia de los derechos de los extranjeros, considerados inmigrantes económicos en el territorio de un país.

Llama la atención que también en el artículo 3.6, se hace alusión a la importancia de la unidad familiar y al respeto del interés superior del menor aplicado a las políticas migratorias y acciones limitativas de derechos, pues en el contexto internacional cuenta con un gran desarrollo, aspecto que también se observa en la jurisprudencia constitucional interna colombiana[4]. Como ejemplo de los avances sobre el particular en los contextos de protección universal y regional interamericano de derechos humanos, vale señalar las Observaciones Generales (en adelante OG) No. 6 del Comité de Derechos del Niños[5], las también OG No. 3[6] y 4 del Comité de Trabajadores Migrantes y sus familiares[7],

---

1990, incorporada el derecho interno mediante la Ley 146 de 1994. Congreso de la República de Colombia, Ley 146 de 1994: *Por medio de la cual se aprueba la "Convención Internacional sobre la Protección de los Derechos de todos los Trabajadores Migratorios y de sus Familiares", hecha en Nueva York el 18 de diciembre de 1990.* https://www.suin-juriscol.gov.co/viewDocument.asp?id=1650862.

4 Este aspecto está abordado de manera suficiente en el capítulo del libro dedicado a la jurisprudencia constitucional colombiana.

5 Comité de Derechos del Niño, Observación General No. 6, *Trato de los menores no acompañados y separados de su familia fuera de su país de origen,* 39° periodo de sesiones, (Doc. HRI/GEN/1/Rev. 9), 27 de mayo de 2005.

6 Comité para la Protección de los derechos de todos los trabajadores migratorios y sus familias, Observación General No. 3, *sobre los principios generales relativos a los derechos humanos de los niños en el contexto de la migración internacional,* (Doc. CMW/C/GC/3-CRC/C/GC/22), 2017, https://tbinternet.ohchr.org/_layouts/15/treatybodyexternal/Download.aspx?symbolno=CMW%2fC%2fGC%2f3&Lang=en

7 Comité para la Protección de los derechos de todos los trabajadores migratorios y sus familias, Observación General No. 4, *sobre sobre las obligaciones de los Estados relativas a los derechos humanos de los niños en*

desarrolladas de manera conjunta con el Comité de Derechos del Niño y en el Sistema de protección interamericano, la OC No. 21 de 2014[8]. Todo lo anterior, redunda en la importancia de aplicar criterios especiales en las políticas migratorias internas de los Estados, cuando está de por medio la vida familiar, la protección de los menores de edad y sus relaciones parentales. Vale señalar, que, de todas maneras, si bien se reconoce este lineamiento como un elemento esencial de la Ley 2136, no está estructurado de manera ilimitada, pues no será aplicable en los casos en los que estén de por medio el respeto a los derechos ajenos, al orden público o los asuntos de seguridad nacional.

b. **Promover la integración socioeconómica de los migrantes**. Este objetivo, que está previsto en el artículo 2.2 de la ley, pareciera ser no solo una continuación de lo expuesto en el PMM, sino que también recoge varios de los pronunciamientos que ha formulado el relator especial para la Protección de los Derechos de Todos los Trabajadores Migratorios y sus Familiares, en el sentido de sustentar que una migración bien comprendida implica considerarla como una oportunidad de desarrollo para el país de destino[9]. Lo anterior implica que los Estados, creen una estructura de recepción de las personas migrantes conducente

---

el contexto de la migración internacional en los países de origen, tránsito, destino y retorno, (Doc. CMW/C/GC/4–CRC/C/GC/23), 2017.

8 Corte IDH, Opinión Consultiva OC No. 21 de 2014, relativa a *Derechos y garantías de niñas y niños en el contexto de la migración y/o en necesidad de protección internacional,* 2014, https://www.corteidh.or.cr/docs/opiniones/seriea_21_esp.pdf.

9 Ver, por ejemplo, Naciones Unidas, Asamblea General, Informe del relator Especial *sobre los derechos humanos de todos los trabajadores migratorios y sus familiares,* (Doc., A/69/302), 2011, https://www.acnur.org/fileadmin/Documentos/BDL/2014/9756.pdf.

a que puedan gozar de varios espacios en la vida del Estado.

Vale anotar que este objetivo tiene como sustento fundamental la satisfacción de una serie de derechos, no solo del orden de los civiles y políticos, sino además el cumplimiento de los económicos, sociales y culturales. Esto implica la necesidad de que los derechos de los migrantes se reconozcan de manera integral, lo que exige del diseño y la implementación de políticas públicas para la promoción del empleo, acceso a la vivienda, a la educación en distintos niveles de formación, servicios sociales, entre otros, ello requiere de toda una articulación en términos sociales.

c. **Caracterización y retorno de colombianos.** En el artículo 2.6 y 2.7 se estipula la necesidad de conocer el perfil ocupacional de los colombianos que están en el exterior para promover el retorno de estas personas al país. Los objetivos no son novedosos en el marco jurídico nacional, pues tal y como ya se expuso en un acápite anterior, desde el documento CONPES 3603 de 2009 y en la Ley 1465 de 2011, una de las principales finalidades consistía en dar fortalecimiento de los lazos de los colombianos en el exterior. Por su parte, en los lineamientos de la última ley, se parte del reconocimiento de la existencia de una diáspora de colombianos por el mundo (artículo 3.9), lo que motiva las iniciativas de conocer las particularidades de los nacionales residentes en otros países, para derivar de allí algún tipo de protección.

Pese a los esfuerzos, a la fecha, el retorno de los colombianos al país no ha sido muy exitoso, pues las oportunidades en términos de empleabilidad y ocupación parecen no ser tan atractivas para un gran porcentaje de la población que se encuentra fuera del país. En ese sentido, los nacionales que residen en otro país, siguen siendo percibidos como un motor de desarrollo, sin embargo, hace falta aún consolidar de una mejor manera estas políticas. Por otra parte, los colombianos retornados, también pueden serlo por razones humanitarias y un claro ejemplo de ello, son quienes regresan de Venezuela, luego de varios años de haber establecido su vida en ese país. Frente a este retorno, las consideraciones son distintas, pues nuestros nacionales regresan para mejorar sus condiciones de vida y los planes de reincorporación a la vida en el país no parecen tampoco responder a las necesidades particulares de esta población.

Lo anterior, se evidencia en que existen pocas iniciativas para materializar los planes de reincorporación y los pocos existentes no logran abarcar las necesidades de las personas retornadas. Tal es el caso de la iniciativa impulsada por el Ministerio de Comercio, Industria y Turismo (MinCIT), el cual busca: "*la intervención con 1.360 emprendimientos de población migrante, retornada y comunidad de acogida a través de Inpulsa Colombia con el apalancamiento de recursos de la Unión Europea por un periodo de tiempo de 3 años*"[10]. Cifra que resulta insuficiente para los colombianos que se encuentran en el exterior que, según cifras del DANE al III Trimestre del 2022, se encuentra en 45 690 colombianos que residen en el exterior[11].

Por otro lado, entidades como Prosperidad Social, encargada de atender el retorno humanitario, afirma que no cuenta con programas que permitan la atención de este tipo de retorno, ni cuenta con los recursos necesarios para adelantar este tipo de políticas[12]. Así, se demuestra que Co-

---

10 Respuesta de derecho de petición del Ministerio de Comercio, Industria y Turismo con radicado No. 1-2022-016072, 2022.

11 Departamento Administrativo Nacional de Estadística (DANE), *Estadísticas de Migración,* 2022.

12 Respuesta de derecho de petición de Prosperidad Social con radicado No. E-2022-0007-183163, 2022.

lombia no cuenta con suficientes planes de reincorporación que incentiven a la población colombiana residente en el exterior a retornar a su país de origen.

d. **Desarrollo de los derechos de los migrantes y protección a la mujer y a las poblaciones vulnerables.** En los artículos 2.9 y 2.10 se enuncia como objetivo de la PIM desarrollar los derechos de las personas migrantes. Ello significa que todo lo contenido en el artículo 100 de la Constitución debería contar con un desarrollo legal. A la fecha, ni esta ley ni tampoco ninguna anterior, le ha dado claridad a la dimensión de aplicación de los derechos civiles y políticos de los extranjeros y tampoco de los derechos sociales, económicos y culturales. Este objetivo es coincidente con el lineamiento propuesto en el artículo 3.10 y si bien registra avances, no logra ser aún integral en lo relativo a la protección de los derechos de las personas.

Tal y como se expuso en el acápite en el que se realizó el análisis de las normas constitucionales aplicables a las personas extranjeras, lo previsto en el artículo 100, que dispone que los extranjeros gozarán en Colombia, de los mismos derechos civiles que los nacionales, salvo las restricciones establecidas por la ley, debe ser interpretado y leído desde lo previsto en los artículos 13 y 93 de la Constitución. Lo anterior significa que el derecho a la igualdad será esa garantía instrumental e ilustradora que delinee los parámetros interpretativos, pero también ha de acudirse a lo que en los tratados de derechos humanos aplicables a los extranjeros se prevea. Ello por cuanto nuestra norma superior ha querido revestir de suma relevancia los compromisos en materia de derechos humanos.

Por el momento no se cuenta con esos elementos configurados de manera clara, pues, de una parte, el contenido del artículo 100 no ha sido desarrollado y tal y como lo veremos en el análisis de esta ley, en la 2136 de 2011, de nuevo se pierde la oportunidad de hacer referencia amplia, explícita, completa e integral al marco de derechos que pueden disfrutar los extranjeros en el país. Como lo notaremos, se abordan unos sucintos y descontextualizados derechos, que se entienden asociados a la migración, como si todo el marco constitucional e internacional no se relacionara con esta realidad.

Por otra parte, en este principio también se alude a la necesidad de que las mujeres y otros grupos vulnerables pudieran tener medidas de protección. Causa curiosidad que la ley no haya incorporado de manera integral la categoría de sujetos de especial protección constitucional, cuando este concepto y así mismo los subgrupos, han sido una temática de amplio desarrollo por parte de la jurisprudencia constitucional interna[13].

Antes de dar por terminado el análisis de los lineamientos de manera correlacionada con el progreso de las normas internacionales, conviene referir que llama la atención la incorporación de uno de estos que se presenta y redacta como la "coherencia" del SNM (artículo 3.5). Este derrotero de

---

13 Ver a modo de ejemplo del desarrollo jurisprudencial, sobre los grupos de especial protección constitucional: Corte Constitucional, Sentencia T-338 de 22 de agosto de 2018, M. P. Gloria Stella Ortíz Delgado, Corte Constitucional, Sentencia T- 010 de 16 de enero de 2015, M. P. María Victoria Sáchica Méndez, Corte Constitucional, Sentencia T-468 de 7 de diciembre de 2018, M. P. Diana Fajardo Rivera, Corte Constitucional, Sentencia T-252 de 26 de abril de 2017, M. P. Iván Humberto Escrucería Mayolo, Corte Constitucional, Sentencia T-475 de 1 de septiembre de 2016, M. P. Alejandro Linares Cantillo, Corte Constitucional, Sentencia T-025 de 22 de enero de 2004, M. P. Manuel José Cepeda Espinoza, Corte Constitucional, Sentencia T- 077 de 22 de febrero de 2016, M. P. Jorge Iván Palacio, Corte Constitucional, Sentencia T- 250 de 26 de abril de 2017, M. P. Alejandro Linares Cantillo, Corte Constitucional, Sentencia T-119 de 11 de febrero de 2005, M. P. Jaime Córdoba Triviño, Corte Constitucional, Sentencia T- 388 de 28 de junio de 2013, M. P, María Victoria Calle Correa.

la política interna colombiana plantea que, de acuerdo con las dinámicas de migración a nivel global, se espera que los nacionales colombianos, sean tratados de la misma manera como son tratados los extranjeros en nuestro país. Un lineamiento de este carácter no podría parecer extraño en los entornos de política internacional del siglo XIX y XX, pues, de hecho, bajo la vigencia de la Constitución de 1886 y, en consecuencia, dando aplicación a las leyes que sobre extranjería se implementaron antes del nuevo modelo constitucional interno de 1991, se predicaba la aplicación de la reciprocidad bilateral para otorgar los derechos de los extranjeros.

A modo de ilustración, el artículo 11 del texto constitucional del 86, señalaba lo siguiente: *"Artículo 11: Los extranjeros disfrutarán en Colombia de los mismos derechos que se concedan a los colombianos por las leyes de la Nación a que el extranjero pertenezca, salvo lo que se estipule en los Tratados públicos"*.

La norma vigente en ese momento desconocía que en materia de derechos humanos y como consecuencia de ello, desde su reconocimiento, no era posible atribuir un estricto trato recíproco a los extranjeros en el país, en función de los derechos que los colombianos podrían tener en otro Estado. Lo anterior, no es posible bajo la óptica de los derechos humanos de la actualidad, debido a que tales normas internacionales, es decir, los tratados en esta materia, desarrollan un interés común internacional y planetario que no se deriva de esta relación de correspondencia bilateral, pues se está en frente de tratados multilaterales que buscan la protección de la persona y ello supone un interés global de superior envergadura, que no es correspondiente con las relaciones bilaterales y la creación de obligaciones sinalagmáticas[14].

---

14 Carlos Villán Durán, *Tratado de Derecho Internacional de los Derechos Humanos,* (Madrid: Tecnos, 2006), 234-238.

Desde el punto de vista práctico y político, tampoco resulta ser estratégico para Colombia incluir dentro de los lineamientos de la política una disposición normativa con este alcance y dimensiones, toda vez que salvo las leyes del Congreso y en particular las 1465 de 2011 y 2136 de 2021, entendidas como leyes migratorias en sentido estricto, las demás normas que configuran la política migratoria y el tratamiento a los extranjeros en el país, está casi que enfocado y particularizado en atender los flujos migratorios provenientes de Venezuela. Lo anterior significaría, según el espíritu del lineamiento 3.5, que nuestros nacionales serían tratados en otro país con normas escazas en materia de reconocimiento de derechos y bajo una expectativa de aplicación de la Constitución únicamente. Tal y como lo veremos con posterioridad, no podemos olvidar que nuestro país aún no resuelve el alcance y tratamiento integral de los derechos de los extranjeros por vía de una Ley del Congreso de la República, que le permita al Estado contar con herramientas transversales para garantizar derechos a personas de cualquier nacionalidad que esté sometida a la jurisdicción del Estado colombiano.

En la Ley 2136 de 2021 es posible hallar un par de principios que parecen estar descontextualizados de todo el desarrollo normativo, pues en las disposiciones complementarias del capítulo XI, artículo 80, se pretende hacer una integración y remisión normativa a la Ley 1257 de 2008, sobre violencia y discriminación contra las mujeres y a partir de allí se refiere la progresividad como una norma aplicable a las disposiciones generales del SNM. Enuncia expresamente la norma que:

> ***Artículo 79:***
> *No Discriminación. Todas las mujeres con independencia de sus circunstancias personales, sociales o económicas tales como edad, etnia, orientación sexual, procedencia rural o urbana, religión entre otras, tendrán garantizados los derechos establecidos en esta Ley a través de una previsión de estándares mínimos en todo el territorio nacional o fuera de él, por medio del servicio exterior de la República.*

La no discriminación como principio, es una de las columnas vertebrales de todo el discurso de los derechos humanos y junto con el reconocimiento de la dignidad humana le dan justificación a la existencia de los mismos en los ordenamientos jurídicos tanto del entorno normativo interno, como del internacional[15]. Si bien, es importante que esté incluido en una ley con el alcance de esta, dado que busca coordinar acciones y dar marco de acción al Estado colombiano para la implementación de la política migratoria, genera curiosidad notar como el principio no está visibilizado de manera relevante en la primera parte de la ley y, por el contrario, se incluye al final de la norma en las disposiciones complementarias, como si se restara relevancia al mismo. Por otra parte, en la redacción del artículo se circunscribe únicamente al caso de la violencia contra las mujeres, dando así una perspectiva parcial y fragmentaria de este. Por su parte, el artículo 80 dispone que:

> ***Artículo 80:***
> ***Principio de Progresividad:*** *Es obligación del Estado garantizar la continuidad en la garantía, reconocimiento y ejercicio de los derechos humanos y prohibir el retroceso en esta materia.*
> *Este principio, exige el uso del máximo de recursos disponibles por parte del Estado para la satisfacción de los derechos.*

La inclusión de esta norma puede ser interpretada como un elemento esencial y necesario para todo lo que implica una política migratoria en su conjunto y concebida de manera integral. No obstante, es importante analizar en detalle la conveniencia del principio toda vez que lo hace extensivo a todos los derechos humanos, independientemente de

---

15 Ver J.A, Carrillo Salcedo, *Dignidad frente a la barbarie: La Declaración Universal de Derechos Humanos, cincuenta años después,* (Madrid: Trotta, 1999), 28 y 29.

su tipología, esto es, si se trata del ejercicio de los derechos civiles y políticos o de los DESC.

Es propio del ejercicio e implementación de los DESC que los Estados invoquen y además apliquen la progresividad como una herramienta para poder hacer uso de los recursos económicos que permitan contar con una planeación financiera y de inversión para el logro de la universalización de los derechos. Pese a ello, los Estados también deben garantizar el cumplimiento de obligaciones de carácter inmediato incluso en los DESC, estas son, la adopción de medidas de cualquier índole y la aplicación de la no discriminación en la incorporación de estas acciones, tal y como queda puesto de presente en el Pacto Internacional de Derechos Económicos, Sociales y Culturales de 1996 (PIDESC)[16].

Por su parte, en lo que atañe a los derechos civiles y políticos, también derechos humanos, estos no pueden y no deben estar sometidos a la progresividad en su cumplimiento, pues esta situación redunda de manera negativa en la dignidad de la persona y se trata de un grupo de derechos de esencial satisfacción para la persona. A manera de ejemplo ilustrativo, puede traerse a colación, la aplicación progresiva del respeto al derecho de no devolución de las per-

---

16 Sobre este aspecto el PIDESC señala en su artículo 2 que: 1. Cada uno de los Estados parte en el presente Pacto se compromete a adoptar medidas, tanto por separado como mediante la asistencia y la cooperación internacionales, especialmente económicas y técnicas, hasta el máximo de los recursos de que disponga, para lograr progresivamente, por todos los medios apropiados, inclusive en particular la adopción de medidas legislativas, la plena efectividad de los derechos aquí reconocidos.
2. Los Estados parte en el presente Pacto se comprometen a garantizar el ejercicio de los derechos que en él se enuncian, sin discriminación alguna por motivos de raza, color, sexo, idioma, religión, opinión política o de otra índole, origen nacional o social, posición económica, nacimiento o cualquier otra condición social.

sonas refugiadas, solicitantes de asilo e incluso migrantes económicos, o el reconocimiento del derecho a la libertad de pensamiento, expresión y libertad de conciencia. No resulta desde ningún punto de vista lógico ni sustentable, que se deba someter a un desarrollo paulatino en términos de protección para los extranjeros, pues puede ser una peligrosa fórmula para legitimar la arbitrariedad de las autoridades y generar discriminación en contra de los no nacionales.

3.1.2. Los elementos sustantivos de la Ley 2136 de 2021 evidencian la importancia del bloque de constitucionalidad.

Debido a que el análisis presentado en este texto se realiza desde la óptica de los derechos humanos, a continuación, se presentarán algunos aspectos que pueden ser considerados como un avance en la normativa migratoria, así como también se propondrán algunos que constituyen preocupación.

Tal y como lo hemos expuesto anteriormente, desde una revisión comparativa de las leyes que en materia migratoria se han sancionado en Colombia, la Ley 2136 de 2021 presenta elementos nunca antes vistos en nuestro entorno legal. Este es el caso de la incorporación de los principios de igualdad, interés superior del menor, integración, no devolución, proporcionalidad, participación, dignidad humana, libre movilidad, no discriminación, debido proceso y enfoque diferencial. Sobre cada uno de estos principios conviene hacer algunos comentarios, relacionados con su evolución en la normatividad interna e internacional.

- Participación

De acuerdo con el artículo 4.2, este principio se concibe como la posibilidad de que tanto los extranjeros en Colombia, como los colombianos en el exterior puedan hacer ejercicio de sus derechos, bajo el presupuesto del respeto de las leyes internas del Estado de destino, según corresponda. Es curioso que se defina de esta manera la participación, pues en realidad lo previsto por esta ley parece más cercano a la efectividad de los derechos humanos, además, en el marco nacional ya existe una suficiente conceptualización aportada por la interpretación de la Constitución de 1991 sobre lo que significa este principio-derecho.

Al punto, conviene tener presente que el principio de participación ha solido asociarse únicamente a la toma de decisiones o a la intervención de la ciudadanía en términos de derecho político. Por lo anterior, una de las principales preocupaciones no solo para el caso de Colombia, sino en el entorno internacional de protección de DD. HH, radica en que debido a que casi la totalidad de los derechos políticos se vinculan a la condición de ciudadano de un Estado, los extranjeros son en consecuencia los grandes excluidos[17]. Ello supone que no estarán representados debidamente en

---

[17] Sobre este aspecto, es pertinente revisar lo que ha dicho el Relator Especial de las Naciones Unidas sobre los Derechos de los Migrantes y sus familiares, Sr. Francis Crepeau, quien ha afirmado que: "Debería formularse una meta sobre políticas mejoradas de migración basadas en los derechos humanos a fin de asegurar una migración equitativa, segura y regular, para poner fin a la explotación, el abuso y la violencia contra los migrantes, sea cual sea su estatus migratorio o sus circunstancias. Deberían crearse vías de migración regular suficientes para responder a la demanda de mano de obra en todos los niveles de calificación del país de destino. Estas medidas de política podrían contribuir a reducir el uso por los migrantes de vías de migración irregular y evitar que se conviertan en víctimas de redes de trata y tráfico ilícito. Las políticas deberían tener en cuenta las diferencias culturales y promover la participación de todos los migrantes y sus representantes, como los sindicatos y las organizaciones de la sociedad civil en los procesos de adopción de decisiones que les afectan", Naciones Unidas, I*nforme del Relator Especial sobre los derechos humanos de los migrantes,* (Doc. A/69/302), 11 de agosto

la toma de decisiones y eso implica desde el ejercicio del sufragio, hasta tener en cuenta sus posturas, opiniones y necesidades en el momento de elaborar normas que regulan el marco de sus derechos.

Para el caso colombiano, la Corte Constitucional ha interpretado el alcance de la restricción, en el sentido de que los extranjeros pueden ejercer derechos políticos y dicha limitación no es otra cosa que un reflejo del ejercicio soberano del poder al interior del Estado, que se justifica en que son derechos que exigen no solo de la posesión de la nacionalidad, sino del cualificante de la ciudadanía. Por ello, constituye una excepción la posibilidad de que los extranjeros puedan hacerse parte en las elecciones locales o municipales[18], tal y como se presenta en la normativa nacional.

- Igualdad

Esta norma que para los ordenamientos jurídicos se configura con una naturaleza jurídica compleja, es decir, como principio y derecho[19], está enunciada en el artículo 4.6 de la Ley 2136 de 2021. En ella se busca replicar el reconocimiento de la igualdad formal de los extranjeros y además hacerlos titulares de obligaciones, replicando así no solo las previsiones normativas del artículo 13, sino además del 100. Tal y como se expone de manera amplia en el acápite dedicado a la jurisprudencia, la igualdad se reconoce para los extranjeros, en el ámbito del ejercicio de los derechos civiles, salvo las excepciones que establezca la ley, situaciones que hasta el momento no han sido claramente fijadas,

---

de 2011, pár. 95, https://www.acnur.org/fileadmin/Documentos/BDL/2014/9756.pdf.

18 Para mayor profundidad sobre el tema ver; Corte Constitucional, Sentencia C-523 de 1 de julio de 2003, M. P. Jaime Córdoba Triviño.

19 Conviene puntualizar que en el caso colombiano también es un valor constitucional, previsto en el preámbulo de la Constitución de 1991.

por carecer de una norma emanada del Congreso con este contenido preciso.

- No discriminación

Tanto en el esquema internacional como en el propio artículo 13 de la Constitución de 1991, además del reconocimiento de la igualdad formal y material para todas las personas sujetas a la jurisdicción del Estado, esta importante norma se complementa con la prohibición de discriminación por una serie de motivos prohibidos entre los cuales está justamente el origen nacional.

El artículo 4.19 de la Ley 2136 establece que "las disposiciones de esta Ley, se aplicarán sin discriminación por motivo de raza, color, sexo, edad, estado civil, religión o creencia, nacionalidad o ascendencia nacional, idioma, origen social o cultural, enfermedad o discapacidad, apariencia, opiniones políticas o por cualquier otra situación". Como puede notarse, se replica casi que en su contenido integral lo dispuesto no sólo en el artículo 13 Superior, así como también, se toman elementos presentes en las normas internacionales. Al margen de esto, llama la atención de la redacción de este principio, que no incluye el origen nacional como el principal motivo por el cual no se puede discriminar. Esto, podría conducir a pensar que la razón de la omisión se fundamenta en que gran parte de las disposiciones de la Ley persiguen la protección de las personas extranjeras, lo que platearía una redundancia en caso de hacer alusión a este motivo prohibido.

Pese a que ello pueda inferirse, no puede perderse de vista que no toda la regulación desarrollada por el Estado colombiano tiene como destinatarios a los extranjeros en el sentido más general y completo del término, pues la evidencia normativa y reglamentaria nos demuestran que internamente el país ha regulado situaciones exclusivamente orientadas a una nacionalidad en particular. Por lo anterior, incluir dentro de los motivos prohibidos para discriminar el origen nacional, no resultaría ser una redundancia, sino que daría la tranquilidad de que esta norma en particular a diferencia de las demás, si ha sido pensada con una pretensión de universalidad en términos de su campo de aplicación personal.

- Integración

El principio de integración contenido en el artículo 4.7 de la ley ya estaba enunciado dentro de los objetivos de la norma y se plantea de manera bilateral, desde las relaciones de fortalecimiento de los colombianos que están radicados en el exterior, así como de los procesos de integración del migrante de su familia a la sociedad y a la cultura del Estado de acogida.

Con respecto a la integración de la población migrante y de su familia, vale señalar que este aspecto es uno de los que se cataloga como fundamental por parte de los órganos de los tratados, que propenden por el pleno desarrollo de los derechos de los migrantes en los Estados de destino. Así, ha sido planteado, por ejemplo, por el Comité de trabajadores migratorios, en algunas de las Observaciones Generales[20], dando aplicación a las disposiciones de la CTMF referidas a este aspecto, como sucede, por ejemplo, con el artículo 45.2 de este tratado, el cual establece que los Estados deberán promover condiciones de integración social y económica a los hijos de los trabajadores migrantes en el estado de empleo. Por su parte, el relator especial para la protección de los

---

20 Comité de Protección de los Derechos de Todos los Trabajadores Migratorios y de sus Familiares y Comité de los Derechos del Niño, Observación general conjunta núm. 4 y núm. 23 respectivamente, *sobre las obligaciones de los Estados relativas a los derechos humanos de los niños en el contexto de la migración internacional en los países de origen, tránsito, destino y retorno,* (Doc. CMW/C/GC/4–CRC/C/GC/23), 16 de noviembre de 2017, pár. 31, https://conf-dts1.unog.ch/1%20SPA/Tradutek/Derechos_hum_Base/CMW/00_7_obs_grales_CMW.html.

derechos de todos los trabajadores migrantes, tanto en del sistema de Naciones Unidas, como la Relatoría del Sistema Interamericano de protección, han señalado la importancia de estas acciones para reducir la desigualdad, luchar en contra de la discriminación y la xenofobia, pero sobre todo para garantizar un marco de derechos con altos estándares[21].

- Interés superior de los niños, niñas y adolescentes

Este principio está presente en la legislación nacional especial que propende por la protección de los menores de edad[22], pero deriva de la importancia de los derechos de los niños, catalogados como fundamentales en el artículo 44 de la Constitución de 1991[23]. En el marco internacional, también tiene gran importancia y está previsto en la Convención sobre Derechos del niño (en adelante CDN)

---

21 Ver, por ejemplo, Naciones Unidas, *Informe del Relator Especial sobre los derechos humanos de los migrantes*, (Doc. A/68/283), 7 de agosto de 2013, pár. 69 https://www.acnur.org/fileadmin/Documentos/BDL/2014/9735.pdf.

22 Congreso de la República de Colombia, Ley 1098 de 2006: *por la cual se expide el Código de la infancia y la adolescencia.*

23 El artículo 44 establece: Son derechos fundamentales de los niños: la vida, la integridad física, la salud y la seguridad social, la alimentación equilibrada, su nombre y nacionalidad, tener una familia y no ser separados de ella, el cuidado y amor, la educación y la cultura, la recreación y la libre expresión de su opinión. Serán protegidos contra toda forma de abandono, violencia física o moral, secuestro, venta, abuso sexual, explotación laboral o económica y trabajos riesgosos. Gozarán también de los demás derechos consagrados en la Constitución, en las leyes y en los tratados internacionales ratificados por Colombia. La familia, la sociedad y el Estado tienen la obligación de asistir y proteger al niño para garantizar su desarrollo armónico e integral y el ejercicio pleno de sus derechos. Cualquier persona puede exigir de la autoridad competente su cumplimiento y la sanción de los infractores. Los derechos de los niños prevalecen sobre los derechos de los demás.

de 1989[24], tratado internacional que también ha sido ratificado por Colombia, razón por la cual está incorporado al bloque de constitucionalidad. En la CDN este principio está previsto en el artículo 3.1[25]. Por su parte, ha sido empleado en varios ámbitos en los que interactúan o que se relacionan con los menores, como lo son en este aspecto en particular, la salida de su estado de origen, el tránsito migratorio y la llegada al Estado de destino.

Tal y como se pondrá en evidencia en el capítulo relativo a la jurisprudencia constitucional sobre extranjería, este principio ha gozado de gran relevancia para obtener la protección de los derechos de los menores de edad extranjeros en el territorio colombiano y ha sido además un elemento estructural para garantizar la protección de otros derechos, es decir, que ha obrado como un elemento instrumental y de gran relevancia para que los menores puedan acceder a más y mejores derechos en territorio colombiano. Por su parte en la Ley 2136 de 2021, se prevé que en todos los procesos que se relacionen con la misma, el interés superior del menor será un elemento irradiador para la protección de los niños (artículo 4.9). En materia migratoria, la aplicación de este principio ha sido de gran utilidad tanto en las actuaciones judiciales internas como en las internacionales, pues

---

24 Adoptada por la Asamblea General en su resolución 44/25, de 20 de noviembre de 1989, entrada en vigor el 2 de septiembre de 1990, incorporada a la normatividad interna por medio de Congreso de la República de Colombia, Ley 12 de 1991: *por medio de la cual se aprueba la Convención sobre los Derechos del Niño adoptada por la Asamblea General de las Naciones Unidas el 20 de noviembre de 1989.* https://www.suin-juriscol.gov.co/viewDocument.asp?ruta=Leyes/1568638.

25 Dispone el artículo 3.1 que: "En todas las medidas concernientes a los niños que tomen las instituciones públicas o privadas de bienestar social, los tribunales, las autoridades administrativas o los órganos legislativos, una consideración primordial a que se atenderá será el interés superior del niño".

se ha evitado, por ejemplo, separar una familia, o se ha privilegiado la protección de los derechos de los niños frente a las acciones que dentro de la política migratoria sean limitativas de derechos, impongan expulsiones o devoluciones de los padres o de las personas que estén al cuidado del menor.

- Libre movilidad

La inclusión de este principio resulta ser bastante novedoso y revolucionario en nuestra normativa interna. Se debe precisar que la manera en la que está redactado el artículo 4.10, reproduce lo que está dispuesto en la DUDH[26] y que de acuerdo con la doctrina es el único instrumento internacional que reconoce de manera explícita el derecho de entrada, garantía que no está replicada en los tratados de derechos humanos, como sucede, por ejemplo, con el PIDCP de 1966, ni en la CADH de 1969.

El artículo 4.10, establece concretamente que: *"Toda persona tiene derecho a circular libremente y a elegir su residencia en el territorio de un Estado, a entrar y salir de él, y a regresar a su país, con las limitaciones que establezca la ley"*.

Como fue expuesto, en el párrafo anterior, en esta norma se reconoce abiertamente que las personas pueden ingresar y circular de manera libre por cualquier país, no señala que debe ser el país de su nacionalidad o que deban contar con una situación administrativa regular para circular por el territorio. Lo anterior no significa que el Estado no pueda fijar limitaciones al ejercicio de este derecho, pues en la última frase señala que esas restricciones podrán estar contenidas e instauradas en la ley. Dichas reservas a la entrada son las que

---

26 Artículo 13 DUDH "1. Toda persona tiene derecho a circular libremente y a elegir su residencia en el territorio de un Estado. 2. Toda persona tiene derecho a salir de cualquier país, incluso del propio, y a regresar a su país".

proceden de los regímenes de visados, requisitos de permanencia y circulación que se fijan en leyes migratorias internas.

Otro elemento que conviene destacar de la redacción de este principio consiste en el lenguaje que emplea, pues no se refiere al principio como el derecho de entrada al territorio, aunque materialmente lo sea, pero tampoco lo titula libre circulación, como ha sido conocido en la mayor parte de las normas internacionales[27] y particulares de los países. Por su parte, lo denomina libre movilidad empleando el término más amplio relativo a los movimientos de personas y replicando la tendencia fijada ya en el Ecuador[28] de dejar atrás las tradicionales clasificaciones en materia migratoria.

---

27 Artículo 12 PIDCP y por su parte, el artículo 22 de la CADH, dispone: "Artículo 22 Derecho de Circulación y de Residencia 1. Toda persona que se halle legalmente en el territorio de un Estado tiene derecho a circular por el mismo y a residir en él con sujeción a las disposiciones legales".

28 De acuerdo con Plan Nacional de Movilidad Humana del Ecuador, este concepto se entiende desde su comprensión de la migración internacional, con sus distintas dimensiones: emigración, inmigración, tránsito, retorno, personas en necesidad de protección internacional y víctimas de los delitos de trata de personas y de tráfico ilícito de migrantes. Estas categorías responden a fenómenos multicausales de orden voluntario o forzado, donde convergen una serie de factores de expulsión (pobreza, desigualdad, violencia, discriminación, cambio climático, desastres naturales o anatrópicos) y otros de atracción (mayor y mejor acceso a derechos, seguridad, reunificación familiar, mayor estabilidad política, entre otros). Las dimensiones de la movilidad humana exigen a los Estados asumir un rol preponderante para enfrentar los desafíos que presenta la migración en todas sus realidades, como países de origen, tránsito y acogida. Para encarar estas realidades, los Estados han optado por dos corrientes bien definidas: securitista y garantista". Ministerio de Relaciones Exteriores y Movilidad Humana, P*lan Nacional de Movilidad Humana*, 2018. https://www.cancilleria.gob.ec/wp-content/uploads/2018/06/plan_nacional_de_movilidad_humana.pdf.

- No devolución

La prohibición de devolver automáticamente a las personas, en frontera, o estando ya en el territorio del Estado de destino, es un principio que surge en el Derecho Internacional de los Refugiados y se conoce como ***non refoulement.*** Esta garantía está originalmente prevista en el artículo 33 de la Convención de Ginebra sobre el estatuto de los refugiados de 1951[29] y busca evitar graves daños a la vida, a la integridad personal y libertad del extranjero que busca protección internacional en otro territorio, o huye de violaciones a sus derechos humanos en el país de origen o de residencia habitual.

En el marco del derecho migratorio este principio se ha ido incorporando de manera paulatina a través de su reconocimiento en tratados internacionales, como en el artículo 22.8 de la CADH, que lo enuncia al referirse al derecho a solicitar asilo. Si bien, podría afirmarse que esta garantía reposa de manera exclusiva en la protección internacional que se deriva del refugio y del asilo, es importante tener presente que, por ejemplo, en el contexto del sistema interamericano, cada vez más se percibe de manera difusa la distinción entre la voluntariedad de emigrar y los motivos impulsados por la fuerza. Lo anterior, debido a que gracias a la Decla-

---

[29] Dispone la Convención de 1951, Artículo 33. Prohibición de expulsión y de devolución ("refoulement") 1. Ningún Estado Contratante podrá, por expulsión o devolución, poner en modo alguno a un refugiado en las fronteras de los territorios donde su vida o su libertad peligre por causa de su raza, religión, nacionalidad, pertenencia a determinado grupo social, o de sus opiniones políticas. 2. Sin embargo, no podrá invocar los beneficios de la presente disposición el refugiado que sea considerado, por razones fundadas, como un peligro para la seguridad del país donde se encuentra, o que, habiendo sido objeto de una condena definitiva por un delito particularmente grave, constituya una amenaza para la comunidad de tal país.

ración de Cartagena de 1984[30] las razones para considerar que una persona es refugiada no son tan estáticos como los contenidos en la Convención de 1951 y ese orden de cosas, no es inapropiado pensar que las violaciones sistemáticas a derechos humanos, que bien pueden no estar consideradas por un país como razones suficientes para ser considerarla como refugiada, si pueden derivar en la garantía de no devolución por los riesgos asociados al regreso al país de origen o de residencia habitual. La aplicación del principio de no devolución, de hecho, tanto en el marco del DIR como en el del DIDH, ha constituido un límite a la potestad soberana de los Estados en términos de deportación y expulsión[31].

En lo que atañe al reconocimiento de este principio en la Ley 2136 de 2021, el artículo 4.11, retoma casi la totalidad de los elementos que en el derecho internacional de los derechos humanos (DIDH) y en el derecho internacional de los refugiados (DIR) se establecen como ejes del principio de no devolución. A continuación, se hará una transcripción de este principio:

> *No se devolverá a persona alguna al país, sea o no de origen, en el cual su vida, libertad e integridad esté en riesgo por causa de su raza, religión, nacionalidad, pertenencia a determinado grupo social u opiniones políticas o cuando existan razones fundadas para considerar que estaría en peligro de ser sometida a tortura y otros tratos o penas crueles, inhumanos o degradantes, de conformidad con los instrumentos internacionales ratificados por Colombia en la*

---

30 Adoptada por el Coloquio Sobre la Protección Internacional de los Refugiados en América Central, México y Panamá: Problemas Jurídicos y Humanitarios, celebrado en Cartagena, Colombia, del 19 al 22 de noviembre de 1984.

31 María Teresa Palacios Sanabria, "Los derechos de los extranjeros como limite a la soberanía de los estados", *Int. Law: Rev. Colomb. Derecho Int.*, n. ° 23, 2013, 319-352. http://www.scielo.org.co/scielo.php?script=sci_arttext&pid=S169281562013000200010&lng=en&nrm=iso.

> *materia. Aquellos solicitantes de la condición de refugiados que no hubieran obtenido el estatuto de tal podrá solicitar un permiso de permanencia en el país, de conformidad a la legislación existente en Colombia.*

Dentro de los elementos a resaltar para que proceda esta protección se encuentran:

- Que la libertad, la vida o la integridad de la persona[32] estén en riesgo de ser afectados.
- Que los motivos de la afectación correspondan a las causas que originan la posibilidad de solicitar protección internacional por vía de la aplicación del refugio y del asilo.
- Que las razones que originan el temor estén fundadas.

A diferencia de los requisitos que se aplican en virtud de la Convención de 1951, para el caso colombiano, se agrega que, si la persona del solicitante de refugio no ha podido acceder a este reconocimiento, tendrán la posibilidad de solicitar el permiso de permanencia, tal y como se señala en el artículo 4.11, parágrafo. Lo anterior, representa una expansión de la aplicación del principio de no devolución a los casos que escapen del marco de acción del refugio y de esta manera se hace aplicable a los casos de inmigración de manera general, tendencia que se ha extendido bajo la aplicación de la CTMF.

- Debido proceso

Por mandato constitucional todos los procedimientos tanto de orden judicial como administrativo deben estar irradiados por el debido proceso. Esta es una garantía erigida como

[32] De la garantía de la integridad personal se desprende la prohibición de malos tratos.

derecho fundamental en el artículo 29 de la Constitución de 1991[33]. En temas relacionados con la movilidad humana, tiene también gran relevancia, así como en todo tipo de procesos, sin embargo, en este contexto de se debe tener en cuenta que debido a la posición de vulnerabilidad[34] en la que ya se encuentran las personas extranjeras, por razón de no pertenecer a la comunidad política, desconocer el sistema normativo, los mecanismos de protección, la organización funcional de las autoridades y en general no ser conscientes de sus derechos, el debido proceso adquiere una importancia capital para los migrantes económicos, solicitantes de refugio, asilo, personas apátridas, víctimas de trata, entre otros.

Por pertenecer a la categoría o clasificación de derecho civil[35] les pertenece a todas las personas sin distinción por

---

33 Artículo 29. El debido proceso se aplicará a toda clase de actuaciones judiciales y administrativas. Nadie podrá ser juzgado sino conforme a leyes preexistentes al acto que se le imputa, ante juez o tribunal competente y con observancia de la plenitud de las formas propias de cada juicio.

34 Corte Constitucional, Sentencia T-143 de 19 de marzo 2019, M. P. Alejandro Linares Cantillo. Así también ver Naciones Unidas, Informe del Relator Especial sobre los derechos humanos de los migrantes, Felipe González Morales, relativo a *Violaciones de los derechos humanos en las fronteras internacionales: tendencias, prevención y rendición de cuentas,* (Doc., A/HRC/50/31), 26 de abril de 2022, https://documents-dds-ny.un.org/doc/UNDOC/GEN/G22/328/60/PDF/G2232860.pdf?OpenElement.

35 Según Pedro Nikken los derechos civiles y políticos tienen por objeto la tutela de la libertad, la seguridad y la integridad física y moral de la persona, así como de su derecho a participar en la vida pública. Por lo mismo, ellos se oponen a que el Estado invada o agreda ciertos atributos de la persona, relativos a su integridad, libertad y seguridad. Su vigencia depende, en buena medida, de la existencia de un orden jurídico que los reconozca y garantice. En principio, basta constatar un hecho que los viole y que sea legalmente imputable al Estado para que este pueda ser considerado responsable

origen nacional o sin importar su situación migratoria. Es así, como en virtud del ejercicio del acceso a la justicia, ha sido posible ver la aplicación de esta garantía a los procedimientos migratorios relativos a la situación administrativa, posesión de documentos, acceso al ejercicio de derechos laborales, deportación, expulsión, inadmisión en frontera, temas relacionados con sesgos de discriminación entre otros. En el capítulo dedicado al análisis de la jurisprudencia constitucional se hace énfasis en este aspecto.

En lo que atañe al entorno internacional, el debido proceso es una garantía que también ha sido desarrollada no sólo en los tratados de derechos humanos, sino que ha sido objeto de pronunciamiento de tanto de las cortes regionales[36], como en los comités de la ONU[37]. A grandes rasgos, lo que sobre

---

de la infracción. Se trata de derechos inmediatamente exigibles, cuyo respeto representa para el Estado una obligación de resultado, susceptible de control jurisdiccional. Pedro Nikken, *El Concepto de Derechos Humanos,* 8, http://www.derechoshumanos.unlp.edu.ar/assets/files/documentos/el-concepto-de-derechos-humanos.pdf.

36 Corte IDH, Opinión Consultiva No. 18, OC-18, *Condición Jurídica y Derechos de los Migrantes Indocumentados,* 17 de septiembre de 2003, Serie A No. 18, párr.124-127. Corte IDH, *Caso Vélez Loor Vs. Panamá,* (Excepciones Preliminares, Fondo, Reparaciones y Costas), Sentencia de 23 de noviembre de 2010, párr. 101, https://www.corteidh.or.cr/docs/casos/articulos/seriec_218_esp2.pdf. Corte IDH, Opinión Consultiva No. 16, *El derecho a la información sobre la asistencia consular en el marco de las garantías del debido proceso legal,* 1 de octubre de 1999, Serie A No. 16, pár. 80, entre otros. También la CIDH, se ha pronunciado sobre la materia en varios de sus informes, como es el caso, ver CIDH, *Informe sobre inmigración en Estados Unidos: detenciones y debido proceso,* Doc. OEA/Ser. L/V/II, Doc. 78/1°, 30 de diciembre de 2010, párrs. 124, 158, 185, 233, y ss., considerando pár. 7, entre otros.

37 A manera de ejemplo, la OG no. 15, del Comité de Derechos Humanos de las Naciones Unidas, en su párrafo al hacer seguimiento al PIDCP, ha expresado que: "Los extranjeros deben gozar de igualdad ante los tribunales y cortes de justicia, y tener derecho a ser oídos públicamente y con las debidas garantías por un tribunal

este derecho se ha expuesto, aplicable a los procedimientos migratorios, es que se trata de una garantía que se relaciona de manera directa con la dignidad humana y ha implicado que tenga una adaptación a las necesidades de personas que no son nacionales del Estado. Dentro del contenido del pleno ejercicio de este derecho se pueden referir las siguientes:

- Procesos de expulsión colectiva deberán ser revisados de manera individual.
- Las medidas en contra de las personas extranjeras deberán respetar el principio de legalidad y las decisiones se deberán tomar por parte de autoridad competente.

---

competente, independiente e imparcial establecido por la ley, en la sustanciación de cualquier acusación de carácter penal formulada contra ellos o para la determinación de sus derechos u obligaciones en un procedimiento judicial, No puede aplicarse a los extranjeros legislación penal retroactiva". En el mismo sentido la Observación General No. 32 del Comité de Derechos Humanos, señaló que el derecho de acceso a los tribunales y cortes de justicia y a la igualdad ante ellos no está limitado a los ciudadanos de los Estados Partes, sino que deben poder gozar de él todas las personas, independientemente de la nacionalidad o de la condición de apátrida, como los demandantes de asilo, refugiados, trabajadores migratorios, niños no acompañados y otras personas que puedan encontrarse en el territorio o sujetas a la jurisdicción del Estado parte, Ver Comité de Derechos Humanos, Observación General No. 32, *Derecho a un juicio imparcial y a la igualdad ante los tribunales y cortes de justicia,* Periodo de sesiones, 1984, (Doc. HRI/GEN/1/Rev. 9) (Vol. I.),27 de mayo de 2008, pár. 9. Por su parte, el Grupo de Trabajo sobre la Detención Arbitraria también se ha pronunciado sobre el particular, expresando que el derecho soberano de los Estados a reglamentar la migración, la detención de inmigrantes debería suprimirse gradualmente toda vez que [l]os migrantes en situación irregular no han cometido ningún delito (...) los migrantes en situación irregular no deberían ser detenidos. Ver Naciones Unidas, *Informe del Grupo de Trabajo sobre la Detención Arbitraria,* Doc. A/HRC/16/47, 2 de marzo de 2011, Anexo–Métodos de trabajo revisados del Grupo de Trabajo, pár. 58.

- Las decisiones a las personas extranjeras inmersas en procesos se deben comunicar en el idioma que estas comprendan.
- Deberán ser informados de sus derechos.
- En caso de error judicial o revocatoria de la decisión en su contra en una segunda instancia, el extranjero podrá ser indemnizado.
- Podrá reclamar salarios, prestaciones sociales y hacer ejercicio de su derecho a la propiedad en el estado de origen.
- Tendrá derecho a la defensa técnica y material[38].

Si bien, las garantías antes citadas no constituyen novedad ninguna en el marco normativo de los Estados democráticos, tener claro que los extranjeros son titulares de estos derechos no resulta ser una redundancia, pues pese a que se aplican a toda persona y están en los tratados de orden general, la protección se refuerza en los tratados sectoriales pues hacen énfasis a la particular situación de las personas no nacionales y dejan a los Estados un claro mensaje sobre su relevancia.

A lo largo de la ley objeto de análisis, son varias las prescripciones normativas que hacen alusión expresa a la importancia del debido proceso, entre ellas, vale señalar, los artículos: 4, que desarrolla esta norma como principio rector e irradiador, el 19, relativo a la ejecución de la medida migratoria y en general en todas las actuaciones de recono-

---

38 Todas estas garantías aplicables a las personas extranjeras están previstas en el artículo 22 de la CTMF. Además de esto, el marco del ejercicio del debido proceso contenido en los tratados del núcleo duro del derecho internacional de los derechos humanos, también le es aplicable a estas personas. No obstante, la CTMF se enfoca en algunas particularidades sobre las que es vital hacer énfasis.

cimiento de protección internacional como el refugio o la apatridia, como se anota en los artículos 44 y 66.

- Enfoque diferencial

Como complemento del principio y derecho a la igualdad, así como en desarrollo de la prohibición de discriminación, otro concepto de gran importancia para los derechos humanos es el del enfoque diferencial que se adopta en los ordenamientos jurídicos, y tiene como principal objetivo reducir o eliminar las desigualdades materiales a través de la implementación de acciones que mejoren las condiciones de disfrute de los derechos de poblaciones históricamente excluidas o discriminadas[39]. Esta noción se relaciona de manera directa con la de grupos vulnerables o sujetos de especial protección constitucional, es por ello por lo que el desarrollo de los enfoques suele coincidir en algunos casos con aquellos grupos poblaciones que se han visto en desventaja por la estructura social.

De manera particular en la Ley 2136 de 2021, se alude a la necesidad de incluir esta noción como una manera de visibilizar y hacer un reconocimiento de la difícil situación de las personas migrantes en las que confluyen otros aspectos que incrementan su vulnerabilidad y, en consecuencia, la afectación para el disfrute de sus derechos. Entre estos aspectos la ley reconoce edad, género, orientación sexual y discapacidad, en el artículo 4.20. Estas circunstancias han sido objeto de pronunciamiento en distintos documentos producidos en los sistemas internacionales de protección

---

39 Andrés Francisco Olivar Rojas, "Políticas públicas y enfoques diferenciales: aproximaciones desde la interculturalidad y la democracia radical", *Iztapalapa. Rev. cienc. soc. humanid.* 41, n. ° 88, 2020, 139-162, http://www.scielo.org.mx/scielo.php?script=sci_arttext&pid=S2007-91762020000100139&lng=es&nrm=iso.

de derechos humanos, tanto en el contexto ONU[40], como en el OEA[41].

Por su parte, también han sido definidos en la jurisprudencia interna colombiana como grupos de especial protección constitucional. Así, por ejemplo, el caso de la edad y concretamente de los niños, niñas y adolescentes, están expuestos tanto en Observaciones Generales[42], como en Opiniones Consultivas[43] en las que se evidencia la vulnerabilidad de los

---

40 Naciones Unidas, Informe del Relator Especial sobre los derechos humanos de los migrantes, *Los efectos de la migración en las mujeres y las niñas migrantes: una perspectiva de género,* (Doc., A/HRC/41/38), 15 de abril de 2019, https://documents-ddsny.un.org/doc/UNDOC/GEN/G19/107/94/PDF/G1910794.pdf?OpenElement.

41 CIDH, *Movilidad Humana: estándares interamericanos,* (Doc., OEA/Ser. L/V/II. Doc. 46/15), 31 diciembre 2015, párr. 28, 298, 299, 374, 492, http://www.oas.org/es/cidh/informes/pdfs/movilidadhumana.pdf.

42 En este aspecto ver por ejemplo OG del sistema de Naciones Unidas, a través de los órganos de los tratados, antes referidas, tales es el caso de como la OG no. 6 del Comité de Derechos del Niño, la OG 1, 3 y 4 del Comité de Trabajadores Migrantes migratorios y sus familiares que fueron redactadas de manera conjunta con el Comité de Derechos del Niño. En lo que tiene que ver con las mujeres la OG No. 1 del Comité de Trabajadores Migrantes y sus familiares, así en reiterados informes del Relator Especial sobre los derechos humanos de los migrantes, se ha manifestado la necesidad de que los Estados desarrollen acciones diferenciales en función de la protección de la mujer y la niña migrante, como por ejemplo el documento, Consejo de Derechos Humanos, Informe del Relator Especial sobre los derechos humanos de los migrantes, *Los efectos de la migración en las mujeres y las niñas migrantes: una perspectiva de género,* (Doc. A/HRC/41/38), 15 de abril de 2019, https://documents-dds-ny.un.org/doc/UNDOC/GEN/G19/107/94/PDF/G1910794.pdf?OpenElement.

43 En lo que tiene que ver con el Sistema Interamericano de protección de Derechos Humanos, las OC más relevantes en esta materia y que incluyen la necesidad de abordar la realidad de movilidad con enfoque diferencia, son las OC 18 de 2003 y la OC 21 de 2014, la primera de ellas relativa a la importancia de que el principio de igualdad sea considerado una norma de *ius congens* y el segundo

migrantes cuando existen además otras situaciones que requieren especial tratamiento. Así también, la situación de las mujeres y migrantes ha sido motivo de preocupación, aunque no de la misma manera la situación de situación de las personas con discapacidad y la orientación sexual, por ejemplo.

En ese orden de cosas, la ley interna colombiana incluye un interesante y evolutivo listado de enfoques diferenciales que vale la pena resaltar. Pese a ello, es importante tener presente que tales enfoques son dinámicos y evidencian muchas realidades, así, por ejemplo, un tema de gran interés resulta ser la situación de las personas migrantes pertenecientes a grupos indígenas, afrodescendientes, las personas mayores y aquellos que en el contexto de la movilidad puedan ser desplazados internos por diversas causas, o solicitantes de asilo, o personas en situación de apatridia. La movilidad humana se configura de diversas maneras y no se puede predicar un listado taxativo cuando se trata de velar por el disfrute de los derechos en las condiciones de igualdad más deseables posible.

En la Ley de 2021, se hacen visibles los derechos humanos, aunque no cuenten con un desarrollo como el que requiere la nación y sobre todo las personas extranjeras que se llegan o se encuentran en nuestro país. Además de incluir conceptos y principios referidos a esto, en el artículo 5 de nuevo se reitera la importancia de los derechos humanos, al considerar que estos conforman uno de los ejes fundamentales de la política migratoria, junto con la soberanía, seguridad nacional, cooperación internacional y gobernanza. Por su parte, en ese mismo artículo, se enuncian otros dos lineamientos que complementan apropiadamente la noción de derechos humanos, estos son, la participación ciudadana y la integración socioeconómica.

---

documento relativo la protección de los menores de edad durante todo el recorrido migratorio.

Se debe resaltar que una de las virtudes de esta norma y ante la anomia legislativa que hemos padecido con respecto a la Ley migratoria, la posterior 2136 de 2021, se plantea de modo coherente en su formulación y de ello se da cuenta en la reproducción de conceptos que están presentes en los objetivos de la ley en los principios y también en los lineamientos.

El artículo 6 de la Ley 2136 enumera los insumos de la ley migratoria y entre ellos, enuncia que uno de los fundamentales ha de ser el apego a los tratados y convenios internacionales en materia de derechos humanos, ratificados por Colombia y que se ajusten a la temática en particular. De lo anterior, se deduce que el desarrollo de esa política, deberá reflejarse en la Ley Estatutaria sobre derechos de los extranjeros, es decir, hacer eco de los compromisos adquiridos por Colombia no solo en el marco del Sistema Interamericano de Derechos Humanos, como podría ser más evidente, sino que además deberán tenerse en cuenta los aportes del Sistema Universal de Protección, máxime cuando a este nivel se observan los adelantos más relevantes en lo tocante a tratados internacionales, este es el caso de la CTMF de 1990, ratificada por Colombia en 1994, la Convención de Ginebra sobre el Estatuto de los Refugiados de 1951, junto con su protocolo adicional facultativo de 1967 y las dos Convenciones sobre apatridia, estas son, las encaminadas a reducir los casos de apatridia y la relativa al Estatuto de los derechos de las personas apátridas.

Hasta el momento hemos abordado de manera crítica los aspectos que en la Ley 2136 se han concentrado en los objetivos, principios y lineamientos que gozan de relevancia desde una óptica de los derechos humanos. Es por ello por lo que conviene hacer alusión al artículo 7, pues allí se incorporan algunas definiciones que representan un avance con respecto a lo que teníamos en esta materia con normas anteriores. Debe recordarse, que, aunque sea poco frecuente encontrar un grupo de definiciones en las leyes, en esta en particular, se siguen algunos hitos marcados por la CTMF, ya que en este tratado internacional también se incluyen conceptos relativos al tema[44].

De manera particular en la Ley de 2021 se incluyen conceptos, como el de apátrida[45], migración laboral[46], tipologías de la migración[47], refugiado[48], tráfico de migrantes[49] y trata de personas[50] todas estas nociones aluden a

---

44 Para ampliar esta información ver la parte 1, relativa a alcance y definiciones, artículos, 2,4,5 y 6 concretamente.

45 (...) el término "apátrida" designará a toda persona que no sea considerada como nacional suyo por ningún Estado, conforme a su legislación. Convención sobre el Estatuto de los Apátridas, artículo 1, 1954.

46 *Se entenderá por "trabajador migratorio" toda persona que vaya a realizar, realice o haya realizado una actividad remunerada en un Estado del que no sea nacional.* Convención internacional sobre la protección de los derechos de todos los trabajadores migratorios y de sus familiares, Artículo 2, 1990.

47 Véase Organización Internacional para las Migraciones, *Términos fundamentales sobre Migración*, https://www.iom.int/es/terminos-fundamentales-sobre-migracion.

48 *Se entiende como refugiado toda persona que debido a fundados temores de ser perseguida por motivos de raza, religión, nacionalidad, pertenencia a determinado grupo social u opiniones políticas, se encuentre fuera del país de su nacionalidad y no pueda o, a causa de dichos temores, no quiera acogerse a la protección de tal país; o que, careciendo de nacionalidad y hallándose, a consecuencia de tales acontecimientos, fuera del país donde antes tuviera su residencia habitual, no pueda o, a causa de dichos temores, no quiera regresar a él.* Convención sobre el Estatuto de los Refugiados, Artículo 1, 1951.

49 *Por "tráfico ilícito de migrantes" se entenderá la facilitación de la entrada ilegal de una persona en un Estado Parte del cual dicha persona no sea nacional o residente permanente con el fin de obtener, directa o indirectamente, un beneficio financiero u otro beneficio de orden materia.* Protocolo contra el tráfico ilícito de migrantes por tierra, mar y aire, que complementa la Convención de las Naciones Unidas contra la Delincuencia Organizada Transnacional, Artículo 3, 2000.

50 *Por "trata de personas" se entenderá la captación, el transporte, el traslado, la acogida o la recepción de personas, recurriendo a la amenaza o al uso de la fuerza u otras formas de coacción, al rapto, al fraude, al engaño, al abuso*

los estándares internacionales en materia de protección de derechos humanos, como, por ejemplo, los conceptos ya existentes en otros tratados como la Convención sobre Apatridia o la CTMF. Por su parte, también se incorporan nociones tales como la de NNA[51], refugiado en Colombia[52],

---

de poder o de una situación de vulnerabilidad o a la concesión o recepción de pagos o beneficios para obtener el consentimiento de una persona que tenga autoridad sobre otra, con fines de explotación. Esa explotación incluirá, como mínimo, la explotación de la prostitución ajena u otras formas de explotación sexual, los trabajos o servicios forzados, la esclavitud o las prácticas análogas a la esclavitud, la servidumbre o la extracción de órganos. Protocolo para prevenir, reprimir y sancionar la trata de personas, especialmente mujeres y niños, que complementa la convención de las naciones unidas contra la delincuencia organizada transnacional, Artículo 3, 2000.

51 (..) *se entiende por niño o niña las personas entre los 0 y los 12 años, y por adolescente las personas entre 12 y 18 años de edad.* Ley 1098 de 2006, *Por la cual se expide el Código de la Infancia y la Adolescencia,* 8 de noviembre de 2016.

52 *A efectos del presente decreto, el término refugiado se aplicará a toda persona que reúna las siguientes condiciones:*
a) Que debido a fundados temores de ser perseguida por motivos de raza, religión, nacionalidad, pertenencia a determinado grupo social u opiniones políticas, se encuentre fuera del país de su nacionalidad y no pueda o, a causa de dichos temores, no quiera acogerse a la protección de tal país; o que, careciendo de nacionalidad y hallándose, a consecuencia de tales acontecimientos, fuera del país donde antes tuviera su residencia habitual, no pueda o, a causa de dichos temores, no quiera regresar a él;
b) Que se hubiera visto obligada a salir de su país porque su vida, seguridad o libertad han sido amenazadas por violencia generalizada, agresión extranjera, conflictos internos, violación masiva de los derechos humanos u otras circunstancias que hayan perturbado gravemente al orden público, o
c) Que haya razones fundadas para creer que estaría en peligro de ser sometida a tortura u otros tratos o penas crueles, inhumanos o degradantes en caso de que se procediera a la expulsión, devolución o extradición al país de su nacionalidad o, en el caso que carezca de nacionalidad, al país de residencia habitual.
Ministerio de Relaciones Exteriores, Decreto 2840 de 2013, *Por el cual se establece el Procedimiento para el Reconocimiento de la Condición de Refugiado, se dictan normas sobre la Comisión Asesora para la Determinación de la Condición de Refugiado y otras disposiciones,*6 de diciembre de 2013.

nacionalidad[53], instrumento de movilidad fronteriza[54], colombianos en el exterior[55], expulsión[56], deportación[57],

---

53 *Artículo 96. Son nacionales colombianos: 1. Por nacimiento: a) Los naturales de Colombia, que con una de dos condiciones: que el padre o la madre hayan sido naturales o nacionales colombianos o que, siendo hijos de extranjeros, alguno de sus padres estuviere domiciliado en la República en el momento del nacimiento y; b) Los hijos de padre o madre colombianos que hubieren nacido en tierra extranjera y luego se domiciliaren en territorio colombiano o registraren en una oficina consular de la República. 2. Por adopción: a) Los extranjeros que soliciten y obtengan carta de naturalización, de acuerdo con la ley, la cual establecerá los casos en los cuales se pierde la nacionalidad colombiana por adopción; b) Los Latinoamericanos y del Caribe por nacimiento domiciliados en Colombia, que con autorización del Gobierno y de acuerdo con la ley y el principio de reciprocidad, pidan ser inscritos como colombianos ante la municipalidad donde se establecieren, y; c) Los miembros de los pueblos indígenas que comparten territorios fronterizos, con aplicación del principio de reciprocidad según tratados públicos. Ningún colombiano por nacimiento podrá ser privado de su nacionalidad. La calidad de nacional colombiano no se pierde por el hecho de adquirir otra nacionalidad. Los nacionales por adopción no estarán obligados a renunciar a su nacionalidad de origen o adopción. Quienes hayan renunciado a la nacionalidad colombiana podrán recobrarla con arreglo a la ley.* Constitución Política de Colombia, Artículo 96, 1991.

54 *Instrumento de Movilidad Fronteriza: Aquel que facilite la movilidad y el control transfronterizo.* Ley 2136 de 2021, *Por medio de la cual se establecen las definiciones, principios y lineamientos para la reglamentación y orientación de la política integral migratoria del Estado colombiano–PIM y se dictan otras disposiciones,* 2021.

55 *Connacional residente en el exterior que mantiene su vínculo de sangre con el Estado colombiano, así como sus derechos y deberes con el mismo.* Ley 2136 de 2021, *Por medio de la cual se establecen las definiciones, principios y lineamientos para la reglamentación y orientación de la política integral migratoria del Estado colombiano –PIM– y se dictan otras disposiciones,* 2021.

56 *(…) aquel acto soberano del Estado, mediante el cual la autoridad migratoria impone como sanción administrativa a un extranjero la obligación de salir del territorio nacional a su país de origen o un tercero que lo admita, cuando ha incurrido en una o varias de las faltas contenidas en la Ley.* Ley 2136 de 2021, *Por medio de la cual se establecen las definiciones, principios y lineamientos para la reglamentación y orientación de la política integral migratoria del Estado colombiano–PIM y se dictan otras disposiciones,* 2021.

57 *Aquel acto soberano del Estado, mediante el cual la autoridad migratoria impone como sanción administrativa a un extranjero la obligación de salir del*

convalidación[58], asilado en Colombia[59], entre otros que reproducen nociones que ya estaban previstas en el ordenamiento interno colombiano en leyes particulares sobre la materia.

Además de estos aspectos sustantivos y relacionados con los derechos humanos, la ley también incluye otras definiciones que son de utilidad para la estructura institucional o el funcionamiento del SNM. Tales nociones serán abordadas en el acápite siguiente.

3.1.3. El escaso listado de derechos propuesto en la Ley 2136 de 2021.

En este capítulo se afirmó que la Ley 2136 no ha logrado aún llenar el vacío existente en la normatividad colombia-

---

territorio nacional a su país de origen o un tercero que lo admita, cuando ha incurrido en situación de permanencia irregular migratoria en los términos previstos en la Ley. Ley 2136 de 2021, *Por medio de la cual se establecen las definiciones, principios y lineamientos para la reglamentación y orientación de la política integral migratoria del Estado colombiano–PIM y se dictan otras disposiciones,* 2021.

58 *Proceso de reconocimiento que el Ministerio de Educación Nacional efectúa sobre un título de educación superior, otorgado por una Institución legalmente autorizada por la autoridad competente en el respectivo país para expedir títulos de educación superior; de tal forma que con dicho proceso se adquieren los mismos efectos académicos y legales que tienen los títulos otorgados por las instituciones de Educación Superior Colombianas.* Ley 2136 de 2021: *Por medio de la cual se establecen las definiciones, principios y lineamientos para la reglamentación y orientación de la política integral migratoria del Estado colombiano–PIM y se dictan otras disposiciones.*

59 *Extranjero a quien el Estado colombiano le ha reconocido tal condición, de conformidad con los instrumentos internacionales de los cuales Colombia es Parte y, con la normatividad interna en la materia.* Ley 2136 de 2021: *Por medio de la cual se establecen las definiciones, principios y lineamientos para la reglamentación y orientación de la política integral migratoria del Estado colombiano–PIM y se dictan otras disposiciones.*

na relacionada con el alcance y aplicación de los derechos de los extranjeros. Ello, ha obedecido básicamente a que al parecer se considera suficiente la alusión constitucional al respecto, es decir, el catálogo previsto en el artículo 100 ya que las leyes que han cursado en el Congreso de la República han sido hasta el momento ordinaras y las limitaciones a los derechos constitucionales para estos casos, como en los que son aplicables a las personas nacionales, solo pueden proceder por vía de esta tipología especial.

Al margen de esto, en la ley objeto de estudio, de manera extraña y un poco descontextualizada, se incluye un sucinto listado de derechos que se titulan "DERECHOS CONCORDANTES CON LA POLÍTICA MIGRATORIA", previstos en el artículo 84. Entre los derechos enlistados en este apartado, vale referir la unidad familiar, libre circulación y residencia, retorno, asilo, participación con enfoque diferencial, gestión migratoria de derechos humanos.

A continuación, se harán algunos comentarios sobre cada uno de estos derechos, a efectos de poder valorar su pertinencia en la Ley.

a. Derecho a la unidad familiar

En el artículo 84.1 se encuentra previsto este derecho como una garantía autónoma de la ley[60]. Es importante tener presente que este presupuesto normativo no solo se incluye como tal, sino que ya estaba enunciado en los objetivos, principios y lineamientos, ello permite evidenciar la relevancia que el respeto a la vida familiar ostenta en entornos de movilidad.

---

60 Derecho a la Unidad Familiar: la familia, elemento natural y fundamental de la sociedad tiene el derecho a vivir unida, recibir respeto, protección, asistencia y apoyo conforme a lo establecido en los instrumentos internacionales. la reglamentación de esta ley establecerá los grados y tipos de parentesco a los que se extiende este derecho en materia migratoria.

No sobra referir que el alcance de este derecho se plantea desde los propios postulados que contiene la constitución en función del reconocimiento de derecho a la familia. Recordemos así que, en el texto superior, la importancia de la familia como sustento del Estado colombiano está previsto en el artículo 42, dedicado a los derechos económicos, sociales y culturales.

En el entorno de la movilidad, la familia se ve resignificada a partir de la importancia de la unión familiar y ello obedece a que, en función de la aplicación de sanciones o políticas migratorias, esta puede sufrir afectaciones por vía de la deportación o la expulsión. Por su parte, incluso en situación de irregularidad administrativa, las personas migrantes tienen derecho a que su entorno familiar esté libre de injerencias arbitrarias. Es así entonces, como le asiste al Estado poder dispensar esta protección y velar porque quienes estén en un contexto de migración no vean afectada esta garantía[61].

---

[61] En la CTMF este derecho es esencial para todo trabajador migratorio, incluso en situación administrativa irregular. De esta manera, el artículo 14 señala: Ningún trabajador migratorio o familiar suyo será sometido a injerencias arbitrarias o ilegales en su vida privada, familia, hogar, correspondencia u otras comunicaciones ni a ataques ilegales contra su honor y buen nombre. Todos los trabajadores migratorios tendrán derecho a la protección de la ley contra tales injerencias o ataques.

b. Derecho a la libre circulación y residencia

El reconocimiento de este derecho previsto en el artículo 84.2 de la ley[62] reproduce el mandato constitucional[63] y es consecuente con el desarrollo que se tiene tanto en el sistema universal de protección de derechos humanos, como en el interamericano. Como ya se ha afirmado en este texto, el derecho de entrada no es un derecho internacionalmente reconocido y pese a la marginal referencia que se hace en la DUDH[64], los tratados internacionales posteriores a este instrumento no han facultado a las personas extranjeras para poder ingresar, circular ni elegir residencia en el territorio de un Estado distinto al de su nacionalidad[65].

---

62 Dispone este artículo que: Todo ciudadano colombiano tiene derecho a circular libremente por el territorio nacional, a entrar y salir de este. Igualmente, aquellos extranjeros que se encuentren de forma regular en el país tienen derecho a circular, permanecer y salir de él, con sujeción a las disposiciones legales vigentes. Estos derechos no pueden ser restringidos salvo las limitaciones provistas por ley y que sean necesarias para proteger la seguridad nacional, el orden público, la salud o la moral pública o los derechos y libertades de terceros, bajo los parámetros establecidos por la Constitución y los instrumentos internacionales en materia de derechos humanos vinculantes para el Estado colombiano.

63 Prevé la Constitución de 1991 en el artículo 24 "Todo colombiano, con las limitaciones que establezca la ley, tiene derecho a circular libremente por el territorio nacional, a entrar y salir de él, y a permanecer y residenciarse en Colombia".

64 Establece la DUDH que: "Toda persona tiene derecho a circular libremente y a elegir su residencia en el territorio de un Estado. 2. Toda persona tiene derecho a salir de cualquier país, incluso del propio, y a regresar a su país".

65 Por su parte el PIDCP determina en el artículo 12 "Toda persona que se halle legalmente en el territorio de un Estado tendrá derecho a circular libremente por él y a escoger libremente en él su residencia. 2. Toda persona tendrá derecho a salir libremente de cualquier país, incluso del propio".

Al igual que lo que sucede con los derechos políticos, la circulación, se restringe a los nacionales del Estado, lo que refuerza la soberanía estatal en favor de la soberanía que facilite la configuración de las políticas migratorias, según los intereses del país.

Con relación a todo lo anterior sorprende el hecho de que, en los principios rectores de la PIM, el hecho migratorio se considere como una realidad y en ese sentido, dada la redacción del artículo 4.10 de la misma ley se haya reconocido la libre movilidad como elemento irradiador de toda la política. El alcance de ese principio, casi que plantea el derecho de entrada, es por ello por lo que resulta contradictorio frente a lo que claramente en el esquema interno e internacional es una prerrogativa de los nacionales colombianos.

c. Derecho al retorno

El derecho al retorno es una garantía que se ha construido en algunos instrumentos internacionales, como es el caso de los principios Deng aplicables a los desplazamientos forzados internos[66]. En el contexto colombiano, este derecho ha tenido desarrollo legal y jurisprudencial a partir del análisis de la situación de las personas desplazadas con ocasión al conflicto armado[67]. Por su parte, en la Ley 2136 de 2021 se incluye como una garantía el derecho de los colombianos de regresar al país, sin que esto pueda ser limitado

---

66 Dispone la introducción en la parte No.1: "Los Principios Rectores expuestos a continuación contemplan las necesidades específicas de los desplazados internos de todo el mundo. Definen los derechos y garantías pertinentes para la protección de las personas contra el desplazamiento forzado y para su protección y asistencia durante el desplazamiento y durante el retorno o el reasentamiento y la reintegración".

67 Corte Constitucional, Sentencia T-244 de 11 de abril de 2014, M. P., Mauricio González Cuervo.

de manera arbitraria[68]. Este derecho ya estaba desarrollado en la Ley 1565 de 2012, pues tal y como se examinó, dicha norma tenía como finalidad promover las condiciones para el regreso de los nacionales al país.

El retorno dentro del marco normativo de regulación internacional es uno de los componentes de la libertad de circulación y es una manifestación de lo que podría considerarse el derecho de entrada, pero aplicable únicamente a los nacionales de un Estado. Dicha garantía, está prevista en el artículo 12 del PIDCP y en el 22 de la CADH, como ha sido ya señalado.

d. Derecho de asilo

El asilo como derecho es una garantía prevista en el artículo 36 de la Constitución de 1991[69]. Este derecho no cuenta con reglamentación particular, pues son aplicables las normas del refugio internamente desarrolladas, es decir, el Decreto 1067 de 2015, lo que conduce en el marco nacional a que se replique la dicotomía internacional por la existencia y aplicación de las dos figuras en el entorno latinoamericano[70].

---

68 Artículo 84.3. Derecho al retorno. Toda persona tiene derecho a regresar a su país de origen, nadie podrá ser arbitrariamente privado del derecho a entrar en su propio país, salvo cuando las restricciones se hallen provistas en la ley, sean necesarias para proteger la seguridad nacional, el orden público, la salud o la moral pública, o los derechos y libertades de terceros y sean compatibles con los demás derechos, conforme a lo dispuesto por los instrumentos internacionales en materia de derechos humanos vinculantes para el Estado Colombiano.

69 Artículo 36. Se reconoce el derecho de asilo en los términos previstos en la ley.

70 César San Juan, Juan Carlos Murillo, María Laura Gianelli y Mark Manly. El asilo y la Protección Internacional de los Refugiados en América Latina: análisis crítico del dualismo asilo-refugio a la luz del

En lo que se refiere a la normativa internacional, tanto en instrumentos como en tratados de derechos humanos, propiamente dichos, se reconoce también como un derecho humano buscar y solicitar asilo en el territorio de un país, con el objeto de derivar de allí protección internacional. Esto puede evidenciarse en la DUDH[71], así como en la CADH[72].

El reconocimiento del asilo en la ley goza de importancia y es un elemento apropiado desde el punto de vista de los DDHH, sin embargo, si se continúa con la revisión de la ley, esto no resulta estar compatibilizado con el capítulo que en la Norma 2136 de 2021, desarrolla el refugio. Lo anterior, permitiría pensar que la dualidad de las figuras persiste aún en la ley, por lo que sería oportuno que se diera mayor claridad, sobre cuando se está frente al derecho de asilo, como derecho humano y en qué casos se estaría ante el refugio, cuestionando si este es también un derecho o si el mismo, se agota en la simple solicitud al Estado para obtener en caso de que se conceda la protección internacional. Es posible entonces que este aspecto sea objeto de regulación ejecutiva o interpretación jurisprudencial.

Derecho Internacional de los Derechos Humanos, Leornado Franco coord. (Guianelli Dublanc, Murillo J.C y otros, Ed.). Universidad de las Naciones Unidas, Instituto Interamericano de Derechos Humanos, ACNUR, San José de Costa Rica, 2004, 31-72, https://www.acnur.org/fileadmin/Documentos/Publicaciones/2012/8945.pdf.

71 Artículo 14. En caso de persecución, toda persona tiene derecho a buscar asilo, y a disfrutar de él, en cualquier país. 2. Este derecho no podrá ser invocado contra una acción judicial realmente originada por delitos comunes o por actos opuestos a los propósitos y principios de las Naciones Unidas.

72 Dispone la CADH artículo 22.7 que: "Toda persona tiene el derecho de buscar y recibir asilo en territorio extranjero en caso de persecución por delitos políticos o comunes conexos con los políticos y de acuerdo con la legislación de cada Estado y los convenios internacionales".

e. Derecho a la participación con enfoque diferencial y gestión migratoria de derechos humanos

La denominación de estos derechos es bastante *sui géneris* si se tiene en cuenta que no hay nada similar en la Constitución de 1991 y tampoco en el marco internacional. El primero de estos derechos, este es, el previsto en el artículo 84.5, dispone que las políticas públicas en la materia deben contar con la participación de la colectividad y deben además estar orientadas al enfoque diferencial que favorezca la mujer.

La intención de incluir un derecho de este carácter es loable y puede ser bien valorado desde una óptica de los derechos humanos. No obstante, es importante tener en cuenta que la participación es un principio constitucionalmente reconocido, así también, ha sido incluido en la Ley 2136 y, de hecho, además, se configura como un derecho autónomo previsto no solo en el artículo 40 de la Constitución de 1991, sino en los mecanismos de participación democrática. Resulta interesante observar que se busca hacer partícipe a los extranjeros de la construcción, puesta en marcha e incluso revisión de la política migratoria y que una garantía clásicamente prevista para los nacionales pueda ser expansiva para los extranjeros.

La participación incluida de manera expresa en la ley puede tener un efecto de empoderamiento y concientización de los derechos, pues está más que probado que cuando las comunidades vulnerables no cuentan con espacios de participación en la construcción de normas que afectan sus vidas, difícilmente se producen transformaciones en los sistemas jurídicos que permitan garantizar de una manera más efectiva los derechos[73]. Una vez reconocido este derecho lo

---

[73] María José Añón, "Nueva ciudadanía y derechos sociales y políticos de los inmigrantes", *Revista Gaceta Sindical, reflexión y debate,* 2003, 120, (99+) Nueva ciudadanía y derechos sociales y políticos de los inmigrantes | Maria José Añon Roig–Academia.edu.

valioso en cuanto al ejercicio de este será que se vea materializado por vía de reglamentación y que, de este modo, se creen los espacios concretos de participación de las personas migrantes para así ejercer esta importancia componente, el cual es integral en un Estado democrático.

En el reconocimiento normativo que se da al derecho en mención, se le adiciona el componente de que la participación debe redundar en la incorporación del enfoque diferencial, lo que desde el punto de vista normativo supone que se diseñen, implementen y evalúen políticas públicas que lo promuevan, con el objeto de que se busque el logro de la igualdad material, también conocida como real y efectiva, lo cual podría conducir a la humanización de la política migratoria.

Aunado a lo anterior, en el planteamiento del principio también se hace referencia a la necesidad de que la gestión migratoria sea desarrollada con enfoque de derechos humanos, vale señalar, que dicho aspecto ya estaba incluido en otra de las partes sustantivas de esta ley, más concretamente en el apartado dedicado a los principios, lo que refleja un gran interés por ejercer las potestades soberanas que tradicionalmente ha tenido el Estado, pero con la incorporación de un componente adicional que pueda llegar a equilibrar dicho ejercicio discrecional en favor de la dignidad de la persona humana. Este aspecto de conciliación entre los DD. HH y el ejercicio soberano de los Estados ha solido ser uno de los mayores desafíos para las democracias contemporáneas y se hace aún más visible en materia migratoria, pues allí los países suelen ser más resistentes a ceder ámbitos de su soberanía en beneficio de la población inmigrante.

f. Derecho a la gestión migratoria de derechos humanos

Al igual que con el anterior derecho, la denominación de este tampoco es común en los ordenamientos jurídicos, lo que podría llegar a plantear una tendencia hacia el desarrollo dinámico de los derechos en materia migratoria.

La redacción de esta norma promueve básicamente que el desarrollo de la política migratoria se produzca con observancia de los derechos humanos, lo que desde una primera lectura supone que a la luz del marco jurídico colombiano, no solo se deba dar aplicación a los derechos previstos en la Constitución en los términos definidos para las personas extranjeras, de acuerdo con lo dispuesto en el artículo 100 de la Constitución Política de Colombia, sino que también han de ser aplicados los que están previstos ampliamente en los tratados internacionales ratificados por el Congreso y que conforman el bloque de constitucionalidad. Conviene tener presente que en lo que atañe a la protección de las personas extranjeras, resulta fundamental la observancia de los marcos jurídicos particulares, es decir, las tener en consideración las normas aplicables, por ejemplo, a las personas que son trabajadoras migratorias y sus familiares, así como el marco aplicable a quienes son solicitantes de refugio, personas apátridas, entre otras.

Por otro lado, la pretensión del artículo en comento se propone de modo más integral, toda vez que indica que las personas colombianas también tendrán derecho a que las políticas migratorias que se les aplique sean armónicas con el reconocimiento de los derechos humanos. Sobre este aspecto, vale señalar que el campo de aplicación de esta norma solo podrá abarcar el caso de los colombianos que se encuentren dentro de procesos de desplazamientos internos, pues difícilmente el Estado colombiano podrá condicionar la aplicación de las políticas migratorias con la exigencia de la aplicación del enfoque de derechos humanos en otro Estado, dado que escapa de su competencia y como se ha expuesto de manera suficiente en este documento, el elemento de la soberanía en la definición de la misma, es la regla general.

g. Vida digna e integridad exclusiva garantía de las mujeres en la Ley de migración

En las disposiciones complementarias del capítulo XI de la ley, emerge el artículo 81 como derecho relevante en marco de la política. No obstante, no se encuentra incluido dentro de los derechos relacionados con la política migratoria, lo que permite pensar que esta imprecisión denota falta de técnica legislativa o un enorme desconocimiento del marco normativo internacional que da sustento a los derechos humanos y que deben estar visibles en una política integral migratoria. Señala la norma que:

> *ARTÍCULO 81. Modifíquese el Artículo 7o de la Ley 1257 de 2008, el cual quedará así:*
> *"Artículo 7o. Además de otros derechos reconocidos en la Ley o en tratados y convenios internacionales debidamente ratificados, las mujeres tienen derecho a una vida digna, a la integridad física, sexual y psicológica, a la intimidad, a no ser sometidas a tortura o a tratos crueles y degradantes, a la igualdad real y efectiva, a no ser sometidas a forma alguna de discriminación, a la libertad y autonomía, al libre desarrollo de la personalidad, a la salud, a la salud sexual y reproductiva y a la seguridad personal. Derechos que deben ser efectivos tanto para todas las mujeres dentro del territorio nacional, como para las connacionales que se encuentren en el exterior.*

La norma expone la importancia de la vida digna desde una dimensión orientada a la erradicación de la violencia contra la mujer, pues la disposición es una inclusión y remisión de la Ley 1275 sobre esta materia. Si bien, a una norma de este carácter no se le puede restar la importancia en un contexto social como el colombiano, no es apropiado incluir este derecho de la forma en la que se trasplanta para la Ley de migración. El concepto de vida digna bajo la dimensión descrita en el artículo 81, no es de aplicación exclusiva para las mujeres, y si bien, las mujeres en los contextos migratorios resultan ser de los sujetos mayormente vulnerables, toda la población migrante en su conjunto lo es, por distintas causas. Así lo documentan numerosos informes y estudios internacionales de los entornos de protección de DD. HH[74]. Por lo anterior, no resulta procedente que en una ley que busca integrar diversas realidades dentro de la movilidad se incluyan exclusivamente a las mujeres como titulares de la vida digna, pues lejos de poder considerarse una legítima distinción fundada la implementación de una medida de acción positiva, puede ser considerada cuando menos una grave omisión constitutiva de discriminación para con otras poblaciones desaventajadas[75], tales como los menores de edad, los adultos mayores, las víctimas de trata y tráfico de mujeres, las personas en condición de calle, los refugiados y personas apátridas o las personas con discapacidad, integrantes de comunidades indígenas o afrodescendientes.

A manera de conclusión del análisis que se propone sobre el apartado de los derechos humanos reconocidos en la ley, resulta de gran importancia señalar que estos no pueden ser de ninguna manera los únicos derechos de titularidad de los extranjeros en el desarrollo de la política migratoria. Si bien la ley presenta un avance significativo con respecto a las normas vigentes hasta antes de su promulgación, un hecho

---

74 Ver, por ejemplo, Naciones Unidas, *Informe del Relator Especial sobre los derechos humanos de los migrantes*, Sr. Jorge Bustamante, (Doc. A/HRC/7/12), 25 de febrero de 2008, pár. 69. Naciones Unidas, *Informe de la Relatora Especial sobre los derechos humanos de los migrantes* Sra. Gabriela Rodríguez Pizarro, Doc. E/CN.4/2002/94, 15 de febrero de 2002, pár. 82. Naciones Unidas, *Report of the Special Rapporteur on the sale of children, child prostitution and child pornography*, Mr. Juan Muguel Petir, Doc. E/CN/CN.4/2006/67, 12 de febrero de 2006, pár. 117.

75 Roberto Gargarella, *Derecho y grupos desaventajados* (Barcelona: Gedisa, 1999). Ver también Marcelo Bernal, "Pobreza estructural, grupos desaventajados y desarrollo asimétrico en la Argentina de principio de milenio", *Provincia*, n. ° 18, 2007, 97-113. https://www.redalyc.org/pdf/555/55501805.pdf.

cierto y que resulta preocupante es notar que la Ley 2136 no desarrolló en integridad los derechos de los extranjeros, bajo el marco esperado según la Constitución de 1991 en sus artículos 13, 100 y 93. Es necesario entonces que este marco de protección se vea complementado en futuros esfuerzos legislativos, en los que si se logre cristalizar la promulgación de la ley de carácter estatutario que de claridad al alcance de los límites y ejercicio de los derechos de los extranjeros y que sobre todo incorpore el extenso marco normativo previsto en los tratados sobre derechos humanos, tales como los contenidos en los convenios, convenciones y pactos que conforman el núcleo duro del derecho internacional de los derechos humanos, el derecho de los refugiados, tanto en el entorno internacional universal, como en el interamericano.

3.2. ABORDAJE DE REALIDADES EN LA MOVILIDAD HUMANA: ASPECTOS DESARROLLADOS DE MANERA TANGENCIAL EN LA LEY 2136 DE 2021

Con el objeto de cumplir el propósito plasmado en la ley, consistente en dar tratamiento a las numerosas realidades en materia de movilidad que vive el país, se incluyen algunos capítulos que buscan desarrollar aspectos relacionados con el acompañamiento para la población retornada, fortalecimiento de las comunidades en el exterior, situación y protección de los extranjeros en Colombia, nacionalidad y riesgos asociados a los procesos de movilidad, como es el caso de la trata de personas y el tráfico de migrantes.

Lo anterior obedece a la pretensión de condensar numerosos aspectos en la ley y si bien, esto permite aproximarse a una idea de integralidad en lo concerniente al abordaje migratorio, lo cierto es que las normas previstas en la ley se limitan a la enunciación y desarrollo del concepto, pero carece de medidas que permitan identificar un marco completo de derechos, pues tal y como ya se ha expuesto, se incluyen algunos de ellos de manera escasa. Lo anterior, permite afirmar que para que exista una configuración un poco más completa respecto de los derechos, se hace necesario no solo acudir a la aplicación de los principios, objetivos, ejes y definiciones de la ley, sino que se espera que en un futuro cercano se produzca el necesario desarrollo de derechos humanos que de mayor claridad al panorama y permita tener un completo estatuto jurídico en materia de movilidad humana en Colombia.

Por el momento y con las herramientas existentes, conviene referir cual ha sido el alcance a las realidades antes descrita. Dentro de los aspectos abordados por la ley se encuentran regulaciones generales relativas a los siguientes temas, acompañamiento a la población retornada, tratamiento de los colombianos en el exterior, extranjeros en Colombia, nacionalidad y protección internacional.

3.2.1. Acompañamiento a la población retornada colombiana

En desarrollo del objetivo 2.6, la Ley 2136 de 2021, dedica un segmento a algunos aspectos relacionados con el retorno de los colombianos al país. Vale recordar que desde el año 2012 ya se habían sancionado normas con este mismo objeto. No obstante, el apartado de la Ley de 2021 desarrolla otros aspectos, como sucede, por ejemplo, con la disposición que busca dar especial atención a los niños, niñas y adolescentes.

Como ya se ha expuesto anteriormente, el desarrollo del enfoque diferencial de protección en favor de este grupo es innegable y tanto en la jurisprudencia interna colombiana[76], como en el desarrollo interpretativo en el esquema

---

[76] Corte Constitucional, Sentencia T-090 de 14 de abril de 2021, M. P. Cristina Pardo Schlesinger, Corte Constitucional, Sentencia T-021 de 3 de febrero de 2021, M. P. Cristina Pardo Schlesinger.

internacional[77], se ha manifestado el deber de los Estados de adoptar una serie de medidas especiales que se ajusten a las necesidades particulares de estas personas por estar en una situación de doble vulnerabilidad.

Lo anterior, permite afirmar que el Estado colombiano incorpora los estándares internacionales y además también evidencia una actitud positiva de acatar a través de medidas legislativas los llamados realizados por el juez constitucional.

Sin lugar a duda, la disposición del artículo 27 de la Ley 2136 puede representar grandes bondades para que internamente se activen mecanismos para la protección efectiva de los menores que buscan retornar al país, lo cual supone medidas que reglamenten tales mecanismos y sean claras para los distintos estamentos del Estado, desde las autoridades consulares, hasta los funcionarios encargados de la protección particular. Pese a ello, asaltan dos interrogantes a la orden genérica de protección allí expuesta y a cargo del ICBF.

La primera cuestión surge de la orientación de esta medida, la cual se focaliza en los nacionales colombianos que no estén acompañados y busquen el retorno al país, lo que parecería excluir de esta importante protección a los menores extranjeros en situaciones similares. Vale precisar, que los estándares internacionales que se han emitido en la materia buscan que esta protección sea aplicable a todos los menores de edad durante el proceso migratorio y las acciones que debe emprender el Estado se caracterizan por tener gran variedad, de tal manera que pueden ser adaptables a las situaciones particulares que se presentan dentro de las

---

77 Corte IDH, Opinión Consultiva OC-21/14, *Derechos y garantías de niñas y niños en el contexto de la migración y/o en necesidad de protección internacional*, 19 de agosto de 2014. Ob. Cit.

tipologías de movilidad[78]. Así también, es innegable reconocer que los menores de edad extranjeros padecen de un factor adicional de vulnerabilidad, máxime si se encuentran en situación irregular, como suelen estarlo en una proporción muy grande[79].

En el apartado dedicado a este tema, se reiteran los requisitos exigidos a los colombianos para poder regresar al país, pues estos ya estaban contenidos en la Ley 1565 de 2012, así también, se transcriben las tipologías del retorno, los beneficios y restricciones que ya se han analizado con anterioridad en este texto.

Además de los parámetros sobre el procedimiento administrativo que ya se han expuesto, en el acápite de la ley dedicado al retorno de colombianos, es importante destacar la inclusión de un aspecto práctico que constituye una de las principales barreras para la incorporación de los colombianos retornados a la vida económica y social del país. Se trata

---

78 Al respecto la OC 21 DE 2014 emitida por la Corte IDH y que ya ha sido referida en varios apartados de este texto, señala distintos tipos de acciones que pueden ser emprendidas por los Estados para propender por una mejor protección de los menores de edad, como por ejemplo; procedimientos adecuados para la identificación y caracterización de los NNA, garantías adecuadas y ajustadas a las necesidades especiales de los menores de edad durante los procedimientos migratorios, condiciones básicas de alojamiento para los menores de edad, debido proceso ante situaciones de restricción de la libertas y otros derechos de los menores de edad, garantías y alcance del principio de no devolución, prohibición de malos tratos, derecho a la vida privada y familiar, reglas de procedimiento en caso de protección internacional, entre otras acciones.

79 De acuerdo con cifras de UNICEF, para 2019 el número de niños migrantes en el mundo representaba el 12% de la totalidad de las personas. Portal de datos sobre migración, *Niños y jóvenes migrantes, 2021*, https://www.migrationdataportal.org/es/themes/ninos-migrantes#:~:text=En%202019%2C%20los%20ni%C3%B1os%20migrantes,31%2C7%20millones%20en%202020.

de lo relativo a la realización de estudios en el exterior, lo que se trata de resolver a través de la convalidación, homologación de títulos y reconocimiento de equivalencias para que la población pueda cualificarse y de esta manera, acceder en mejores condiciones al mercado laboral[80].

En este punto, es importante dar claridad sobre la distinción legal que existe entre la convalidación y la homologación de los títulos, toda vez, en el primero de los casos, esto es, la convalidación[81], se persigue dar validez a un título finalizado y otorgado por una institución de educación superior en el país, con el objeto de que en Colombia sea sufi-

---

80 Cancillería de Colombia, *Convalidación en Colombia de títulos obtenidos en el exterior,* https://www.colombianosune.com/ejes/sistema-de-servicios-para-colombianos/educacion/convalidacion-titulos-colombianos-exterior.

81 Ver artículo 32 de la Lay 2136 de 2021. El Ministerio de Educación Nacional será el encargado del proceso de reconocimiento de un título de Educación Superior otorgado por una institución en el exterior, legalmente autorizada por la autoridad competente del respectivo país, para expedir título de educación superior; de tal forma que con dicho proceso se adquieren los mismos efectos académicos y legales que tienen los títulos otorgados por las instituciones de Educación superior colombianas.
PARÁGRAFO 1°. Los títulos obtenidos a través de la modalidad virtual y a distancia de instituciones de educación legalmente autorizadas por la autoridad competente en el respectivo país, para expedir títulos en educación superior, serán susceptibles del trámite de convalidación conforme a la normatividad vigente.
PARÁGRAFO 2°. El Ministerio de Educación Nacional actualizará, de considerarse necesario, el proceso de convalidación dentro del marco de las disposiciones legales, y sobre los principios de buena fe, economía, celeridad, calidad; y coherencia con los tratados internacionales suscritos en la materia; y dará prevalencia al criterio de acreditación para surtir el trámite.
PARÁGRAFO 3°. El Ministerio de Educación Nacional actualizará la normatividad vigente en materia de convalidación.

ciente para acreditar la formación en un tema particular[82]. En el segundo de los casos, es decir, la homologación, busca que la realización de estudios no culminados en el exterior y acreditados por una institución de educación superior, puedan servir para que la persona retornada continúe con su formación en Colombia y así, pueda concluirlos para su posterior vinculación al mercado laboral.

En lo atinente a la convalidación, resulta vital señalar que los requisitos exigidos por la ley se someten a la aplicación de una serie de principios, que se enuncian de manera taxativa, estos son, buena fe, economía, celeridad, calidad; y coherencia con los tratados internacionales suscritos en la materia; y dará prevalencia al criterio de acreditación para surtir el trámite. La aplicación de estos principios es fundamental para el cumplimiento de la normatividad vigente en Colombia sobre la materia, lo que está contenido de manera particular en normativas infralegales emitidas por el Ministerio de Educación Nacional[83].

Así también, la norma específica de convalidaciones establece la necesidad de que el MEN actualice la normatividad en esta materia. Lo anterior resulta ser de gran relevancia, pues sin lugar a duda la situación de la población retornada colombiana puede ser heterogénea, de acuerdo con el tipo de retorno al que se acceda, el lugar de origen del que se proceda o el nivel de formación que se pretenda convalidar. En ese sentido, por ejemplo, quienes apliquen a un retorno hu-

---

82 Hallazgos de grupos focales realizados con población retornada en el marco de los proyectos de dan sustento a este trabajo.

83 Así, por ejemplo, para convalidar estudios de preescolar, primaria, educación media y básica, se realizará con arreglo a la Resolución 24302 de 24 de diciembre de 2021. Por su parte, en lo que se refiere a la convalidación de títulos de educación superior, este procedimiento se rige por lo previsto en la Resolución 10687 del 9 de octubre de 2019, emitida también por el Ministerio de Educación Nacional.

manitario o solidario, seguramente se podrán encontrar en una situación de vulnerabilidad mayor, que la de otros retornados, razón por la cual se harían necesarias las medidas afirmativas o positivas, en temas de costos económicos, para no generar una barrera adicional a la situación que ya les aqueja. Lo anterior estaría siendo perfectamente compatible con lo previsto en el artículo 13 de la C.P de 1991 que se refiere a las medidas en favor de grupos discriminados o vulnerables.

De modo complementario a los procedimientos reglados de convalidación y homologación, la norma migratoria también prevé la realización de equivalencias, las cuales en algunos casos tiene ciertas limitaciones, como sucede con las áreas de la salud, caso en el cual se han previsto reglas particulares[84].

---

84 Ver artículos 34 y 35 de la Ley 2136 de 2021. Artículo 34. Determinación de Equivalencia General. Para el reconocimiento de estudios, a excepción de pregrados en áreas de la salud, que no cuenten con una equivalencia dentro de la oferta académica nacional, el Ministerio de Educación Nacional determinará, a través de la Conaces o el órgano técnico que el Ministerio designe para el efecto, la pertinencia de los estudios adelantados y la denominación respecto del sistema de aseguramiento de la calidad de educación superior del país de origen del título, determinando el área de conocimiento del título sometido al trámite de convalidación, de acuerdo con la normatividad Vigente. Artículo 35. Determinación de Equivalencia en Áreas de la Salud. El Ministerio de Educación Nacional convocará al Ministerio de Salud y Protección Social o a quien este designe, para conocer su concepto, cuando el título que se presenta a convalidación no haga parte de la oferta académica de programas autorizados por el Ministerio de Educación Nacional de Colombia con registro calificado vigente, con el propósito de evaluar la conveniencia de incorporar en la oferta nacional, nuevas denominaciones y titulaciones de programas en salud del nivel de posgrado. Para tales efectos él Ministerio de Salud y de la Protección social realizará la evaluación del Sistema Único de Habilitación de Servicios de aquellas denominaciones y/o títulos convalidados que no cuenten con una oferta educativa dentro del territorio nacional.

Por último, en la enunciación de las medidas para el fomento del retorno, se incluyen dos disposiciones relativas a la promoción de proyectos productivos y de fomento de la normativa en esta materia, ambas iniciativas pendientes por desarrollar a través de una reglamentación particular y con el apoyo del programa del Ministerio de Relaciones Exteriores "Colombia Nos Une". Vale decir, que para lo relativo al emprendimiento es necesario aplicar las disposiciones de la Ley 2069 de 2020 que regula la materia.

3.2.2. Fortalecimiento de los colombianos en el exterior a través del programa Colombia nos une

Como se ha expuesto en varios apartados de este texto, uno de los temas que de tiempo atrás ha ocupado la atención de las autoridades colombianas en lo relativo al tratamiento de la movilidad, ha sido la atención y el refuerzo de los nexos de los colombianos en el exterior. De esta manera, en la Ley 2136 de 2021 se recoge de nuevo el desarrollo de medidas a través de los canales diplomáticos y consulares. Dichas acciones de acuerdo con lo previsto en el capítulo VI, artículos 44 al 53, están orientadas a tareas informativas sobre el marco de los derechos de estas personas en los respectivos Estados de destino y al conocimiento de la vigencia de la CTMF en los estos países. En términos de derechos esta ley enuncia que los nacionales tienen el derecho que el Estado colombiano vele por el cumplimiento del debido proceso en los trámites que se adelanten[85].

Del mismo modo como sucede con el desarrollo de los planes de acción para la población retornada, las medidas

---

[85] Ver artículo 44: "Los colombianos en el exterior tienen derecho a que el Estado vele por las garantías del debido proceso, de acuerdo con las leyes y disposiciones del Estado receptor".

para el fortalecimiento de los colombianos en el exterior siguen estando ancladas en el programa de Colombia nos Une, así queda puesto de manifiesto en la ley bajo análisis, al enunciar la relevancia de este programa en varias de sus disposiciones, como, por ejemplo, en las normas sobre información y caracterización demográfica de población[86] y vinculación de colombianos en el exterior.

En este segmento de la ley se hacen visibles una serie de derechos que parecen estar dispersos y poco contextualizados, pero que sin lugar a duda permiten que los nacionales colombianos en otros países cuenten con medidas de protección dentro del ámbito de las competencias que asisten al Estado colombiano. Dentro de los derechos que se ven refundidos en una ley que fija estructura al sistema de migraciones en Colombia, se pueden enunciar:

- La adopción de medidas para el fomentar el mejoramiento de la calidad de vida de los colombianos y sus familias[87].
- Oportunidades de formación[88].
- Facilidades en materia de seguridad social[89].
- Acercamiento a los sistemas financieros[90].
- Convalidación de títulos[91].
- Fomento de condiciones favorables para el transporte de menaje profesional, industrial y doméstico[92].

---

86 Ver artículo 45.

87 Artículo 47.

88 *Ibidem*, pár.2.

89 *Ibidem*.

90 *Ibidem*.

91 *Ibidem*.

92 *Ibidem*.

- Preservación de valores culturales e históricos[93].
- Fomento para el desarrollo de actividades laborales, de emprendimiento, culturales y académicos[94].
- Medidas para la atención de coyunturas relacionadas con asistencia humanitaria por retornos forzados, masivos y ocurrencia de desastres naturales[95].
- nscripción en el registro consular[96].
- Adquisición de vivienda y fomento a la propiedad a través de remesas[97].
- Acceso a las tecnologías de la información para la garantía de los derechos con enfoque diferencial para personas con discapacidad y en situación de vulnerabilidad[98].
- Atención y promoción cultural de los niños en el exterior[99].
- Acceso a la recreación a través de la promoción de turismo para colombianos en el exterior[100].

Participación de los colombianos en el exterior en la construcción de la política migratoria en aspectos como colombianos residentes en el exterior, colombianos retornados y población migrante en territorio nacional, así como también la orientación a los retornados en materia de oportunidades

---

93 *Ibidem.*

94 *Ibidem.*

95 *Ibidem.*

96 *Ibidem.*

97 Artículo 48.

98 Artículo 49.

99 Artículo 50.

100 Artículo 51.

de emprendimiento, productividad y empleo, educación y formación, trámites ciudadanos, vivienda y salud[101].

Conviene tener en cuenta que las acciones que se proponen en la ley orientadas al mejoramiento de las condiciones de los colombianos en el exterior no se plantean en términos de derechos desde un inicio, pues suelen formularse como el desarrollo de algunos procedimientos o desarrollo de programas de acompañamiento. No obstante, de la lectura detallada de tales medidas, se derivan derechos, los cuales son compatibles con la Constitución de 1991 y con los tratados internacionales que sobre derechos humanos que conforman el bloque de constitucionalidad.

Según lo dispuesto en esta ley en el capítulo VI, bajo análisis, la formulación que estas medidas deberán ser promovidas a través del desarrollo de planes y programas, así como de acciones que le permitan desarrollar en gran medida estas iniciativas para el reconocimiento efectivo de tales garantías.

Desde la óptica de la aplicación de los derechos humanos, valdría la pena preguntarse si las medidas que se promueven a través de estos canales consulares logran llegar en realidad a todos los colombianos que se encuentran en los Estados de destino, independiente de su situación jurídica migratoria regular o irregular. Lo anterior, pues pareciera que acciones como las descritas en la ley buscan favorecer únicamente una migración que se produce en condiciones regulares, sin que se puedan identificar situaciones de riesgo, y de esta manera, no se ven orientadas a la población más vulnerable de los nacionales. Es necesario que este tipo de procedimientos y acciones estén articuladas con la tarea que desarrollan las organizaciones sociales y de la sociedad

---

101 Artículo 52.

civil con el objeto de que amplíen su campo de aplicación a quienes seguramente más las necesitan.

En los derechos que han sido identificados, no puede pasar desapercibido el elemento de la participación de los colombianos en la construcción de la política migratoria, en particular en aspecto relativo a que los colombianos en el exterior pueden ser actores clave en la construcción de medidas para los extranjeros que están en nuestro territorio. Si bien este componente resulta novedoso e interesante y materializa la democracia participativa[102], prevista como un principio constitucional, sería apropiado revisar si a los extranjeros en Colombia que sean población migrante también les asiste este derecho, concretamente porque sobre ellos recaen las políticas y de acuerdo con la CTMF, los extranjeros en el territorio del Estado de destino, pueden ser destinatarios de este beneficio.

Por su parte, en lo que atañe a las normas que la Ley 2136 de 2021 desarrolla para la protección de los nacionales colombianos, también conviene referir el derecho al pasaporte, el cual está previsto en el artículo 57 de esta norma y señala lo siguiente:

> *ARTÍCULO 57. DERECHO A OBTENER PASAPORTE. Todo nacional tiene derecho a obtener su pasaporte, dentro o fuera del territorio nacional, de acuerdo con las disposiciones que regulan la materia.*
> *PARÁGRAFO. El Estado colombiano reglamentará la expedición del pasaporte diplomático u oficial. Para tal fin establecerá las condiciones y requisitos en coordinación con las entidades del orden nacional, en los siguientes 6 meses de entrada en vigencia de la presente ley.*

---

102 José Del Tronco Paganelli, *Democracia participativa*, https://prontuario-democracia.sociales.unam.mx/wp-content/uploads/2021/07/Democracia-participativa.pdf. Se define por tal en el texto referido, como el conjunto de espacios y mecanismos donde ciudadanas y ciudadanos pueden incidir y decidir sobre asuntos públicos de su incumbencia, más allá de la actividad propia de los representantes.

Por su parte, en la ley también se incluyen algunas regulaciones relativas a los documentos de viaje, dentro de los cuáles se encuentran, la cédula de ciudadanía[103], la tarjeta de identidad y el registro civil para los nacionales colombianos. Estos documentos en términos de expedición, vigencia y condiciones se sujetan a las normas internas previstas para tales efectos.

3.2.3. Extranjeros en Colombia: un tema fundamental de escaso desarrollo en la Ley 2136

Una de las mayores expectativas que se tejieron alrededor de la discusión y sanción de esta ley, fue el desarrollo de un marco normativo que integrara los derechos de los extranjeros que están reconocidos en la Constitución Política de 1991, en los tratados internacionales ratificados por Colombia aplicables en la materia, en los estándares internacionales en materia de movilidad humana, en las principales normas de carácter infra legal que se han emitido por el ejecutivo, sus diversos órganos para dar un tratamiento a la realidad de los extranjeros en el país y en los fallos constitucionales que han dado garantía efectiva a los derechos. Pese a ello, por las razones que ya han sido expuestas anteriormente y por la tipología misma de la Ley 2136 que corresponde a una norma ordinaria, en lugar de una estatutaria, en la actualidad, aún no contamos con esta claridad frente a los derechos de estas personas.

---

103 Sobre esto ver Congreso de la República de Colombia, Ley 39 de 1961, *Por la cual se dictan normas para la cedulación, y otras de carácter electoral*, 1961. Presidencia de la República, Decreto 1694 de 1971, *Por la cual se reglamenta la expedición y exigibilidad de la Tarjeta de Identidad establecida por el artículo 109 del Decreto-ley número 1260 de 1970, y se dictan algunas normas sobre identificación de las personas menores de edad*, 1971. Presidencia de la República, Decreto 1260 de 1970, *Por el cual se expide el Estatuto del Registro del Estado Civil de las personas*, 1970.

Esto se hace evidente en el capítulo VII de la ley, relativo a los extranjeros en Colombia y el cual se reduce a referirse a la obligación del Estado de suministrar información a los no nacionales y a presentar un listado de los deberes de estas personas en el país.

En uno de los acápites anteriores se analizaron los derechos concordantes con la PIM, los cuales fueron incluidos en el capítulo XI, relativo a las disposiciones complementarias, en particular en el artículo 84. La ubicación de estos derechos en la ley deja la sensación de que el desarrollo de los derechos de los extranjeros no era una prioridad en la ley, situación que resulta preocupante, debido a que como ya se ha expuesto, el reconocimiento constitucional del artículo 100, no parece ser suficiente para que estas personas ejerzan sus derechos y para que las autoridades que son garantes de estos, los reconozcan.

De otra parte, hubiera sido un poco más técnico incluir los derechos en el capítulo VI, dedicado a los extranjeros en Colombia, toda vez que esta noción es amplia e incluye a todas las categorías de personas consideradas no nacionales, como sucede con los inmigrantes económicos, las personas solicitantes de refugio y las personas en condición de apatridia. Esto, permite inferir que los derechos del artículo 84, hacen parte del contenido transversal de la ley y significa que pueden ser aplicables a toda persona sometida a la jurisdicción del Estado, dentro de las cuales estaría incluidos tanto los nacionales como los extranjeros. De todos modos, no se puede olvidar que el ejercicio de los derechos de los nacionales es una cuestión que está desarrollada en la mayor parte de la normatividad interna del país, situación que no sucede con las personas extranjeras.

Al margen de lo anterior y con el propósito de profundizar en el contenido sustantivo de este capítulo, se hace necesario conocer el detalle de los dos artículos que se aplican de manera preferente en esta ley a los extranjeros en Colombia.

La primera de ellas está contenida en el artículo 54, en el que se aborda puntualmente el deber del Estado colombiano, a través del Ministerio de Relaciones Exteriores de brindar información a los extranjeros sobre los requisitos de ingreso, permanencia y salida en el territorio nacional. Por su lado, el artículo 55 enuncia los deberes de los extranjeros, entre ellos:

Cuadro 8. Deberes de los extranjeros

Deberes de los extranjeros	Respetar la Constitución, la ley y a las autoridades.
	Exhibir cuando le sean requeridos por las autoridades nacionales, su pasaporte vigente, documento de viaje o de identidad válido, según el caso, y con la visa correspondiente cuando sea exigible.
	Ingresar y salir del país a través de los puestos de control migratorio, mantener su situación migratoria regular para la permanencia o residencia en el territorio nacional, y pagar oportunamente las tasas, y en su caso las sanciones que le correspondan.
	Inscribirse en el registro de extranjeros de la Unidad Administrativa Especial Migración Colombia.
	Proporcionar oportunamente a la Unidad Administrativa Especial Migración Colombia la información integral y completa que corresponda para mantener actualizada su información migratoria, entre la que se incluya, así como todo cambio en su domicilio.
	Dentro del término estipulado en la normatividad que regule la materia, desarrollar únicamente las actividades autorizadas en la visa o permiso de permanencia otorgado.
	Presentarse personalmente ante la autoridad de control, verificación migratoria y extranjería, al ser requerido mediante escrito.
	Conservar la documentación que acredite su identidad, expedida por las autoridades de origen, así como la que acredite su condición migratoria en Colombia.
	Abstenerse de promover o realizar cualquier comportamiento y acto que altere el orden público o ponga en riesgo la seguridad nacional.

Fuente: cuadro de elaboración propia, con base en el artículo 55 de la Ley 2136 de 2021.

Al listado de deberes antes mencionado, se deben integrar los que se reconocen en la Constitución de 1991, en el artículo 95 y que aplican a toda persona, entre ellos conviene referir:

1. Respetar los derechos ajenos y no abusar de los propios;
2. Obrar conforme al principio de solidaridad social, respondiendo con acciones humanitarias ante situaciones que pongan en peligro la vida o la salud de las personas;
3. Respetar y apoyar a las autoridades democráticas legítimamente constituidas para mantener la independencia y la integridad nacionales.
4. Defender y difundir los derechos humanos como fundamento de la convivencia pacífica;
5. Participar en la vida política, cívica y comunitaria del país; 6. Propender al logro y mantenimiento de la paz;
7. Colaborar para el buen funcionamiento de la administración de la justicia;
8. Proteger los recursos culturales y naturales del país y velar por la conservación de un ambiente sano;
9. Contribuir al financiamiento de los gastos e inversiones del Estado dentro de conceptos de justicia y equidad.

Del grupo de deberes que reposan en la titularidad de las personas extranjeras se debe señalar, que tal y como fue expuesto anteriormente, algunos de ellos dependen por completo de la discrecionalidad de los Estados y de lo que se configure en las políticas migratorias.

Tal y como se expuso en una parte precedente de este documento, la Constitución de 1991, regula los aspectos relacionados con la nacionalidad de las personas. La Ley 2136 de 2021, reproduce lo contenido en la Constitución, así como en la Ley 43 de 1993, tal y como se expuso en el acápite dedicado al abordaje de la normatividad anterior a esta última regulación. Concretamente, el artículo 56 de la Ley 2136, aborda el tema y se expone lo siguiente:

> *ARTÍCULO 56. DE LA NACIONALIDAD COLOMBIANA.*
> La nacionalidad colombiana se adquiere en las formas señaladas por el artículo 96 de la Constitución Política.
> El reconocimiento de la nacionalidad colombiana por nacimiento en los términos del numeral 1 del artículo 96 de la Constitución Política, será de competencia de la Registraduría Nacional del Estado Civil, con arreglo a las normas vigentes.
> *Las solicitudes de adquisición de la nacionalidad colombiana por adopción, en los términos del numeral 2 del artículo 96, de la Constitución Política, serán conocidas por el Ministerio de Relaciones Exteriores, en virtud de la delegación realizada por parte del presidente de la República mediante el Decreto 1067 de 2015, o las normas que lo modifiquen, adicionen o sustituyan.*

De las disposiciones analizadas en este apartado de la ley queda la impresión de que los deberes de las personas extranjeras están más y mejor desarrollados que lo que atañe a sus derechos. Acá la ley nos muestra como de nuevo la regulación proveniente del Congreso de la República pareciera enviar un mensaje hacia la dispersión normativa, que conduce a que sea el juez constitucional el que siga aclarando cual es el contenido de los derechos de los extranjeros. Una vez más, pese a los avances de la ley, los derechos siguen siendo la gran omisión, tal y como lo continuaremos observando en los demás acápites de este capítulo tercero.

3.2.4. Documentos de viaje de los extranjeros: importancia de los pasaportes y los visados para el ejercicio de los derechos

Una de las muestras más claras del ejercicio de la soberanía de los Estados es la configuración de los parámetros, en los que operan las políticas migratorias y entre dichos aspectos se encuentra la normatividad relativa a los visados, permisos y expedición de documentos, que permiten que las personas se encuentren en situación regular al interior de ellos. De este modo, de la misma manera en la que los nacionales pueden ser titulares del registro civil, la tarjeta de identidad y la cédula de ciudadanía, las personas extranjeras, sometidas a la jurisdicción del Estado, también pueden contar con documentación que acredite su situación jurídica administrativa con el territorio. Al punto, la Ley 2136, prevé en el artículo 58 los tipos de documentos y entre estos, se mencionan el título jurídico que acredita algunas modalidades de protección internacional, tales como, las aplicables a las personas apátridas y refugiadas. Dichos documentos, permiten a quienes ostenten este estatus acceder a los derechos previstos en las normas nacionales y el marco de los derechos de las personas refugiadas y a los apátridas, bajo los contextos de las respectivas convenciones, tal y como se examinará en los acápites correspondientes a estos temas.

La normativa en materia de documentos de viaje no es una novedad de la ley, pues ya había sido regulada a través de acciones ejecutivas, tal y como se puede evidenciar el Decreto 1067 de 2015, en el cual se regula tanto la definición como todo lo relativo a los pasaportes en el capítulo 4, artículos 2.2.1.4.1.[104] y ss., así como en normas complementarias y de modificación de este decreto.

---

[104] **ARTÍCULO 2.2.1.4.1.** ***Definición de pasaporte.*** El pasaporte es el documento que identifica a los colombianos en el exterior. Todo colombiano que viaje fuera del país deberá estar provisto de un pasaporte válido, sin perjuicio de lo dispuesto en los tratados e instrumentos internacionales vigentes. El pasaporte será expedido únicamente por el Ministerio de Relaciones Exteriores directamente o a través de convenios suscritos para tal efecto.
PARÁGRAFO. Ningún ciudadano podrá ser titular de más de un pasaporte colombiano vigente. Las autoridades expedidoras y/o migratorias de Colombia deberán anular aquellos pasaportes que no

Debido a que no todas las personas cuentan con el estatuto de los refugiados o de los apátridas, en la ley también se incluye en el capítulo de la documentación, lo relacionado con el sistema de visados, el cual además de la regulación desarrollada en la ley, se complementa con una serie de normas de carácter infra legal emitidas por el Ministerio de Relaciones Exteriores[105].

Por su parte, el artículo 59 de la Ley 2136 de 2021[106], define la visa, como una autorización que es otorgada a las

---

correspondan al último vigente. Se exceptúan los pasaportes diplomáticos, oficiales, de emergencia y exentos. (Modificado por el Art. 19 del Decreto 1743 de 2015)

105 De acuerdo con la Resolución 6045 de 2017, Por la cual se dictan disposiciones en materia de visas y deroga la Resolución 5512 del 4 de septiembre de 2015, existen varios tipos de visa en Colombia, enunciados en el artículo 7 de esta norma y definidos posteriormente entre los artículos 10 al 35. Dentro de los distintos tipos de visa se pueden referir: las visas tipo V de visitante, tipo M de migrante y tipo R o residente. Cada una de ellas exige una serie de requisitos y tiene términos de validez dentro del territorio nacional. Para profundizar en el tema se puede consultar la resolución en el siguiente enlace: Ministerio de Relaciones Exteriores, Resolución 6045 de 2017: *Por la cual se dictan disposiciones en materia de visas y deroga la Resolución 5512 del 4 de septiembre de 2015*, 2017, https://www.cancilleria.gov.co/sites/default/files/Normograma/docs/resolucion_minrelaciones_6045_2017.htm.

106 La visa es la autorización otorgada por el Ministerio de Relaciones Exteriores a un extranjero para el ingreso, permanencia y desarrollo de actividades en el territorio nacional bajo el principio de la discrecionalidad y soberanía del Estado, la cual acredita que el portador extranjero reúne los requisitos de admisión al territorio nacional por un plazo de permanencia y actividad determinados.
Conforme a la facultad residual reglamentaria del Ministerio de Relaciones Exteriores, los aspectos procedimentales, administrativos y de trámite propio de las Visas, se regularán a través de Resolución Ministerial. La expedición de visas, acorde con los planes de desarrollo e inversión globales o sectoriales, públicos o privados, se deberá regular con atención a las prioridades sociales, demográficas,

personas extranjeras por parte del Ministerio de Relaciones Exteriores con el objeto de acreditar su ingreso y permanencia en el territorio colombiano. Además de esa primera parte de la definición, se agrega un elemento que es transversal en todo lo relacionado con las políticas migratorias en los Estados y es el otorgamiento de estas autorizaciones bajo la aplicación del principio de discrecionalidad y de soberanía. Así mismo, la obtención del visado tiene como finalidad el ingreso, la permanencia en el territorio o el desarrollo de ciertas actividades económicas o de otra índole en el país.

Además de ello, en la definición de visa prevista en el Estado colombiano se afirma que a través de este se permite acreditar que el extranjero cumple con los requisitos exigidos por el Estado para ser admitido dentro del territorio nacional. Si bien, esta es una tendencia de la mayoría de los Estados democráticos y bajo los esquemas tradicionales propios del derecho administrativo y constitucional de los países no se cuestiona, que para los extranjeros se deban exigir estrictos requisitos de ingreso y permanencia, desde la óptica de los derechos humanos, si se pueden formular algunas críticas sobre la inexistencia del derecho de entrada en los

---

económicas, científicas, culturales, de seguridad, de orden público, sanitarias y demás de interés para el Estado colombiano.
PARÁGRAFO 1o. En atención al principio de legalidad y sin perjuicio de las medidas legales o reglamentarias transitorias establecidas en la materia, la residencia con vocación de permanencia de un extranjero en Colombia se constituye habiendo sido titular por tres (3) años continuos e ininterrumpidos de la visa que acredite tanto su regularidad migratoria en el país como su intención o ánimo de permanecer en el territorio nacional.
El solo hecho de que un extranjero habite en el territorio nacional de manera accidental, estacional o en calidad de visitante no constituye residencia con vocación de permanencia en el país. La reglamentación establece los tipos de visas que permiten concluir su residencia con vocación de permanencia en Colombia.

entornos normativos. Como lo expone el profesor Javier de Lucas, esta negativa de los ordenamientos jurídicos nacionales e internacionales supone un grave desconocimiento de la realidad de la movilidad en el mundo y, además, comporta un contra sentido de otro derecho que, si existe y se reconoce, este es, el derecho de salida.

Por lo anterior, el doctrinante en mención señala que ello quiere decir que existe el derecho a "situarse en órbita"[107], pues si una persona abandona el territorio de su Estado de nacionalidad o de residencia permanente, pero se limita el ingreso o la llegada a otro lugar, no queda otra alternativa que no emprender la migración o verse avocada a ingresar de manera irregular, lo que supone una serie de riesgos a la vida e integridad de las personas. Tal y como ya se expuso en un apartado anterior, este derecho no está internacionalmente reconocido, de la misma manera que también se desconoce en las normativas internas de los Estados.

Por su parte, el segundo párrafo de la disposición contenida en la ley relativa a los visados determina que la reglamentación del régimen de visados en el Estado colombiano, es una potestad del poder ejecutivo, representada en el Ministerio de Relaciones Exteriores, lo que refuerza la alta discrecionalidad de la materia, pues significa que las autoridades estatales tendrán una mayor flexibilidad para realizar variaciones a la permanencia de los extranjeros en el país y que denota que esta temática es una política de gobierno y no de Estado. Esta situación tampoco es extraña si se

---

107 Javier De Lucas Martín, "El marco jurídico internacional de las migraciones: algunas consideraciones sobre la protección de los derechos humanos de los inmigrantes: acerca del derecho a ser inmigrante," en *Un mundo sin desarraigo el Derecho Internacional de las migraciones,* F. Mariño Menéndez (coord.) (Madrid: Los libros de la Catarata, 2006), 29-55.

le analiza de manera comparativa con normativas de otros países. Lo anterior, no implica que no se puedan formular reflexiones sobre el particular, pues en función de la potestad soberana para la toma de decisiones en la materia, se producen una serie de acciones de parte de los Estados que no son compatibles con los derechos, como por ejemplo la ausencia de motivación en los actos administrativos que deciden los visados, lo cual merece ser contrastado con las garantías mínimas propias del debido proceso.

Además de lo dicho, también es importante señalar que en esta norma la reglamentación de las visas cae en la tendencia de la securitización de los Estados, tendientes a que el otorgamiento de los visados deberá responder a criterios de priorización en términos de desarrollo, inversión, atención a prioridades sociales, demográficas, económicas, científicas, culturales, de seguridad, de orden público, sanitarias y otros aspectos, relacionados con los intereses del Estado colombiano. Lo transcrito, demuestra que existe una inclinación de gestionar la migración desde una óptica utilitarista, sin que salgan a relucir los motivos de carácter humanitario, solidaridad y asistencia a personas.

De acuerdo con la normatividad colombiana vigente, existen diversos tipos de visados, entre ellos conviene referir los siguientes, de acuerdo con la previsto en el Decreto 1067 de 2015, sus artículos 2.2.1.1.15, 2.2.1.1.16, 2.2.1.1.17, 2.2.1.1.18, y los artículos 2.2.1.11.1.1. y subsiguientes, relativos a la definición de una visa y a los parámetros de vigencia, validez y reglamentación.

1. **Visa de visitante (tipo V):** prevista para el extranjero que quiera visitar Colombia una o varias veces o permanecer temporalmente en el país sin establecerse de manera permanente.

Esta visa le permite al titular realizar, entre otras actividades: tránsito aeroportuario, turismo, gestiones de negocios, intercambio académico y estudios en arte u oficios y posgrados, tratamiento médico, trámites administrativos y judiciales, tripulante de embarcación o en plataforma costera, participación en eventos, pasantía o prácticas, voluntariado, producción audiovisual o digital, cubrimiento periodístico, prestador de servicios temporales, traslado de personal intracorporativo en el marco de instrumentos internacionales vigentes, oficial o representante comercial de gobierno extranjero, programa vacaciones-trabajo y cortesía.

2. **Visa de Residente (tipo R):** para quienes aspiren establecerse o fijar su domicilio permanente en Colombia por: haber renunciado a la nacionalidad colombiana; ser padre de nacional colombiano por nacimiento; tiempo acumulado de permanencia; inversión extranjera directa.

3. **Visa de Migrante (tipo M):** para el extranjero que desee ingresar o permanecer en el territorio nacional con la intención de establecerse, y no cumple con las condiciones para solicitar visa tipo "R".

A esta visa podrán aplicar las personas que se encuentren en la siguiente condición: Cónyuge o compañero permanente de nacional colombiano; padre o hijo de nacional colombiano por adopción; migrante bajo el Acuerdo Mercosur; refugiado; trabajo; empresario; ejercer profesión o actividad independiente; religioso; estudiantes de primaria, secundaria, media y pregrado; inversor inmobiliario; jubilado o rentista.

Las tipologías de visas resultan ser relevantes, pues estas autorizaciones, conceden además de la entrada y permanencia regular en el territorio del Estado, una serie de derechos a los extranjeros, como, por ejemplo, el acceso al empleo, la posibilidad de ser beneficiarios del sistema de salud, la inclusión financiera, el acceso a garantías para ejercer el derecho a la vivienda diga, la libertad de circulación en el territorio nacional, el derecho al acceso a la educación superior, entre otros. Sobre este aspecto, es importante tener presente que el marco de derechos de los extranjeros y en su lugar, la claridad sobre los beneficios de los que pueden disfrutar las personas regulares, con respecto a las irregulares no es una cuestión que esté claramente determinada en el ordenamiento colombiano, omisión que no ha sido resuelta, ni siquiera con la ley que es objeto de análisis en este acápite. La necesidad de que exista definición en este sentido es cada vez más imperiosa, pues de lo contrario para los funcionarios del Estado y para la propia comunidad de extranjeros, esto resulta ser un tema desconocido.

En ausencia de estas coordenadas, se hace necesario remitirse a la revisión de la jurisprudencia constitucional relativa al tema y también podría resultar de utilidad acudir al marco previsto en la CTMF, pues en las partes III y IV de este tratado se hacen las distinciones en materia de derechos para las personas regulares e irregulares.

Retomando la ley y la disposición normativa relativa a las visas antes referido, el artículo 59, establece un término según el cual se puede configurar la residencia con ánimo de permanencia, el cual está fijado en la posesión de alguno de los visados tipo R y M por un tiempo ininterrumpido de tres años en el país.

Este mismo artículo 59, también define qué extranjeros no tiene ánimo de permanecer en el Estado colombiano y según la norma, dentro de este grupo se encuentran las personas que están de manera accidental, estacional, o en calidad de visitantes. La precisión que ofrece la norma parece ser razonable, sin embargo, en la realidad muchas personas pueden ingresar al territorio como simples transeúntes, turistas o inicialmente por periodos cortos y al cabo del tiempo surgir el deseo o la posibilidad de prolongar la permanencia en el Estado. En muchos de estos casos pueden carecer de esta documentación particular, lo que los conduce a la irregularidad y a la formalidad de que su situación y el ejercicio de los derechos obedezca a una condición declarativa, más que constitutiva. Este tipo de situaciones suelen conducir a la irregularidad migratoria.

Con el ánimo de llenar el vacío, el parágrafo 2 del mismo artículo, señala que los extranjeros que se encuentran en el territorio nacional por menos de tres meses, así como para el caso de los menores de edad, la herramienta idónea de identificación será el pasaporte vigente y que para aquellos que excedan este tiempo, deberán tramitar la cédula de extranjería que es emitida por Migración Colombia.

3.2.5. Los permisos como mecanismo de regularización

En lo atinente a la documentación de los extranjeros en el país, también deben incluirse los permisos, de acuerdo con los cuáles se faculta a los no nacionales a permanecer por cierto tiempo en el territorio y se diferencian de las visas, por obedecer a unos requisitos, necesidades e incluso nacionalidades específicas. Se trata de normas de desarrollo ejecutivo, que suelen variar de acuerdo con los intereses de un Estado o gobierno en particular. La Ley 2136 de 2021, los define y se refiere a ellos en los siguientes términos:

> Artículo 60: Es competencia de la Unidad Administrativa Especial de Migración Colombia otorgar los documentos que estime pertinente en desarrollo del principio de libre movilidad, a los visitantes extranjeros que ingresen al territorio nacional sin ánimo de establecerse en el país y que no requieran visa; sus características, procedimiento y trámite será reglamentado e implementado por las autoridades en materia migratoria mediante acto administrativo.

Como se puede notar de la transcripción de este artículo, los permisos son unos documentos que permiten la regularidad de las personas, sin que exista ánimo de permanecer en el país, pero tampoco se somete a las reglas aplicables para los turistas. Para el caso colombiano, en la última década se han expedido una serie de permisos, específicamente, para la población venezolana y han pretendido dar una regularidad parcial y temporal. Estos permisos no son visados y hasta el 2021 solían caracterizarse por ofrecer una percepción transitoria de la migración, pues los tiempos de permanencia no excedían los dos años.

En el capítulo VII de la ley, se incluye una noción que es muy importante, pero que también debió ubicarse en el apartado inicial de la norma, en el que se abordan los conceptos básicos aplicables del sistema de migraciones, dicho concepto, es la situación de irregularidad migratoria. En la norma, se define en que consiste esta condición y se sujeta al ingreso o a la permanencia sin el cumplimiento de requisitos exigidos por el Estado colombiano. Sobre este último aspecto, es importante señalar, que el artículo 61 dispone que una persona que ha ingresado en el territorio colombiano puede quedar en situación irregular, a pesar de haber entrado de manera regular[108], pero por el vencimiento de este permiso, se produce un cambio de su situación administrativa, que además acarrea sanciones. Esta disposición de la ley debe ser interpretada de modo sistemático junto con artículo 2.2.1.11.2.12 del Decreto 1067 de 2015, que se refiere de manera puntual a la permanencia irregular en el territorio colombiano[109].

---

108 **ARTÍCULO 61. SITUACIÓN O CONDICIÓN MIGRATORIA IRREGULAR.** El extranjero incurre en situación migratoria irregular al ingresar al territorio nacional evadiendo el control migratorio, y/o cuando a pesar de haber ingresado de manera regular al país, excedió su tiempo de permanencia por vencimiento de su visa o permiso. En ambos casos los extranjeros serán objeto de las medidas sancionatorias que establezca la ley.

109 Permanencia Irregular. Considerase irregular la permanencia de un extranjero en territorio nacional en los siguientes casos:1. Cuan-

Si bien, dentro de la potestad soberana del Estado es absolutamente legítimo que se establezcan los parámetros de ingreso y permanencia en el país, no se puede perder de vista, que en muchas ocasiones las personas quedan en situación irregular, por las barreras jurídicas o institucionales que no permiten la renovación de los permisos, tal y como ha sucedido en varias ocasiones con los distintos permisos que ha implementado el Estado colombiano.

3.2.6. La protección internacional de las personas asiladas, refugiadas y apátridas: ofrece una alternativa para el ejercicio de los derechos

Dentro de las realidades asociadas a la movilidad humana que implican el cruce de una frontera internacional se configura no solo la inmigración económica, sino que, dentro de los flujos mixtos de personas, se pueden presentar, además, movimientos humanos que requieren de manera particular algún tipo de protección internacional, derivado del reconocimiento de la condición de refugiado o asilado, y de la garantía de los derechos para las personas que carecen de nacionalidad a través de la aplicación del estatuto de apatridia.

Como fue expuesto en el capítulo segundo, Colombia ya había avanzado en el tratamiento de estas realidades antes de la entrada en vigor de la Ley 2136, a través algunas normas ejecutivas, tales como las desarrolladas a partir del

---

do se dan los supuestos mencionados en el artículo 2.2.1.11.2.4 del presente decreto.2. Cuando el extranjero habiendo ingresado legalmente permanece en el país una vez vencido el término concedido en la visa o permiso respectivo.3. Cuando permanece en el territorio nacional con documentación falsa. 4. Cuando el permiso otorgado al extranjero ha sido cancelado de conformidad con lo indicado en el artículo 2.2.1.11.2.11 del presente decreto

Decreto 1067 de 2015 y de la Ley 1997 de 2019. A pesar de ello, la Ley de 2021 incluye estas realidades dentro del capítulo IX, titulado "De la protección internacional de los extranjeros".

3.2.6.1. El refugio y el asilo en el derecho colombiano figuras complementarias y marco de derechos

En la mayor parte de los Estados latinoamericanos perviven las figuras del asilo y del refugio al interior de sus ordenamientos jurídicos tanto constitucionales como legales. Esta tendencia de la región no es compartida en todos los entornos y, de hecho, en el esquema de protección universal de las Naciones Unidas, se promueve la unificación de las instituciones en favor del refuerzo de la institución de refugio en los términos de la Convención de Ginebra sobre el Estatuto de los Refugiados de 1951[110]. Pese a ello, no se puede desconocer que antes de la adopción y entrada en vigor de este tratado internacional, en los ordenamientos internos de los países ya existía el asilo como un derecho, realidad que es replicada en los primeros textos normativos que integran el Derecho Internacional de los Derechos Humanos. Así, por ejemplo, si se hace una revisión de la DUDH de 1948[111], es

[110] Adoptada en Ginebra, Suiza, el 28 de julio de 1951 por la Conferencia de Plenipotenciarios sobre el Estatuto de los Refugiados y de los Apátridas (Naciones Unidas), convocada por la Asamblea General en su resolución 429 (V), del 14 de diciembre de 1950. Entrada en vigor: 22 de abril de 1954, de conformidad con el artículo 43 Serie Tratados de Naciones Unidas, N.º 2545, Vol. 189, 137.

[111] Artículo 14 DUDH, dispone: 1. En caso de persecución, toda persona tiene derecho a buscar asilo, y a disfrutar de él, en cualquier país. 2. Este derecho no podrá ser invocado contra una acción judicial realmente originada por delitos comunes o por actos opuestos a los propósitos y principios de las Naciones Unidas.

posible hallar la referencia expresa al asilo y no al refugio. Por su parte, en los instrumentos interamericanos de derechos humanos, esto es, tanto en la Declaración de Derechos y de Deberes del hombre de 1948[112], como en la Convención Americana de Derechos Humanos de 1969[113], también se hace visible el asilo en lugar del refugio.

Para el caso del SIDH, la proliferación del asilo además de las razones, ya expuestas, obedece a que en el momento en el que surge la Convención de 1951, esta plantea dos barreras en términos de su aplicación, las cuales fueron una limitación en términos territoriales y temporales[114], lo que

---

112 Artículo XXVII. Toda persona tiene el derecho de buscar y recibir asilo en territorio extranjero, en caso de persecución que no sea motivada por delitos de derecho común y de acuerdo con la legislación de cada país y con los convenios internacionales.

113 Artículo 22.7. Toda persona tiene el derecho de buscar y recibir asilo en territorio extranjero en caso de persecución por delitos políticos o comunes conexos con los políticos y de acuerdo con la legislación de cada Estado y los convenios internacionales.

114 **Artículo 1.** Definición del término “refugiado” A. A los efectos de la presente Convención, el término “refugiado” se aplicará a toda persona: 1) Que haya sido considerada como refugiada en virtud de los Arreglos del 12 de mayo de 1926 y del 30 de junio de 1928, o de las Convenciones del 28 de octubre de 1933 y del 10 de febrero de 1938, del Protocolo del 14 de septiembre de 1939 o de la Constitución de la Organización Internacional de Refugiados. Las decisiones denegatorias adoptadas por la Organización Internacional de Refugiados durante el período de sus actividades no impedirán que se reconozca la condición de refugiado a personas que reúnan las condiciones establecidas en el párrafo 2 de la presente sección. 2 2) Que, como resultado de acontecimientos ocurridos antes del 1.º de enero de 1951 y debido a fundados temores de ser perseguida por motivos de raza, religión, nacionalidad, pertenencia a determinado grupo social u opiniones políticas, se encuentre fuera del país de su nacionalidad y no pueda o, a causa de dichos temores, no quiera acogerse a la protección de tal país; o que, careciendo de nacionalidad y hallándose, a consecuencia de tales acontecimientos, fuera

trae como consecuencia práctica que no pueda ser aplicable para los Estados miembros de la OEA. Por su parte, en la región, para dar protección internacional para personas extranjeras al interior de Estados distintos a su nacionalidad se han celebrado una serie de tratados bilaterales y posteriormente multilaterales lo que ha generado una sólida tradición de derecho internacional interamericano sobre asilo diplomático y territorial, que ha generado una dicotomía con el refugio universalmente promovido[115].

La Corte Interamericana de Derechos Humanos, se ha referido a esta cuestión para aclarar las coordenadas de aplicación de las figuras asociadas al asilo en los países de la región y ha expresado en la Opinión Consultiva No. 25 de 2018, que "Hasta las Convenciones de 1954, el término "asilo" se utilizó exclusivamente para referirse a la modalidad específica del "asilo diplomático", también denominado como "asilo político", relativo a aquel que otorgaban los Estados en embajadas, legaciones, navíos de guerra y campamentos o aeronaves militares, mientras que el término "refugio político" se refirió a la protección otorgada en un

---

del país donde antes tuviera su residencia habitual, no pueda o, a causa de dichos temores, no quiera regresar a él. En los casos de personas que tengan más de una nacionalidad, se entenderá que la expresión "del país de su nacionalidad" se refiere a cualquiera de los países cuya nacionalidad posean; y no se considerará carente de la protección del país de su nacionalidad a la persona que, sin razón válida derivada de un fundado temor, no se haya acogido a la protección de uno de los países cuya nacionalidad posea.

115 Héctor Gros Espiell, "El derecho Internacional americano sobre asilo territorial y extradición en sus relaciones con la Convención de 1951 y el Protocolo de 1967 sobre el Estatuto de los refugiados", en *Asilo y protección internacional de refugiados en América Latina,* (México: Universidad Nacional Autónoma de México, Instituto de Investigaciones Jurídicas, 1982), 33-82, https://www.acnur.org/fileadmin/Documentos/Publicaciones/2014/9547.pdf?view=1.

territorio extranjero. Lo anterior explica, parcialmente, la dualidad "asilo-refugio" y sus implicaciones en la protección de los refugiados en la región"[116].

En el contexto normativo del SIDH, se reconoce la importancia y tradición de la institución del asilo en los países que hacen parte de la región, sin embargo, no se resta la importancia a la creación de la figura en el entorno de protección universal de derechos humanos, con la institución del refugio, a partir de la Convención de 1951 y del Protocolo Adicional de 1967[117], toda vez que a partir de estos, se expande el concepto a más continentes y además, se fijan los principios rectores para la aplicación de la protección internacional, así como el marco de los derechos de las personas que se ven beneficiadas de él, es decir, se logra desarrollar una específica forma y modalidad universal[118]. Por otra parte, se sostiene que el derecho de asilo queda incorporado a la protección creada con el refugio, pese a que no lo menciona el tratado de manera explícita.

Lo anterior podría contribuir a dar claridad sobre la dicotomía de las dos situaciones y conducirnos a afirmar que el derecho desde lo sustantivo corresponde al asilo y la protección efectiva bajo un estatuto jurídico, es decir el derecho en sentido objeto, es propiamente el refugio[119]. Pese a

---

116 Corte IDH, Opinión Consultiva 25, *La institución del asilo y su reconocimiento como derecho humano en el sistema interamericano de protección*, 2018, pár.88,

117 Danilo Jiménez Veiga, "Evolución histórica del asilo y necesidad de su compatibilización con el Estatuto de los Refugiados", en *Asilo y Protección Internacional de Refugiados en América Latina*, 197-200.

118 Corte IDH, OC-25 de 2018, pár. 95. Ob. cit

119 César San Juan, Juan Carlos Murillo, María Laura Gianelli y Mark Manly. El asilo y la Protección Internacional de los Refugiados en América Latina: análisis crítico del dualismo asilo-refugio a la luz del Derecho Internacional de los Derechos Humanos, Leornado Franco

ello, la evidencia evolutiva de la norma nos muestra que el asilo como derecho reposa en el seno del DIDH, pues en sus principales instrumentos, incluyendo allí los tratados, tanto universales como regionales reconocen el derecho de asilo, derivando a los Estados la protección que quieran otorgar a la persona que lo solicita, desde su derecho interno. Por su parte, el refugio como marco jurídico da origen a una de ramas de protección de la persona en el DIP y que es complementaria al DIDH y al DIH.

Como quiera que se produzca desde lo normativo, lo realmente valioso de la existencia de esta protección internacional es que las personas pueden verse amparadas en sus derechos por fuera de su Estado de origen y de residencia habitual y que ante todo prima la dignidad humana de la cual deben ser siempre beneficiarios.

En el caso colombiano, el Estado es parte de los principales tratados en la materia, es así como a partir de la Ley 35 de 1961 se aprueba la Convención de 1951, así, como por medio de la Ley 65 de 1969, se aprueba el Protocolo Adicional a esta Convención y que es suscrito en 1967. Por su lado, la Constitución de 1991 se refiere al asilo en el artículo 36 de manera expresa, lo que no ocurre con el refugio, pues no lo menciona de manera expresa en el texto superior[120]. Sin embargo, lo previsto en la Constitución no ha significado un obstáculo para que en la normativa interna se reconozca la institución e incluso se le dé un tratamiento similar en términos de procedimiento, a pesar de que las figuras jurídicas

(coord.), Guianelli Dublanc, Murillo J.C y otros (Ed.) (San José de Costa Rica: Universidad de las Naciones Unidas, Instituto Interamericano de Derechos Humanos, ACNUR, 2004), 31-72, https://www.acnur.org/fileadmin/Documentos/Publicaciones/2012/8945.pdf.

120 Artículo 36. Se reconoce el derecho de asilo en los términos previstos en la ley.

se definan de manera distinta en la ley. Lo que sucede en el desarrollo normativo interno, nos reitera la simbiosis de las instituciones, en los países de la región. De esta manera en la Ley 2136 se reconoce el refugio en los siguientes términos:

> ***ARTÍCULO 62. REFUGIO****. A efectos de la presente Ley, el término refugiado se aplicará a toda persona que reúna las siguientes condiciones:*
> 1. Que, debido a fundados temores de ser perseguida por motivos de raza, religión, nacionalidad, pertenencia a determinado grupo social u opiniones políticas, se encuentre fuera del país de su nacionalidad y no pueda o, a causa de dichos temores, no quiera acogerse a la protección de tal país; o que, careciendo de nacionalidad y hallándose, a consecuencia de tales acontecimientos, fuera del país donde antes tuviera su residencia habitual, no pueda o, a causa de dichos temores, no quiera regresar a él o;
> 2. Que se hubiera visto obligada a salir de su país porque su vida, seguridad o libertad han sido amenazadas por violencia generalizada, agresión extranjera, conflictos internos, violación masiva de los derechos humanos u otras circunstancias que hayan perturbado gravemente el orden público.
> 3. Que haya razones fundadas para creer que estaría en peligro de ser sometida a tortura u otros tratos o penas crueles, inhumanos o degradantes en caso de que se procediera a la expulsión, devolución o extradición al país de su nacionalidad o, en el caso que carezca de nacionalidad, al país de residencia habitual.
> La solicitud de reconocimiento de esta condición se hará únicamente con la presencia del solicitante en el territorio nacional.
> *Parágrafo. El reconocimiento de la condición de refugiado será competencia del Ministerio de Relaciones Exteriores, tanto en el estudio de las solicitudes, como en el reconocimiento de esta condición.*

La definición prevista en el artículo 62 es una reproducción de lo que ya se había incluido en el Decreto 1067 de 2015, de manera particular en el título II, que condensa toda la normatividad reglamentaria de la figura del refugio en Colombia y de la definición contenida en el artículo 2.2.3.1.1.1.

Cada uno de los elementos que contiene este concepto merece un análisis particular, no solo desde la óptica del derecho interno colombiano, sino también desde el marco internacional de protección de derechos humanos. El primero de los párrafos de la definición, ofrece una noción de la persona refugiada como aquella que puede ser víctima de persecución por motivos de raza, religión, nacionalidad, pertenencia a un determinado grupo social u opiniones políticas, lo que es una reiteración del concepto que incorpora la Convención de Ginebra de 1951 sobre el Estatuto de los Refugiados. Conviene recordar que esta definición, ha sido criticada doctrinalmente, por ser restrictiva desde el punto de vista del campo de aplicación personal de la norma y por excluir un importante número de supuestos de personas que, por sus condiciones, también deberían ser merecedoras de la protección de un Estado distinto al de su nacionalidad.

La finalidad de la figura del refugio en el Derecho Internacional de los Refugiados es responder de manera humanitaria y solidaria a través del otorgamiento de una protección a las personas, cuando no pueden o no sienten seguridad en recibir este resguardo a sus derechos en el país de su nacionalidad o de residencia habitual. Desde el punto de vista histórico, la salvaguarda a los derechos de las personas refugiadas es una cuestión que surge en los años veinte a raíz de situaciones como lo que sucedió con las personas nacionalizadas en rusia y es una preocupación que se revive con ocasión a la segunda guerra mundial[121].

121 Jaime Ruiz de Santiago, "Derechos Humanos, Derecho de los Refugiados: evolución y convergencias", en *Derecho Internacional de los Refugiados*, Sandra Namihas (coord.), (Perú: Instituto de Estudios Internacionales, Fondo Editorial Pontificia Universidad Católica del Perú, 2001), 21-76, https://repositorio.pucp.edu.pe/index/handle/123456789/181544.

Tal y como lo documentan la mayor parte de los estudios en la materia, las Naciones Unidas consideraban que la Convención sería un tratado con muy poca vigencia en el tiempo, pues se creía que este drama humano se podía superar en poco tiempo. Pese a ello, el paso del tiempo y los numerosos conflictos de los Estados han demostrado que la figura del refugio sigue siendo vigente. A pesar esto y de que las personas en el mundo no dejan de requerir protección internacional por esta vía, la Convención de 1951 no ha sido actualizada y por ese motivo continúa promoviendo un marco restrictivo ante otras situaciones que no están previstas en la definición.

Para el caso de la norma colombiana prevista en el artículo 62 que ha sido transcrito, la definición de persona refugiada no se ha quedado petrificada, pues en el segundo numeral reproduce los elementos de la Declaración de Cartagena de 1984, que amplía la definición de persona refugiada para los países que hacen parte del sistema de protección interamericano de derechos humanos. Bajo estos supuestos, la persona refugiada, no será entonces, únicamente el que es perseguido por los motivos antes expuestos, sino que también se podrán ver beneficiados de la protección las personas que son víctimas en su libertad o que han tenido afectaciones derivadas de violencia generalizada, conflictos armados internos e internacionales, violaciones masivas a los derechos humanos y situaciones de grave perturbación al orden público.

Los motivos de este segundo numeral y que guardan plena coincidencia con este importante instrumento internacional, suelen responder a un importante listado de causales de afectaciones a los derechos humanos de los habitantes de los países pertenecientes al SIDH, así, como varias de las circunstancias que se viven en los Estados africanos[122]. Para el caso

---

122 Tamara Wood, "Expanding Protection in Africa? Case Studies of the Implementation of the 1969 African Refugee Convention's Expand-

de Colombia, contar en la ley y en el decreto de regulación de la condición de refugiado con estos elementos goza de gran importancia, toda vez que al interior del Estado se han vivido varias de estas circunstancias, lo que puede significar que los extranjeros que ingresan al país y se ajustan a esta descripción podrán verse cobijados por la protección. Por su parte, de acuerdo con varios estudios, los colombianos también han sido destinatarios del reconocimiento de la condición de refugiado en otros países de la región, como es el caso de Ecuador y Panamá, a raíz de las situaciones de conflicto armado que se han atravesado en nuestro país[123].

Se debe tener en consideración, que la Declaración de Cartagena con su evolutivo concepto de persona refugiada, no es vinculante para los países de la región, lo anterior debido a que se está ante un instrumento y no ante un tratado internacional propiamente dicho. Por esto, cada Estado podrá darle el valor que considere internamente a través de la adopción de nociones como la incluida en la ley. Allí, radica la importancia real tanto del artículo 62, como del Decreto 1067 de 2015, pues incorpora la definición de la declaración, mejorando así el marco de protección de las personas refugiadas a las que se les pueda reconocer dicha garantía en el país.

Al margen de las consideraciones y del análisis normativo que se puede hacer a la aplicación de la figura del refugio en el caso colombiano, conviene precisar que nuestro país se ha caracterizado por tener una bajísima tradición en

---

ed Refugee Definition", *International Journal of Refugee Law* 26, n. ° 4, 2014, 555-580. https://doi.org/10.1093/ijrl/eeu048.

123 Enrique Serrano López, Sebastián Polo Alvis, y Katherine Cardozo Beltrán, "Transición de los refugiados colombianos en Ecuador: una nueva fase del fenómeno migratorio (The Transition of Colombian Refugees in Ecuador: A New Phase of the Migration Phenomenon)", *OASIS*, n. ° 29, 2019. https://ssrn.com/abstract=3345116.

el reconocimiento de esta condición y que una de las principales preocupaciones de las personas extranjeras que están en el país, radica en la dilación del procedimiento interno. De acuerdo con el ACNUR:

> *Al 31 de diciembre de 2021, aproximadamente 28.800 personas venezolanas han solicitado el reconocimiento de la condición de refugiado en el país. Sin embargo, el sistema de asilo de Colombia tiene una capacidad demasiado limitada para procesar todas las solicitudes de reconocimiento de la condición de refugiado*[124].

En el caso nacional se hace urgente fortalecer la figura del refugio, pues no son muchas las personas que pueden contar con esta protección y hacer efectivos los derechos derivados de la misma.

Por último, la tercera causal para ser beneficiario de la condición de refugiado que incluye el artículo 62 de la Ley 2136 de 2021, refiere los casos en los que las personas pueden tener riesgo de sufrir malos tratos en el Estado de su nacionalidad o de residencia habitual. La inclusión de esta disposición es la reproducción de uno de los elementos fundamentales del derecho de los refugiados, este es, el respeto al principio del *non refoulement*, o no devolución, lo que implica una obligación de los Estados de proteger a la persona que se encuentra en la frontera o en el territorio de un Estado y no devolverla si existen indicios de que pueden ser víctimas de tortura o de tratos crueles, inhumanos o degradantes. Dicha protección, está prevista en el esquema internacional en el artículo 33 de la Convención sobre el

---

124 UN High Commissioner for Refugees, *ACNUR Colombia: Monitoreo de Protección, enero-junio 2022*, 21 de octubre de 2022. https://reliefweb.int/report/colombia/acnur-colombia-monitoreo-de-proteccion-enero-junio-2022.

Estatuto de los Refugiados[125], así como también en la conclusión quinta de la Declaración de Cartagena 359, que además insta a los Estados de la región para que este principio sea considerado norma de *ius cogens*[126].

En la Ley 2136 de 2021, el artículo 63 remite al Decreto 1067 de 20015[127] en lo relativo al procedimiento para la realización de la solicitud de la condición de refugiado, indicando que tal reconocimiento estará a cargo del Ministerio de Relaciones Exteriores, por medio de la Comisión Asesora para la Determinación de la Condición de Refugiado CONARE. Conviene referir que las disposiciones del decreto en mención le dan aplicación y desarrollo a la figura del refugio, concretamente en el título 3, sección 3 dedicado a

---

125 Artículo 33. Prohibición de expulsión y de devolución ("*refoulement*")
1. Ningún Estado Contratante podrá, por expulsión o devolución, poner en modo alguno a un refugiado en las fronteras de los territorios donde su vida o su libertad peligre por causa de su raza, religión, nacionalidad, pertenencia a determinado grupo social, o de sus opiniones políticas.
2. Sin embargo, no podrá invocar los beneficios de la presente disposición el refugiado que sea considerado, por razones fundadas, como un peligro para la seguridad del país donde se encuentra, o que, habiendo sido objeto de una condena definitiva por un delito particularmente grave, constituya una amenaza para la comunidad de tal país.

126 Debe tenerse en cuenta que, de acuerdo con el Derecho Internacional de los Derechos Humanos, una norma de ius cogens supone el cumplimiento de obligaciones erga omnes para los Estados, por ser una norma aceptada de manera generalizada por la Comunidad Internacional. Lo anterior de acuerdo con lo previsto en el artículo 53 de la Convención de Viena sobre Derechos de los Tratados.

127 **ARTÍCULO 63**. PROCEDIMIENTO PARA LA DETERMINACIÓN DE LA CONDICIÓN DE REFUGIADO. El reconocimiento de la condición de refugiado estará a cargo del Ministerio de Relaciones Exteriores de acuerdo con el procedimiento establecido por el Decreto 1067 de 2015 o las normas que lo modifiquen, adicionen o sustituyan.

los asuntos relativos a la condición de refugiado y al procedimiento aplicable a estas solicitudes[128].

En la Ley 2136 de 2021, también se incluye como figura distinta pero complementaria la protección a las personas por vía del reconocimiento del asilo. Es así, como el artículo 64, establece lo siguiente:

> **Artículo 64. Asilo.** A efectos de la presente Ley, se entenderá por solicitante de asilo exclusivamente las personas que tengan un temor, razonable de persecución por motivos o delitos políticos, y por delitos políticos concurrentes en que no procede la extradición.
> El asilo no podrá ser invocado contra acción judicial originada por delitos comunes o por actos opuestos a los propósitos y principios de las Naciones Unidas.

Antes de abordar el análisis del asilo en la Ley 2136, es importante recordar que la Constitución de 1991, ya reconocía la institución del asilo en el artículo 36, tal y como fue expuesto con anterioridad. Por su parte, de la lectura detallada del artículo 64 pareciera desprenderse que en el ordenamiento interno se esboza como una institución orientada exclusivamente a la protección de personas perseguidas por motivos políticos, lo que la circunscribe a tales supuestos. Lo anterior, a diferencia del refugio que tanto en la ley como en el decreto se proponen de modo más amplio.

---

128 Para más información sobre el tema, ver los artículos artículo 2.2.3.1.3.1., relativo a la presentación de la solicitud, sección 4 del mismo título III, relativo a la expedición del salvoconducto para permanecer en el territorio nacional, artículo 2.2.3.1.4.1, vigencia del salvoconducto, artículo artículos 2.2.3.1.4.2 y s.s, entrevista, sección 5, artículos 2.2.3.1.5.1 y s.s., sección 6, artículos 2.2.3.1.6.1. y s.s, sobre procedimiento para el reconocimiento de la condición de refugiado, sección 7, relativa a la exclusión de la condición de refugiado, artículos 2.2.3.1.7.1., sección 8, cesación de la condición de refugiado, artículos 2.2.3.1.8.1 y s.s.

De acuerdo con la jurisprudencia de la Corte Constitucional el asilo se define como:

> *(...) una garantía que tiene toda persona ante el ordenamiento jurídico internacional, y significa la expresión humanitaria debida a la racionalidad. El asilo surge como una medida que remedia el estado de indefensión de una persona frente a un sistema del cual es disidente, por motivos de opinión política o religiosa. Negar el derecho de asilo a una persona, no sólo equivale a dejarlo en la indefensión grave e inminente, sino que implica la negación de la solidaridad internacional. Pero se advierte que este derecho no procede en el caso de delitos comunes; el asilo, se repite, trata de evitar el estado de indefensión individual ante una amenaza estatal contra la persona, por motivos de índole política, filosófica, religiosa o doctrinaria*[129].

A pesar de las distinciones que puedan tener las dos figuras en el entorno tanto interno como internacional, el tratamiento que se otorga en la práctica en términos de protección de la persona es la misma. Lo anterior significa, que el procedimiento para la presentación y trámite de la solicitud es el mismo que se encuentra reglado en el Decreto 1067 de 2015. De acuerdo con lo anterior, podría afirmarse que una persona que hace uso del derecho de asilo, previsto tanto en la Constitución de 1991, como en el marco normativo que los desarrolla, tanto en la ley como en el decreto, cuando recibe la protección internacional efectiva se convierte en un refugiado.

A continuación, en el siguiente esquema se puede visualizar el marco particular de derechos de las personas que son titulares de la protección internacional derivada del refugio.

a. Derecho a la vida.

b. Derecho a la igualdad ante la ley.

---

[129] Corte Constitucional, Sentencia C-189 de 8 de mayo de 1996, M. P. Vladimiro Naranjo Mesa.

c. Derecho a la libertad individual y prohibición de detención arbitraria.
d. Derecho a buscar asilo, y a disfrutar de él, en cualquier país.
e. Derecho a la una nacionalidad.
f. Derecho al nombre y a la personalidad jurídica.
g. Derecho al reconocimiento de la prohibición de esclavitud, servidumbre y trabajo forzado.
h. Derecho al debido proceso y a las garantías judiciales en los asuntos que les afecten.
i. Derecho al buen nombre, a la honra y a la dignidad.
j. Respeto al principio de legalidad y la prohibición de retroactividad de la ley en los asuntos que les afecten.
k. Derecho a la familia.
l. Derecho a la libertad religiosa y de conciencia.
m. Derecho a la libertad de pensamiento y expresión.
n. Derecho de reunión.
o. Derecho de asociación.
p. Derecho a la propiedad privada.
q. Derechos de los niños y niñas.
r. Libertad de circulación en los términos definidos en la Ley y en los tratados. Lo que supone una permanencia regular en el territorio.
s. Derecho de salida del territorio, incluso del mismo Estado de nacionalidad de la persona.
t. Respeto al principio de no devolución o expulsión forzosa cuando esta pueda generar riesgo a la vida, a la integridad personal o a la libertad del interesado.

u. Todos los derechos que se concedan a las personas extranjeras en el territorio del Estado de destino, tanto del ámbito de los derechos civiles y políticos, como los que se garantizan con respecto en el entorno de los derechos económicos, sociales y culturales, así como los derechos colectivos y del ambiente. De manera particular el artículo 100 de la Constitución de 1991 los recoge. Dicha norma se debe leer de manera coordinada con el artículo 13 de 1991.

Al margen de los derechos que desarrollan los marcos constitucionales internos, en los que se reconocen beneficios a las personas extranjeras, la mayor parte de las garantías reposan en la Carta Internacional de Derechos Humanos[130] y en otros tratados tanto generales como sectoriales y temáticos de los entornos de las Naciones Unidas y de los sistemas regionales de protección de derechos humanos, como sucede con el SIDH, que aplica para el caso de Colombia. Vale la pena precisar en este aspecto, que el listado de derechos incluido en el esquema suele coincidir con aquellos que se atribuyen a toda persona sometida a la jurisdicción del Estado, salvo un derecho particular que responde en estricto sentido a la protección internacional. Este es la garantía de no devolución[131].

Por otra parte, es necesario tener presente que a las personas refugiadas se aplican las mismas limitaciones que a los derechos de otros extranjeros (migrantes económicos

---

130 Carlos Villán Durán, *Curso de Derecho Internacional de los Derechos Humanos,* (Madrid: Editorial Trotta, 2006), 212-213.

131 Al punto ya se ha hecho referencia a la no devolución o *non refoulment,* como aquella garantía que protege a las personas en frontera y que solicitan refugio, para que no puedan ser devueltas al lugar en el que su vida o integridad personal corren peligro. Ver, Guy S. Goodwin-Gill, "The Right to Seek Asylum: Interception at Sea and the Principle of Non-Refoulement", *International Journal of Refugee Law* 23, n. ° 3, 2011, 443-457, https://doi.org/10.1093/ijrl/eer018.

y apátridas) y que están legitimadas en su diferencia de trato en el DIDH. Tales restricciones obedecen a la lógica de ejercicio fundamentado en la nacionalidad, como sucede con la plena libertad de circulación, que solo se reconoce a una persona extranjera en el caso en el que su situación administrativa sea regular en el territorio o como se observa con el ejercicio de los derechos políticos, que está reservado a quienes ostentan el vínculo jurídico político con el país.

Al punto, sobre tales derechos, para el caso colombiano, los extranjeros con un mínimo de permanencia regular en el país pueden acceder de manera limitada al derecho al voto, a través de su participación en elecciones y consultas populares de carácter local tal y como lo aclara la Corte Constitucional en algunas de sus sentencias[132].

En cuanto al ejercicio de los derechos prestacionales, conocidos como económicos, sociales y culturales, existen unas reglas básicas para su reconocimiento en el caso de los extranjeros, dentro de los cuales, se encuentran los refugiados y los solicitantes de asilo. Dentro de estas, los tratados internacionales, suelen formular su redacción a partir de pronombres indeterminados, como sucede con los derechos civiles y políticos, sin embargo, todas estas salvaguardas, serán fijadas por el ordenamiento interno puntualmente para garantizar el acceso a cada derecho, entre ellos, la salud, la educación, la vivienda, el acceso al empleo, etc. En países en vía de desarrollo como sucede con Colombia, el propio PIDESC de 1966, si bien señala que los derechos allí recocidos serán de titularidad de toda persona y de cumplimiento progresivo, para los países con economías emergentes, no se fija la obligación de dar garantía a estas prestaciones en

---

132 Ver, por ejemplo, Corte Constitucional, Sentencia C-523 de 1 de julio de 2003, M. P. Jaime Córdoba Triviño.

todos los casos, de tal manera que se excluye su protección a los extranjeros[133].

Lo anterior redunda de manera negativa en el reconocimiento del derecho a la igualdad para con los extranjeros, pues estarán sujetos a la regulación particular que cada Estado determine en términos de reconocimiento de los DESC. Por ello, se hace necesario que, en la ley, más allá de fijar principios rectores, lineamientos de política, planes y programas, se otorgue claridad frente al disfrute y marco de aplicación de los derechos, de tal modo que ello no sea un aspecto que quede derivado a la discrecionalidad de la administración pública. Para el caso de Colombia, la dimensión y alcance de estos derechos ha sido definida por el juez constitucional, tal y como se expone de manera amplia en el capítulo cinco en el que se analiza la jurisprudencia constitucional.

Si bien el capítulo quinto está orientado al estudio de la jurisprudencia constitucional, en este punto no se puede pasar por alto la sentencia SU 543 de 2023, pues en ella se resume el listado de derechos que concede el marco normativo colombiano a las personas que cuentan con estatuto de refugiado reconocido. De esta manera, la jurisprudencia constitucional ha determinado que estas personas pueden gozar de los siguientes derechos:

- La obligación de brindar asistencia para la repatriación voluntaria.
- La obligación de brindar ayuda para el reasentamiento.
- La prohibición de discriminación.

---

133 Artículo 2.3. Los países en desarrollo, teniendo debidamente en cuenta los derechos humanos y su economía nacional, podrán determinar en qué medida garantizarán los derechos económicos reconocidos en el presente Pacto a personas que no sean nacionales suyos.

- La garantía de no devolución.
- El derecho a solicitar y buscar asilo y, en concreto, a solicitar el reconocimiento de la condición de refugiado.
- La obligación del Estado de brindar acceso efectivo a un procedimiento justo para la determinación de la condición de refugiado[134].

Como puede notarse, es curioso que lo que expresa de manera precisa la Corte es una serie de atributos de la persona expresados algunos casos en obligaciones para el Estado y en otros como garantías. Aunque esto no sea muy preciso en términos conceptuales, debe rescatarse que se enfatiza en la necesidad de que el Estado colombiano adopte acciones para velar por los derechos humanos de este grupo de personas.

3.2.7. Las personas apátridas y su protección en Colombia a partir del DIDH

Dentro de los flujos mixtos que se producen dentro de la movilidad, se pueden configurar otras realidades que tienen un fuerte impacto en la vida de las personas. Este es el caso de la apatridia, situación que es lamentable en un mundo que cada vez está más abierto al mercado, al intercambio comercial, a los avances de la informática y de las comunicaciones, al fortalecimiento de relaciones internacionales y donde los tratados de libre comercio nos muestran un debilitamiento de las fronteras. Pese a ello, los límites para las personas parecen ser mayores que en otras épocas y, de esta manera, los territorios de los Estados parecen endurecerse cuando se trata de circulación, protección y defensa de los derechos de individuos que no son nacionales de los Estados.

---

[134] Corte Constitucional, sentencia SU 543 de 2023, M.P. Paola Meneses, 5 de diciembre de 2023, pár. 90.1 y ss.

Según reportes del ACNUR, a mediados de 2022: *unos 4,3 millones de personas en todo el mundo eran apátridas o de nacionalidad indeterminada, según estadísticas reportadas al ACNUR por diferentes Gobiernos y otras fuentes en 95 países*[135]. Esta cifra se mantiene casi sin alteraciones respecto de fines de 2021. Lo más preocupante, es que la cifra global y consolidada, podría estar estimada entre 10 000 000 a 15 000000 de personas[136], siendo el desbalance entre una y otra cifra bastante alto. Sin embargo, aproximadamente la mitad de todos los países no reporta datos sobre apatridia, incluidos muchos de los países que cuentan con poblaciones reconocidas con personas apátridas[137]. La apatridia que técnicamente significa carecer de nacionalidad o no poder hacerla efectiva dentro de un territorio, para poder así acceder a los derechos, nos evidencia un atraso enorme en el concepto de Estado y nos muestra, por el contrario, un arraigo casi irracional a la noción de soberanía en su sentido más clásico y original[138].

La limitación y falta de garantía al derecho a la nacionalidad deriva en una responsabilidad inexcusable de los Estados, pues estos crean una serie de criterios restrictivos para la adquisición del derecho bajo las modalidades de nacimiento o de adopción, que la hacen impracticable o imposible de obtener. Entre las principales razones por las que la nacionalidad se niega o no se puede hacer efecti-

---

135 ACNUR, *Informe semestral de Tendencias 2022*, 2022. https://www.acnur.org/media/informe-semestral-de-tendencias-2022.

136 Indira Goris, J. Harrington y Sebastian Köhn, *La apatridia: ¿Qué es y por qué importa?* https://rua.ua.es/dspace/bitstream/10045/11087/1/RMF_32_01.pdf.

137 ACNUR, *Informe semestral de Tendencias 2022*, 2022. Ob. Cit.

138 Charles Batchelor, "Stateless person: some gaps in the international protection", *Hein On Line*, 7, 1995, 232. https://heinonline.org/HOL/LandingPage?handle=hein.journals/intjrl7&div=27&id=&page=.

va, se encuentran, normas restrictivas que solo privilegian a ciertos grupos de personas para tener la nacionalidad o la ciudadanía y en consecuencia, consideran a las personas como extranjeras, las barreras para la transmisión de la nacionalidad a las madres, cuando tienen hijos de padres extranjeros, están desaparecidos, son fallecidos o desconocidos, situaciones en las que se presentan flujos de personas voluminosos y que ingresan de manera irregular a los territorios de los Estados de destino o tránsito y no se conceden derechos a estas personas por las circunstancias en las que se producen. Otra causa es la disolución de Estados, sin que exista claridad sobre los derechos de las personas en las nuevas conformaciones de dichas naciones[139].

Para el caso de nuestro país, los requisitos para ser colombiano son combinados, y están previstos en el artículo 96 de la carta de 1991[140]. Lo dispuesto por la Constitución nos de-

---

139 "Acabar con la apatridia", ACNUR, https://www.acnur.org/acabar-con-la-apatridia.

140 Artículo 96. Son nacionales colombianos: 1. Por nacimiento:
a) Los naturales de Colombia, que con una de dos condiciones: que el padre o la madre hayan sido naturales o nacionales colombianos o que, siendo hijos de extranjeros, alguno de sus padres estuviere domiciliado en la República en el momento del nacimiento y; b) Los hijos de padre o madre colombianos que hubieren nacido en tierra extranjera y luego se domiciliaren en territorio colombiano o registraren en una oficina consular de la República.
2. Por adopción:
a) Los extranjeros que soliciten y obtengan carta de naturalización, de acuerdo con la ley, la cual establecerá los casos en los cuales se pierde la nacionalidad colombiana por adopción;
b) Los Latinoamericanos y del Caribe por nacimiento domiciliados en Colombia, que con autorización del Gobierno y de acuerdo con la ley y el principio de reciprocidad, pidan ser inscritos como colombianos ante la municipalidad donde se establecieren, y;
c) Los miembros de los pueblos indígenas que comparten territorios fronterizos, con aplicación del principio de reciprocidad según

muestra que para el caso de los colombianos por nacimiento, no basta el mero hecho de nacer en el territorio para poder ser nacional suyo, es necesario además, que se produzcan otras dos condiciones, ser hijo de colombianos o tener padres extranjeros, pero domiciliados o ser residentes regulares en el territorio, lo que excluye justamente a la población más vulnerable, es decir, a aquellos que son hijos de inmigrantes que están en situación jurídica de irregularidad.

En la normatividad colombiana la apatridia está definida por remisión a partir de la noción que ofrece la Convención de Ginebra sobre el Estatuto de los apátridas de 1954, en su artículo primero[141]. De esta manera, señala la ley en el artículo 7.2 lo siguiente: "***Apátrida:*** *De conformidad con el numeral 1 del Artículo 1° del Estatuto de los Apátridas de 1954, el término "apátrida" designará a toda persona que no sea considerada como nacional suyo por ningún Estado, conforme a su legislación*".

En la Ley 2136 de 2021 al reproducir la definición contenida en la Convención, brinda protección a los llamados apátridas de ***iure*** y excluye también, al igual que la Convención a los apátridas de ***facto*** de esta protección internacional. Sobre esta cuestión conviene referir que se entiende por uno y otro concepto.

La definición de apátrida de ***iure*** aparentemente es transparente, podría ser considerada norma de derecho interna-

---

tratados públicos. Ningún colombiano por nacimiento podrá ser privado de su nacionalidad. La calidad de nacional colombiano no se pierde por el hecho de adquirir otra nacionalidad. Los nacionales por adopción no estarán obligados a renunciar a su nacionalidad de origen o adopción. Quienes hayan renunciado a la nacionalidad colombiana podrán recobrarla con arreglo a la ley.

141 Artículo 1 Definición del término «apátrida» 1. A los efectos de la presente Convención, el término "apátrida" designará a toda persona que no sea considerada como nacional suyo por ningún Estado, conforme a su legislación.

cional consuetudinaria[142] y estrictamente alude a la personas que no tiene reconocimiento de nacionalidad por parte del ordenamiento jurídico de ningún Estado.

No obstante, es importante referir una serie de reflexiones realizadas en la Reunión de Expertos Convocada por el ACNUR[143] hace cerca de una década y que permite ver más aristas de la noción. Entre ellas, es conveniente tener en cuenta que una persona apátrida de ***iure***, no necesariamente es extranjera, pues lo será solo si ha cruzado una frontera internacional por alguna causa y no ostenta nacionalidad de su país de origen o de residencia habitual, de esta manera, podrían concurrir las condiciones de ser apátrida y también persona refugiada, caso en el cual se debe aplicar el marco normativo convencional que ofrezca mayor protección a la persona, que suele ser el derivado del Derecho de los Refugiados, en función de que pueden ejercer el derecho previsto en el artículo 33, relativo a la prohibición de devolución[144]. Pese a esto, podrán existir apátridas dentro del territorio de un país en el que nacieron o el que es su residencia habitual, pero se les priva de este vínculo jurídico. Vale decir, que en ocasiones muchos de los argumentos del Estado para no otorgar la nacionalidad serán por el incumplimiento de los requisitos exigidos para ello, como sucede

---

142 Comisión de Derecho Internacional, *Informe Expulsión de extranjeros,* (Doc. A/CN.4/565), 10 de julio de 2006, párr. 173 y 174.

143 Oficina del Alto Comisionado de las Naciones Unidas para los Refugiados, Reunión de Expertos, *El Concepto de Personas Apátridas bajo el Derecho Internacional, Resumen de las Conclusiones,* Prato, Italia, 27-28, Reunión de Expertos: El Concepto de Personas Apátridas bajo el Derecho Internacional, Resumen de las Conclusiones (refworld.org).

144 Reunión de Expertos El Concepto de Personas Apátridas bajo el Derecho Internacional Resumen de las Conclusiones Reunión de Expertos organizada por la Oficina del Alto Comisionado de las Naciones Unidas para los Refugiados, Ob. Cit, párr. 5.

con las madres solteras o hijos de padres extranjeros o desconocidos, que incluso podrán ser tenidos por los Estados como niños extranjeros.

En torno a la cuestión práctica de la ausencia de nacionalidad y el reconocimiento de otros derechos derivados de esta, radica esencialmente en lo que resulta inherente al vínculo de una persona con un Estado, como sucede con el derecho de entrada, retorno al país, elección de residencia y protección diplomática dentro y fuera del país. Lo anterior, pues se trata de los derechos que por lo general tienen restringidos los extranjeros que si tienen reconocida una nacionalidad[145].

Por su lado, sobre los apátridas de facto no existe una definición internacionalmente reconocida, sin embargo, por ellos se entiende, aquellas personas que no pueden ejercer de manera efectiva su nacionalidad, pero que explícitamente no se les ha negado por conducto del ordenamiento jurídico.

El grupo de expertos señala que pueden existir líneas muy difusas entre la persona considerada apátrida de *iure* y de *facto,* por lo que el examen de esta situación a la hora de valorarla internamente en un Estado deberá ser cuidadosa, dado que los últimos están excluidos del ámbito de aplicación personal del tratado y no cuentan con un régimen particular de protección más allá que el del refugio. De acuerdo con los expertos, por apátrida de ***facto*** se entiende:

> *son personas fuera del país de su nacionalidad que no pueden o, por razones válidas, no están dispuestas a acogerse a la protección de ese país. La protección, en este sentido, se refiere al derecho de protección diplomática ejercida por el Estado de la nacionalidad, con el fin de remediar un hecho internacionalmente ilícito contra uno de sus nacionales, así como protección diplomática y consular y asistencia*

---

[145] *Ibidem,* pár. 9.

> *general, incluso en relación con el regreso al Estado de la nacionalidad*[146].

En razón a que existen barreras más allá de las jurídicas, es decir, consistentes en que no existe una prohibición del ordenamiento o unos requisitos para tener la nacionalidad, sino que, en estos casos, el defecto radica en que la protección no se hace efectiva y la Convención de 1954, excluye expresamente estos casos en el artículo 1, para solventar el vacío en términos de protección internacional y garantía de derechos, estos apátridas podrán recibir el reconocimiento de una persona refugiada, y verse cubiertas por las normas de la Convención de 1951 antes expuesta.

En la ley nacional además de incorporarse la definición de la Convención de 1954, se incluyen tres disposiciones normativas adicionales relativas a la apatridia, los artículos 65, 66 y 67. A continuación, haremos referencia al tercero de estos, pues guarda estrecha conexión con las personas apátridas nacidos dentro del territorio colombiano. Señala el artículo 67:

> **Personas apátridas nacidas en Colombia**. La Registraduría Nacional del Estado Civil deberá remitir al Ministerio de Relaciones Exteriores la solicitud de reconocimiento de la condición de persona apátrida nacida en Colombia y los documentos que soporten el caso concreto para determinar tal condición, de acuerdo con el procedimiento establecido en la reglamentación expedida por el Ministerio de Relaciones Exteriores.
>
> El Ministerio de Relaciones Exteriores, expedirá acto administrativo mediante el cual determinará si el solicitante se encuentra en situación de apatridia.
>
> La Registraduría Nacional del Estado Civil, con base en el acto administrativo que reconoce la condición de persona apátrida expedido por el Ministerio de Relaciones Exteriores, procederá a reconocer la nacionalidad colombiana por nacimiento dentro de los tres meses siguientes a la

146 *Ibidem*, par. II.A.2.

> comunicación del acto administrativo. El procedimiento y requisitos para este efecto serán reglamentados por la Registraduría Nacional del Estado Civil.

La norma colombiana transcrita goza de gran importancia dentro de nuestro ordenamiento jurídico y puede además, constituir un referente de buenas prácticas normativas en la región, toda vez que incorpora acciones tendientes a generar cumplimiento de parte del Estado a los compromisos internacionales en materia de derechos humanos, condensados en las dos convenciones de las ONU para dar tratamiento a la apatridia, estas son, la Convención sobre el Estatuto de los Apátridas de 1954 y la Convención para reducir los casos de apatridia de 1961. La primera de ellas, tendiente a definir el marco de derechos de las personas apátridas, dado que, si bien dichas personas carecen de la nacionalidad, gozan de un marco de derechos que está fijado en este tratado. En ese sentido, la primera parte de la disposición, es decir, del artículo 67, permite que con la resolución emitida por el ministerio se pueda reconocer jurídicamente al extranjero la condición de apátrida, lo que, en principio, lo haría destinatario de los derechos allí contenidos. La señalada salvaguarda de las personas apátridas debe producirse a partir de las obligaciones contenidas en esta y a través de la Ley 1588 de 2012[147], que aprueba el tratado internacional.

Tanto en la ley aprobatoria, como en la propia Convención de 1954, se reconocen una serie de derechos en favor de las personas apátridas, entre ellos conviene referir aquellos que se garantizan como bajo el estándar de aplicación

---

147 Congreso de la República de Colombia, *Ley 1588 de 2012: por medio de la cual se aprueba la "Convención sobre el Estatuto de los Apátridas", adoptada en Nueva York, el 28 de septiembre de 1954 y la "Convención para reducir los casos de Apatridia", adoptada en Nueva York, el 30 de agosto de 1961, 2012.*

de cualquier persona extranjera y otros que se garantizan desde un esquema de equiparación menor restringido, es decir, que se asemejan a los derechos de los que disfrutan los nacionales del Estado.

En el cuadro que se presenta a continuación es posible visualizar los derechos que tiene una persona a la que se le ha reconocido el estatuto de apátrida, según el marco internacional, que es coincidente con la ley nacional.

Cuadro 9. Derechos que se garantizan bajo el estándar de otra persona extranjera con documentación

Derechos que se garantizan bajo el estándar de otra persona extranjera con documentación (estatus regular)	Adquisición de bienes y derecho a la propiedad (art.13)[148].
	Derecho de asociación cuando permanezcan regularmente dentro del territorio (art.15)[149].
	Acceso al empleo remunerado cuando estén regularmente dentro del territorio (art.17.1)[150].

148 **Artículo 13. Bienes muebles e inmuebles.** Los Estados Contratantes concederán a todo apátrida el trato más favorable posible y en ningún caso menos favorable que el concedido generalmente a los extranjeros en las mismas circunstancias, respecto a la adquisición de bienes muebles e inmuebles y otros derechos conexos, arrendamientos y otros contratos relativos a bienes muebles e inmuebles. Convención sobre el Estatuto de los Apátridas, Artículo 13, 1954.

149 **Artículo 15. Derecho de asociación.** En lo que respecta a las asociaciones no políticas ni lucrativas y a los sindicatos, los Estados Contratantes concederán a los apátridas que residan legalmente en el territorio de tales Estados, un trato tan favorable como sea posible y, en todo caso, no menos favorable que el concedido en las mismas circunstancias a los extranjeros en general. Convención sobre el Estatuto de los Apátridas, Artículo 15, 1954.

150 **Artículo 17. Empleo remunerado.** 1. Los Estados Contratantes concederán a los apátridas que residan legalmente en el territorio de dichos Estados un trato tan favorable como sea posible y, en todo caso, no

	Trabajo por cuenta propia en el caso en el que estén de manera regular dentro del territorio (art.18)[151].
	Derecho a ejercer profesiones liberales (art.19)[152].
	Derecho a la vivienda (art.21)[153].
	Derecho a la educación no elemental, acceso a reconocimiento de certificados, diplomas y títulos universitarios expedidos en el extranjero, cargas y becas (art.22.2)[154].

menos favorable que le concedido en las mismas circunstancias a los extranjeros en general, en cuanto al derecho al empleo remunerado. Convención sobre el Estatuto de los Apátridas, Artículo 17.1, 1954.

151 **Artículo 18. Trabajo por cuenta propia.** Todo Estado Contratante concederá a los apátridas que se encuentren legalmente en el territorio de dicho Estado el trato más favorable posible y en ningún caso menos favorable que el concedido en las mismas circunstancias a los extranjeros en general, en lo que respecta al derecho de trabajar por cuenta propia en la agricultura, la industria, la artesanía y el comercio, y al de establecer compañías comerciales e industriales. Convención sobre el Estatuto de los Apátridas, Artículo 18, 1954.

152 **Artículo 19. Profesiones liberales.** Todo Estado Contratante concederá a los apátridas que residan legalmente en su territorio, que posean diplomas reconocidos por las autoridades competentes de tal Estado y que deseen ejercer una profesión liberal, el trato más favorable posible y en ningún caso menos favorable que el generalmente concedido en las mismas circunstancias a los extranjeros. Convención sobre el Estatuto de los Apátridas, Artículo 19, 1954.

153 **Artículo 21. Vivienda.** En materia de vivienda y, en tanto esté regida por leyes y reglamentos o sujeta a la fiscalización de las autoridades oficiales, los Estados Contratantes concederán a los apátridas que residan legalmente en sus territorios el trato más favorable posible y en ningún caso menos favorable que el concedido en las mismas circunstancias a los extranjeros en general. Convención sobre el Estatuto de los Apátridas, Artículo 21, 1954.

154 **Artículo 22. Educación pública. 2.** Los Estados Contratantes concederán a los apátridas el trato más favorable posible y en ningún caso

	Ayuda administrativa, acceso a documentos (art.25)[155].
	Libertad de circulación cuando estén regularmente en el territorio (art.26)[156].
	Acceso a documentos de identidad (art.27)[157].

---

menos favorable que el concedido en las mismas circunstancias a los extranjeros en general, respecto de la enseñanza que no sea la elemental y, en particular, respecto al acceso a los estudios, reconocimiento de certificados de estudios, diplomas y títulos universitarios expedidos en el extranjero, exención de derechos y cargas y concesión de becas. Convención sobre el Estatuto de los Apátridas, Artículo 22.2, 1954.

155 **Artículo 25. Ayuda administrativa. 1.** Cuando el ejercicio de un derecho por un apátrida necesite normalmente de la ayuda de autoridades extranjeras a las cuales no pueda recurrir, el Estado Contratante en cuyo territorio aquél resida tomará las medidas necesarias para que sus propias autoridades le proporcionen esa ayuda. **2.** Las autoridades a que se refiere el párrafo 1 expedirán o harán que bajo su vigilancia se expidan a los apátridas los documentos o certificados que normalmente serían expedidos a los extranjeros por sus autoridades nacionales o por conducto de éstas. **3.** Los documentos o certificados así expedidos reemplazarán a los instrumentos oficiales expedidos a los extranjeros por sus autoridades nacionales o por conducto de éstas, y harán fe, salvo prueba en contrario. **4.** A reserva del trato excepcional que se conceda a las personas indigentes, pueden imponerse derechos por los servicios mencionados en el presente artículo, pero tales derechos serán moderados y estarán en proporción con los impuestos a los nacionales por servicios análogos. **5.** Las disposiciones del presente artículo no se oponen a las de los artículos 27 y 28. Convención sobre el Estatuto de los Apátridas, Artículo 25, 1954.

156 **Artículo 26. Libertad de circulación.** Todo Estado Contratante concederá a los apátridas que se encuentren legalmente en su territorio, el derecho de escoger el lugar de su residencia en tal territorio y de viajar libremente por él, siempre que observen los reglamentos aplicables en las mismas circunstancias a los extranjeros en general. Convención sobre el Estatuto de los Apátridas, Artículo 26, 1954.

157 **Artículo 27. Documentos de identidad.** Los Estados Contratantes expedirán documentos de identidad a todo apátrida que se encuentre en el

	Acceso a documentos de viaje que estén regularmente en el territorio (art.28)[158].
	Pago de impuestos por expedición de documentos (art.29.2)[159].
	Transferencia de recursos (art.30)[160].

territorio de tales Estados y que no posea un documento válido de viaje. Convención sobre el Estatuto de los Apátridas, Artículo 27, 1954.

158 **Artículo 28. Documentos de viaje.** Los Estados Contratantes expedirán a los apátridas que se encuentren legalmente en el territorio de tales Estados, documentos de viaje que les permitan trasladarse fuera de tal territorio, a menos que se opongan a ello razones imperiosas de seguridad nacional o de orden público. Las disposiciones del anexo a esta Convención se aplicarán igualmente a esos documentos. Los Estados Contratantes podrán expedir dichos documentos de viaje a cualquier otro apátrida que se encuentre en el territorio de tales Estados; y, en particular, examinarán con benevolencia el caso de los apátridas que, encontrándose en el territorio de tales Estados, no puedan obtener un documento de viaje del país en que tengan su residencia legal. Convención sobre el Estatuto de los Apátridas, Artículo 28, 1954.

159 **Artículo 29. Gravámenes fiscales.** 2. Lo dispuesto en el precedente párrafo no impedirá aplicar a los apátridas las leyes y los reglamentos concernientes a los derechos impuestos a los extranjeros por la expedición de documentos administrativos, incluso documentos de identidad. Convención sobre el Estatuto de los Apátridas, Artículo 29.2, 1954.

160 **Artículo 30. Transferencia de haberes. 1.** Cada Estado Contratante, de conformidad con sus leyes y reglamentos, permitirá a los apátridas transferir a otro país, en el cual hayan sido admitidos con fines de reasentamiento, los haberes que hayan llevado consigo al territorio de tal Estado. **2.** Cada Estado Contratante examinará con benevolencia las solicitudes presentadas por los apátridas para que se les permita transferir sus haberes, dondequiera que se encuentren, que sean necesarios para su reasentamiento en otro país en el cual hayan sido admitidos. Convención sobre el Estatuto de los Apátridas, Artículo 30, 1954.

	Garantías frente a la expulsión siguiendo las normas de debido proceso (art.31)[161].
	Naturalización y asimilación (art.32)[162].

161 **Artículo 31. Expulsión. 1.** Los Estados Contratantes no expulsarán a apátrida alguno que se encuentre legalmente en el territorio de tales Estados, a no ser por razones de seguridad nacional o de orden público. **2.** La expulsión del apátrida únicamente se efectuará, en tal caso, en virtud de una decisión tomada conforme a los procedimientos legales vigentes. A no ser que se opongan a ello razones imperiosas de seguridad nacional, se deberá permitir al apátrida presentar pruebas en su descargo, interponer recursos y hacerse representar a este efecto ante la autoridad competente o ante una o varias personas especialmente designadas por la autoridad competente. **3.** Los Estados Contratantes concederán, en tal caso, al apátrida, un plazo razonable dentro del cual pueda gestionar su admisión legal en otro país. Los Estados Contratantes se reservan el derecho a aplicar durante ese plazo las medidas de orden interior que estimen necesarias. Convención sobre el Estatuto de los Apátridas, Artículo 31, 1954.

162 **Artículo 32. Naturalización.** Los Estados Contratantes facilitarán en todo lo posible la asimilación y la naturalización de los apátridas. Se esforzarán, en especial, por acelerar los trámites de naturalización y por reducir en todo lo posible los derechos y gastos de los trámites. Convención sobre el Estatuto de los Apátridas, Artículo 32, 1954.

Cuadro 10. Derechos que se garantizan como nacional de un Estado.

Derechos que se garantizan como el nacional de un Estado	Derecho de religión (art.4)[163].
	Derecho a la propiedad intelectual e industrial (art.14)[164].
	Acceso a la justicia (art.16)[165].
	Empleo remunerado en el marco de los programas de contratación de inmigrantes (art.17.2)[166].

163 **Artículo 4. Religión.** Los Estados Contratantes otorgarán a los apátridas que se encuentren en su territorio un trato por lo menos tan favorable como el otorgado a sus nacionales en cuanto a la libertad de practicar su religión y en cuanto a la libertad de instrucción religiosa a sus hijos. Convención sobre el Estatuto de los Apátridas, Artículo 4, 1954.

164 **Artículo 14. Derechos de propiedad intelectual e industrial.** En cuanto a la protección a la propiedad industrial, y en particular a inventos, dibujos o modelos industriales, marcas de fábrica, nombres comerciales y derechos relativos a la propiedad literaria, científica o artística, se concederá a todo apátrida, en el país en que resida habitualmente, la misma protección concedida a los nacionales de tal país. En el territorio de cualquier otro Estado Contratante se le concederá la misma protección concedida en él a los nacionales del país en que tenga su residencia habitual. Convención sobre el Estatuto de los Apátridas, Artículo 14, 1954

165 **Artículo 16. Acceso a los tribunales. 1.** En el territorio de los Estados Contratantes, todo apátrida tendrá libre acceso a los tribunales de justicia. **2.** En el Estado Contratante donde tenga su residencia habitual, todo apátrida recibirá el mismo trato que un nacional en cuanto al acceso a los tribunales, incluso la asistencia social y la exención de la cautio judicatum solvi. **3.** En los Estados Contratantes distintos de aquel en que tenga su residencia habitual, y en cuanto a las cuestiones a que se refiere el párrafo 2, todo apátrida recibirá el mismo trato que un nacional del país en el cual tenga su residencia habitual. Convención sobre el Estatuto de los Apátridas, Artículo 16, 1954

166 **Artículo 17. Empleo remunerado. 2.** Los Estados Contratantes examinarán con benevolencia la asimilación en lo concerniente a la ocupación de empleos remunerados, de los derechos de todos los apátridas a los derechos de los nacionales, especialmente para los

	Derecho a recibir suministros en épocas de escases(art.20)[167].
	Derecho a la educación elemental pública(art.22.1)[168].
	Asistencia y socorro público (art.23)[169].
	Remuneración y condiciones laborales (subsidios, vacaciones, trabajo a domicilio, edad mínima, aprendizaje, formación profesional, seguridad social, derechos adquiridos (art.24)[170].

apátridas que hayan entrado en el territorio de tales Estados en virtud de programas de contratación de mano de obra o de planes de inmigración. Convención sobre el Estatuto de los Apátridas, Artículo 17.2, 1954

167 **Artículo 20. Racionamiento.** Cuando la población en su conjunto esté sometida a un sistema de racionamiento que regule la distribución general de productos que escaseen, los apátridas recibirán el mismo trato que los nacionales. Convención sobre el Estatuto de los Apátridas, Artículo 20, 1954.

168 **Artículo 22. Educación pública. 1**. Los Estados Contratantes concederán a los apátridas el mismo trato que a los nacionales en lo que respecta a la enseñanza elemental. Convención sobre el Estatuto de los Apátridas, Artículo 22.1, 1954.

169 **Artículo 23. Asistencia pública.** Los Estados Contratantes concederán a los apátridas que residan legalmente en el territorio de tales Estados el mismo trato que a sus nacionales en lo que respecta a asistencia y a socorro públicos. Convención sobre el Estatuto de los Apátridas, Artículo 23, 1954.

170 **Artículo 24. Legislación del trabajo y seguros sociales. 1.** Los Estados Contratantes concederán a los apátridas que residan legalmente en el territorio de tales Estados el mismo trato que a los nacionales en lo concerniente a las materias siguientes: a) Remuneración, inclusive subsidios familiares cuando formen parte de la remuneración, horas de trabajo, disposiciones sobre horas extraordinarias de trabajo, vacaciones con paga, restricciones al trabajo a domicilio, edad mínima de empleo, aprendizaje y formación profesional, trabajo de mujeres y de adolescentes y disfrute de los beneficios de los contratos colectivos de trabajo en la medida en que estas materias estén regidas por leyes

	Pago de gravámenes o impuestos no podrá ser mayor que los de los nacionales (art.29.1)[171].

---

o reglamentos, o dependan de las autoridades administrativas; b) Seguros sociales (disposiciones legales respecto a accidentes del trabajo, enfermedades profesionales, maternidad, invalidez, ancianidad, fallecimiento, desempleo, responsabilidades familiares y cualquier otra contingencia que, conforme a las leyes o a los reglamentos nacionales, esté prevista en un plan de seguro social), con sujeción a las limitaciones siguientes: i)Posibilidad de disposiciones adecuadas para la conservación de los derechos adquiridos y de los derechos en vías de adquisición; ii)Posibilidad de que las leyes o reglamentos nacionales del país de residencia prescriban disposiciones especiales concernientes a los beneficios o partes de ellos pagaderos totalmente con fondos públicos, o a subsidios pagados a personas que no reúnan las condiciones de aportación prescritas para la concesión de una pensión normal. **2.** El derecho a indemnización por la muerte de un apátrida, de resultas de accidentes del trabajo o enfermedad profesional, no sufrirá menoscabo por el hecho de que el derechohabiente resida fuera del territorio del Estado Contratante. **3.** Los Estados Contratantes harán extensivos a los apátridas los beneficios de los acuerdos que hayan concluido o concluyan entre sí, sobre la conservación de los derechos adquiridos y los derechos en vías de adquisición en materia de seguridad social, con sujeción únicamente a las condiciones que se apliquen a los nacionales de los Estados signatarios de los acuerdos respectivos. **4.** Los Estados Contratantes examinarán con benevolencia la aplicación a los apátridas, en todo lo posible, de los beneficios derivados de acuerdos análogos que estén en vigor o entren en vigor entre tales Estados Contratantes y Estados no contratantes. Convención sobre el Estatuto de los Apátridas, Artículo 24, 1954.

171 **Artículo 29. Gravámenes fiscales. 1.** Los Estados Contratantes no impondrán a los apátridas derecho, gravamen o impuesto alguno de cualquier clase que difiera o exceda de los que exijan o puedan exigirse de los nacionales de tales Estados en condiciones análogas. Convención sobre el Estatuto de los Apátridas, Artículo 29.1, 1954.

Por su parte, de manera paralela al reconocimiento de los derechos, la Convención también establece la obligación de estas personas de cumplir con las normas del Estado de destino, obligación que reposa en el artículo 2 del tratado de 1954[172].

Conviene tener en consideración, que los derechos antes expuestos se interpretan dando aplicación a los principios rectores del DIDH, como es el caso de la igualdad y prohibición de discriminación[173], previsto en el artículo 3, el principio pro persona o p*ro homine*, incluido en el artículo 5[174] y la excepción de reciprocidad, incorporada en el artículo 7[175]

---

172 **Artículo 2. Obligaciones generales.** Todo apátrida tiene, respecto del país donde se encuentra, deberes que en especial entrañan la obligación de acatar sus leyes y reglamentos, así como las medidas adoptadas para el mantenimiento del orden público.

173 **Artículo 3. Prohibición de la discriminación.** Los Estados Contratantes aplicarán las disposiciones de esta Convención a los apátridas, sin discriminación por motivos de raza, religión o país de origen.

174 **Artículo 5. Derechos otorgados independientemente de esta Convención.** Ninguna disposición de esta Convención podrá interpretarse en menoscabo de cualesquier derechos y beneficios otorgados por los Estados Contratantes a los apátridas independientemente de esta Convención.

175 **Artículo 7. Exención de reciprocidad.** 1. A reserva de las disposiciones más favorables previstas en esta Convención, todo Estado Contratante otorgará a los apátridas el mismo trato que otorgue a los extranjeros en general. 2. Después de un plazo de residencia de tres años, todos los apátridas disfrutarán, en el territorio de los Estados Contratantes, de la exención de reciprocidad legislativa. 3. Todo Estado Contratante continuará otorgando a los apátridas los derechos y beneficios que ya les correspondieren, aun cuando no existiera reciprocidad, en la fecha de entrada en vigor de esta Convención para tal Estado.
4. Los Estados Contratantes examinarán con benevolencia la posibilidad de otorgar a los apátridas, cuando no exista reciprocidad, derechos y beneficios más amplios que aquellos que les correspondan en virtud de los párrafos 2 y 3, así como la posibilidad de

de la Convención de 1954. Por su parte, el tratado también incluye normas relativas a medidas especiales que se deben adoptar durante la vigencia de estados de excepción en beneficio de los derechos de las personas apátridas, tal y como se expone en los artículos 8[176] y 9[177].

Tal y como se expuso con anterioridad, el artículo 67 de la Ley 2136 de 2021, incluye una serie de normas que permiten evidenciar cumplimiento o por lo menos la buena fe del Estado colombiano frente a las obligaciones internacionales previstas en la Convención de 1954, una de ellas ya fue expuesta de manera suficiente y es la consistente en el reconocimiento de los derechos de las personas apátridas que se produce como consecuencia del reconocimiento jurídico de esta condición. El segundo aspecto que sobre este punto

---

hacer extensiva la exención de reciprocidad a los apátridas que no reúnan las condiciones previstas en los párrafos 2 y 3.
5. Las disposiciones de los párrafos 2 y 3 se aplicarán tanto a los derechos y beneficios previstos en los artículos 13, 18, 19, 21, y 22 de esta Convención, como a los derechos y beneficios no previstos en ella.

176 **Artículo 8. Exención de medidas excepcionales.** Con respecto a las medidas excepcionales que puedan adoptarse contra la persona, los bienes o los intereses de nacionales o ex nacionales de un Estado extranjero, los Estados Contratantes no aplicarán tales medidas a los apátridas únicamente por haber tenido la nacionalidad de dicho Estado. Los Estados Contratantes que en virtud de sus leyes no puedan aplicar el principio general expresado en este artículo, otorgarán, en los casos adecuados, exenciones en favor de tales apátridas.

177 **Artículo 9. Medidas provisionales.** Ninguna disposición de la presente Convención impedirá que en tiempo de guerra o en otras circunstancias graves y excepcionales, un Estado Contratante adopte provisionalmente, respecto a determinada persona, las medidas que estime indispensables para la seguridad nacional, hasta que tal Estado Contratante llegue a determinar que tal persona es realmente un apátrida y que, en su caso, la continuación de tales medidas es necesaria para la seguridad nacional.

merece referir, es el desarrollado en el último parágrafo del artículo y está referido a la facultad de la Registraduría de que pasados tres meses se pueda otorgar la nacionalidad a las personas que han sido reconocidas como apátridas.

Una disposición de esta naturaleza es compatible con la segunda de las Convenciones que sobre la apatridia se ha adoptado en el seno de la ONU y de la que Colombia, también es parte, esta es, la Convención de 1961 tendiente a promover la erradicación de los casos de apatridia.

Ahora bien, además de la norma interna que busca dar protección a los extranjeros apátridas que están en Colombia, la Ley 2136 incluye una disposición para dispensar protección a las personas apátridas nacidas en el exterior, lo que expande el campo de aplicación personal de la norma colombiana a toda aquella persona que nace en otro país y permite que se desarrollen acciones tendientes a la erradicación de la apatridia. Señala la norma del artículo lo siguiente:

> ***Artículo 65. Personas Apátridas nacidas en el exterior.*** *Las personas nacidas en el exterior en situación de apatridia deberán presentar la solicitud para el reconocimiento de la condición de persona apátrida ante el Ministerio de Relaciones Exteriores, de acuerdo con la reglamentación establecida para el efecto por este Ministerio.*
> Durante el procedimiento se garantizará la identificación y permanencia temporal en el territorio nacional del solicitante.
> Una vez se le reconozca la condición de persona apátrida, se le otorgará un documento de viaje, en el cual se estampará, una visa de residente para su identificación y regularización.
> La persona nacida en el exterior reconocida como apátrida por el Ministerio de Relaciones Exteriores, podrá solicitar de manera gratuita la nacionalidad colombiana por adopción, una vez haya cumplido con el término de un (1) año de domicilio, contado a partir de la expedición de la visa de residente.
> El solicitante gozará de las facilidades para su naturalización que para el efecto disponga el Ministerio de Relaciones Exteriores en la reglamentación de la presente ley.
> El Ministerio de Relaciones Exteriores deberá adelantar el trámite de nacionalidad colombiana por adopción, dentro

del año siguiente a la presentación de la solicitud de naturalización de la persona reconocida como apátrida.
Parágrafo. *En aplicación del principio del interés superior, los niños, niñas y adolescentes nacidos en el exterior podrán solicitar el reconocimiento de la condición de persona apátrida ante el Ministerio de Relaciones Exteriores. Una vez este Ministerio reconozca tal condición, les otorgará la nacionalidad colombiana por adopción mediante acto administrativo. Este acto se comunicará a la Registraduría Nacional del Estado Civil para la expedición del respectivo documento de identificación colombiano a favor del niño, niña y adolescente. Durante el procedimiento sé garantizará la identificación y permanencia temporal en el territorio nacional del niño, niña y adolescentes.*

Como se ha expuesto, la norma permite que el Estado a través de las oficinas consulares pueda brindar protección a las personas que fuera del territorio colombiano carezcan de nacionalidad, lo que por la interpretación que hemos realizado del artículo 7, relativo a la definición de persona apátrida abarca únicamente a quienes los son de *iure* y no de *facto*. Al igual que en el supuesto de la norma del artículo 67, referente a las personas apátridas nacidas en el territorio nacional, luego de un tiempo de ostentar el reconocimiento de apátrida y en consecuencia la visa de residente podrá tener la nacionalidad colombiana por adopción.

Artículo 66. *Procedimiento para reconocimiento de la condición de persona apátrida. El Ministerio de Relaciones Exteriores será el competente para tramitar, estudiar y decidir las solicitudes de reconocimiento de la condición de persona apátrida, presentadas por las personas a las que se refiere el numeral 2 del artículo 7 de la presente Ley.*
El Ministerio de Relaciones Exteriores establecerá un procedimiento para el reconocimiento de la condición de persona apátrida, de personas nacidas en el exterior y en Colombia, el cual tendrá un término de duración no mayor a dieciocho (18) meses, contados desde la presentación de la solicitud ante el Ministerio cuando la persona haya nacido en el exterior, o desde la remisión de la solicitud por parte de la Registraduría Nacional del Estado Civil al

> *Ministerio, cuando la persona haya nacido en territorio colombiano. En el procedimiento se observarán todas las garantías del debido proceso.*

La anterior norma es complementaria al artículo 65 y prevé las competencias para el procedimiento relativo al reconocimiento de personas apátridas, a cargo del Ministerio de Relaciones Exteriores. Por su parte, se establece también el tiempo para la resolución de la situación, el cual no podrá exceder los 18 meses, lo que garantiza un estatuto jurídico de protección a una población que es especialmente vulnerable.

3.2.8. Los riesgos asociados a la migración y su somera mención en la Ley 2136 de 2021

Como se ha expuesto a lo largo del desarrollo de este texto, los flujos migratorios mixtos, pueden conducir a que se presenten graves afectaciones a los derechos humanos de las personas durante todo el proceso, esto es, en la salida, el tránsito y la llegada al Estado de destino. Así lo han documentado numerosos informes del relator sobre los Derechos de los trabajadores migratorios[178], así como otros mandatos temáticos al interior de los procedimientos ex-

---

[178] Asamblea General de las Naciones Unidas, Informe del relator especial sobre los derechos humanos de los migrantes, Sr., Felipe Gonzalez Morales, (A/HRC/38/41), párr. 45, https://documents-dds-ny.un.org/doc/UNDOC/GEN/G18/125/20/PDF/G1812520.pdf?OpenElement. Asamblea General, Informe del Relator Especial sobre los derechos humanos de los migrantes, Sr., Felipe González Morales, (Doc., A/77/189) 19 de julio de 2022, párr. 49, 69, https://documents-dds-ny.un.org/doc/UNDOC/GEN/N22/431/52/PDF/N2243152.pdf?OpenElement.

traconvencionales del sistema de Naciones Unidas, como la relatora Especial sobre Trata de Personas[179].

Bajo la pretensión de la Ley 2136 de ser el marco normativo de contexto para todo lo que puede ser entendido como un sistema de migraciones del nivel nacional, se incluye en el capítulo XI, relativo a las disposiciones complementarias, unas breves normas relacionadas con la trata de personas y el tráfico de migrantes.

Puntualmente, los artículos 73, 74 y 75, incluyen estos temas, el primero de ellos, en torno a la prevención y asistencia a las víctimas y la judicialización de los implicados en este delito, así como el intercambio de información para proceder a la persecución.

> ***ARTÍCULO 73**. PREVENCIÓN Y ASISTENCIAS A VÍCTIMAS DEL DELITO DE TRATA DE PERSONAS E INVESTIGACIÓN Y JUDICIALIZACIÓN DEL DELITO*
> *El Estado colombiano a través de la Comisión Interinstitucional en la lucha contra la Trata de Personas adoptará las medidas de prevención, protección, asistencia, investigación y judicialización necesarias para garantizar el respeto a los derechos humanos de las víctimas y posibles víctimas del delito de trata de personas, tanto, internas como externas. Lo anterior, con el fin de fortalecer la acción del Estado frente a este delito, de acuerdo con el marco normativo internacional*

179 Asamblea General de las Naciones Unidas, Informe de la Sra. María Grazia Giammarinaro, relatora especial sobre la trata de personas, especialmente mujeres y niños, presentado de conformidad con la Resolución 35/5 del Consejo de Derechos Humanos, (Doc. A/74/189), 19 de julio de 2019, párr. 16, 17, 19, 20, https://documents-dds-ny.un.org/doc/UNDOC/GEN/N19/222/71/PDF/N1922271.pdf?OpenElement. Asamblea General de las Naciones Unidas, Informe de la Sra. Joy Ezeilo, relatora especial sobre la trata de personas, especialmente mujeres y niños, (Doc. A/765/288), 9 de agosto de 2010, párr. 24, 39, 42, https://documents-dds-ny.un.org/doc/UNDOC/GEN/N10/483/14/PDF/N1048314.pdf?OpenElement.

y nacional y de igual manera, garantizará la asignación de recursos para el cumplimiento de estas medidas.

Por su parte, los artículos 74 y 75 disponen

> ***ARTÍCULO 74.*** *PREVENCIÓN Y ATENCIÓN A PERSONAS OBJETO DE TRÁFICO ILÍCITO DE MIGRANTES E INVESTIGACIÓN Y JUDICIALIZACIÓN DEL DELITO.*
> El Estado colombiano a través de la Comisión Intersectorial en la lucha contra el Tráfico Migrantes adoptará las medidas de prevención, protección, atención y judicialización necesarias para garantizar el respeto a los derechos humanos de las personas objeto de Tráfico Ilícito de Migrantes. Lo anterior, con el fin de fortalecer la acción del Estado frente a este delito, de acuerdo con el marco normativo internacional y nacional y de igual manera, garantizará la asignación de recursos para el cumplimiento de estas medidas.
> ***ARTÍCULO 75.*** *CONVENIOS DE INTERCAMBIO DE INFORMACIÓN.*
> El Ministerio de Relaciones Exteriores y la Unidad Administrativa Especial Migración Colombia podrán celebrar convenios interadministrativos con entidades oficiales y organismos internacionales para el intercambio de información, que permita cumplir con las funciones misionales propias de la Entidad.
> *PARÁGRAFO 1o. El Gobierno nacional podrá establecer alianzas entre los organismos de la lucha contra la trata, la migración y el desarrollo, las organizaciones internacionales y las partes interesadas de la sociedad civil centradas en las mujeres y las niñas, incluidas las organizaciones comunitarias de grupos afectados por la trata o las medidas contra la trata, a fin de recopilar, intercambiar, y analizar datos de manera sistemática, con el objetivo de comprender las tendencias en la trata de mujeres y niñas, y aplicar estrategias específicas basadas en los derechos humanos.*

Las disposiciones transcritas de la ley se limita a determinar cuáles son las autoridades que tienen la competencia para la implementación de medidas en esta materia, lo que supone que deberá tenerse como marco orientador la normativa internacional y las leyes nacionales relativas a la prevención de la trata, como sucede con la Convención de las Naciones Unidas contra la Delincuencia Organizada Transnacional[180], el Protocolo contra el tráfico ilícito de migrantes por tierra, mar y aire[181], que complementa la Convención de las Naciones Unidas contra la delincuencia organizada transnacional, 2000[182] y el Protocolo para prevenir, reprimir y sancionar la trata de personas, especialmente mujeres y niños[183], y aplicar además las normas internas en función de las distinciones que existen entre ambos delitos en el ordenamiento colombiano[184].

De la misma manera como los derechos de las personas en movilidad no son abordados en esta ley, la referencia a la trata y al tráfico de personas, pareciera que se menciona con la única finalidad de incluirla dentro de la política general de migración, pero sin pretensión de integralidad.

---

180 Convención de las Naciones Unidas contra la Delincuencia Organizada Transnacional y sus Protocolos, 2000.

181 Protocolo Contra el Tráfico Ilícito de Migrantes por Tierra, Mar y Aire, que Complementa la Convención de las Naciones Unidas Contra la Delincuencia Organizada Transnacional, 2000.

182 Naciones Unidas, Oficina contra la droga y el delito, Convención de las Naciones Unidas contra la delincuencia organizada transnacional y sus protocolos, Nueva York, 2004, https://www.unodc.org/documents/treaties/UNTOC/Publications/TOC%20Convention/TOCebook-s.pdf.

183 Protocolo para prevenir, reprimir y sancionar la trata de personas, especialmente mujeres y niños, que complementa la convención de las naciones unidas contra la delincuencia organizada transnacional, 2000.

184 Sobre este aspecto se puede profundizar consultado las siguientes fuentes Beatriz Luna de Aliaga, *Trata de personas y empresas: Estándares y recomendaciones para su prevención en Colombia* (Bogotá: Universidad de la Sabana, Colección investigación, 2021), 46-51.

3.3. LEY 2136 DE 2021 COMO HERRAMIENTA PARA APORTAR ESTRUCTURA INSTITUCIONAL AL SISTEMA MIGRATORIO COLOMBIANO

En la Ley 2136 de 2021 además de incluir aspectos sustanciales relacionados con el abordaje de la movilidad, se despliega una estructura administrativa para la ejecución de la política migratoria en su conjunto. Las disposiciones que irradian esta parte orgánica es posible hallarlas desde la primera parte de la ley dedicada a los principios, objetivos y finalidades de la norma, entre ellas conviene referirse a las siguientes normas:

Objetivo 2.3, por ejemplo, buscar dar respuesta a uno de los principales desafíos que han surgido en torno a la atomización de las medidas adoptadas por el Estado colombiano para abordar la migración. En esta norma, se predica la necesidad de que las acciones de la PIM de los distintos órdenes territoriales estén debidamente articuladas. Dicho propósito, se relaciona de modo directo con lo previsto en el punto 2.4 tendiente a que la coordinación no debe reducirse únicamente a la esfera interna, sino que, además debe también verse reflejado en lo regional e internacional en términos de gobernanza de la migración, aspecto replicado a su vez, en el lineamiento 3.1 y en el eje 5.4. El propósito plasmado en la ley guarda coincidencia con lo dispuesto en el Pacto Mundial Migratorio, que erige su contenido desde esta óptica.

Dentro del grupo de objetivos que redundan en un correcto funcionamiento y estructura institucional, también conviene resaltar la necesidad de que se produzca un fortalecimiento de los sistemas de información (objetivo 2.5) y la realización de que se produzca la caracterización de las personas (objetivo 2.6), pues estos son elementos clave para el diseño de política pública en la materia. En relación con este último aspecto, se debe tener presente que el Gobierno colombiano, tal y como se expondrá más adelante, ya ha iniciado labores en este aspecto, con ocasión a la entrada en vigor de la norma del EPTMV, tendiente a conocer el perfil de los migrantes venezolanos. Si bien este es un significativo esfuerzo, el registro de personas y caracterización de las mismas, debe ir más allá de identificar a este colectivo nacional, pues en el país transitan y permanecen personas de numerosas nacionalidades. De cara a la nueva política estadounidense, de instaurar centros de procesamiento de solicitudes de asilo, reunificación familiar y trabajo en Colombia[185] para los nacionales latinoamericanos, Colombia requiere de manera urgente refinar los mecanismos de caracterización de personas y superar la percepción de que este es un asunto de exclusiva aplicación para los venezolanos.

Una de las finalidades centrales de la ley consiste en fijar coordenadas para la correcta construcción y funcionamiento de la Política Pública migratoria en Colombia. En respuesta a esto, el artículo 6 define las herramientas útiles para el cumplimiento de este propósito, como se puede visualizar en el esquema que se presenta a continuación:

185 Caracol Radio, *Conozca dónde estarían los Centros de Procesamiento de Migrantes de EE. UU. en Colombia,* 2023, https://caracol.com.co/2023/05/25/conozca-donde-estaran-los-centros-de-procesamiento-de-migrantes-de-eeuu-en-colombia/?outputType=amp.

Cuadro 11. Insumos para la Planeación de la Política

Insumos para la Planeación de la Política	1. Los instrumentos internacionales en materia migratoria ratificados por el Estado colombiano.
	2. Los planes de desarrollo nacional, y territorial.
	3. Los programas anuales operativos en relación con los recursos humanos calificados disponibles y los necesarios para su cumplimiento.
	4. Los informes del Ministerio de Trabajo, sobre la situación laboral del país.
	5. Los informes del Sistema de Información para el Reporte de Extranjeros (Sire) sobre la demanda de servicios, el cumplimiento del aporte patronal –en el caso de contratación de trabajadores y trabajadoras extranjeras– y del aseguramiento voluntario de los trabajadores extranjeros voluntarios.
	6. Los informes de los Ministerios de Agricultura; Industria, Comercio y Turismo; y de Relaciones Exteriores, y los del Departamento Nacional de Planeación, en relación con las necesidades de los sectores productivos nacionales y de inversión extranjera sobre recurso humano inexistente o insuficiente en el país.
	7. El plan sectorial del turismo elaborado por el Ministerio de Industria, Comercio y Turismo y el Departamento Nacional de Planeación en función de las necesidades y prioridades del turismo en el país.
	8. Los informes del Ministerio de Educación Nacional, sobre el estado de la situación de la oferta y la demanda educativa en el país y la incidencia de la migración en ella.
	9. Los informes del Ministerio de Ciencia Tecnología e Innovación respecto a becarios de los programas de formación de alto nivel fuera del país.
	10. Los informes técnicos y académicos sobre la migración y el desarrollo.
	11. Los informes socioeconómicos emitidos por parte del Departamento Administrativo de Prosperidad Social.
	12. Los aportes de las asociaciones, entidades sin ánimo de lucro y organizaciones no gubernamentales que presten servicios de atención a migrantes.
	13. Los procesos de caracterización y registro consular que realiza el Ministerio de Relaciones Exteriores a través de sus consulados y en compañía de otras entidades.
	14. Los informes técnicos sobre migración emitidos por el Departamento Nacional de Planeación.

Fuente: elaboración propia

Del esquema anteriormente presentado, se puede evidenciar una fuerte tendencia de la ley hacia la construcción de una política pública con prevalencia o privilegio hacia la movilidad humana representada en la migración económica productiva. De acuerdo con los datos, la realidad nacional no presenta sólo esta faceta, pues tal y como se ha expuesto a lo largo de este texto, Colombia, se ha ido perfilando como un Estado de destino y de tránsito donde concurren realidades humanitarias que apuntan hacia la protección internacional, como sucede con el refugio y la apatridia y dichos aspectos no se hacen evidentes en el desarrollo integral de la ley.

Debe tenerse presente, que, en la ley dentro de la estructura institucional, se incluyen unos elementos para el correcto funcionamiento de la política pública. De esta manera el artículo 82, a partir de una adición a la Ley 1257 de 2008, refiere la necesidad de que la política migratoria se desarrolle de manera coordinada con la normativa que adelanta acciones para la sensibilización y prevención de violencia contra la mujer. Es así como la Ley 2136 de 2021[186], retoma las acciones

---

186 **ARTÍCULO 82.** Adiciónese un numeral al Artículo 9o de la Ley 1257 de 2008, el cual quedará así:
"Artículo 9o. Medidas de sensibilización, y prevención. Todas las autoridades encargadas de formular e implementar políticas públicas deberán reconocer las diferencias y desigualdades sociales, biológicas en las relaciones entre las personas según el sexo, la edad, la etnia y el rol que desempeñan en la familia y en el grupo social.
El Gobierno Nacional:
10. A través del Servicio Exterior a cargo de la Cancillería colombiana, creará un "Protocolo estandarizado de atención a las mujeres potencialmente expuestas o que sean víctimas de violencia, que se encuentren en el exterior", el cual permita actuar de manera oportuna para prevenir, identificar, atender y canalizar a las mujeres a servicios especializados de apoyo.
Dicho protocolo estandarizado deberá contener como mínimo una ruta de atención que considere las siguientes condiciones y/o recursos:
1. Recopilación de datos de línea base.

ya estipuladas de la Ley de 2008, con una adición particular, para que las mujeres colombianas que residen en el exterior puedan verse amparadas por la protección de la misma y así hacer uso de los canales consulares para tales finalidades.

3.4. LAS AUTORIDADES MIGRATORIAS COMO CAMINO PARA EL RECONOCIMIENTO DE LOS DERECHOS DE LAS PERSONAS EN MOVILIDAD

Uno de los temas esenciales en la puesta en práctica de las políticas migratorias es la institucionalidad, lo que es materializado en las competencias y funcionamiento de las autoridades encargadas de este proceso. De esta manera, la Ley 2136, en los capítulos II y III, determina, cuáles son las autoridades responsables y como están articuladas para garantizar el funcionamiento del SIM. En el esquema que se presenta a continuación se puede visualizar la estructura orgánica del SIM y su funcionamiento.

---

2. Disposición de la oferta consular de servicios de atención y protección a las mujeres víctimas de violencia, en lugares visibles, que faciliten el acceso al material informativo.
3. Condiciones físicas en las oficinas consulares que garanticen confidencialidad y privacidad.
4. Canales permanentes de atención especializada.
5. Personal consular sensibilizado y capacitado permanentemente en la detección, el manejo preventivo y la atención de casos de violencia contra las mujeres.
6. Coordinación interinstitucional y con la Defensoría del Pueblo y la Procuraduría General de la Nación entre las áreas del consulado, así como entre consulados, que permita una detección y canalización oportuna de las mujeres víctimas, a un área de atención y servicios adecuados que garanticen su protección.
7. Coordinación con las áreas de las entidades cuya función es la protección de los derechos humanos como lo son la Defensoría del Pueblo y la Procuraduría General de la Nación.
8. Creación y sostenimiento de Redes de Servicios Especializados".

Cuadro 12. Funciones del Ministerio de Relaciones Exteriores

- AUTORIDADES EN MATERIA MIGRATORIA Y FUNCIONES

	Funciones
Ministerio de Relaciones Exteriores	**De la Política Integral Migratoria (PIM).** Corresponde al Ministerio de Relaciones Exteriores, como autoridad rectora en materia migratoria, formular, orientar, ejecutar y evaluar la PIM del Estado colombiano, definir los requisitos de ingreso y permanencia de extranjeros en el país, las condiciones y requisitos para el otorgamiento de visas, determinar aquellas nacionalidades exentas de visa y las condiciones para la aplicación de esta medida, aplicar el régimen legal de nacionalidad, en lo pertinente.
	De los trámites y servicios. El Ministerio de Relaciones Exteriores y la Unidad Administrativa Especial Migración Colombia, podrán discrecionalmente crear, implementar, o suprimir trámites y servicios que se requieran, para el desarrollo de sus funciones misionales. Los requisitos, procedimientos y costos de los trámites y servicios prestados por el Ministerio de Relaciones Exteriores y la Unidad Administrativa Especial Migración Colombia, serán definidos mediante acto administrativo, sin perjuicio de los acuerdos suscritos por el Estado colombiano en aplicación del principio de reciprocidad.
	Regulación migratoria. El Ministerio de Relaciones Exteriores como autoridad rectora en materia migratoria. y la Unidad Administrativa Especial Migración Colombia como autoridad de control, verificación migratoria y extranjería, coordinarán de conformidad con los instrumentos internacionales ratificados por Colombia y la normativa nacional, el conjunto de normas, procedimientos, técnicas e instrumentos que regulan la función migratoria.
	Regularización de extranjeros. El Estado colombiano establecerá los lineamientos y políticas de fomento de la migración segura, ordenada y regular para mitigar los efectos negativos de la inmigración irregular, que incluya un sistema de alertas tempranas. Cuando las circunstancias especiales de un país o nacionalidad lo hagan necesario, el Ministerio de Relaciones Exteriores y la Unidad Administrativa Especial Migración Colombia en el ámbito de sus competencias adoptarán los criterios necesarios para definir mecanismos temporales o. especiales de flexibilización migratoria y, emitir los documentos y/o permisos de permanencia temporal y autorizar el ingreso, salida o permanencia de extranjeros en Colombia sin el cumplimiento de los requisitos establecidos por la normatividad vigente.

Fuente: elaboración propia.

Cuadro 13. Funciones de la Unidad Administrativa Especial Migración Colombia

	Funciones
Unidad Administrativa Especial Migración Colombia	**De la Política Integral Migratoria (PMI).** La Unidad Administrativa Especial Migración Colombia, como organismo civil de seguridad a cargo de las funciones de control migratorio, extranjería y verificación migratoria del Estado colombiano, será la autoridad ejecutora de la PIM en los asuntos de su competencia, con jurisdicción en todo el territorio nacional.
	De los trámites y servicios. El Ministerio de Relaciones Exteriores y la Unidad Administrativa Especial Migración Colombia, podrán discrecionalmente crear, implementar, o suprimir trámites y servicios que se requieran, para el desarrollo de sus funciones misionales. Los requisitos, procedimientos y costos de los trámites y servicios prestados por el Ministerio de Relaciones Exteriores y la Unidad Administrativa Especial Migración Colombia, serán definidos mediante acto administrativo, sin perjuicio de los acuerdos suscritos por el Estado colombiano en aplicación del principio de reciprocidad.
	Autoridad de Control, Verificación Migratoria y Extranjería. Corresponde a la Unidad Administrativa Especial Migración Colombia dentro del marco de la soberanía nacional y de conformidad con la política migratoria, el ejercicio de control migratorio, verificación migratoria y extranjería en el territorio, a través de procesos que permitan verificar y analizar el cumplimiento de los requisitos establecidos, para el ingreso, salida y permanencia de ciudadanos extranjeros y de nacionales en aquellas situaciones que les sean aplicables. La Unidad Administrativa Especial Migración Colombia actuará en coordinación con el Ministerio de Relaciones-Exteriores de conformidad a lo señalado por la presente Ley. En ejercicio del principio de soberanía la Unidad Administrativa Especial Migración Colombia, implementará y desarrollará los procedimientos adecuados para la efectiva recolección de información biográfica, demográfica y biométrica, que permita una adecuada identificación de los viajeros y migrantes. La Unidad Administrativa Especial Migración Colombia efectuará el control migratorio de pasajeros y tripulantes de medios de transporte marítimo, aéreo, terrestre y fluvial internacional en los puestos de control migratorio, en los puertos, aeropuertos o terminales portuarios.

	Ejercicio de control migratorio. En ejercicio del control migratorio y sin perjuicio de lo establecido en otras disposiciones legales vigentes, corresponde a la Unidad Administrativa Especial Migración Colombia adelantar las investigaciones o estudios que considere necesarias, de oficio o a solicitud del Ministerio de Relaciones Exteriores en relación con el ingreso al país y salida de los extranjeros de este país, así como con las visas que ellos portan, su ocupación, profesión, oficio o actividad que adelantan en el territorio nacional, autenticidad de documentos, y verificación de parentesco. El director de la Unidad Administrativa Especial Migración Colombia, podrá autorizar de manera temporal a la Fuerza Pública, previa celebración de los convenios a que hubiere lugar, y en coordinación con las autoridades competentes la función de control migratorio, únicamente en aquellos lugares en los cuales la Entidad no cuenta con Direcciones Regionales. La Unidad Administrativa Especial Migración Colombia, dispondrá de un grupo móvil de control migratorio en convenio o en conjunto con la fuerza pública, con el objeto de realizar los procedimientos de verificación y autorización de estatus migratorio en las poblaciones con mayores índices de flujo migratorio en el territorio nacional.
	Regulación Migratoria. El Ministerio de Relaciones Exteriores como autoridad rectora en materia migratoria. y la Unidad Administrativa Especial Migración Colombia como autoridad de control, verificación migratoria y extranjería, coordinarán de conformidad con los instrumentos internacionales ratificados por Colombia y la normativa nacional, el conjunto de normas, procedimientos, técnicas e instrumentos que regulan la función migratoria.
	Regularización de extranjeros. El Estado colombiano establecerá los lineamientos y políticas de fomento de la migración segura, ordenada y regular para mitigar los efectos negativos de la inmigración irregular, que incluya un sistema de alertas tempranas. Cuando las circunstancias especiales de un país o nacionalidad lo hagan necesario, el Ministerio de Relaciones Exteriores y la Unidad Administrativa Especial Migración Colombia en el ámbito de sus competencias adoptarán los criterios necesarios para definir mecanismos temporales o. especiales de flexibilización migratoria y, emitir los documentos y permisos de permanencia temporal y autorizar el ingreso, salida o permanencia de extranjeros en Colombia sin el cumplimiento de los requisitos establecidos por la normatividad vigente.
	Extranjería. La Unidad Administrativa Especial Migración Colombia como autoridad de extranjería, es la encargada de expedir los documentos de identificación de extranjeros admitidos con una visa por un término mayor a tres (3) meses, para lo cual implementará los sistemas de gestión y operación que sean necesarios, a cuyos lineamientos deberán ajustarse y colaborar armónicamente las demás entidades del país.

	Verificación migratoria. La Unidad Administrativa Especial Migración Colombia, como organismo civil de seguridad, en el marco de la soberanía y la seguridad nacional y su potestad sancionatoria, ejercerá sus funciones de vigilancia y control migratorio a todas las personas naturales (nacionales o extranjeras) o jurídicas con vínculo con extranjeros en el territorio nacional, conforme a la Constitución, la Ley y el Reglamento. Para el cumplimiento de su objetivo, Migración Colombia ejercerá como órgano de policía judicial permanente por intermedio de sus dependencias especializadas para la investigación penal de delitos asociados a las dinámicas migratorias.
	Inadmisión o rechazo. La Unidad Administrativa Especial Migración Colombia, en el marco de la soberanía y la seguridad nacional, conforme a la Constitución y la Ley, y en ejercicio de sus competencias podrá negar el ingreso al país a un ciudadano extranjero de acuerdo con las causales que determinen las normas vigentes, ordenando su inmediato retorno al país de embarque, de origen o a un tercer país que lo admita. Contra esta decisión no proceden recursos.
	Gestión Migratoria. El Gobierno Nacional, en desarrollo del principio de colaboración armónica y de acuerdo con normativa vigente, fortalecerá su gestión migratoria a través de los instrumentos jurídicos que dispone y desarrollará su potestad sancionatoria en materia migratoria a través de los procedimientos administrativos a cargo de la Unidad Administrativa Especial de Migración Colombia; como autoridad de control, verificación migratoria y extranjería, respecto de la inadmisión, deportación o expulsión, cancelación de la visa y permisos; sanciones y los procedimientos migratorios requeridos a los extranjeros en Colombia.
	De la ejecución de la medida migratoria. La autoridad de control, verificación migratoria y extranjería podrá dejar al extranjero sujeto de las medidas de inadmisión, deportación o expulsión, establecidas en la normatividad vigente, a disposición de las autoridades del país de su nacionalidad de origen, del último país donde hizo su ingreso a Colombia o de un tercero que lo acoja o requiera. Se entenderá que el extranjero ha cumplido la sanción de deportación y expulsión, cuando se ha verificado conforme al debido proceso que ha permanecido fuera del territorio nacional durante el término estipulado en la resolución que así lo determinó.

Fuente: elaboración propia

Por su parte, el siguiente esquema muestra el escenario ideal de coordinación de autoridades en el SIM.

Esquema 1. Entidades de coordinación interinstitucional

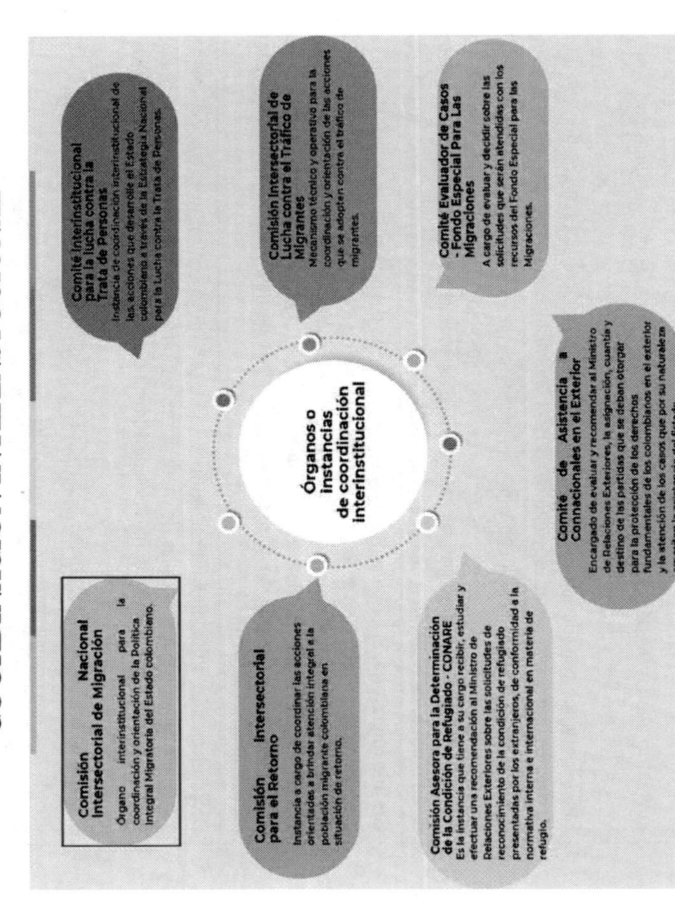

Fuente: elaboración propia, con base en la Ley 2136 de 2021.

Esquema 2. Sistema Nacional de Migraciones

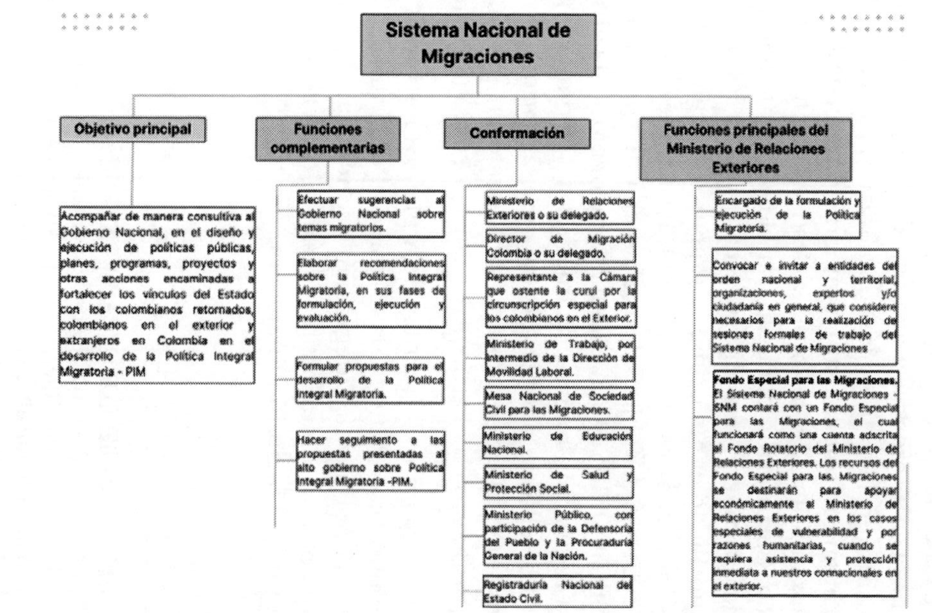

Fuente: elaboración propia, con base en la Ley 2136 de 2021.

3.5. LA SOSTENIBILIDAD DE LA POBLACIÓN MIGRANTE A PARTIR DE VARIOS CANALES: POLÍTICAS POR CONSTRUIR

Otra de las principales preocupaciones de los Estados en torno a la presencia y acogida de la población migrante, consiste en la generación de alternativas económicas que permitan no solo la exitosa integración social, sino, además, la sostenibilidad y autonomía desde el punto de vista económico. Lo anterior, para superar la fase de atención humanitaria que puede presentarse en algunas de las realidades de la movilidad en un primer momento de llegada al Estado de destino. La normativa nacional, hasta antes de la Ley 2136 de 2021, que es objeto de análisis en este apartado del texto, había omitido regular esta materia, debido a la ausencia de una regulación migratoria integral, tal y como se ha señalado. Por ello, es posible afirmar que la norma en comento constituye un progreso en este aspecto en puntual, desde lo propuesto en el artículo 39 y sus normas subsiguientes[187].

El segmento de esta ley deja planteados varios aspectos que buscan conducir a la estabilidad del inmigrante, entre ellos, la política de integración económica, el fomento del empleo, la promoción del desarrollo local, el emprendimiento y la inclusión financiera.

---

[187] **ARTÍCULO 39. POLÍTICA DE INTEGRACIÓN SOCIOECONÓMICA.** El Gobierno nacional fomentará la integración socioeconómica de los migrantes, retornados y las comunidades de acogida, con un enfoque diferencial y territorial, como oportunidad de desarrollo económico para el país.

PARÁGRAFO. Para esos efectos, se impulsarán procesos de caracterización que contengan información relacionada con la identificación personal y el perfil socio-ocupacional, entre otros criterios, de la población migrante y las comunidades de acogida.

La incorporación de estos temas en la planeación de la política constituye un avance en lo relativo a las acciones en beneficio de la población migrante, pues en el marco normativo anterior a la ley, este aspecto no había sido considerado. No obstante, cada uno de estos tópicos requieren ser desplegados en políticas públicas más concretas que desde varios escenarios, fomenten la integración económica de las personas migrantes.

De acuerdo con lo propuesto en la ley, la integración debe ser diseñada con enfoque diferencial y territorial, lo que es planteado a partir de una caracterización de la población extranjera en el país. Este conocimiento de la población migrante sigue siendo un reto, pues a pesar de que adelantó el Registro único de Migrantes Venezolanos RUMV (el cual será analizado posteriormente), dicho instrumento no ha logrado arrojar toda la información requerida para la realización de un mapeo integral que permita generar espacios particulares de inclusión económica de la manera en la que se plantea en la ley.

El más reciente informe sobre migración publicado por el Banco Mundial en 2023, señala justamente, que la economía local de los países, se debe centrar en la incorporación de las personas migrantes a la sociedad de destino, a través de la coordinación de dos variables fundamentales, de una parte, la identificación de destrezas y perfiles ocupacionales de los inmigrantes y las necesidades o espacios de la sociedad de acogida, de modo que se pueda generar una sinergia para lograr un complemento en el mercado local que derive en un beneficio mutuo[188].

---

188 World Bank Group, "Migrants, Refugees and Society", *Work Bank Publications*, 2023, https://www.worldbank.org/en/publication/wdr2023.

En lo relativo al fomento al empleo, los parámetros para esta garantía, de acuerdo con el artículo 40 de la Ley 2136 de 2021[189], se fundamenta en puntos básicos y deseables, como lo son, los estándares fijados por la OIT, relacionados con el trabajo decente y la identificación de las necesidades de la economía, en compatibilidad con las de la población. Este cruce de variables requiere como en el primero de los casos, de un conocimiento completo de los perfiles ocupacionales de los extranjeros en el país, aspecto que podría estar mapeado también en los registros de caracterización.

---

189 Dispone el artículo 40 lo siguiente:
ARTÍCULO 40. FOMENTO AL EMPLEO. A efectos de facilitar la inserción en el mercado laboral de la población migrante, que contribuya al desarrollo y redunden en beneficio de toda la población, y bajo el principio del trabajo decente, el Gobierno nacional, a partir de la identificación de las necesidades de los diferentes sectores de la economía, promoverá acciones tendientes a:
a) Adecuar y fortalecer los mecanismos de intermediación laboral;
b) Incrementar las opciones de certificación de competencias y de formación para el trabajo para esta población;
c) Definir mecanismos que permitan su afiliación, acceso y contribución al Sistema general de Seguridad Social;
d) Explorar alternativas de movilidad territorial entre las zonas de alta concentración de población migrante y aquellas de baja concentración, en coordinación con los entes territoriales;
e) Impulsar canales de articulación con el sector empresarial que promuevan la generación de empleo y el desarrollo local de aquellas zonas de mayor recepción de migrantes en el país; y,
f) Reforzar los instrumentos de lucha contra la explotación laboral y el trabajo forzoso.
g) Evitar la discriminación y/o la xenofobia que impidan el aprovechamiento de los conocimientos y habilidades de los migrantes, y que pueden incidir positivamente en el desarrollo económico del país.
PARÁGRAFO. El Ministerio del Trabajo implementará y evaluará las normas, los procedimientos, técnicas e instrumentos encaminados a orientar la política en materia de migraciones laborales, en coordinación con el Ministerio de Relaciones Exteriores y Migración Colombia.

Vale señalar, que Colombia es parte de 61 Convenios de la OIT[190] que conducen a la materialización del trabajo decente, lo que sirve de marco internacional de contexto para el cumplimiento de las metas descritas en los artículos objeto de comentario. Dentro de ellos los fundamentales, como el No. 29 relativo a la prohibición de trabajo forzoso, No. 87 sobre libertad sindical, No. 98 derecho a la sindicación y negociación colectiva, No. 100 igualdad en la remuneración, No. 105 abolición del trabajo forzoso, No. 11 relativo a la prohibición de discriminación en el empleo, No. 138 sobre la edad mínima en el trabajo y 182 sobre peores formas de trabajo infantil. A este listado se deben sumar los llamados de gobernanza y técnicos, que desarrollan de manera temática aspectos que ofrecen refuerzo a la protección de determinado grupo de personas, especialmente vulnerables, como es el caso de los y las trabajadoras domésticas (Convenio No. 189), el trabajo nocturno de menores de edad (Convenio No. 006), la protección en caso de maternidad (Convenio No. 003) sobre pueblos indígenas y tribales (Convenio No. 169), entre otros.

Dichos convenios son aplicables a toda persona sometida a la jurisdicción del Estado colombiano, por lo que no cabría hacer distinciones entre nacionales y extranjeros. Ello, podría permitir al Estado colombiano, desarrollar la política pública de integración laboral bajo parámetros con altos estándares internacionales, en beneficio de los no nacionales.

Pese a esto, en ese grupo de normas ratificadas por el Congreso Nacional, es decir incorporadas a la normativa interna, resulta curioso que en el país no se ha logrado obtener la

---

190 Para más información sobre el particular consultar Ratificaciones de Colombia. Organización Internacional del Trabajo, *Ratificaciones de Colombia,* https://www.ilo.org/dyn/normlex/es/f?p=NORMLEXPUB:11200:0::NO::p11200_country_id:102595.

ratificación de los Convenios No. 97[191] y 143[192], que se dedican de manera particular a las condiciones de trabajo de los migrantes en situación regular e irregular respectivamente. En varias oportunidades se ha instado al país a ratificar estas normas, como se pone de presente en las Observaciones Finales sobre el tercer informe periódico sobre Colombia, emitido por el Comité de Protección de los Derechos de Todos los Trabajadores Migratorios y de sus Familiares[193].

De la misma manera como sucede con los tratados temáticos y sectoriales, bajo el marco normativo del DIDH, los Convenios de la OIT constituyen un refuerzo en términos de protección de derechos humanos, de allí, la importancia de su ratificación. No obstante, tal y como ya se ha puesto de manifiesto en varios apartados de este texto, Colombia es parte de la CTMF, principal tratado internacional que contiene los derechos de las personas extranjeras y que recoge buena parte de los progresos que ya estaban incluidos en los convenios de OIT cuya ratificación se solicita. Desde allí sería entonces la CTMF el estándar para desarrollar varios

---

191 Organización Internacional del Trabajo, *Convenio sobre los trabajadores migrantes (revisado)*, 1949, https://www.ilo.org/dyn/normlex/es/f?p=NORMLEXPUB:12100:0::NO::P12100_INSTRUMENT_ID:312242.

192 Organización Internacional del Trabajo, *Convenio sobre los trabajadores migrantes* (disposiciones complementarias), 1975, https://www.ilo.org/dyn/normlex/es/f?p=NORMLEXPUB:12100:0::NO::p12100_instrument_id:312288.

193 Al punto conviene ver el numeral 15, de Observaciones finales sobre el tercer informe periódico de Colombia. Comité de Protección de los Derechos de Todos los Trabajadores Migratorios y de sus Familiares, Observaciones finales sobre el tercer informe periódico de Colombia, Doc., (CMW/C/COL/CO/3), 27 de enero de 2020, http://docstore.ohchr.org/SelfServices/FilesHandler.ashx?enc=6QkG1d%2FPPRiCAqhKb7yhsmxpvcEg4fTY8dv%2FqThh5tfwUl0fSRu4Jo4DrypLUO%2FGTRhnYPLVQjjd%2FM8Bl5PuRITlLXySmGVGN1ZTqIku3g259knqdvRWXW3NCD4GNlce.

de los aspectos relativos a la integración económica, cuestiones que estarán fijadas en las disposiciones sobre acceso a derechos laborales, prestaciones, pago de salarios y en general en lo que atañe al acceso de los derechos sociales de estas personas. Este aspecto en concreto ha sido resaltado en algunos informes del relator especial sobre los derechos humanos de los migrantes, en el sentido de que los Estados puedan promover condiciones laborales justas a las personas migrantes, pues suelen ser sujetos de explotación laboral en muchos países del mundo[194].

Tal y como ya se ha señalado, las medidas previstas en la ley, a diferencia de las demás acciones que en materia de migración ha implementado el Estado colombiano, no tiene como únicos destinatarios a las personas provenientes de Venezuela, sino que está propuesta para abarcar y dar protección a todo extranjero sometido a la jurisdicción del Estado, lo que implica que el conocimiento sobre la presencia de no nacionales deberá ser completo en términos de caracterización, perfiles ocupacionales, nivel de formación, entre otros aspectos. Esto, es otro de los puntos pendientes en lo que se refiere a la política migratoria en nuestro país, pues las medidas de identificación de extranjeros hasta el momento, sólo se han orientado a los ciudadanos venezolanos.

Debe anotarse, que las medidas para el acceso y la promoción del empleo, según lo establecido en la ley, se enfocan en puntos específicos, como el fortalecimiento de la intermediación laboral, el incremento de opciones de certificación y formación del trabajo, facilitación de las afiliaciones a los sistemas de aseguramiento, promoción de movilidad territorial de las personas, impulso a los canales

---

194 Relator Especial sobre los Derechos Humanos de los Migrantes, Sr. Francis Crepeau, *Explotación laboral de los migrantes,* (Doc. A/HRC/26/35), 3 de abril de 2024, párr. 19 y 20.

de articulación empresarial, divulgación, fortalecimiento y promoción contra la discriminación, xenofobia, exclusión, así como acciones conducentes a erradicar la explotación laboral, el trabajo infantil forzado y todo el marco de que prohíbe la explotación y el trabajo infantil. Tales finalidades guardan coincidencia con varios de los informes de los órganos de las Naciones Unidas y del Sistema Regional Interamericano[195].

---

195 Ver, por ejemplo, en el sistema universal, las Observaciones Generales No. 1,2,3 y 4 Comité para la Protección de los derechos de todos los trabajadores migratorios y sus familias. Comité para la Protección de los derechos de todos los trabajadores migratorios y sus familias, Observación General No. 1 sobre los trabajadores domésticos migratorios, (Doc. CMW/C/GC/1), 2011. https://tbinternet.ohchr.org/_layouts/15/treatybodyexternal/Download.aspx?symbolno=CMW%2fC%2fGC%2f1&Lang=en. Comité para la Protección de los derechos de todos los trabajadores migratorios y sus familias, Observación General No. 2 sobre los derechos de los trabajadores migratorios en situación de irregularidad y de sus familias, (Doc. CMW/C/GC/2), 2013. https://tbinternet.ohchr.org/_layouts/15/treatybodyexternal/Download.aspx?symbolno=CMW%2fC%2fGC%2f2&Lang=en. Comité para la Protección de los derechos de todos los trabajadores migratorios y sus familias, Observación General No. 3, sobre los principios generales relativos a los derechos humanos de los niños en el contexto de la migración internacional, (Doc. CMW/C/GC/3-CRC/C/GC/22), 2017. https://tbinternet.ohchr.org/_layouts/15/treatybodyexternal/Download.aspx?symbolno=CMW%2fC%2fGC%2f3&Lang=en. Comité para la Protección de los derechos de todos los trabajadores migratorios y sus familias, Observación General No. 4, sobre sobre las obligaciones de los Estados relativas a los derechos humanos de los niños en el contexto de la migración internacional en los países de origen, tránsito, destino y retorno, (Doc. CMW/C/GC/4-CRC/C/GC/23), 2017. https://www.ohchr.org/es/documents/general-comments-and-recommendations/joint-general-comment-no-4-cmw-and-no-23-crc-2017. Del Comité de Protección para los Derechos de Todos los Trabajadores Migratorios y sus Familiares, así como algunos informes del Relator de Naciones Unidas sobre los Derechos de los Trabajadores Migrantes Sr. Jorge Bustamante, *La protección de los niños en el contexto de la*

El contenido del artículo 40, es amplio y valioso, lo que supone que exista desarrollo independiente y lo más completo posible de acciones encaminadas al cumplimiento de tales propósitos. Uno de los caminos más eficientes para el logro de estas finalidades podría ser, insertar las medidas específicas de protección de la población extranjera, en las que ya existen para colombianos. De este modo, no sería necesario realizar una construcción totalmente nueva, aunque si resultase pertinente aplicar enfoques que se adapten a su situación particular.

Al punto, conviene mencionar que en la actualidad el Ministerio del Trabajo ofrece cierta información importante para la población migrante. Se cuenta con el Grupo de Gestión de la política de migración laboral, donde hay un canal específico sobre orientación laboral al migrante específicamente, en lo relativo a las agencias de colocación, prevención de trata y explotación laboral, prevención contra ofertas fraudulentas, y orientación laboral de modo pe-

---

migración, (Doc. A/64/213), 3 de agosto de 2009, https://docplayer.es/82964446-Asamblea-general-naciones-unidas-a-64-213-derechos-humanos-de-los-migrantes-nota-del-secretario-general.html.

La relatoría de la misma temática en el SIDH, de manera particular en sus informes, como sucede con el caso del informe temático de la Comisión Interamericana de Derechos Humanos, sobre *Refugiados y Migrantes en Estados Unidos: familias y niños no acompañados,* (OAS/Ser. L/V/II.155, Doc. 16), 24 de julio de 2015. https://www.oas.org/es/cidh/informes/pdfs/Refugiados-Migrantes-EEUU.pdf.

Así como pronunciamientos de la Corte IDH en sentido similar, como sucede con Corte Interamericana de Derechos Humanos, Opinión Consultiva 21 de 2014, relativa a Derechos y garantías de niñas y niños en el contexto de la migración y en necesidad de protección internacional, seriea_21, 19 de agosto de 2014. https://www.corteidh.or.cr/docs/opiniones/seriea_21_esp.pdf.

dagógico, a partir de cartillas y otro material con contenido didáctico[196].

Siguiendo con el análisis de las acciones conducentes a la estabilización socio económica de la población migrante, en lo relativo al desarrollo económico local, la Ley en sus artículos 41 y 42 propone el desarrollo de las acciones desde los siguientes ejes:

- Incentivos para atraer la inversión nacional y extranjera.
- Programas de fomento de competitividad en zonas fronterizas y de alta concentración de población migrante.
- Consolidación de alianzas público-privadas para la inclusión social y económica de comunidades en situación vulnerable, incluyendo a los migrantes.
- Fomento de condiciones de equidad en las acciones que promuevan el emprendimiento. Esta disposición se orienta no solo a los extranjeros en el país, sino que propone hacer extensiva la medida a los colombianos en el exterior.

La ley en el artículo 43 incluye otro aspecto que se relaciona de manera directa con una política de estabilización económica, esta es la inclusión financiera, que sin duda es uno de los aspectos más conflictivos para los extranjeros en Colombia, concretamente para los venezolanos, pues por la precaria y poco coordinada que ha sido la política migratoria, impide que las entidades financieras sean flexibles, es-

---

196 Ministerio del Trabajo, República de Colombia, *Orientación laboral al migrante.* https://www.mintrabajo.gov.co/empleo-y-pensiones/movilidad-y-formacion/grupo-de-gestion-de-la-politica-de-migracion-laboral/iii.-orientacion-laboral-al-migrante.

tén preparada, reconozcan los permisos y ofrezcan canales para incorporarlos a los servicios bancarios[197].

Ley 2136 de 2021 en efecto avanzó sobre varios de los aspectos de los que carecía la Ley 1465 de 2011, entre ellos, deben resaltarse, la precisión de la nueva norma sobre los objetivos, finalizades y alcance, incorporación de un campo de aplicación personal, temporal y material más amplios, inclusión de principios rectores orientados a la interpretación de la política y la gestión migratoria, abordaje de múltiples realidades que integran la movilidad humana, definición de responsabilidades claras en las autoridades, lo que mejora la estructura institucional y la definición de competencias, Todo ello, demuestra una visión menos segmentada que sin duda constituye un buen punto de partida para seguir adelantando acciones que robustezcan el SIM. El capítulo 4 analizará el papel del poder ejecutivo en la gestión migratoria, pues esta ha sido una afirmación que ha efectuado desde la hipótesis propuesta en el texto y nos muestra la inestabilidad normativa de la protección de los derechos de los extranjeros en Colombia.

---

197 Talleres de trabajo desarrollados con población migrante, bajo el memorando de entendimiento entre la OIM y la Universidad del Rosario.

Capítulo 4.

Las acciones ejecutivas para el abordaje de la migración en Colombia: análisis de los procesos de caracterización y regularización

Como ya se ha expuesto en varios apartados de este texto, el gobierno nacional ha desarrollado normativa tendiente a dar un abordaje de la situación de las personas venezolanas en el país, sin que ello implique que se cuente con una política migratoria coherente y totalmente coordinada que permita ser aplicada a personas de todas las nacionalidades, que se encuentren dentro de la jurisdicción del Estado colombiano.

En este capítulo, se pretende hacer un análisis de las principales acciones desplegadas desde el ejecutivo y que en la mayoría de los casos no cuentan con desarrollo legal que les de sustento.

En el capítulo 3, dedicado al análisis de la Ley 2136, se hizo alusión al aspecto puntual de los permisos que es justamente uno de los temas con mayor desarrollo normativo emanado del ejecutivo y que se había caracterizado por ser de corto plazo y estar orientado a la caracterización y regularización de las personas venezolanas, tal y como queda ratificado con la expedición del Estatuto de Protección Temporal de Migrantes Venezolanos (en adelante EPTMV)[1]. Por otro lado, las demás acciones encaminadas a la protección de las

1 Es importante precisar en este punto que tal y como ya se ha expuesto, el ETPMV es la única medida ejecutiva de regularización de largo plazo, pues plantea un permiso por 10 años para permanecer

personas extranjeras han perfilado los esfuerzos en brindar atención humanitaria de corto plazo para ciertos derechos[2].

4.1. LOS PERMISOS Y LA CARACTERIZACIÓN COMO UNA ESTRATEGIA DE CORTO PLAZO EN TÉRMINOS DE REGULARIZACIÓN

A manera de recuento y sin el ánimo de profundizar en instrumentos administrativos que ya no están vigentes, a continuación, se enunciarán algunos de los permisos que se han otorgado a las personas venezolanas en el país a través de resoluciones o medidas ejecutivas en los últimos años. Es así, como el Gobierno ha adoptado, entre estos mecanismos, la Tarjeta de Movilidad Fronteriza (TMF)[3], el Permi-

---

en el territorio colombiano. Las acciones anteriores, habían sido de corto plazo, como se pone de manifiesto en el capítulo 3.

2 Sobre este aspecto ver el capítulo de libro M.T. Palacios Sanabria, "Un mundo en movimiento: reflexiones sobre la migración internacional y la soberanía de los Estados en el DDHH y en Colombia", en *Crisis del Estado Nación y de la concepción clásica de la soberanía,* Manuel Restrepo Medina (ed.) (Bogotá: Editorial Universidad del Rosario, 2019).

3 Este título jurídico creado a través de la Resolución 1220 de 12 de agosto de 2016, y modificado por medio de la Resolución 1845 de 23 de octubre de 2017, tuvo como principal propósito regular algunos aspectos relativos a la migración pendular. Su validez no se produjo para facilitar la libre circulación de las personas en todo el territorio colombiano, pues su validez y aplicación se circunscribía para los territorios fronterizos entre Colombia y Venezuela, concretamente con el objeto de facilitar el comercio y el desarrollo de actividades por un corto tiempo en los municipios de Riohacha, Maicao, Uribia, Albania, Cúcuta, Villa del Rosario, Saan Cayetano, Los Patios, Puerto Santander, Zulia, Arauca, Arauquita, Puerto Contreras, Puerto Carreño e Inírida. Para más información ver María Teresa Palacios Sanabria, "Un mundo en movimiento: reflexiones sobre la migración internacional y la soberanía de los Estados en el DIDH y en Colombia", 59-88.

so de Ingreso y Permanencia y tránsito Temporal (PIP-TT) [4], el Permiso de Ingreso y Permanencia (PIP)[5], el Permiso Temporal de Permanencia (PTP), el Permiso Especial de Permanencia (PEP)[6] y el Permiso Especial de Permanencia para el Fomento de la Formalización (PEPFF)[7].

---

4 Creado por la Resolución 3346 de 21 de diciembre de 2018. Tenía por objeto dar una respuesta más eficiente a los flujos migratorios recibidos en el Estado colombiano, así como también regular el tránsito de extranjeros sin ánimo de permanencia en el territorio colombiano y que no requieren visa.

5 Creado por medio del Decreto Ordinario 132 de 2014 de la presidencia de la república, con el objeto de permitir que los extranjeros pudieran permanecer en el país por un término de 90 días con la finalidad de desarrollar actividades académicas, realizarse tratamiento médico, definir la situación judicial en procesos judiciales o administrativos caso de requerirse, desarrollar actividades turísticas, participar en eventos académicos, presentar entrevistas laborales, desarrollar servicios de asistencia técnica. Este permiso fue objeto de modificaciones a través del Decreto 1814 de 2015 con el objeto de darle más aplicaciones, como por ejemplo permitir a los cónyuges o compañeros permanentes de nacionalidad venezolana que han sido deportados o expulsados. Otros de los Decretos que incorporaron algunas modificaciones a este tipo de permiso, fue el 2235 de 2015, que incluyó otras nacionalidades para beneficiarse de este permiso.

6 Creado por medio de la Resolución 5797 de 2017 del Ministerio de Relaciones Exteriores e implementado por la Resolución 1272 de 2017, de la Unidad Administrativa Especial de Migración Colombia, con el objeto de regularizar a las personas que tenían vencido alguno de sus permisos o estaba por vencerse. La vigencia de estos permisos está fijada por 90 días, los cuales podrían prorrogarse hasta por 2 años como plazo máximo. Este permiso también se modificó a través de la Resolución 10677 del 18 de diciembre de 2018 del Ministerio de Relaciones Exteriores. Ver M.T. Palacios Sanabria, *Un mundo en movimiento,* 78.

7 Creado a través del Decreto 117 de 2020, concebido como un mecanismo excepcional y transitorio dirigido a facilitar la formalización de los nacionales venezolanos que se encuentren en condición migratoria irregular en territorio colombiano, que cuenten con una oferta de contratación laboral o de prestación de servicios, según corresponda en cada caso de manera individual.

Los cuadros presentan un resumen de las acciones que han establecido permisos para nacionales venezolanos en Colombia.

Cuadro 14. Acciones que han establecido permisos para nacionales venezolanos en Colombia

RESOLUCIÓN / DECRETO	DENOMINACIÓN	FECHA PERMANENCIA Y OTROS REQUISITOS	FECHA DE OTORGAMIENTO	FECHA DE FINALIZACIÓN
Resolución 5797 del 25 de julio de 2017	Por medio de la cual se crea un Permiso Especial de Permanencia	28/07/2017	03 de agosto de 2017	31 de octubre de 2017
Resolución 0740 del 05 de febrero de 2018	Por la cual se establece un nuevo término para acceder al Permiso Especial de Permanencia (PEP), creado mediante Resolución número 5797 del 25 de julio de 2017 del Ministerio de Relaciones Exteriores, y se dictan otras disposiciones sobre la materia	02/02/2018	07 de febrero de 2018	07 de junio de 2018
Resolución 6370 del 01 de agosto de 2018	Por la cual se reglamenta la expedición del Permiso Especial de Permanencia - PEP creado mediante Resolución 5797 de 2017 del Ministerio de Relaciones Exteriores, para su otorgamiento a las personas inscritas en el Registro Administrativo de Migrantes Venezolanos, de conformidad con lo dispuesto en el Decreto 1288 del 25 de julio de 2018	02/08/2018	02 de agosto de 2018	02 de diciembre de 2018
Resolución 10064 del 03 de diciembre de 2018	Por la cual se modifica el parágrafo 1° del artículo 1° de la Resolución número 6370 de 2018, expedida por el Ministerio de Relaciones Exteriores.	02/08/2018	03 de diciembre de 2018	21 de diciembre de 2018

RESOLUCIÓN / DECRETO	DENOMINACIÓN	FECHA PERMANENCIA Y OTROS REQUISITOS	FECHA DE OTORGAMIENTO	FECHA DE FINALIZACIÓN
Resolución 10677 del 18 de diciembre de 2018	Por la cual se establece un nuevo término para acceder al Permiso Especial de Permanencia (PEP), creado mediante Resolución 5797 del 25 de julio de 2017 del Ministerio de Relaciones Exteriores, y se dictan otras disposiciones sobre la materia.	17/12/2018	27 de diciembre de 2018	27 de abril de 2019
Resolución 2540 del 21 de mayo de 2019	Por la cual se reglamenta la expedición del Permiso Especial de Permanencia (PEP) creado mediante Resolución 5797 de 2017, en virtud del Memorando de Entendimiento suscrito entre el Gobierno de la República de Colombia y el Gobierno de la República Bolivariana de Venezuela, de fecha 13 de mayo de 2019.	13/05/2019 MOU	24 de mayo de 2019	22 de julio de 2019
Resolución 2634 del 28 de mayo de 2019	Por la cual se establece el procedimiento dirigido a renovar el Permiso Especial de Permanencia (PEP), creado mediante la Resolución número 5797 de fecha 25 de julio de 2017, otorgado entre el 3 de agosto de 2017 y el 31 de octubre de 2017.	Requisitos Resolución 5797 de 2017	04 de junio de 2019	30 de octubre de 2019

RESOLUCIÓN / DECRETO	DENOMINACIÓN	FECHA PERMANENCIA Y OTROS REQUISITOS	FECHA DE OTORGAMIENTO	FECHA DE FINALIZACIÓN
Resolución 3548 del 03 de Julio de 2019	Por medio de la cual se crea un Permiso Especial Complementario de Permanencia (PECP)	Haber solicitado reconocimiento de la condición de refugiado entre el 19 de agosto de 2015 y el 31 de diciembre de 2018 y contar con la autorización de la CONARE para su expedición	15 de septiembre de 2019	15 de diciembre de 2019
Resolución 0740 del 05 de febrero de 2018	Por la cual se establece un nuevo término para acceder al Permiso Especial de Permanencia (PEP), creado mediante Resolución número 5797 del 25 de julio de 2017 del Ministerio de Relaciones Exteriores, y se dictan otras disposiciones sobre la materia.	Ser titular del PEP otorgado entre el 07 de febrero de 2018 y el 7 de junio de 2018.	23 de diciembre de 2019	6 de junio de 2020
Resolución 0240 de 23 de enero de 2020	Por la cual se establece un nuevo término para acceder al Permiso Especial de Permanencia - PEP, creado mediante Resolución 5797 del 25 de Julio de 2017 del Ministerio de Relaciones Exteriores, y se dictan otras disposiciones sobre la materia.	29/11/2019	29 de enero de 2020	29 de mayo de 2020

RESOLUCIÓN / DECRETO	DENOMINACIÓN	FECHA PERMANENCIA Y OTROS REQUISITOS	FECHA DE OTORGAMIENTO	FECHA DE FINALIZACIÓN
Decreto 117 de 2020	Por el cual se adiciona la Sección 3 al Capítulo 8 del Título 6 de la Parte 2 del Libro 2 del Decreto número 1072 de 2015, Decreto Único Reglamentario del Sector Trabajo, en lo relacionado con la creación de un Permiso Especial de Permanencia para el Fomento de la Formalización (PEPFF).	Para irregulares venezolanos	3 de febrero de 2020	Por la duración del contrato.
Resolución 1667 de 2 de julio de 2020	Por la cual se establece el procedimiento dirigido a renovar el Permiso Especial de Permanencia PEP otorgado a las personas inscritas en el Registro Administrativo de Migrantes Venezolanos, reglamentado mediante Resolución 6370 de 2018, modificada por la Resolución 10064 de 2018 y, otorgado entre el 1 de agosto de 2018 y el 21 de diciembre de 2018.	Ser titular del PEP RAMV otorgado entre el 1 de agosto de 2018 a 21 de diciembre de 2018.	4 de julio de 2020	Hasta un día antes del vencimiento del PEP RAMV.
Resolución 2185 de 28 de agosto de 2020	Por la cual se establece un nuevo término para la renovación del PEP otorgado entre el 3 de agosto y el 31 de octubre de 2017, y el 7 de febrero de 2018 y el 7 de junio de 2018, y se dictan otras disposiciones sobre la	Ser titular de PEP otorgado entre el 3 de agosto y el 31 de octubre de 2017 y el 07 de febrero de 2018 y el 07 de junio de 2018 sin haber renovado conforme a los términos	1 de septiembre de 2020	31 de diciembre de 2020

RESOLUCIÓN / DECRETO	DENOMINACIÓN	FECHA PERMANENCIA Y OTROS REQUISITOS	FECHA DE OTORGAMIENTO	FECHA DE FINALIZACIÓN
	materia	establecidos por el Gobierno Nacional.		
Resolución 2502 de 23 de septiembre de 2020	Por la cual se implementa un nuevo término para acceder al Permiso Especial de Permanencia - PEP, establecido mediante Resolución 2052 del 23 de septiembre de 2020 del Ministerio de Relaciones Exteriores	Estar en Colombia al 31 de agosto de 2020	15 de octubre de 2020	15 de febrero del 2021

Fuente: Cuadro extraído del Decreto 216 de 2021, considerandos.

Todas las medidas mencionadas han tenido algunos aspectos comunes, entre ellos, la temporalidad de los permisos, la percepción de abordar la migración como una realidad transitoria al interior del país. Por su parte, el campo de aplicación personal de las medidas solía privilegiar únicamente a la población venezolana, lo cual es resultado de la tendencia del Estado colombiano de no asumir acciones de largo plazo y desconocer que la migración hacia Colombia no solo proviene del vecino país, lo cual deriva en asimetrías en términos de protección y puede conducir a la implementación de acciones constitutivas de discriminación a luz de tratados internacionales como la Convención Internacional sobre todas las formas de discriminación racial, al crear medidas tendientes a la promoción de estereotipos nacionales y excluir los demás extranjeros que habitan el país[8].

8 Debe recordarse que la Recomendación General No. XXX del Comité para la Eliminación de la Discriminación Racial, recomienda

La tendencia del Estado colombiano de dar un tratamiento sectorizado a una nacionalidad en particular y mediante una acción de corto plazo, presenta un punto de inflexión en el año 2021, cuando luego de numerosas modificaciones a los permisos ya existentes y de reflexiones en torno a la inconveniencia de la dispersión de estos, se decide aprobar el Estatuto Temporal de Protección de Migrantes Venezolanos. Por la importancia de esta medida, en este texto se dedica el acápite posterior a dicho aspecto.

Debe tenerse presente, además, que la normatividad atinente a los permisos debe interpretarse coordinadamente con las disposiciones del Decreto 1067 de 2015 sobre la materia, específicamente las contenidas en los artículos 2.2.1.11.2.5 (relativa a la definición de permiso como instrumento de regularización)[9], en el artículo 2.2.1.11.2.6

---

a los Estados Parte, que para cumplir de manera adecuada las obligaciones internacionales derivadas del tratado, es necesario que al momento en el que se adopten acciones en favor de la población extranjera sometida a la jurisdicción de un país, dichas medidas sean extensivas a todos aquellos en situaciones similares y no se creen perfiles raciales o nacionales, so pena de generar discriminación. Comité para la Eliminación de la Discriminación Racial, *Recomendación General No. XXX,* 65 periodo de sesiones, 2005, párr. 9, (Doc. HRI/GEN/1/Rev.9) (Vol. II), 27 de mayo de 2008, https://conf-dts1.unog.ch/1%20SPA/Tradutek/Derechos_hum_Base/CERD/00_3_obs_grales_CERD.html#GEN30.

9 **ARTÍCULO 2.2.1.11.2.5.** ***De Los Permisos.*** La Unidad Administrativa Especial Migración Colombia desarrollará mediante acto administrativo, lo concerniente a los tipos, características y requisitos para el otorgamiento de los Permisos de Ingreso y Permanencia, Permisos Temporales de Permanencia a los visitantes extranjeros que no requieran visa y que ingresen al territorio nacional sin el ánimo de establecerse en él, y los Permisos de Ingreso de Grupo en Tránsito.
PARÁGRAFO TRANSITORIO. Créase el Permiso por Protección Temporal (PPT) contemplado en el Estatuto Temporal de Protección para Migrantes Venezolanos Bajo Régimen de Protección Temporal, el cual será desarrollado, implementado y expedido por la

(sobre permiso de ingreso y permanencia)[10], en el artículo

Unidad Administrativa Especial Migración Colombia. El Permiso por Protección Temporal (PPT) tendrá vigencia hasta la fecha del último día de vigencia del presente Estatuto y no será prorrogable.

10 **ARTÍCULO 2.2.1.11.2.6.** ***Permiso de ingreso y permanencia.*** La Unidad Administrativa Especial Migración Colombia podrá otorgar Permiso de Ingreso y Permanencia (PIP) a los extranjeros que no requieran visa, en los siguientes casos:
(Inciso 1, modificado por el Art. 50 del Decreto 1743 de 2015).
— PIP-1. Al extranjero que desee ingresar al territorio nacional y que su presencia revista una particular importancia para el Estado colombiano, o bien, cuando la naturaleza de dicho ingreso responda al desarrollo y cumplimiento de convenios o tratados internacionales. En el presente caso el permiso se otorgará por noventa (90) días calendario.
— PIP-2. Al extranjero que desee ingresar al territorio nacional en desarrollo de programas académicos no regulares que no superen un (1) semestre impartidos por centros educativos o de formación del país, o en virtud de un convenio académico de intercambio y de realización de prácticas estudiantiles. Así mismo, cuando el extranjero desee ingresar al territorio nacional para ser entrenado en un arte u oficio. En el presente caso el permiso se otorgará por noventa (90) días calendario.
— PIP-3. Al extranjero que desee ingresar al territorio nacional para recibir tratamiento médico. En el presente caso el permiso se otorgará por noventa (90) días calendario.
— PIP-4. Al extranjero que desee ingresar al territorio nacional para aclarar su situación personal en procesos judiciales o administrativos. En el presente caso el permiso se otorgará por noventa (90) días calendario.
— PIP-5. Al extranjero que desee ingresar al territorio nacional para actividades de descanso o esparcimiento en calidad de turista. En el presente caso el permiso se otorgará por noventa (90) días calendario.
— PIP- 6. Al extranjero que desee ingresar al territorio nacional para asistir o participar, sin ningún tipo de vinculación laboral, en eventos académicos, científicos, artísticos, culturales, deportivos, para presentar entrevista en un proceso de selección de personal de entidades públicas o privadas, capacitación empresarial, contactas o gestiones comerciales o empresariales y cubrimientos periodísticos. En el presente caso el permiso se otorgará por noventa (90) días

calendario. (Caso PIP-6, modificado por el Art. 50 del Decreto 1743 de 2015).
— PIP-7. Al extranjero que no requiera visa y desee ingresar al territorio nacional de manera urgente con el fin de brindar asistencia técnica especializada a entidad pública o privada.
En el presente caso se otorgará un permiso por treinta (30) días calendario al año. Si la asistencia técnica especializada conlleva un tiempo adicional y al extranjero ya se le otorgó dicho permiso durante el año calendario, deberá realizar el trámite de solicitud de la visa correspondiente.
Para ser beneficiario de este permiso de ingreso y permanencia, deberá solicitarse su autorización previa a la autoridad migratoria. (Caso PIP-7, modificado por el Art. 50 del Decreto 1743 de 2015).
— PIP-8. Al extranjero que requiera o no visa y desee ingresar al territorio nacional como tripulante o miembro de un medio de transporte internacional. En el presente caso se otorgará un permiso de diez (10) días calendario. (Caso PIP-8, modificado por el Art. 50 del Decreto 1743 de 2015).
— PIP-9. Al extranjero que desee ingresar al territorio nacional para realizar tránsito hacia país distinto a la República de Colombia. En el presente caso se otorgará un permiso de doce (12) horas contadas a partir de la entrada al territorio colombiano. (Caso PIP-9, modificado por el Art. 50 del Decreto 1743 de 2015).
—PIP-10. Al extranjero nacional de los países de República Federal de Alemania, República de Australia, Reino de Bélgica, República de Bulgaria, República de Chipre, República de Croacia, Reino de Dinamarca, República Eslovaca, República de Eslovenia, Reino de España, República de Estonia, República de Finlandia, República Francesa, República Helénica (Grecia), Hungría, República Italiana, República de Letonia, República de Lituania, Gran Ducado de Luxemburgo, República de Malta, Reino de los Países Bajos, República de Polonia, República Portuguesa, República Checa, Rumanía, Reino de Suecia, Confederación Suiza, Reino de Noruega, Principado de Liechtenstein y la República de Islandia, que desee ingresar al territorio nacional.
En el presente caso, el permiso se otorgará por un término de noventa (90) días calendario, cada ciento ochenta (180) días calendario.
El término de noventa (90) días podrá ser prorrogado mediante la expedición gratuita del Permiso Temporal de Ingreso y Perma-

2.2.1.11.2.7. (permiso temporal de permanencia)[11], artícu-

---

nencia. (Caso PIP-10, Adicionado por el Art. 1 del Decreto 2235 de 2015).
PARÁGRAFO. El extranjero que desee ingresar al territorio nacional, será titular de un permiso PIP de los que trata el presente artículo en atención a la actividad principal a desarrollar en el territorio nacional. (Derogado por el Art. 3 del Decreto 1325 de 2016). (Decreto 834 de 2013, art. 21; modificado por el Decreto 132 de 2014, art. 2).

[11] **ARTÍCULO 2.2.1.11.2.7.** ***Permiso temporal de permanencia.*** La Unidad Administrativa Especial Migración Colombia podrá otorgar Permiso Temporal de Permanencia (PTP) en los siguientes casos:
— PTP-1. Al extranjero que se le haya otorgado PIP-1 y desee permanecer en el territorio nacional por un periodo adicional al autorizado en el PIP. En el presente caso el permiso se otorgará por noventa (90) días calendario y deberá tramitarse antes del vencimiento del PIP otorgado.
— PTP-2. Al extranjero que se le haya otorgado PIP-2 y desee permanecer en el territorio nacional por un periodo adicional al autorizado en el PIP. En el presente caso el permiso se otorgará por noventa (90) días calendario y deberá tramitarse antes del vencimiento del PIP otorgado.
— PTP-3. Al extranjero que se le haya otorgado PIP-3 y desee permanecer en el territorio nacional por un periodo adicional al autorizado en el PIP. En el presente caso el permiso se otorgará por noventa (90) días calendario y deberá tramitarse antes del vencimiento del PIP otorgado.
— PTP-4. Al extranjero que se le haya otorgado PIP-4 y desee permanecer en el territorio nacional por un periodo adicional al autorizado en el PIP. En el presente caso el permiso se otorgará por noventa (90) días calendario prorrogables de conformidad con lo dispuesto mediante acto administrativo expedido por autoridad migratoria y deberá tramitarse antes del vencimiento del PIP otorgado.
— PTP-5. Al extranjero que se le haya otorgado PIP-5 y desee permanecer en el territorio nacional por un periodo adicional al autorizado en el PIP. En el presente caso el permiso se otorgará por noventa (90) días calendario y deberá tramitarse antes del vencimiento del PIP otorgado.
— PTP-6. Al extranjero que se le haya otorgado PIP-6 y desee permanecer en el territorio nacional por un periodo adicional al autorizado en el PIP. En el presente caso el permiso se otorgará por noventa (90) días calendario y deberá tramitarse antes del vencimiento del

lo 2.2.1.11.2.10 (sobre el cambio en los permisos.), artículo 2.2.1.11.2.11 (sobre cancelación de permisos)[12].

De la mano de estas medidas, también ha sido evidente la necesidad de que la población extranjera que habita en el país, se encuentre caracterizada e identificada, pues esto, no solo permite proyectar el número de permisos para fomentar la regularidad y reducir de manera correspondiente la indocumentación, sino que también, constituye un insumo fundamental para la construcción de la política pública de atención de población, que permita el acceso efectivo a los derechos que están en la Constitución de 1991. Como resultado de ello, en el año 2018 se realizó el primer esfuerzo gubernamental en esta materia, a partir de la expedición de un decreto para caracterizar a la población venezolana en Colombia. Se trató del Registro Administrativo de Migrantes Venezolanos, más conocido como el RAMV, creado

PIP otorgado. (Derogado por el Art. 3 del Decreto 1325 de 2016). (Decreto 834 de 2013, art. 22).

12 **ARTÍCULO 2.2.1.11.2.11**. Cancelación de los permisos. Los permisos se cancelan en los siguientes casos:
1. Sin perjuicio de lo dispuesto en el presente capítulo, la Unidad Administrativa Especial Migración Colombia, podrá cancelar un permiso de los descritos en los artículos 2.2.1.11.2.6 y 2.2.1.11.2.7 del presente decreto en cualquier tiempo, para lo cual dejará constancia escrita, contra la cual no procederá recurso alguno.
2. Por deportación o expulsión.
3. Cuando se evidencie la existencia de actos fraudulentos o dolosos por parte del solicitante para evadir el cumplimiento de requisitos legales que induzcan a error en el otorgamiento del permiso. En estos casos, se deberá, además, informar del hecho a las autoridades competentes.
PARÁGRAFO. Una vez notificada la cancelación del permiso el extranjero deberá abandonar el país dentro de los siguientes cinco (5) días calendario. De no ser así, el extranjero podrá ser deportado de acuerdo con lo establecido en el presente capítulo. (Derogado por el Art. 3 del Decreto 1325 de 2016). (Decreto 834 de 2013, art. 26).

a partir del Decreto 524 de 21 de marzo de 2018[13], el cual se aplicó en 1019 puntos habilitados en 30 departamentos y 413 municipios en el país[14]. Pese a que el mecanismo se planteaba con buenas intenciones y sin duda, fue un avance en ese momento en términos de conocimiento de la población venezolana en Colombia, que había llegado masivamente especialmente a partir del año 2015, a raíz del cierre de la frontera entre Colombia y Venezuela, los resultados del registro no lograron las expectativas, pues fueron muy pocas las personas que acudieron a inscribirse, el tiempo de vigencia de la medida fue muy corto, y el resultado final contabilizó un poco menos de 500 000 personas, cuando el número de venezolanos que se contaban para ese momento en el país, era cercano al 1 200 000[15].

Dentro de las características de esta herramienta vale señalar las siguientes, las cuales se derivan del texto del decreto entre sus artículos del 1 al 7:

---

13 República de Colombia, Decreto 542 de 2018: Por el cual se desarrolla parcialmente el artículo 140 de la Ley 1873 de 2017 y se adoptan medidas para la creación de un registro administrativo de migrantes venezolanos en Colombia que sirva como insumo para el diseño de una política integral de atención humanitaria, https://www.funcionpublica.gov.co/eva/gestornormativo/norma.php?i=85642.

14 M.T. Palacios Sanabria, B. Londoño Toro, A. Lozano Amaya, "Nuevas realidades de los flujos migratorios hacia Colombia", en Migración y Derechos Humanos: el caso colombiano 2014-2018 (Bogotá: Editorial Universidad del Rosario, 2020), 16.

15 Organización Internacional para las Migraciones (OIM)-Colombia, *venezolanos identificados en Registro RAMV recibirán regularización temporal*, Organización Internacional para las Migraciones (OIM)-Colombia, 15 de junio de 2018, https://colombia.iom.int/es/news/442462-venezolanos-identificados-en-registro-ramv-recibiran-regularizacion-temporal.

- Su naturaleza meramente informativa con miras a la formulación de la política pública de contenido humanitario.
- No conducía a la regularización de personas ni a la adquisición de derechos políticos ni civiles.
- No podía ser empleado para sancionar a las personas migrantes identificadas por medio del registro.
- Vigencia limitada para el desarrollo del procedimiento, el cual es de dos meses.
- Acompañamiento del Ministerio Público, a través de la gestión de la Defensoría del Pueblo y de las Personerías Distritales para dar información y orientación a la población venezolana.
- La definición de la metodología para el recaudo, consolidación, sistematización, reporte de la información y financiación del proceso estuvo a cargo de la Unidad Nacional para la Gestión del Riesgo de Desastres UNGRD.

De las características antes mencionadas, es importante señalar que la medida buscaba únicamente dotar al Estado colombiano y de manera particular al Gobierno, de una herramienta para la caracterización de personas extranjeras únicamente venezolanas, sin que ello, fuera un instrumento para reemplazar la normativa de regularización, es decir el régimen de permisos vigentes en el país.

Por otra parte, llama la atención el corto tiempo por el que estuvo vigente el mecanismo, lo que condujo a un bajo número de registros de personas, que no pudieron acceder a él por afirmar que existieron falencias en la difusión de la información, ausencia de comprensión de la utilidad del instrumento con respecto al acceso a derechos y desconocimiento de la prohibición de usarlo como mecanismo para ordenar deportaciones del territorio originadas en la irregularidad de las personas[16].

Otra cuestión que inquieta del mecanismo implementado en el año 2018 es la entidad pública encargada de adelantarlo. Si bien, es innegable que para Colombia la llegada de la ola migratoria proveniente de Venezuela resultó ser una situación atípica en la historia migratoria del país, el hecho de que fuera una institución encargada de gestionar el riesgo, denota la percepción negativa que se tiene de la migración. Al punto, vale decir que, desde el informe remitido en el año 2013 por parte del Comité de Protección de los Derechos de Trabajadores migratorios y sus familiares a Colombia, se había advertido sobre el riesgo de ser un país de destino masivo de personas provenientes de Venezuela y de la necesidad de adoptar un marco normativo comprensivo e integral que diera respuestas coordinadas y compatibles con la CTMF[17]. Pese a esto, las respuestas internas no fueron oportunas, ni permanentes, lo que se hace evidente con el RUMV y con otras medidas ejecutivas que se han adoptado con posterioridad.

---

16 Estas afirmaciones tienen sustento en las mesas de trabajo y grupos focales realizados en el marco del proyecto titulado Diagnóstico Regional de la Migración en Colombia con enfoque en Derechos Humanos 2014-2018, desarrollado bajo el liderazgo de la Universidad del Rosario.

17 Comité de Protección de los Derechos de todos los trabajadores migratorios y sus familiares. "Observaciones finales sobre el segundo informe periódico de Colombia, aprobadas por el Comité en su 18° período de sesiones (15 a 26 de abril de 2013)", (Doc. CMW/C/COL/CO/2), 27 de mayo de 2013, párr. 9. https://www.refworld.org.es/pdfid/5d7fd0f92.pdf.

4.2. EL ESTATUTO DE PROTECCIÓN TEMPORAL DE MIGRANTES VENEZOLANOS: MEDIDAS DE LARGO PLAZO PARA LA REGULARIZACIÓN EN COLOMBIA

En el año 2021 el Estado colombiano adopta nuevamente un mecanismo para la identificación, caracterización de las personas venezolanas en el país y aprobación de un permiso de permanencia en el territorio. Esto se efectúa, a partir del Decreto 216 de 2021 y de la Resolución 0971 de 2021. Dichas normas serán analizadas en el presente capítulo.

Desde los considerandos del Decreto y de su correspondiente Resolución reglamentaria, se plasman numerosos elementos del contenido dogmático de la Constitución de 1991, como son los postulados alusivos a la definición del Estado colombiano (artículo 1), el derecho al trabajo (artículo 25), los derechos de los extranjeros (artículo 100), la importancia de los tratados internacionales en el orden interno y el bloque de constitucionalidad (artículo 93). A partir de ello, se hace una referencia a los tratados internacionales que guardan relación con la garantía de los derechos de los no nacionales, tanto generales del orden universal y regional, como es el caso del Pacto Internacional de Derechos Civiles y Políticos de 1966[18] y la Convención Americana de Derechos Humanos de 1969[19], como también, tratados sectoriales, como la Con-

---

[18] Congreso de la República de Colombia, Ley 74 de 1968: por la cual se aprueban los Pactos Internacionales de Derechos Económicos, Sociales y Culturales, de Derechos Civiles y Políticos, así como el Protocolo Facultativo de este último, aprobados por la Asamblea General de las Naciones Unidas en votación unánime, en Nueva York, el 16 de diciembre de 1966.

[19] Congreso de la República de Colombia, Ley 16 de 1972: Por medio de la cual se aprueba la Convención Americana sobre Derechos Humanos *Pacto de San José de Costa Rica*, firmado en San José, Costa Rica, el 22 de noviembre de 1969.

vención de Ginebra sobre el Estatuto de los Refugiados de 1951[20], la Convención Internacional sobre la protección de los derechos de los trabajadores migratorios y de sus familiares, CTMF de 1990[21], entre otros.

Por su parte, la adopción de este decreto y de la resolución, busca resolver un importante número de problemas en torno no sólo a la regularización de las personas venezolanas, sino al acceso efectivo a sus derechos humanos. Entre dichas motivaciones se pueden mencionar[22]:

- Las acciones fallidas hasta el momento, en lo atinente al acceso al RAMV y la baja caracterización de las personas, lo que en cifras representó 442 000 personas registradas[23], de las cuales, únicamente 281 756 accedieron a un Permiso Especial de permanencia vigente por sólo dos años, con problemas para ser prorrogado.
- Una cifra significativa de personas sin pasaporte vigente, lo que incrementó la irregularidad de las personas.

---

20 Congreso de la República de Colombia, Ley 35 de 1961 de 19 de julio: Por la cual se aprueba la Convención sobre Estatuto de los Refugiados.

21 Congreso de la República de Colombia, Ley 146 de 1994: Por medio de la cual se aprueba la "Convención Internacional sobre la Protección de los Derechos de todos los Trabajadores Migratorios y de sus Familiares", hecha en Nueva York el 18 de diciembre de 1990.

22 Las motivaciones que se relacionan en este punto están descritas en el Decreto 216 de 2021, en su apartado de considerandos y no han sido transcritas de manera textual.

23 Este número del total de cerca de 1 200 000 que para el momento se contabilizaban, de acuerdo con el reporte de OIM a 22 de febrero de 2019, ver: Organización Internacional para las Migraciones (OIM), *Los flujos de venezolanos continúan constantes, alcanzando ahora la cifra de 3.4 millones,* Organización Internacional para las Migraciones (OIM), 22 de febrero de 2019. https://www.iom.int/es/news/los-flujos-de-venezolanos-continuan-constantes-alcanzando-ahora-la-cifra-de-34-millones.

- Colombia para el 2021, se ubicó como uno de los países de destino con mayor número de inmigrantes en un corto periodo de tiempo y la mayoría de esta población, se encontraba en situación de irregularidad migratoria o indocumentada.
- Pese a haberse implementado el RAMV, persistía un desconocimiento de la población y sus características, lo que dificulta la formulación de una política pública coherente en la materia.
- Inflexibilidad en la regularización, es decir, tendencia al vencimiento de los permisos de permanencia en el territorio, con pocas oportunidades de prórroga.
- Incremento de la vulnerabilidad de los inmigrantes presentes en el territorio nacional, a raíz de su irregularidad. Entre las principales afectaciones en contra de estas personas se pueden referir, la explotación laboral, la violencia física, psicológica y sexual, la xenofobia, la explotación infantil, entre otras.
- Dificultades en los procesos de retorno hacia el Estado de origen, debido a la inestabilidad socioeconómica y política.
- Falencias operativas en el funcionamiento de los permisos existentes hasta el momento y poca idoneidad de los mismos, como mecanismos de identificación en el territorio colombiano.
- Barreras económicas para acceder a documentos más confiables y efectivos, como la cédula de extranjería[24].

---

[24] Ver considerandos del Decreto 216 de 2021 y de la Resolución 0971 de 2021.

De manera paralela a toda esta serie de motivos, que reposan en el apartado de consideraciones del decreto y de la resolución, se esboza como argumento central, que la integración de la población tanto desde la óptica económica como social se puede lograr a partir de una herramienta de largo plazo y efectiva para la regularización de personas. Es así, como las normas en mención se formulan a partir de dos estrategias para el cumplimiento de sus objetivos, que no son otros que reducir la brecha en términos de derechos, bajo los términos expuestos anteriormente. Dichas herramientas, son; i) la implementación del Registro único de Migrantes Venezolanos, contenida en el título I, artículos 5 al 9 y ii) el Permiso por Protección Temporal, previsto entre los artículos 10 al 16. Las demás disposiciones del Decreto 216, se dedican a regular aspectos relacionados con los salvoconductos de permanencia para las personas que son solicitantes de refugio en los artículos 17 y 18.

En cuanto a la Resolución 0971 de 2021 es importante mencionar que reproduce la mayoría de las disposiciones del decreto, pero, sobre todo, se dedica a reglamentar los elementos para la implementación del EPTMV, aspectos visibles en el título primero, artículos 1 y 2, sobre disposiciones generales y que desarrollan lo contenido principalmente en el artículo 4 del Decreto 216 de 2021.

Como puede notarse, al ser dictado el EPTMV, se pretende superar en buena medida alguna parte de los problemas que la normatividad aplicable a las personas extranjeras presentaba hasta ese momento, pues en los artículos 1° y 3° se definen el objetivo y contenido del Estatuto, y se señala, la necesidad de establecer un régimen de protección que estará integrado por la realización de un registro de caracterización de personas venezolanas en el país, conocido como Registro Único de Migrantes Venezolanos (RUMV), y posteriormente, por el otorgamiento de un Permiso por Protección temporal (PPT), para permanecer regularmente en el territorio por el periodo de 10 años, de acuerdo con lo previsto en el artículo 2 del Decreto 216 de 2021. Dichos elementos, son además replicados en la Resolución 0971, en los artículos dedicados a las disposiciones generales antes mencionadas.

4.2.1. Características del EPTMV: una combinación de avances y barreras para acceder a los derechos.

4.2.1.1. ¿Campo de aplicación personal restrictivo o acción afirmativa en favor de los venezolanos?

La primera característica del EPTMV, tal y como se ha expuesto, se orienta a lo dispuesto en su ámbito de aplicación personal, pues se dirige de manera exclusiva a las personas provenientes de Venezuela, según lo dispuesto en el artículo 4 del Decreto 216 de 2021 y en los artículos 1 y 2 de la Resolución 0971 de 2021, lo que implica, que quedan excluidas de la protección las personas de otras nacionalidades.

Si bien, el decreto y la resolución establecen una ventana de vigencia del mecanismo del Estatuto por un término de diez años, aspecto que es realmente novedoso para el momento de su expedición y desde la perspectiva de la historia de la política migratoria nacional, habida cuenta, de que los mecanismos anteriores tenían vigencia de corto plazo, de todos modos, a la luz del DIDH presenta una tendencia problemática, que ha sido característica de las medidas adoptadas en temas migratorios en Colombia, esto es, su campo de aplicación restringido y el riesgo de estar reproduciendo sesgos constitutivos de discriminación o perfiles raciales en la implementación de la medida. Ello se puede sustentar, en que la protección a los extranjeros de este grupo en particular contraría lo dispuesto por el Comité de la CEDR, en la Recomendación General No. XXX, pár. 9, como ya se ha expuesto anteriormente[25].

Lo dicho, permite afirmar, que se avanza hacia lo que tiene que ver con tiempos de validez de los mecanismos, pues en lugar de estar vigente la protección por dos años (como ha sido la tendencia), se contempla desde el inicio, un periodo mayor, que puede ser variado por el Gobierno nacional para ser ampliado o restringido. Este último aspecto, consistente en dar un alto margen de discrecionalidad al ejecutivo, puede desembocar en inseguridad jurídica, en caso de que la medida en lugar de ser progresiva respecto a la protección de las personas se plantee en términos restrictivos y regresivos[26].

El Estatuto también refuerza de nuevo la inclinación de la política nacional de crear medidas para una coyuntura en particular, considerando que, por lo voluminosa de esta migración, solo las personas venezolanas requieren protección efectiva del Estado. Dicha apuesta normativa nos conduce como Estado, además de lo ya expresado hasta ahora, a dejar en una zona de la invisibilidad a otros colectivos de migrantes, como los haitianos, cubanos, africanos y asiáticos, sobre los que ya se cuenta con evidencia[27], de que transitan o per-

---

25 Sobre este punto, no sobra recordar que la Recomendación General XXX, señala que cuando los estados deciden implementar medidas en favor de la protección de los derechos de los extranjeros, deben velar porque tales acciones beneficien a todos aquellos en similares condiciones, en condiciones de igualdad, pues de lo contrario podría estarse transgrediendo la CEDR.

26 Ver artículo 2, parágrafo.

27 De acuerdo con investigaciones realizadas por la Universidad Javeriana para el año 2021, cerca de 87000 personas provenientes de Haití habían cruzado o intentado cruzar la frontera entre Colombia y Panamá para dirigirse a otro destino. Ver: Pontificia Universidad Javeriana, "Migrantes haitianos", junio 1 de 2021, https://www.javeriana.edu.co/pesquisa/migrantes-haitianos/. Así también en algunos portales periodísticos se reportan alrededor de 30000 personas

manecen en nuestro territorio y no gozan de ningún mecanismo como el que se ha desarrollado para los venezolanos.

Sobre este aspecto vale comentar, que el riesgo de que se esté ante un subregistro sobre la presencia y permanencia de personas como las haitianas en el territorio colombiano es bastante probable, pues, de una parte, sobre este grupo de personas es escaso el levantamiento de la estadística estatal, no se han adelantado procesos de caracterización y la investigación es aún incipiente. Lo anterior, trae como consecuencia, la inexistencia de mecanismos para derivar políticas públicas de atención a esta población, lo cual sin lugar a duda presentará a corto y mediano plazo, profundas asimetrías con el tratamiento de las personas venezolanas.

Una interpretación viable sobre la protección orientada únicamente a los venezolanos podría conducir a afirmar que se trata de una medida afirmativa, pues estas personas son especialmente vulnerables entre el colectivo de inmigrantes que se encuentran en Colombia, por su volumen y particulares condiciones. Sin embargo, esta postura es fácilmente desvirtuable toda vez que la vulnerabilidad no se puede plantear únicamente en función de la cantidad de personas que llegan al país, sino que debe ser analizada a partir de las carencias y barreras que, en términos de derechos, sufre la población. Sobre este aspecto vale señalar, que en numerosas ocasiones tanto los Relatores Especiales de Naciones Unidas, como del sistema interamericano han ma-

---

haitianas presenten de manera permanente en el país. Ver: CNN en español '*Hasta 30.000 haitianos están en Colombia y buscan viajar hacia el nort*', CNN en español, septiembre 21 de 2021, https://cnespanol.cnn.com/2021/09/21/hasta-30-000-haitianos-estan-en-colombia-y-buscan-viajar-hacia-el-norte/.

nifestado la vulnerabilidad de los migrantes lo que pone de presente la complejidad de la situación de estas personas[28].

4.2.1.2. Los requisitos para acceder al EPTMV deja espacio a la irregularidad

El artículo 4 del Decreto 216 de 2021, y el 2 de la Resolución 0971 de 2021, estipulan los requisitos para que las personas venezolanas puedan acceder a la protección derivada de esta herramienta de regularización. Estas son:

1. *Encontrarse en territorio colombiano de manera regular como titulares de un Permiso de Ingreso y Permanencia (PIP), Per-*

---

[28] Ver, por ejemplo, Felipe González Morales, relator especial sobre los derechos humanos de los migrantes, "Un año y medio después: el impacto de la COVID-19 en los derechos humanos de los migrantes", (Doc. A/76/257), 30 de julio de 2021, párs. 20, 21, 24, entre otros. https://documents-dds-ny.un.org/doc/UNDOC/GEN/N21/212/07/PDF/N2121207.pdf?OpenElement.
Relator especial sobre los derechos humanos de los migrantes, *Informe del Relator Especial sobre los derechos humanos de los migrantes,* (Doc. A/69/302), 11 de agosto de 2014, párrs. 30, 51, 90. https://documents-dds-ny.un.org/doc/UNDOC/GEN/N14/501/99/PDF/N1450199.pdf?OpenElement.
Informe del Relator Especial sobre los derechos humanos de los migrantes sobre una agenda 2035 para facilitar la movilidad humana, Doc. A/HRC/35/25, de 28 de abril de 2017, párrs. 49, 55, 59, 62, ss.
Comisión Interamericana de Derechos Humanos, "Migración forzada de personas nicaragüenses a Costa Rica," Informe temático, Doc. OAS/Ser.L/V/II. Doc. 150, 8 de septiembre de 2019, párrs. 9, 13, 47, 83, 134, entre otros, https://www.oas.org/es/cidh/informes/pdfs/MigracionForzada-Nicaragua-CostaRica.pdf.
Comisión Interamericana de Derechos Humanos, *Derechos humanos de migrantes, refugiados, apátridas, víctimas de trata de personas y desplazados internos: Normas y Estándares del Sistema Interamericano de Derechos Humanos,* Informe temático, (Doc. OEA/Ser.L/V/II. Doc. 46/15), 31 de diciembre de 2015, párrs. 8, 9, 19, 27, 32, 34, 44, 50, entre otros. https://www.oas.org/es/cidh/informes/pdfs/MovilidadHumana.pdf.

miso Temporal de Permanencia (PTP) o de un Permiso Especial de Permanencia (PEP) vigente, cualquiera sea su fase de expedición, incluido el PEPFF.

Al realizar una primera lectura de este requisito, se podría llegar a pensar que es adecuado y proporcionado para la población migrante, pues su objetivo principal se orienta a eliminar la dispersión de los permisos existentes hasta ese momento, que se crearon sucesivamente para atender la situación de los venezolanos y de sustituirlos por el Permiso del Estatuto, con una vigencia mayor, que es de diez años. No obstante, resulta vital analizar este requisito a la luz de las barreras prácticas que deben sobrepasar las personas venezolanas con respecto a los permisos viables para dicho momento.

La validez de los permisos que se han emitido en Colombia ha solido ser de 2 años máximo, tal y como queda puesto de presente en las resoluciones que los reglamentaron en cada caso y como se evidencia en el cuadro presentado en el acápite 4.1. que resume tales acciones. Una de las principales dificultades de los permisos anteriormente existentes, consistió en una corta duración de la medida para que la población pudiera acceder a ella, es decir, los periodos en los que permanecía habilitada, lo que incrementó las cifras de personas en situación irregular en el país, como se expresa en las motivaciones del decreto[29]. Al momento de la expedi-

---

29 El Decreto 216 de 2021 refiere en particular esta situación a partir de la siguiente afirmación: "Que a pesar de los esfuerzos realizados por el Gobierno nacional mediante las medidas de flexibilización migratoria, de acuerdo con las cifras consolidadas por la Unidad Administrativa Especial Migración Colombia con corte a 31 de enero de 2021, el ingreso de migrantes venezolanos al territorio nacional con intención de permanencia continúa en ascenso y, desde el mes de septiembre de 2019, se evidencia que el número de migrantes venezolanos con estatus migratorio irregular corresponde a un porcentaje mayor que aquellos cuya situación se haya regularizado".

ción de esta reglamentación y a cierre estadístico de enero de 2021, se reportaban 963 343 personas en situación irregular, de acuerdo con el censo histórico de personas venezolanas, fuente que se invoca en el Decreto 216 de 2021[30], lo que permite afirmar que esta circunstancia obedeció de una parte, a los vencimientos de cada tipología de permiso y por otra, a la falta de conocimiento y acceso a la herramienta en términos de procedimiento y o canales institucionales.

Por su parte, el segundo de los requisitos para acceder al EPTMV dispone que las personas que se encuentran en trámite para el otorgamiento de la condición de refugiado también pueden ser beneficiarios de la protección, según los siguientes términos:

2. *Encontrarse en territorio colombiano de manera regular como titulares de un Salvoconducto SC-2 en el marco del trámite de una solicitud de reconocimiento de la condición de refugiado.*

Como se ha señalado, el PPT constituye uno de los dos componentes integrales del EPTMV y se concibió como una vía para quienes tramitan la protección derivada del refugio. De acuerdo con información reportada por el sector judicial, en el marco de las acciones en favor de la población refugiada en Colombia, en el país, se estima que cerca de 50 000 personas cuentan con salvoconducto SC-2 y están en proceso para obtener este reconocimiento a la luz del Decreto 1067 de 2015[31]. Vale señalar que este documento, si bien permite que la persona no se encuentre de modo irregular en el

30 Tabla No. 3. https://www.funcionpublica.gov.co/eva/gestornormativo/documentos/tabla3_censo.pdf.

31 República de Colombia, Tribunal Superior de Bogotá, sala laboral, Acción de Tutela promovida por Waleska Pérez Depablos contra Ministerio de Relaciones Exteriores-Comisión asesora para la Determinación de la Condición de Refugiado-CONARE, expediente No. 110013105 030 2023 00175 01, de 8 de junio de 2023.

territorio nacional, otorga un título precario en términos de acceso a derechos, pues, de una parte, de acuerdo con el Decreto 1016 de 2020, se faculta a las autoridades para limitar la libre circulación de los titulares del permiso por el territorio nacional, pues no es válido para salir del país, así como tampoco se considera un documento de identificación, no permite permanecer o circular por zonas de frontera distintas de aquellas por las que se ingresó[32], y tampoco permite trabajar. Conviene señalar, que la vigencia del instrumento está fijada hasta por 180 días, que pueden ser prorrogados por el Ministerio en caso de considerarse necesario.

De esto, podría afirmarse que el término de vigencia del salvoconducto resulta razonable, mientras le es resuelta al solicitante su situación de persona refugiada. No obstante, en la práctica institucional se han reportado largas dilaciones en la respuesta que se da a los solicitantes de refugio. Dicha circunstancia, ha quedado documentada en acciones judiciales en el marco del ejercicio de la acción de tutela, en las que los titulares del salvoconducto SC-2, han permanecido por varios años en situación irregular o portando este documento, sin tener una respuesta oportuna sobre su solicitud. Tales acciones, buscan la defensa de los derechos fundamentales y han conducido a que la Corte Constitucional, haya creado unos estándares constitucionales en torno a este tema, donde es posible hallar aspectos relativos a la importancia del cumplimiento de los plazos reglamentarios,

---

32 **ARTÍCULO 2.2.3.1.4.1.** "(...) La expedición del salvoconducto al que se refiere el presente artículo contendrá la anotación "NO VALIDO PARA SALIR DEL PAÍS NI PARA DESPLAZARSE A ZONAS DE FRONTERA DISTINTAS A AQUELLA POR LA CUAL INGRESÓ A TERRITORIO NACIONAL". A criterio de la Comisión Asesora para la Determinación de la Condición de Refugiado, el salvoconducto podrá expedirse circunscribiendo su validez a un ámbito territorial determinado y este no equivaldrá a la expedición de un pasaporte".

como elementos esenciales del derecho al debido proceso en la actuación administrativa, con miras a no agudizar la situación de vulnerabilidad de los peticionarios[33]. El tercer supuesto para ser beneficiario del EPTMV consiste en:

3. E*ncontrarse en territorio colombiano de manera irregular a 31 de enero de 2021.*

Dadas las altas cifras de irregularidad de personas en el territorio, las cuáles según las mismas fuentes oficiales ascendía a un porcentaje del 55 %, el tercer enunciado del decreto goza de gran importancia, pues es el que orienta las acciones a la implementación de un verdadero proceso de regularización. Según Migración Colombia, a la fecha de cierre del RUMV, se contabilizaron 2 473 479 procedimientos de inscripción finalizados en este registro, 2 386 272 encuestas de caracterización efectuadas y 2 125 733 de registros biométricos diligenciado[34].

Estos datos permiten afirmar que el trámite y acceso al permiso podría resultar exitoso en términos de regularización de personas, pues ello, debería conducir al acceso al PPT. De acuerdo con datos del informe de monitoreo de la plataforma R4V, a noviembre de 2021, se habían tramitado 80 096 PPT para esta población[35], lo que resultaría ser una cifra baja, si se le compara con el total de personas que

---

33 Ver, por ejemplo, Corte Constitucional, Sentencia T-704 de 14 de agosto de 2003, M. P. Clara Inés Vargas Hernández. Corte Constitucional, Sentencia T-266 de 9 de agosto de 2021, M. P. Diana Fajardo Rivera, considerando 40.

34 Migración Colombia, "Visibles", https://www.migracioncolombia.gov.co/visibles.

35 Plataforma de Coordinación para Refugiados y Migrantes de Venezuela (R4V), *Colombia–Informe de Monitoreo de Protección de diciembre 2021 y enero 2022.* https://www.r4v.info/es/document/colombia-informe-de-monitoreo-de-proteccion-de-diciembre-2021-y-enero-2022-drc.

acudieron al Registro, como primer paso para la regularización, pues vale recordar que el Estatuto se compone de dos grandes elementos, de un lado, la inscripción en el registro y del otro, el acceso efectivo al permiso por diez años.

Es innegable que la medida de regularización de personas indocumentadas es la que reviste mayor impacto tanto para la población, como para el Estado en términos de nuestra historia migratoria, como en lo atinente a la política regional. No obstante, pese a los esfuerzos gubernamentales y pertinencia de la medida, se debe analizar en detalle y de manera crítica, la fecha de corte que es requisito para obtener la protección derivada del EPTMV.

Nótese, que se indica de manera precisa, que las personas irregulares, podrán acogerse a las medidas solamente si carecen de documentación a 31 de enero de 2021. Lo anterior, significa, que una vez más el Estado colombiano, pareciera limitar en el tiempo el comportamiento de esta inmigración, ya que la medida aplicable con ese límite avoca a las personas que han ingresado y siguen ingresando al país posteriormente a la fecha indicada en el decreto, a que permanezcan en situación de irregularidad migratoria. Esta circunstancia puede incidir en una conflictiva tendencia hacia la inmigración irregular en un futuro próximo y que seguramente obligará a las autoridades a modificar el campo de aplicación temporal del Estatuto, o a crear un nuevo proceso de regularización que cobije las personas que ingresaron luego de esta fecha.

Sin perjuicio de la reflexión que se acaba de presentar, el actuar del Gobierno nacional al fijar este estricto límite al campo de aplicación temporal del EPTMV, puede explicarse desde la preocupación del Estado colombiano frente a las cifras de irregularidad, sin que ello implique que de plano se predica una política de puertas abiertas para todas las personas provenientes de Venezuela, pues, de todas maneras, subsiste un temor a enviar el mensaje de efecto llamada[36], que pueda incrementar el número de personas en el territorio. Claramente, la crisis migratoria de las personas venezolanas y la situación con respecto al acceso a sus derechos humanos, resulta ser un asunto de interés regional e incluso global, que requiere de la voluntad de acogida y de la cooperación mancomunada de más de un país de destino de esta migración[37].

Además de lo anterior, en el parágrafo 2 del artículo 4 se agregan algunas condiciones para que las personas irregulares puedan acceder al PPT. La exigencia consiste, en presentar prueba de la permanencia en el territorio nacional, de acuerdo con las normas emitidas por Migración Colombia, como autoridad administrativa competente[38]. Al punto, la Resolución 0971 de 2021, amplía en el artículo 6, lo dispuesto en el Decreto 216 de la siguiente manera:

> ***ARTÍCULO 6.*** *De la prueba sumaria de la fecha de ingreso en forma irregular.*
> Para demostrar que la permanencia irregular es anterior al 31 de enero de 2021 se tendrá como prueba sumaria,

---

36 Félix Fernández Castaño y María Jesús Santiago Segura, "Niveles de desarrollo e inmigración: 'efecto expulsión' versus 'efecto llamada'", en *Actas del I Congreso Internacional sobre Migraciones en Andalucía,* Instituto de Migraciones, 2011, 1933-1941. https://scholar.google.es/scholar?hl=es&as_sdt=0%2C5&q=efecto+llamada&btnG=.

37 Nicolás Gissi Barbieri *et al.*, "Respuestas de los países del Pacífico Suramericano ante la migración venezolana: estudio comparado de políticas migratorias en Colombia, Ecuador y Perú", *Diálogo Andino,* n. ° 63, 2020, 219-233. http://dx.doi.org/10.4067/S0719-26812020000300219.

38 **PARÁGRAFO 2.** Los migrantes venezolanos que se encuentren bajo la condición contenida en el numeral 3 del presente artículo, deberán aportar prueba sumaria e idónea de su permanencia en el territorio nacional, en los términos y a través de los mecanismos que establezca la Unidad Administrativa Especial Migración Colombia mediante acto administrativo.

aquella que no ha sido controvertida y reúne las condiciones de utilidad, pertinencia y conducencia, de conformidad con lo previsto por la Autoridad Migratoria en "El Manual de Verificación Migratoria".
En estos términos, será admitida como prueba:
1. Todo documento expedido por una entidad pública colombiana, dentro del ejercicio de sus funciones, que permita su individualización por sus datos personales a un migrante venezolano y que evidencie su permanencia en el territorio nacional desde antes de la fecha señalada.
2. Todo documento emitido por una persona jurídica, inscrita en Cámara de Comercio o sometida a supervisión de autoridad de vigilancia y control de nuestro país, suscrita por el representante legal, que permita individualizar por sus datos personales a un migrante venezolano y que evidencie su permanencia desde antes de la fecha señalada.
3. Todo documento emitido por un nacional o persona que tenga Cédula de Extranjería expedida por Colombia, que permita individualizar por sus datos personales a un migrante venezolano y evidencie su permanencia en el territorio desde antes de la fecha señalada. En este caso el documento deberá contener el nombre de quien lo suscribe, número de identificación y datos de contacto, para efectos de las verificaciones pertinentes.
Los documentos e información que se pretendan hacer valer como prueba sumaria y que ya reposan en las bases de datos de la Unidad Administrativa Especial Migración Colombia, solo requerirán de su actualización por parte del migrante venezolano.
La Tarjeta de Movilidad Fronteriza (TMF), por sí sola, no constituye prueba de permanencia en el país.
Parágrafo 1. La información entregada a la Unidad Administrativa Especial Migración Colombia para probar la fecha desde la cual permanece el migrante en el territorio colombiano, se entenderá rendida bajo juramento en los términos del artículo 7 del Decreto-Ley 19 de 2012.
Se presume la buena fe de los declarantes, sin embargo, serán rechazados los documentos respecto de los cuales, se desvirtúe su autenticidad, veracidad o se evidencie que son fraudulentos, conforme las verificaciones realizadas por las entidades estatales. En este caso se pondrá en conocimiento de las autoridades competentes los hechos que resulten contrarios al ordenamiento jurídico.

> Parágrafo 2. La Unidad Administrativa Especial Migración Colombia también podrá rechazar la prueba aportada que no cumpla con los criterios de utilidad, pertinencia y conducencia, o que carezca de los requisitos señalados en los numerales del presente artículo.
> Parágrafo 3. La Unidad Administrativa Especial Migración Colombia podrá suscribir acuerdos con entidades públicas o privadas donde repose información de migrantes venezolanos, que permitan verificar la ubicación y permanencia del extranjero en el territorio colombiano, antes del 31 de enero de 2021.
> *Parágrafo 4. A efectos del presente artículo, la Unidad Administrativa Especial Migración Colombia podrá suscribir acuerdos con entidades u organismos internacionales, con el fin de que certifiquen la permanencia del migrante venezolano en territorio colombiano, antes del 31 de enero de 2021.*

El alcance de los requisitos exigidos para probar la permanencia en el país fue definido por el concepto sobre la prueba del domicilio, emitido por el Ministerio de Relaciones Exteriores y la Unidad Administrativa Especial de Migración Colombia, de acuerdo con el cual se estableció, que este debía cumplir con los siguientes criterios:

- **Conducente:** Debe ser apta para demostrar su ingreso y permanencia al territorio nacional.
- **Pertinente:** Relación entre el documento aportado, su ingreso y permanencia al territorio nacional.
- **Útil:** La prueba debe tener relación directa y otorgar plena convicción con el ingreso y permanencia en el territorio nacional[39].

Si bien las anteriores nociones pueden otorgar algo de orientación a las personas migrantes venezolanas, sobre lo

---

39 *Concepto sobre la prueba de domicilio requisito para acceso al ppt de migrantes en situación migratoria irregular* (Bogotá: Ministerio de Relaciones Exteriores, s. f.) https://bogota.gov.co/sites/default/files/tys/2021/06/Concepto-sobre-prueba-sumaria.pdf.

que se requiere para acreditar su permanencia, de todas maneras, se trata de conceptos jurídicos indeterminados que pueden ser variables y sobre todo que, dada la aplicación de los principios de razonabilidad y sana crítica de parte de los funcionarios públicos, según los términos del mismo concepto, pueden ser objeto de una amplia y diversa interpretación, lo que puede ocasionar posibles tratos desiguales, que conduzcan en algunos casos a la obtención del permiso y en otros no. Por lo anterior, en el mismo concepto, se ofrecen algunos ejemplos de documentos que podrían aportar las personas migrantes para dar buena cuenta de la prueba solicitada y así dar cumplimiento al requisito. A continuación, se presenta la lista aportada en el concepto que permite aclarar cómo se prueba la permanencia en el territorio:

1. Certificados laborales o certificados emitidos por personas jurídicas inscritas en cámaras de comercio u otras autoridades y suscritas por el respectivo representante legal. Dicho documento cuenta con una vigencia de 30 días.
2. Contrato de arrendamiento.
3. Certificado de atención médica.
4. Certificado de escolaridad.
5. Certificaciones o respuestas dadas por entidades oficiales
6. Certificado emitido por entidad financiera sobre producto vigente o no.
7. Acreditación de representación jurídica, emitida por consultorio jurídico.
8. Documento de soporte de acciones judiciales adelantadas, como en el caso de acción de tutela.
9. Certificado de asistencia de entidad de cooperación internacional, expedida por organización legalmente reconocida.

10. Declaración de un nacional o de persona que ostente cédula de extranjería expedida por Colombia.

11. Permiso Especial de permanencia.

El listado de documentos anteriores evidencia una aparente amplitud probatoria, para cumplir con el requisito y de este modo, acceder al Estatuto cuando se está en irregularidad migratoria. Sin embargo, con respecto a la aplicación efectiva de ello, frente al supuesto puntual, existen algunas dificultades que no pueden pasarse por alto. Entre ellas, vale decir que normalmente las personas por estar indocumentadas no pueden acceder a empleos dignos, que les permita contar con una certificación laboral, pues por carecer del documento, no se celebra con ellos contratos de trabajo, por el contrario, sus vinculaciones suelen ser verbales, irregulares, precarias y bajo estos escenarios los empleadores no emiten certificados laborales[40]. Circunstancia similar sucede con certificados de personas jurídicas que puedan dar constancia de relaciones de prestación de servicios, así como, con los derivados de vínculos civiles o comerciales que den origen a contratos de arrendamiento o a la incorporación al sistema financiero[41]. Lo anterior,

---

40 Algunas acciones de tutela han puesto de presente esta situación, entre ellas, por ejemplo, se puede consultar Corte Constitucional, Sentencia T-535 de 18 de diciembre de 2020, M. P. José Fernando Reyes Cuartas.

41 Una de las principales barreras que ha manifestado la población migrante, en trabajos de campo y diagnósticos sobre el estado de sus derechos es la dificultad para ejercer relaciones contractuales, las cuales se asocian a sus medios dignos de subsistencia. Ver Organización Internacional para las Migraciones (OIM), *¿Cuáles son las principales dificultades que enfrentan las personas refugiadas y migrantes venezolanas en el Caribe?*, https://rosanjose.iom.int/es/blogs/cuales-son-las-principales-dificultades-que-enfrentan-las-personas-refugiadas-y-migrantes-venezolanas-en-el-caribe. Ver también Universidad del Rosario, Observatorio de Venezuela, *Retos y opor-*

permite afirmar, que dichos requisitos resultan ser bastante exigentes, para una persona que no cuenta con documentación en el territorio nacional.

Otra de las alternativas probatorias que pueden ser más compatibles con la realidad de las personas migrantes en situación irregular, es el caso de las constancias de los consultorios jurídicos, las pruebas sumarias de la presentación de acciones judiciales en defensa de sus derechos, los documentos que acrediten haber sido beneficiarios de acciones humanitarias de cooperación internacional, e incluso, de haber tenido en algún momento un permiso emitido por el Estado. Vale reiterar, que el acceso a la justicia es de aquellos derechos que de acuerdo con el artículo 100 de la Constitución de 1991, se reconoce a toda persona sometida a la jurisdicción del Estado, sin que entre a mediar como criterio de atribución la regularidad administrativa.

Antes de pasar al análisis del último de los supuestos que permiten dar acceso a las personas venezolanas al Estatuto, conviene revisar el parágrafo 3 que refiere el acceso de los menores de edad al mecanismo, en el caso en el que sus padres se encuentran en situación irregular y que por alguna situación deben ver reestablecidos sus derechos en el territorio nacional. De esta manera, la norma expone que:

> ***PARÁGRAFO 3.*** *Los niños, niñas y adolescentes que ingresen al Proceso Administrativo de Restablecimiento de Derechos (PARD) o al Sistema de Responsabilidad Penal Adolescente (SRPA), serán contemplados dentro del marco de aplicación de que trata el presente artículo durante toda la vigencia del Estatuto.*

---

tunidades de la integración migratoria: análisis y recomendaciones para Barranquilla, 2020, 11, https://www.kas.de/documents/287914/0/Migracion+BARRANQUILLA-AJ-03-12-2020.pdf/ba201662-6f9d-4cdc-3a1b-e32b2582aeac?t=1607987521705.

Al punto, podría afirmarse que los menores de edad deberían gozar de un tratamiento preferencial al momento de entrar a ser beneficiarios del EPTMV, pues el propio artículo 44 de la Constitución de 1991, determina la prevalencia de los derechos de este grupo de especial protección, por encima de los adultos[42]. Tal importancia se ha puesto de manifiesto en varios fallos judiciales, como se podrá apreciar el capítulo 5 de esta obra.

Finalmente, el último supuesto para que las personas venezolanas sean destinatarias de la protección del EPTMV, se plantea en los siguientes términos:

4. I*ngresar a territorio colombiano de manera regular a través del respectivo puesto de Control Migratorio legalmente habilitado, cumpliendo con los requisitos establecidos en las normas migratorias, durante los primeros dos (2) años de vigencia del presente Estatuto.*

El acceso al mecanismo previsto en el EPTMV prevé una aplicación un poco más extendida en el tiempo, para poder dar continuidad a la estrategia de regularización de personas, pero orientada únicamente a quienes ingresan ya documentados al territorio, lo que resulta incentivar la inmigración regular como objetivo legítimo del Estado colombiano. La Resolución 0971 de 2021 en su artículo 2.4 al reglamentar este aspecto, es más precisa al señalar, que este proceso de producirá entre el 29 de mayo de 2021 hasta el 28 de mayo de 2023.

Sobre el particular debe plantearse la dificultad en el cumplimiento de este supuesto, el cual radica en que desconoce la realidad de un importante número de personas provenientes de Venezuela, en cuanto al acceso a la documentación

---

42 Luz Estela Tobón Berrío, "Prevalencia de los Derechos de los Niños frente a la potestad migratoria", *Revista de Derecho*, n. ° 34, 2010, 283-305. https://www.redalyc.org/pdf/851/85120102011.pdf.

emitida por su país de origen, así, como el perfil socioeconómico de la mayoría de quienes están ingresando al país[43].

Es importante tener en cuenta, que, bajo este supuesto, se concede la potestad al Gobierno nacional para dar por finalizado el otorgamiento de estos permisos a las personas que ingresan de manera regular[44], lo que genera inseguridad jurídica de la medida y podría eventualmente afectar procesos de reagrupación familiar en condiciones regulares. De allí, la urgencia que se ha manifestado de que varias de las acciones en favor de la protección de los derechos de los extranjeros, provengan de una fuente legal, la cual ofrece mayor estabilidad, desde el punto de vista de la jerarquía normativa, se somete a control constitucional por parte de la Corte Constitucional, goza de mayor legitimidad por ser producto del principal órgano de deliberación y representación nacional y supone un trámite más cualificado y exigente para su reforma[45].

---

43 Esther Pineda G., "Aproximaciones a la migración colombo-venezolana: desigualdad, prejuicio y vulnerabilidad", *Revista Misión Jurídica,* n. ° 12-16, 2019, 60. https://papers.ssrn.com/sol3/papers.cfm?abstract_id=3432746.

44 PARÁGRAFO 1o. El Gobierno nacional podrá prorrogar o dar por finalizado el término contemplado en el numeral 4 del presente artículo, en virtud de la facultad discrecional que le asiste en materia de relaciones exteriores.

45 Sobre este punto, conviene recordar que, en virtud de lo dispuesto en la Constitución de 1991, las leyes que versan sobre el campo de aplicación de los derechos de los habitantes del territorio nacional, dentro de los cuales se encuentran los extranjeros, deben ser tramitadas como leyes estatutarias, según el artículo 152.

4.3. EL REGISTRO ÚNICO DE MIGRANTES VENEZOLANOS COMO HERRAMIENTA DE CARACTERIZACIÓN

Como se puso de manifiesto en la explicación general del EPTMV, la primera de las herramientas que diseñó el Gobierno nacional para la construcción de la política pública consiste en la creación del Registro Único de Migrantes Venezolanos (RMUV). Dicha iniciativa, tiene como propósito fundamental, contar con información sobre el perfil etéreo, ocupacional, de género, entre otros elementos de los ciudadanos venezolanos, para a partir de allí, formular acciones puntuales que permitan que la inmigración de estas personas sea abordada como una oportunidad para el país.

El acceso al registro se plantea como un requisito individual para las personas venezolanas que se encuentran en el territorio colombiano y es un presupuesto necesario para lograr obtener posteriormente el permiso de permanencia, pues la inscripción en el mismo no es *per se* un canal de regularización, tal y como queda expresado en el artículo 6, parágrafo 2, del Decreto 216 de 2021 y en el artículo 3 de la Resolución 0971 de 2021. Además, el RUMV se debe realizar en dos fases, un preregistro, previsto en el artículo 9 de la Resolución 0971 de 2021 y un registro biométrico presencial, desarrollado en el artículo 13 de la Resolución en mención. Esto fija una obligación para las personas migrantes, consistente en actualizar información de manera periódica, a través de los canales de información dispuestos por las autoridades migratorias, tal y como señala el artículo 9 del Decreto 216 de 2021 y en el artículo 4, parágrafo, de la resolución.

Además de los requisitos del artículo 4 que fueron analizados en el anterior acápite, de acuerdo con el artículo 8 del Decreto 216 y de la Resolución 0971, quienes pretendan acceder al RUMV, deberán cumplir lo siguiente:

- Encontrarse en el territorio nacional.
- Presentar su documento de identificación, vigente o vencido, el cual podrá ser:

Para los mayores de edad:

i. Pasaporte.

ii. Cédula de identidad venezolana.

iii. Acta de nacimiento.

iv. Permiso especial de permanencia.

b. Para los menores de edad:

i. Pasaporte.

ii. Acta de nacimiento.

iii. Cédula de identidad venezolana.

iv. Permiso especial de permanencia

- Presentar declaración expresa de la intención de permanecer temporalmente en Colombia, de conformidad con lo que establezca, mediante acto administrativo, la Unidad Administrativa Especial Migración Colombia.
- Autorizar la recolección de sus datos biográficos, demográficos y biométricos.

De realizar un análisis puntual de los requisitos del RUMV, se puede notar que existe un marco considerable de alternativas para poder acceder a él, lo que resulta ser compatible con la situación de regularidad o irregularidad de las personas, tal y como queda precisado en el campo de aplicación personal del ETPMV. Debido a que la Resolución 0971 de 2021, desarrolla de manera más puntual, las coordenadas fijadas por el Decreto 216, en el artículo 7 de la primera de estas normas, especifica las etapas para la realización del registro.

De esta manera el pregistro virtual está concebido de acuerdo con el artículo en mención, como un procedimiento gratuito y personal que estará disponible a través de las plataformas digitales de Migración Colombia y que estará vigente por el tiempo establecido en el EPTMV[46]. Así también, para aquellas personas que no tienen acceso a la tecnología, se diseñó un modo de efectuar el registro de manera asistida, de conformidad con el artículo 8 de la Resolución 0971.

Junto con la realización de este preregistro, la población venezolana que quiere acceder al mecanismo debe diligenciar una encuesta de caracterización socio económica, que está prevista en el artículo 9 de la Resolución 0971 y que tiene como finalidad determinar con claridad las coordenadas que permitan definir el perfil en términos de salud, educación, formación académica o disciplinar entre otros aspectos tendientes a la integración socio económica de las personas.

4.4. PERMISO DE PROTECCIÓN TEMPORAL ACIERTOS Y OPORTUNIDADES DE MEJORA

Por medio de la expedición del Permiso de Protección Temporal (PPT), se perfecciona la medida de regularización que fue concebida en el EPTMV, pues esta herramienta si constituye en sí misma un documento de regularización a diferencia de lo que sucede con el RUMV.

---

46 De acuerdo con los plazos previstos por la resolución, la ventana de vigencia para la realización del registro estaría vigente para las personas que habían ingresado de manera irregular entre el 5 de mayo de 2021, al 28 de mayo de 2022 y para quienes pueden ingresar de manera regular, luego de los dos años siguientes al término de vigencia, el plazo será hasta el 24 de noviembre de 2023.

De lo establecido en los artículos 10, 11, 13, 16 y 17, 19 y 20 del Decreto 216 de 2021, y en el 14 al 21 de la Resolución de 2021, se pueden extraer algunas características del PPT, las cuales evidencian avances para la política migratoria nacional, pero también aspectos que generan preocupación desde un enfoque de derechos humanos y que podrían ser mejorados en aras de dar una mayor protección a las personas beneficiarias del mecanismo.

4.4.1. El PPT y los avances en términos de regulación a la luz de los DDHH

- Se trata de un instrumento de regularización migratoria de largo plazo, aspecto que constituye un progreso frente a las acciones anteriores relativas a la expedición de permisos, dado que estas eran cortas y dispersas, tal y como se ha expresado a lo largo del capítulo[47].
- Sustituye todos los permisos anteriormente creados, por lo que, a partir de la entrada en vigor del decreto, no se podrán expedir permisos distintos al PPT[48]. Esto evita la dispersión generada por múltiples medidas que ocasionaban confusión a la población, a las autoridades y presentaba una visión de la realidad migratoria segmentada[49].

---

47 Artículo 11 del Decreto 216 y artículo 1 y 14 de la Resolución 0971 de 2021.

48 Artículo 16 Decreto 216 de 2021 y artículo 1, parágrafo 2 de la Resolución 0971 de 2021.

49 Estas afirmaciones fueron sistematizadas en el desarrollo de talleres de formación con población migrante en el marco del memorando de entendimiento suscrito entre la OIM y la Universidad del Rosario, entre septiembre de 2022 y junio de 2023.

- Con el objeto de establecer un régimen de transición y para evitar conducir a las personas que contaban con alguno de los anteriores permisos a la irregularidad, todos aquellos que estaban vigentes al momento de la entrada en vigor del Decreto 216, serán prorrogados por 2 años más, de manera automática[50].
- La naturaleza jurídica del PPT es la de un documento de identidad que debe ser reconocido por las autoridades del Estado colombiano y del cual, se derivan derechos.
- Permite desarrollar actividad lícita en el país, es decir, un trabajo por cuenta propia o ajena[51].
- Permite la celebración de contratos civiles y mercantiles[52].
- Da acceso a otros derechos que estén reconocidos en el marco normativo colombiano, como sucede con el artículo 100 de la Constitución de 1991. Por ejemplo, el acceso a la salud y a la protección derivada de la seguridad social (afiliación, regimen pensional y de riesgos laborales), bancarización, convalidación de títulos profesionales, acceso al sistema educativo en todos los niveles de formación[53].
- Permite acceder a la visa de residencia, una vez hayan pasado los 10 años de vigencia del mismo[54].

---

50 Artículo 19 del Decreto 216 de 2021 y artículo 38 de la Resolución 0971 de 2021.

51 Artículo 11 del Decreto 216 de 2021 y artículo 14 de la Resolución 0971 de 2021.

52 *Ibidem.*

53 Artículo 1 del Decreto 216 de 2021 y Artículo 14, parágrafos 1 y 2 de la Resolución 0971 de 2021.

54 Artículo 2 del Decreto 216 de 2021.

- Su expedición no equivale al reconocimiento de la condición de refugiado, ni constituye el otorgamiento del derecho de asilo[55].
- Será válido hasta el último día de vigencia del Decreto 216 de 2021[56].
- No será prorrogable, salvo decisión del Gobierno Nacional[57].
- Es incompatible con las tipologías de visado existentes en el Estado colombiano, de tal manera que la expedición de alguna de estas hará perder validez al PPT y traerá como consecuencia su cancelación[58].
- Establece deberes para los ciudadanos venezolanos, consistentes en cumplir con las exigencias generales del EPTMV y de cada una de sus herramientas, tramitar la visa de residencia una vez fenezca el plazo de vigencia del PPT, cumplir con los requisitos de permanencia y régimen de transición, so pena de incurrir en alguna falta administrativa de carácter sancionatorio[59].

El EPTMV plantea una serie de requisitos transversales y otros particulares para cada uno de sus componentes, tal y como se ha puesto de manifiesto. Para el caso del PPT de conformidad con el artículo 12 del Decreto 2016 de 2021

---

55 Artículo 13, parágrafo del Decreto 2016 de 2021, artículo 3, parágrafo, artículo 17 parágrafo 1 de la Resolución 0971 de 2021.

56 Artículo 14 del Decreto 216 de 2021 y artículo 20 de la Resolución 0971 de 2021.

57 Artículo 10 del Decreto 216 de 2021 y artículo 20 de la Resolución 0971 de 2021.

58 Artículo 16 del Decreto 216 de 2021 y artículo 24 de la Resolución 0971 de 2021.

59 Artículo 20 del Decreto 216 de 2021 y artículo 40 de la Resolución 0971 de 2021.

y el 15 de la Resolución 0971 de 2021, además del cumplimiento de condiciones generales, las personas que quieran acceder a él, deberán también cumplir lo siguiente:

1. Contar con la inscripción en el RUMV.
2. No tener antecedentes penales, anotaciones o procesos administrativos sancionatorios o judiciales en curso en Colombia o en el exterior.
3. No tener en curso investigaciones administrativas migratorias.
4. No tener en su contra medida de expulsión, deportación o sanción económica vigente.
5. No tener condenas por delitos dolosos.
6. No haber sido reconocido como refugiado o haber obtenido asilo en otro país.
7. No tener una solicitud vigente de protección internacional en otro país, salvo si le hubiese sido denegado.

Algunos de los requisitos exigidos para acceder al PPT resultan bastante razonables, pues el Estado colombiano está en la libertad de determinar los parámetros para la concesión de beneficios de las personas extranjeras en el país. Pese a ello y a la libre configuración que se predica de las autoridades en los temas migratorios, no solo en Colombia, sino a nivel mundial, a la luz de los derechos humanos se pueden plantear las siguientes preocupaciones en las exigencias dispuestas por el artículo 12.

Nótese, que, junto con los antecedentes penales, se incluyen las sanciones administrativas y económicas, tanto de índole migratoria, como de otra naturaleza, lo que perfectamente permite pensar que la causa y origen de la sanción no es tan importante para las autoridades a la hora de generar una exclusión para los postulantes. Esta situación, suele conducir a la lamentable tendencia de la criminalización de la migración, mala práctica que debe ser erradicada de los ordenamientos jurídicos, tal y como lo señalan los mecanismos de monitoreo de los sistemas internacionales de protección de DD. HH[60]. Así mismo, se puede pensar que cualquier tipo de sanción administrativa o incluso de procedimiento, como, por ejemplo, una multa de tránsito o un comparendo, son razones suficientes para no ser sujeto elegible y así poder acceder el PPT.

Es importante no perder de vista, que la imposibilidad de acceder a un permiso de regularización supone no solo la obtención del documento, sino que permite el ejercicio de derechos tan importantes como el acceso al empleo en condiciones dignas y decentes, lo que incide de manera directa en la inclusión económica y social y reduce ostensiblemente la vulnerabilidad de las personas extranjeras. Por otro lado, si se compara el efecto de una sanción administrativa para una persona nacional del Estado colombiano, es claro que esta no puede ser constitutiva de restricciones para su acceso al mínimo vital, lo que permitiría pensar que la limitación incluida en el Decreto 216 de 2021, podría resultar desproporcionada y contraria al derecho a la igualdad.

Conviene señalar, que esta norma no es objeto de control constitucional de parte de la Corte Constitucional, tribunal que ha fijado los límites a la actuación institucional en favor de la protección de los extranjeros. No obstante, si procediera formular una acción ante la jurisdicción contenciosa administrativa a través de los medios de control de nulidad simple o nulidad por inconstitucionalidad, según lo previs-

---

60 Consejo de Derechos Humanos, Relator Especial sobre los derechos humanos de los migrantes, *Informe sobre las formas de hacer frente a los efectos en los derechos humanos de las devoluciones en caliente de migrantes en tierra y en el mar,* párr. 48, entre otros, (A/HRC/47/30), 12 de mayo de 2021. https://documents-dds-ny.un.org/doc/UNDOC/GEN/G21/106/36/PDF/G2110636.pdf?OpenElement.

to en la Ley 1437 de 2011. Al punto conviene señalar que lo relativo a las sanciones no resulta aplicable a los menores de edad, de acuerdo con le previsto en el parágrafo 1 del mismo decreto[61].

Los parágrafos finales de esta norma refuerzan el ejercicio de la discrecionalidad en materia migratoria que tiene el Estado colombiano. Esto se hace evidente en el caso de que, pese a que la persona extranjera cumpla con todos los requisitos establecidos para la obtención del PPT, ello no garantiza que le sea concedido[62]. Lo anterior permite afirmar que no se trata de un derecho adquirido, sino únicamente de una expectativa de derecho, que puede generar inseguridad para los peticionarios del permiso.

De la misma manera, se debe señalar que la resolución de los procedimientos sancionatorios en materia administrativa tiene un carácter suspensivo con respecto al otorgamiento del PPT[63], pues hasta tanto no se conozca de fondo

---

61 **PARÁGRAFO 1.** Se exonera del cumplimiento de los requisitos previstos en los numerales 2 y 5 del presente artículo, a los niños, niñas y adolescentes que se encuentren en el Proceso Administrativo de Restablecimiento de Derechos (PARD) o en el Sistema de Responsabilidad Penal Adolescente (SRPA).

62 **PARÁGRAFO 2.** El cumplimiento de la totalidad de los requisitos establecidos para el Permiso por Protección Temporal no es garantía de su otorgamiento, el cual obedece a la facultad discrecional y potestativa del estado colombiano a través de la Unidad Administrativa Especial Migración Colombia como autoridad migratoria de vigilancia, control migratorio y de extranjería.

63 Salvo en los casos en los que se configura el supuesto previsto en el artículo 21, parágrafo 4, de acuerdo con el cual, **PARÁGRAFO 4.** En aplicación del principio de economía procesal, las novedades identificadas antes del 31 de enero de 2021, constitutivas de infracción migratoria por permanencia o ingreso irregular únicamente, que no cuenten con Auto de Apertura a la fecha, no constituyen investigaciones administrativas migratorias. En consecuencia, la autori-

la decisión, la autoridad administrativa no podrá otorgar el mecanismo de regularización. La norma establece que, en estos casos, se dará aplicación a dos principios básicos frente al ejercicio de los derechos constitucionalmente reconocidos, estos son, el de proporcionalidad y el de favorabilidad. Lo anterior, lo prevé el parágrafo 3 del artículo 12 del Decreto 216 de 2021[64].

4.4.2. El PPT propone desafíos y tareas pendientes

En el acápite anterior, se expusieron algunos de los aspectos que pueden ser considerados como aciertos del PPT en el marco del EPTMV y que constituyen progresos en la política migratoria colombiana. Pese a ello, es importante visualizar también, algunos puntos sobre los cuales merece prestar atención con el propósito de que cada vez se mejore el acceso a los derechos de las personas extranjeras, a partir de los procesos de regularización migratoria.

Sobre el particular, resulta pertinente formular una reflexión inicial consistente en que para el país es imperativo comprender la realidad migratoria como un asunto

---

dad migratoria podrá decidir de plano sobre ellas, absteniéndose de adelantar Procesos Administrativos Sancionatorios ordenando su archivo, en concordancia con lo dispuesto en el artículo 2.2.1.13.2 del Decreto 1067 de 2015.

64 **PARÁGRAFO 3.** La autoridad migratoria resolverá conforme a la ley vigente y dentro del plazo que dicha entidad establezca mediante acto administrativo, aquellos Procedimientos Administrativos Sancionatorios que se encuentren en curso a la entrada en vigencia del presente Estatuto, por permanencia o ingreso irregular, bajo los criterios de proporcionalidad y favorabilidad, adoptando la decisión más idónea a cada caso en particular y atendiendo la finalidad del presente Decreto. Hasta tanto no se expida el acto administrativo que resuelva de fondo la situación, no se autorizará la expedición del permiso y al extranjero se le expedirá su respectivo salvoconducto.

integral, desde el punto de vista de los destinatarios y del campo de aplicación de las normas. Con ello, se hace referencia a que la regulación normativa no puede beneficiar exclusivamente a la población venezolana, sino que debe estar dirigida a proteger los derechos de cualquier extranjero que se encuentre sometido a la jurisdicción del Estado colombiano. Esto, ya ha sido sustentado en varios apartados de este texto desde el cumplimiento de las obligaciones internacionales suscritas por Colombia a partir de los tratados internacionales que versan sobre DD. HH.[65]

Por otra parte, una acción tan importante como la regularización por un término de diez años, como la implementada con el ETPMV, debe estar acompañada de una política integral migratoria que contenga con claridad el alcance de los derechos de las personas extranjeras en el país. A la fecha, pese a la sanción de la Ley 2136 de 2021, que también representa un acierto, aún se carece de este marco y es imperativo contar con urgencia con esta regulación, expedida por el órgano legislativo a través de lo que debería ser una ley estatutaria. En el capítulo 5 se expondrá la relevancia del papel que ha cumplido el juez constitucional en este aspecto en concreto, en ausencia de la actuación legislativa.

Es importante contar con algunas alternativas más flexibles para acceder al permiso de protección temporal, en lo atinente al cumplimiento de los requisitos y obtención de la documentación, toda vez que, en Venezuela, existen múltiples y conocidas barreras para acceder al pasaporte, cédula

---

65 Lo dicho tiene sustento en la aplicación e interpretación de la Convención para la erradicación de todas las formas de discriminación racial, la cual, según su comité de seguimiento, impone a los estados no incurrir en la creación de estereotipos raciales.

y otros documentos de identificación[66]. Aunado a ello, las relaciones internacionales entre Colombia y Venezuela aún no han permitido generar escenarios para que impacten positivamente en la obtención de la documentación de las personas venezolanas, por lo que las acciones ejecutivas deben adaptarse rápidamente a esta situación, so pena que las exigencias sean imposibles de cumplir para muchas personas.

Además de lo dicho, resulta pertinente diseñar políticas complementarias de las acciones del EPTMV, que incluya a personas de otras nacionalidades y que den cobertura a la población que ha ingresado y seguirá ingresando con posterioridad a la fecha de corte de la medida, es decir después del 31 de enero de 2021. Lo anterior, dado que la inmigración de las personas no se ha disminuido y a la fecha, según reportes oficiales se estima que habitan en Colombia 2 477 588[67] venezolanos. Allí no se contabilizan los extranjeros de otras nacionalidades y como en todos los casos en los que se produce la inmigración de modo voluminoso, las cifras presentan el riesgo de tener subregistro de personas que han entrado al país por corredores irregulares, lo que permite pensar que el número puede ser más alto.

Debe revisarse la pertinencia sobre la privación en el acceso al PPT a las personas venezolanas que tengan algún

---

66 Al punto resultan ilustrativos algunos estudios que han dado cuenta de estas barreras en términos de acceso a la documentación de estas personas, ver, por ejemplo, Dejusticia, *Barreras para migrantes.* https://www.dejusticia.org/especiales/barreras-para-migrantes/, así como C. Blouin, "Entre la espera y el miedo: las trayectorias legales de la población venezolana en la región de Tumbes", en *Trayectorias migrantes, juventud venezolana en Perú,* 2021. https://repositorio.pucp.edu.pe/index/handle/123456789/182865.

67 *Refugiados y Migrantes Venezolanos en la Región,* agosto de 2022. https://www.r4v.info/sites/default/files/2022-08/2022.08.R4V_R%26M_Map_Esp%28Note%29.pdf.

procedimiento administrativo o judicial en curso, toda vez que, esto contraría la presunción de inocencia y constituye por esta vía, una situación discriminatoria. En lo atinente a las medidas de expulsión o deportación es necesario que esta regulación, se implemente dando aplicación al principio de no devolución o *non refoulment*[68].

La incompatibilidad creada por el decreto y la resolución entre el Permiso de protección con la figura del refugio resulta preocupante. Es necesario reformar de manera urgente esta situación, para permitir que los dos regímenes de protección de la persona sean complementarios, por ejemplo, reemplazando el actual salvoconducto SC-2, por el PPT y así, dar libertad a la persona frente a la decisión de querer recibir protección internacional por la vía del refugio o por la vía del estatuto, sin que ello implique una renuncia al trámite. Como se expuso anteriormente en este capítulo y en otros apartados del libro, el Estado colombiano presenta un récord negativo en términos dilación en lo que atañe al reconocimiento de personas refugiadas.

En la enunciación que se hace en la normatividad del EPTMV de los principios rectores para esta herramienta, es

---

68 Conviene recordar que el principio de no devolución o *non refoulment*, se encuentra reconocido en la Convención de Ginebra sobre el Estatuto de los Refugiados en el artículo 33 y ha se ha hecho extensivo para promover la protección de otras personas en el contexto de otros tipos de movilidad, a raíz de su aplicación en el marco de la Convención contra la Tortura. El principio dispone que: "Ningún Estado Contratante podrá, por expulsión o devolución, poner en modo alguno a un refugiado en las fronteras de los territorios donde su vida o su libertad peligre por causa de su raza, religión, nacionalidad, pertenencia a determinado grupo social, o de sus opiniones políticas".

importante incluir el principio ***pro omine***[69], como criterio de interpretación normativa del estatuto, toda vez que es orientador en todo lo relacionado a la interpretación de los derechos humanos y no sólo está presente en las decisiones internacionales sobre la materia, sino también en los fallos internos[70], tal y como se expone en el capítulo 6 de este texto.

Con relación a la cancelación del Permiso como potestad de las autoridades migratorias, se pueden observar dos preocupaciones fundamentales frente a las causales No. 3 y 5 que prevé tanto el Decreto 216 en el artículo 15, como la Resolución 0971 en el artículo 21. Disposiciones de esta naturaleza tienden a promover estereotipos negativos sobre los extranjeros, pueden incrementar la estigmatización, discriminación y xenofobia[71], además de favorecer una tendencia peligrosista que puede dar lugar a la arbitrariedad administrativa.

Por otra parte, la ausencia de recursos en contra de la decisión de cancelación del permiso desconoce el principio de doble instancia, el cual debería estar reconocido en una situación tan sensible como lo es la regularidad y la permanencia de la persona en el territorio. Lo anterior hace parte

---

69 Sobre este importante principio consultar Zlata Drnas de Clément, *La complejidad del principio pro homine.* https://www.corteidh.or.cr/tablas/r33496.pdf. Ver también C. Nuñez, "Una aproximación conceptual al principio pro persona desde la interpretación y argumentación jurídica" *Materiales de Filosofía del Derecho,* n. ° 17-02. https://www.corteidh.or.cr/tablas/r37509.pdf.

70 A manera de ejemplo, ver Corte Constitucional, Sentencia C-438 de 10 de julio de 2013, M. P. Alberto Rojas Ríos, https://www.corteconstitucional.gov.co/relatoria/2013/C-438-13.htm.

71 Al punto es interesante la reflexión de Philippe Schaffhauser, "La figura del migrante como estigma social: el derrotero de los exbraceros trabajadores migratorios mexicanos (1942-1964)", *Intersticios Sociales,* n. ° 12, 2016. http://www.scielo.org.mx/scielo.php?script=sciarttext&pid=S2007-49642016000200005&lng=es&nrm=iso.

del correcto acceso al debido proceso, sobre el cual existen numerosos pronunciamientos internos e internacionales de su importancia y necesidad de aplicación[72].

Es loable que en el EPTMV se incluyan enfoques diferenciales en favor de los menores de edad y de las personas transgénero. No obstante, es imperativo que se desarrolle una mayor cantidad de enfoques diferenciales, sobre los cuales existen algunos avances jurisprudenciales, como sucede con el enfoque de género de manera integral[73], pero, además, implementar algunos que se busquen favorecer en términos de procedimientos y acceso a las personas con discapacidad, adultos mayores, integrantes de comunidades indígenas, raizales y afrodescendientes, víctimas de trata de personas y tráfico de migrantes, entre otros. Para ello, es importante recordar que la caracterización efectuada a partir de la implementación del RUMV, se puede contar con alguna información valiosa para desarrollar dichos aspectos[74]. Lo anterior supone acoger de manera integral no solo los estándares interamericanos de protección a derechos humanos, sino, además, los avances del sistema universal[75].

---

72 Corte Constitucional, Sentencia SU-397 de 19 de noviembre de 2021, M. P. Alejandro Linares Cantillo, https://www.corteconstitucional.gov.co/relatoria/2021/SU397-21.htm.

73 Corte Constitucional, sentencia T-236 de 21 de julio de 2021, M. P. Antonio José Lizarazo Ocampo, https://www.corteconstitucional.gov.co/Relatoria/2021/T-236-21.htm.

74 Unidad Administrativa Especial Migración de Colombia (Migración Colombia), *Estatuto Temporal de Protección y los prerregistros de migrantes en Colombia.* https://public.tableau.com/app/profile/migraci.n.colombia/viz/EstatutoTemporaldeProteccin-Prerregistros/Pre-registrosPublic.

75 Sobre este aspecto, los Principios interamericanos sobre los derechos humanos de todas las personas migrantes, refugiadas, apátridas y las víctimas de la trata de personas, aprobados por la CIDH, a través de la Resolución 04/19 aprobada por la Comisión el 7 de

4.5. LA RESOLUCIÓN 0971 DE 2021 DESARROLLA ALGUNAS MEDIAS AFIRMATIVAS EN FAVOR DE GRUPOS DE ESPECIAL PROTECCIÓN CONSTITUCIONAL

Es claro que el propósito de las normas reglamentarias o de implementación consiste en definir los detalles de las acciones del ejecutivo, en este caso de determinar el paso a paso para que la población pueda acceder al estatuto a partir del cumplimiento de los requisitos tanto del RUMV como del PPT. No obstante, y dado que las particularidades de este tipo de normas pueden ser variable y además de duración limitada por la facilidad para su reforma, no se entrará en este texto a referir tales aspectos que se pueden consultar en la Resolución 0971 de 2021 con mayor profundidad.

Pese a ello, en la resolución se incluyen algunos aspectos de gran interés desde la óptica de los DD. HH, que no estaban previstos en el decreto y merecen ser referidos, pues permiten que la norma aplicable a las personas venezolanas goce de aspectos que podrían facilitar el acceso a los derechos constitucionalmente reconocidos en la Constitución de 1991 para algunos grupos poblaciones en condiciones de vulnerabilidad.

En el título IV, desde el artículo 25 al 35, se incluye el enfoque diferencial en favor de los niños, niñas y adolescentes para acceder al EPTMV. Así también, el título V prevé disposiciones especiales para las personas venezolanas transgénero. Dichas normas tienen por objeto incorporar una serie de ajustes razonables al procedimiento para estos

---

diciembre de 2019, ofrece una valiosa orientación a los Estados sobre la importancia de reconocer los distintos tipos de vulnerabilidad de las personas migrantes. https://www.oas.org/es/cidh/informes/pdfs/Principios%20DDHH%20migrantes%20-%20ES.pdf.

grupos especialmente protegidos. Entre tales acciones, es importante mencionar:

Para los menores de edad:

- En el artículo 25, se prevé la necesidad de que se diseñen acciones para realizar una apropiada valoración de la situación de los menores de edad que no están acompañados en el tránsito migratorio, en el estado de origen o de destino, para aquellos que carecen de documentación o que se encuentran en procesos internos administrativos para el restablecimiento de sus derechos.
- Lo anterior conduce a la flexibilización de requisitos y documentación, así como facilita la realización de la inscripción en el EPTMV para que no sea obligatorio que en todos los casos lo realicen sus padres, sino otros adultos a cargo o incluso funcionarios públicos que participen dentro del sistema de protección de menores de edad. Esto en cumplimiento de lo previsto en los artículos 27, 28 y 30 de la Resolución 0971 de 2021.
- Se extiende el plazo para la inscripción de los menores de edad en el registro por toda la vigencia del Estatuto, es decir, 10 años, lo que significa que, para este grupo en particular, el preregistro virtual y el biométrico se podrá efectuar hasta el 30 de mayo de 2031. Además de ello, este beneficio se hace extensivo también para aquellos que estén escolarizados en cualquier nivel de formación e institución pública o privada en el país. Lo anterior de conformidad con el artículo 26 parágrafos 1 y 2.
- Para el tratamiento de los datos personales que deben estar disponibles en el registro, se tendrá como principio rector de toda la actuación administrativa el interés superior del menor, según el artículo 26 parágrafo 3.

- Por su parte, el artículo 29 de la Resolución 0971 de 2021, crea una deber preferente a las autoridades de Migración Colombia, del sistema de protección de menores de edad y organismos de control como la defensoría del pueblo para alertar sobre las posibles afectaciones a los derechos de los menores de edad e iniciar procesos para el restablecimiento de sus derechos o medidas en favor de su salvaguarda.
- De acuerdo con el artículo 32 de la resolución se prevé que los menores que cuenten con el PPT y cumplan mayoría de edad, una vez reportada esta situación puedan seguir siendo beneficiarios del Estatuto y se les brinde la información apropiada para que se facilite el cambio de su documentación.
- A partir de lo dispuesto en el artículo 33 se implementa una medida afirmativa que prioriza la realización del RUMV y posterior entrega del PPT para los menores de edad que han finalizado sus estudios y no han podido obtener su título académico por carecer de documentación.
- En cumplimiento de lo previsto en el artículo 34 de la Resolución 0971 se exonera a los menores de edad de configurar las causales para la cancelación del PPT que se relacionan con las infracciones a la normativa migratoria, pues no pueden ser considerados una amenaza para el orden público, la seguridad nacional y no se les considera autores de delitos de falsedad documental. Así mismo, en caso de que comentan delitos, serán acogidos en el sistema de responsabilidad penal de menores, sin que ello los prive de su estatus regular en el territorio nacional.
- Para el caso de los menores que solicitan la condición de refugiado, las autoridades estatales deberán priorizar este procedimiento y analizar la convenien-

cia de otorgar el reconocimiento en el marco del Decreto 1067 de 2015 o el PPT. Ello, acogiendo lo previsto en el artículo 35 de la Resolución 0971 de 2021.

Para las personas transgénero

Por su parte, las medidas de acción positiva en favor de los inmigrantes transgénero fijan sus coordenadas en el artículo 36 y establece la especial protección orientada de manera particular en los aspectos que se relacionan a continuación:

- Podrán hacer uso de su nombre identitario para el trámite de todas las fases del EPTMV, es decir, al momento de la realización del preregistro y del registro biométrico, así como para acceder al PPT.
- Para poder realizar este trámite se deberá adjuntar escritura pública notarizada de que toda la inscripción se realizará de conformidad con su autoreconocimiento identitario.

Sobre las medidas afirmativas antes expuestas es importante tener presente que, aquellas que son aplicables a los menores de edad, se ajustan a varios de los estándares internacionales que han sido fijados en el SIDH, como es el caso de los ajustes a los procedimientos internos de los países, de acuerdo con lo previsto en la Opinión Consultiva 21 de 2014, así como los informes que sobre menores de edad se han emitido por parte de la CIDH y que ya han referido en este texto en otros capítulos. Por su parte, tales parámetros orientadores de la política pública interna también es posible remontarlos, a las Observaciones Generales del Comité de Protección de los Derechos de Todos los Trabajadores Migratorios y sus Familiares, en particular las No. 3 y 4, que han sido desarrolladas de manera conjunta con el Comité de Derechos del Niño y establecen importantes criterios hermenéuticos que orientan a los Estados para implementar apropiadamente las disposiciones de las dos convenciones a las que hacen seguimiento, estas son la CTMF y la CDN respectivamente. Finalmente, no pueden dejarse de lado los informes del señor relator de las Naciones Unidas sobre derechos de los migrantes, toda vez que a partir de allí se han establecido también aspectos clave para el apropiado tratamiento de los menores que están involucrados en procesos de movilidad humana[76].

En lo que atañe al enfoque diferencial aplicable a las personas transgénero, se puede considerar que resulta ser una avance realmente significativo en la normativa interna colombiana aplicable a las personas extranjeras y que da cuenta, de la preocupación de los mecanismos de protección internacional, como sucede con el mecanismo temático extraconvencional[77], en donde es posible hallar estándares que han sido parcialmente tenidos en consideración en la Resolución 0971 de 2021, de manera particular, por ejemplo, el respeto por el autorreconocimiento y acceso a documentos de identificación.

---

76 Sobre el particular se pueden consultar, por ejemplo, Asamblea General, Relator Especial sobre los Derechos Humanos de los Migrantes, Sr. Felipe González Morales, *Poner fin a la detención de menores por razones de inmigración y proporcionarles cuidado y acogida adecuados,* (Doc., A/75/183), 20 de julio de 2020. https://documents-dds-ny.un.org/doc/UNDOC/GEN/N20/188/30/PDF/N2018830.pdf?OpenElement.

77 Ver Asamblea General de las Naciones Unidas, Relator Especial sobre los Derechos Humanos de los Migrantes, Sr. Felipe González Morales, *Los derechos humanos de las personas migrantes: buenas prácticas e iniciativas en el ámbito de la legislación y las políticas migratorias con perspectiva de género,* (Doc., A/74/191), 18 de julio de 2019. https://documents-dds-ny.un.org/doc/UNDOC/GEN/N19/222/83/PDF/N1922283.pdf?OpenElement.

4.6. OTRAS ACCIONES ADMINISTRATIVAS QUE HAN FAVORECIDO EL ACCESO A LOS DERECHOS DE LOS MIGRANTES VENEZOLANOS

El tratamiento de las personas venezolanas en Colombia ha tenido dos vías de acción adelantadas principalmente por la rama ejecutiva del poder público. La primera de ellas fue analizada a profundidad en este capítulo, está es, la creación de los canales de regularización que no solo se han limitado a la implementación del EPTMV, sino que ha tenido antecedentes numerosos antecedentes. El segundo canal, han sido las medidas de atención humanitaria, que se enfocan principalmente en la creación de herramientas jurídicas infralegales para permitir el acceso a derechos básicos y permiten la satisfacción de las principales necesidades de las personas. Estas medidas son positivas desde el punto de vista de la protección, pero presentan un problema preocupante, pues se trata de actos administrativos con una gran facilidad de reforma y suelen depender de las posturas políticas de los ministerios u órganos adscritos o vinculados a la estructura estatal. Ello dilata la acción del legislativo, que como ya se ha expuesto, está aún en mora de adelantar una Ley Estatutaria que permita darles una dimensión más clara a los derechos reconocidos en la Constitución de 1991.

A continuación, se presenta un breve esquema de los principales actos administrativos de carácter general que han permitido que las personas migrantes venezolanas accedan a la oferta de derechos.

Cuadro 15. Principales actos administrativos de carácter general que han permitido que las personas migrantes venezolanas accedan a la oferta de derechos

Norma	Entidad	Fecha	Título	Temática
Decreto 1772 de 2015	Presidente de la República de Colombia	7 de septiembre de 2015	Por medio del cual se establecen disposiciones excepcionales para garantizar la reunificación familiar de los nacionales colombianos deportados, expulsados o retornados como consecuencia de la declaratoria del Estado de Excepción efectuada en la República Bolivariana de Venezuela.	Eximición de ciertos requisitos documentales y monetarios a los nacionales venezolanos cónyuges o compañeros permanentes de los nacionales colombianos deportados, expulsados o retornados con motivo de la declaratoria del Estado de Excepción por parte de la República Bolivariana de Venezuela y que se encuentren incluidos en los registros elaborados por las autoridades competentes para trámites de Permiso Especial de Ingreso y Permanencia.
Resolución 1220 de 2016	Unidad Administrativa Especial Migración Colombia	12 de agosto de 2016	Por la cual se establecen los Permisos de Ingreso y Permanencia, Permisos Temporales de Permanencia, y se reglamenta el Tránsito Fronterizo en el territorio nacional.	Por medio de la resolución se establecen los tipos y características de los Permisos de Ingreso y Permanencia, Permisos Temporales de Permanencia, así como la reglas bajo las cuales se rige el Tránsito Fronterizo en el territorio nacional.
Circular 121 de 2016	Registraduría Nacional del Estado Civil	Agosto de 2016	Por la cual se estableció el procedimiento para la inscripción extemporánea en el registro civil de hijos de colombianos nacidos en Venezuela.	Se autorizó a la aplicación de los artículos 1o y 2o del Decreto 2188 de 2001 en lo que refiere a inscripción en el Registro Civil de nacimiento de menores nacidos en Venezuela cuando alguno de sus padres sea nacional colombiano y que no cuenten con el registro civil de nacimiento extranjero debidamente apostillado.

Norma	Entidad	Fecha	Título	Temática
Decreto 866 de 2017	Ministerio de Salud y Protección Social	25 de mayo de 2017	Por el cual se sustituye el Capítulo 6 del Título 2 de la Parte 9 del Libro 2 del Decreto 780 de 2016 ~ Único Reglamentario del Sector Salud y Protección Social en cuanto al giro de recursos para las atenciones iniciales de urgencia prestadas en el territorio colombiano a los nacionales de los países fronterizos.	De forma general, el decreto permite la garantía de los recursos para las atenciones de urgencias prestadas a las personas extranjeras.
Resolución 5797 de 2017	Ministerio de Relaciones Exteriores	27 de julio de 2017	Por medio de la cual se crea un Permiso Especial de Permanencia.	Se establece la creación del Permiso Especial de Permanencia y los requisitos para acceder a este mismo, así como su regulación en general.
Resolución 6045 de 2017	Ministerio de Relaciones Exteriores	2 de agosto de 2017	Por la cual se dictan disposiciones en materia de visas y deroga la Resolución 5512 del 4 de septiembre de 2015.	Se fijan disposiciones y regulaciones en materia de visas.
Decreto 542 de 2018	Presidente de la República de Colombia	21 de marzo de 2018	Por el cual se desarrolla parcialmente el artículo 140 de la Ley 1873 de 2017 y se adoptan medidas para la creación de un registro administrativo de migrantes venezolanos en Colombia que sirva como insumo para el diseño de una política integral de atención humanitaria.	Se crea el Registro Administrativo de Migrantes Venezolanos (RAMV), con el fin de ampliar la información sobre el fenómeno migratorio de esta población en nuestro país.

Norma	Entidad	Fecha	Título	Temática
Circular Conjunta 16 de 2018	Ministerio de Educación Nacional y Unidad Administrativa Especial Migración Colombia	10 de abril de 2018	Instructivo para la atención de niños, niñas y adolescentes procedentes de Venezuela en los establecimientos educativos colombianos.	Lineamientos para la garantía de una correcta atención de niños, niñas y adolescentes procedentes de Venezuela en los establecimientos educativos colombianos, así como la inclusión del procedimiento para el registro con número NES a menores en situación de irregularidad.
Decreto 1288 de 2018	Presidente de la República de Colombia	25 de julio de 2018	Por el cual se adoptan medidas para garantizar el acceso de las personas inscritas en el Registro Administrativo de Migrantes Venezolanos a la oferta institucional y se dictan otras medidas sobre el retorno de colombianos.	Se modifican algunos aspectos del Permiso Especial de Permanencia, se dictan algunas medidas sobre el retorno de colombianos y se establecen medidas para el acceso de las personas inscritas en el Registro Administrativo de Migrantes Venezolanos a la oferta institucional.
Resolución 4386 de 2018	Ministerio del Trabajo	9 de octubre de 2018	Por la cual se crea e implementa el Registro Único de Trabajadores Extranjeros en Colombia, RUTEC.	Creación del Registro Único de Trabajadores Extranjeros en Colombia (RUTEC), con el fin de identificar y caracterizar la inmigración laboral en el país.

Norma	Entidad	Fecha	Título	Temática
CONPES 3950 de 2018	Consejo Nacional de Política Económica y Social, República de Colombia, Departamento Nacional de Planeación	23 de noviembre de 2018	Estrategia para la atención de la migración desde Venezuela	Definición de la política colombiana frente a la crisis migratoria proveniente de Venezuela, así como la trazación de la ruta para la atención de la población migrante desde Venezuela en el mediano plazo y fortalecimiento de las capacidades del Estado a nivel nacional y territorial para la atención del fenómeno migratorio.
Resolución 3346 de 2018	Ministerio de Relaciones Exteriores	21 de diciembre de 2018	Por la cual se adiciona el Permiso de Ingreso y Permanencia de Tránsito Temporal PIP-TT a la Resolución 1220 de 2016	Creación del Permiso de Ingreso y Permanencia de Tránsito Temporal (PIP-TT), el cual podrá ser otorgado a los ciudadanos extranjeros, que pretendan transitar dentro del territorio nacional, con el fin de hacer conexiones o escalas para abordar algún medio de transporte, ya sea marítimo, terrestre, aéreo o fluvial, para retornar hacia su país de origen o hacia un tercer país, sin el ánimo de establecerse o domiciliarse en Colombia.
Plan de Respuesta del Sector Salud al Fenómeno Migratorio	Ministerio de Salud y Protección Social	1 de enero de 2019	Plan de Respuesta del Sector Salud para el fenómeno migratorio	El plan profundiza las disposiciones y políticas colombianas para avanzar hacia fronteras incluyentes, seguras y sostenibles; en lo de competencia del Ministerio de Salud y Protección Social, en coordinación con los demás agentes del sector.

Norma	Entidad	Fecha	Título	Temática
Resolución 872 de 2019	Ministerio de Relaciones Exteriores	5 de marzo 2019	Por la cual se dictan disposiciones para el ingreso, tránsito y salida del territorio colombiano, para los nacionales venezolanos que porten el pasaporte vencido.	A través de la resolución se fijan medidas para la autorización del ingreso, tránsito y salida de venezolanos con pasaporte vencido.
Circular 115 de 2019	Servicio Nacional de Aprendizaje–Sena	25 de julio de 2019	Lineamientos para la prestación de servicios de formación, certificación de competencias laborales, gestión de empleo y servicios de emprendimiento a ciudadanos venezolanos y otros extranjeros.	Directrices para que los nacionales venezolanos y otros extranjeros puedan acceder a la oferta institucional del Servicio Nacional de Aprendizaje ⊠SENA⊠, en materia de formación para el trabajo, gestión de empleo, certificación de competencias laborales y servicios de emprendimiento en el territorio colombiano, lo anterior teniendo en cuenta el marco jurídico que aplica a la entidad para la prestación de sus servicios y el desarrollo de su misión.
Resolución 8470 de 2019	Registraduría Nacional del Estado Civil	5 de agosto de 2019	Por la cual se adopta una medida administrativa de carácter temporal y excepcional, para incluir de oficio la nota "Válido para demostrar nacionalidad" en el Registro Civil de Nacimiento de niñas y niños nacidos en Colombia, que se encuentran en riesgo de apatridia, hijos de padres venezolanos, que no cumplen con el requisito de domicilio.	Se adopta el procedimiento administrativo de carácter temporal y excepcional, a seguir por parte de los servidores públicos de la Registraduría Nacional del Estado Civil y los notarios, para incluir de oficio la nota "Válido para demostrar nacionalidad" en el Registro Civil de Nacimiento, de las niñas y niños nacidos en Colombia a partir del 19 de agosto de 2015, que se encuentran en riesgo de apatridia, hijos de padres venezolanos, que no cumplen con el requisito de domicilio.

Norma	Entidad	Fecha	Título	Temática
Resolución 10687 de 2019	Ministerio de Educación Nacional	9 de octubre de 2019	Por medio de la cual se regula la convalidación de títulos de educación superior otorgados en el exterior y se deroga la Resolución 20797 de 2017.	Regulación del proceso de convalidación de títulos de educación superior otorgados en el exterior por instituciones legalmente autorizadas para ello, por parte de la autoridad competente en el respectivo país.
Decreto 064 de 2020	Ministerio de Salud y Protección Social	20 de enero de 2020	Por el cual se modifican los artículos 2.1.3.11, 2.1.3.13, 2.1.5.1, 2.1.7.7, 2.1.7.8 y 2.1.3.17, y se adicionan los artículos 2.1.5.4 y 2.1.5.5 del Decreto 780 de 2016, en relación con los afiliados al régimen subsidiado, la afiliación de oficio y se dictan otras disposiciones.	El decreto dispone la afiliación de oficio, la cual consiste en que cuando una persona no esté afiliada al régimen de salud, el prestador de salud o entidad territorial deberá efectuar la afiliación de manera inmediata, en especial cuando se trate de recién nacidos y de los padres no afiliados de este mismo.
Decreto 117 de 2020	Ministerio del Trabajo	28 de enero de 2020	Por el cual se adiciona la Sección 3 al Capítulo 8 del Título 6 de la Parte 2 del Libro 2 del Decreto 1072 de 2015, Decreto Único Reglamentario del Sector Trabajo, en lo relacionado con la creación de un Permiso Especial de Permanencia para el Fomento de la Formalización–PEPFF.	Creación del Permiso Especial de Permanencia para el Fomento de la Formalización (PEPFF) como un mecanismo excepcional y transitorio dirigido a facilitar la regularidad migratoria de los nacionales venezolanos en territorio colombiano, mediante el acceso, de manera alternativa según corresponda en cada caso, a contratos laborales o a contratos de prestación de servicios.

Norma	Entidad	Fecha	Título	Temática
Lineamientos para la prevención, detección y manejo de casos de Covid-19 para población migrante en Colombia	Ministerio de Salud y Protección Social	15 de abril de 2020	Lineamientos para la prevención, detección y manejo de casos de Covid-19 para población migrante en Colombia	Orientar a las entidades territoriales e instituciones que apoyan la prevención, detección, y manejo de casos sospechosos de infección causada por el Coronavirus (COVID-19) en población migrante, con el fin de mitigar el riesgo de transmisión del virus y realizar derivaciones oportunas a los servicios de salud.
Resolución 2357 de 2020	Unidad Administrativa Especial Migración Colombia	29 de septiembre de 2020	Por la cual se establecen los criterios para el cumplimiento de obligaciones migratorias y el procedimiento sancionatorio de la Unidad Administrativa Especial Migración Colombia.	Definición de los criterios aplicables al procedimiento administrativo sancionatorio que adelanta la Unidad Administrativa Especial Migración Colombia, en concordancia el procedimiento sancionatorio definido en la Ley 1437 de 2011 y el Manual de Procedimientos de Verificación Migratoria adoptado por la Entidad.
Decreto 216 de 2021	Ministerio de Relaciones Exteriores	1 de marzo de 2021	Por medio del cual se adopta el Estatuto Temporal de Protección para Migrantes Venezolanos Bajo Régimen de Protección Temporal y se dictan otras disposiciones en materia migratoria.	Se establece el Estatuto Temporal de Protección para Migrantes Venezolanos bajo Régimen de Protección Temporal, el cual está compuesto por el Registro Único de Migrantes Venezolanos y el Permiso por Protección Temporal.

Norma	Entidad	Fecha	Título	Temática
Resolución 0971 de 2021	Unidad Administrativa Especial Migración Colombia	28 de abril de 2021	Por la cual se implementa el Estatuto Temporal de Protección para Migrantes Venezolanos adoptado por medio del Decreto 216 de 2021.	Implementación del Estatuto Temporal de Protección para Migrantes Venezolanos bajo Régimen de Protección Temporal como mecanismo jurídico dirigido a la población migrante venezolana, que cumpla con las condiciones establecidas en el artículo 4o del Decreto 216 del 1 de marzo de 2021.
Resolución 1178 de 2021	Ministerio de Salud y Protección Social	5 de agosto de 2021	Por la cual se incluye el Permiso por Protección Temporal –PPT– como documento válido de identificación de los migrantes venezolanos en los sistemas de información del Sistema de Protección Social.	Inclusión del Permiso por Protección Temporal –PPT– como documento válido de identificación de los migrantes venezolanos en los sistemas que integran el Sistema de Protección Social. Las entidades responsables de la administración y manejo de las bases de datos dentro del Sistema de la Protección Social efectuarán la actualización y ajustes, incluyendo como documento de identificación el Permiso por Protección Temporal –PPT–.

Norma	Entidad	Fecha	Título	Temática
Directiva Presidencial No. 5 de 2022	Presidente de la República de Colombia	31 de mayo de 2022	Lineamientos sobre el Permiso por Protección Temporal para migrantes venezolanos como documento válido para acceder a la oferta institucional y trámites del estado colombiano.	Las entidades públicas del orden nacional deben admitir el PPT como documento válido de identificación para los migrantes venezolanos, y permitirle así el acceso a su oferta institucional en las mismas condiciones que la población colombiana.
CONPES 4100 de 2022	Consejo Nacional de Política Económica y Social, República de Colombia, Departamento Nacional de Planeación	11 de julio de 2022	Estrategia para la integración de la población migrante venezolana como factor de desarrollo para el país.	Se define la política que se implementará de manera progresiva hasta 2032 con el objetivo de adaptar la respuesta institucional a las nuevas necesidades en materia de integración social, económica y cultural de la población migrante venezolana, de manera que se materialice su contribución al desarrollo y la prosperidad del país.

Fuente: elaboración propia con base en la información de Observatorio de Venezuela de la Universidad del Rosario. El Reto de la Integración. Desafíos y oportunidades de la gestión migratoria en Colombia 2022-2026, 2022.

De este capítulo se concluye que el rol de las autoridades de la rama ejecutiva del poder público ha sido crucial en el tratamiento de la migración en Colombia. Esta tendencia de regulación ha obedecido a la arraigada visión de que la migración se concibe como un tema de agenda gubernamental y no como una cuestión de Estado. El problema de ello radica en que los asuntos migratorios no están limitados a la gestión de fronteras y de las relaciones exteriores entre países. Más allá de esto, están los derechos humanos de las personas sometidas a la jurisdicción del Estado colombiano, reconocimiento que está previsto en la Constitución de 1991, pero que no ha sido desarrollado plenamente. Con ello pareciera que existe temor en producir marcos normativos protectores más estables, pues es claro que las leyes emanadas del Congreso gozan de un poco más de seguridad jurídica y estabilidad en términos de reforma.

A raíz de lo expuesto hasta ahora, el capítulo siguiente presenta un análisis del papel protagonista del juez constitucional, dado que entre los poderes públicos ha sido la rama judicial, aquella que se ha tomado los derechos más en serio en el contexto nacional.

Capítulo 5.

El rol del juez constitucional en la protección de los derechos de las personas en situación de movilidad humana[1]

En la última década, Colombia ha venido experimentando una verdadera transformación en lo que atañe a su perfil en materia migratoria. Lo anterior, no ha supuesto un desarrollo normativo acorde con la necesidad de dar respuesta a los múltiples desafíos que implica la movilidad humana de carácter mixto. Ante la ausencia de una estructura legal e institucional de gran envergadura, el Estado ha implementado acciones segmentadas que se asemejan más al desarrollo de planes y programas y se alejan de lo que en realidad puede ser catalogado como una política integral migratoria con enfoque de derechos humanos[2].

De acuerdo con lo anterior, la jurisprudencia constitucional en materia de derechos de los extranjeros ha cumplido un papel fundamental como instrumento para resolver las dificultades de un escaso desarrollo legal. Además de suplir el rol del legislador en esta temática, la actividad judicial relativa a movilidad humana transfronteriza ha sido paulati-

---

1 Este capítulo se desarrolló con el apoyo de las jóvenes investigadoras Daniela María Pérez Muegues y Alejandra Lozano Amaya, quienes son coautoras del mismo.

2 Es importante anotar que este capítulo no hará alusión a los avances normativos adoptados por el Estado Colombiano, toda vez que esto ya fue analizado en los capítulos 2, 3 y 4 del presente texto.

na, pues ha experimentado un incremento constante en los últimos años y se ha referido a temas puntuales sin contar aún con un repositorio abundante que se refiera a todos los derechos consagrados en la carta de 1991.

Lo anterior ha obedecido a que Colombia no había experimentado antes inmigración voluminosa, por ende, no existen abundantes normas que hayan sido objeto de control constitucional (por la escasez de normativa en temas migratorios). Como consecuencia de ello, un importante número de las sentencias que se han proferido han sido acciones de tutela en sede de revisión, en las cuales se han resuelto asuntos en los que se configuraron violaciones a los derechos fundamentales y económicos, sociales y culturales de las personas extranjeras.

La insuficiencia reportada por el derecho interno ha sido subsanada por la interpretación evolutiva que ha hecho el juez constitucional, dando aplicación no solo a los artículos 13 y 100 del texto de 1991, sino a los demás derechos previstos en la parte dogmática de la Constitución; haciendo uso de la figura del bloque de constitucionalidad como herramienta que ha permitido generar un esquema de compatibilidad e integración normativa proveniente de los tratados internacionales en materia de derechos humanos, que han sido ratificados por el Congreso de la República de Colombia[3]. Tales tratados se aplican a toda persona sometida a la jurisdicción del Estado como lo son las personas extranjeras.

De esta manera, la Corte Constitucional ha evidenciado la importancia de que se conciba un marco normativo amplio aplicable a los extranjeros, de tal modo que los derechos de estas personas no solo podrán ser hallados en las

---

3 El capítulo primero de este texto refiere la importancia del bloque de constitucionalidad en Colombia.

normas internas previstas en la Constitución y en las leyes en desarrollo de la norma superior, sino también, en el desarrollo proveniente de los tratados internacionales.

El presente capítulo ofrecerá un análisis de la jurisprudencia constitucional colombiana que ha permitido que se amplíe el campo de aplicación personal de los derechos previstos en el texto de 1991 y que no cuentan a la fecha con un desarrollo legal que permita a las autoridades estatales otorgar un reconocimiento no litigioso de tales garantías. En este texto, se han identificado unos derechos que han ocupado un papel fundamental en la protección de las garantías de los extranjeros y han permitido, además, generar pronunciamientos sobre otros de los contenidos en la Constitución Política. Esto significa que han tenido un carácter instrumental.

5.1. DIMENSIÓN DEL DERECHO A LA IGUALDAD PARA LOS EXTRANJEROS: UNA PROTECCIÓN ENMARCADA DESDE LAS DISTINCIONES LEGÍTIMAS

El derecho a la igualdad es una de las mayores conquistas de las democracias actuales[4] y ha cumplido un papel relevante para la atribución y reconocimiento de otros derechos. Desde la entrada en vigor de la Constitución de 1991 este derecho se amplió, pues a partir del reconocimiento del pluralismo, la diversidad y la multiculturalidad, se han producido procesos de generalización de los derechos[5],

---

4 Isabel Villaseñor, "La democracia y los derechos humanos: una relación compleja", *Foro internacional* 55 n. ° 4, 2015. https://www.scielo.org.mx/scielo.php?script=sci_arttext&pid=S0185-013X2015000401115.

5 Gregorio Peces-Barba, *Escritos sobre derechos fundamentales,* (Madrid: Eudema, 1988), 199-202.

que buscan abarcar en la mayor medida de lo posible, garantías para poblaciones históricamente excluidas, invisibilizadas o discriminadas.

Bajo esta premisa, se hace necesario estudiar el alcance de los derechos de las personas extranjeras en el Estado colombiano, a partir de la interpretación que se ha dado al derecho a la igualdad previsto en el artículo 13 de la Constitución de 1991. La importancia de tomar como punto de partida este derecho, radica en que se estructura como garantía instrumental[6] que permite el acceso a otros derechos y en que, tanto en la esfera nacional como en la internacional, no tiene una aplicación absoluta. A partir de allí, se justifican los tratos diferenciados, que, para el caso de las personas extranjeras, suele conducir a la limitación o a la negación de algunos derechos previstos en el ordenamiento nacional.

La plena igualdad para los extranjeros no es una realidad desde la esfera interna y tampoco desde la internacional, ya que se origina en los rezagos de los Estados nación[7], que buscan producir un sentimiento de arraigo entre la población y el territorio, aspecto que ubica a la nacionalidad y su reconocimiento efectivo, en un espacio importante para que se proporcione el acceso a los derechos. Desde la perspectiva internacional, los tratados no invaden la soberanía de los Estados, marco a partir del cual se sustentan las normas que regulan los derechos de los extranjeros en el derecho interno, como sucede con las políticas migratorias[8].

---

6 Constitución Política de Colombia, artículo 13.

7 Raúl Jaramillo, "Ciudadanía, Identidad Nacional y Estado-Nación", *Revista Lasallista de Investigación* 11 n. ° 2, 2014. http://www.scielo.org.co/scielo.php?script=sci_arttext&pid=S1794-44492014000200019.

8 Germán Ramírez Bulla, "El ejercicio de la soberanía territorial de acuerdo con los tratados y principios del derecho internacional. El caso colombiano", *Revista Derecho del Estado* n.° 21, 2008.

En Colombia, el enunciado del artículo 13 de la Constitución, plantea varios elementos bajo los cuales se articula el derecho a la igualdad. Por un lado, en su redacción se evidencia el uso de los pronombres indeterminados, como es el caso de *"toda persona"*. Asimismo, entre los motivos prohibidos de discriminación está previsto el origen nacional[9] y se erige un deber especial para el Estado, consistente en el desarrollo de acciones afirmativas en favor de grupos excluidos y discriminados, como sucede con los extranjeros.

Bajo una óptica de interpretación sistemática del artículo 13 con el 100 de la C.P, los extranjeros tienen los mismos derechos civiles que los nacionales del Estado[10]. En consecuencia, la Corte ha expuesto que estas personas no solo ostentan los derechos reconocidos en la Constitución, sino que también le deben ser garantizados aquellos previstos en los tratados internacionales ratificados por Colombia[11]. Esto evidencia la importancia de la aplicación del bloque de constitucionalidad para lograr que exista una integración normativa que llene los vacíos ante la ausencia de una ley y que disponga el desarrollo de los derechos de los extranjeros en el país.

El reconocimiento del derecho a la igualdad para los extranjeros no supone una identidad de trato y por ello, son legítimas las distinciones que puedan producirse para estas

---

9 Corte Constitucional, Sentencia T-239 de 24 de abril de 2017, M. P. Alejandro Linares Cantillo, párr. 54.

10 Corte Constitucional, Sentencia SU-677 de 15 de noviembre de 2017, M. P. Gloria Stella Ortiz, párr. 22. Vale señalar, que a esta conclusión se llega por la aplicación del Pacto Internacional de Derechos Civiles y Políticos (PIDCP) y el reconocimiento del derecho a la igualdad de todas las garantías previstas en el texto del tratado para aquellos Estados que son parte o suscriptores tal y como lo prevé el artículo 2.1 de PIDCP.

11 Corte Constitucional, Sentencia T-321 de 4 de abril de 2005, M. P. Humberto Sierra Porto.

personas en el marco de las restricciones que impone la ley y la constitución[12]. Esto no puede ser considerado como una discriminación y así lo ha puesto de presente la jurisprudencia de la Corte Constitucional. Por ello, es necesario examinar a través de la prueba de igualdad los casos que eventualmente puedan llegar a constituir discriminaciones sospechosas por origen nacional[13]. Sobre el particular ha expresado la Corte:

> *(e)l artículo 13 consagra la obligación del Estado de tratar a todos en igualdad de condiciones. Obviamente, esta norma no significa que no se puedan formular diferenciaciones en el momento de regular los distintos ámbitos en los que se desarrolla la convivencia, sino que opera a la manera de un principio general de acción del Estado, que implica que siempre debe existir una justificación razonable para el establecimiento de tratos diferenciados, justificaciones razonables que están ligadas a razones de orden público, como lo determina el artículo 100 Superior*[14].

Desde de los inicios de la jurisprudencia constitucional, se ha manifestado que el Estado podrá limitar el ejercicio de los derechos de los extranjeros de manera legítima, bajo el desarrollo de la actividad legislativa y desde la premisa de la preservación del orden público[15]. El referido concepto jurídico indeterminado, ha sido uno de los motivos clásicos para la limitación de los derechos, no solo para el caso de las personas extranjeras, sino para todos los habitantes del territorio nacional, por ejemplo, bajo la vigencia de los Es-

---

12 Corte Constitucional, Sentencia T-215 de 15 de mayo de 1996, M. P. Fabio Morón Díaz.

13 Corte Constitucional, Sentencia C-372 de 14 de agosto de 2019, M. P. Gloria Stella Ortiz Delgado.

14 Corte Constitucional, Sentencia C-768 de 10 de diciembre de 1998, M. P. Eduardo Cifuentes Muñoz.

15 Corte Constitucional, Sentencia T-179 de 13 de abril de 1994, M. P. Carlos Gaviria Díaz.

tados de excepción[16]. A raíz de lo anterior, el examen constitucional que ha efectuado la Corte sobre este aspecto ha permitido la creación de una serie de reglas que preservan la integridad de los derechos y tienden a evitar la arbitrariedad en las restricciones.

Las razones de orden público no podrán ser empleadas de manera abstracta por parte del legislador para subordinar o negar los derechos fundamentales a los extranjeros. Por el contrario, es necesario que obedezcan a situaciones concretas y sean "*expresas, necesarias, mínimas e indispensables, además de estar dirigidas a la realización de finalidades constitucionales legítimas en una sociedad democrática, como son las que apuntan a asegurar bienes valiosos de la convivencia social*"[17].

Si bien el Estado puede establecer restricciones a los derechos, tales acciones tienen unas limitaciones sustentadas en el respeto a la dignidad humana y al ejercicio de los derechos de carácter fundamental[18]. Esta protección para los derechos de los extranjeros implica que las facultades discrecionales del Estado deben basarse en una adecuada motivación y con sujeción a los procedimientos correspondientes que resultan ser "*aplicables a toda persona sometida a la jurisdicción del Estado*"[19].

---

16 Corte Constitucional, Sentencia C-156 de 3 de junio de 2020, M. P. Antonio José Lizarazo Ocampo.

17 Corte Constitucional, Sentencia C-385 de 5 de abril del 2000, M. P. Antonio Barrera Carbonell.

18 Corte Constitucional, Sentencia C-1259 de 29 de noviembre de 2001, M. P. Jaime Córdoba Triviño y Corte Constitucional, Sentencia C-1058 de 11 de noviembre de 2003, M. P. Jaime Córdoba Triviño.

19 Corte Constitucional, Sentencia T-321 de 17 de julio de 1996, M. P. Hernando Herrera Vergara y Corte Constitucional, Sentencia C-523 de 1 de julio de 2003, M. P. Jaime Córdoba Triviño.

El esquema de aplicación del derecho a la igualdad para los extranjeros se produce desde la óptica de la equiparación restringida[20]; por ello, es clave tener presente que la existencia de los tratos diferenciados se produce según la Corte, cuando estos responden a justificaciones sustentadas en las circunstancias de hecho, a finalidades objetivas y razonables y a la existencia de proporcionalidad entre el tratamiento y según el propósito perseguido [21].

La argumentación de finalidades constitucionalmente legítimas para proporcionar tratos diferenciados ha conducido a la creación de una serie de criterios que deben observarse para que las limitaciones a los derechos no sean excesivas. Entre ellas, es relevante tener en consideración que:

> *(...) cuando el legislador establezca un trato diferente entre el extranjero y el nacional, será preciso examinar i) si el objeto regulado permite realizar tales distinciones; ii) la clase de derecho que se encuentre comprometido; iii) el carácter objetivo y razonable de la medida; iv) la no afectación de derechos fundamentales; v) la no violación de normas internacionales y vi) las particularidades del caso concreto*[22].

Por otro lado, la Corte ha afirmado que las diferencias de trato cuando no están sustentadas en razones de orden público merecen el escrutinio aportado por la prueba de igualdad, dado que, podría haber un motivo prohibido o sospechoso

---

[20] J. Bonet, "Un mundo sin desarraigo: el Derecho Internacional de las Migraciones", en *Convención Internacional sobre la protección de los derechos de todos los trabajadores migratorios y sus familiares*, Mariño Menéndez, F. (coord.) (Madrid: Catarata, 2006).

[21] Corte Constitucional, Sentencia C-395 de 22 de mayo de 2002, M. P. Jaime Araujo Rentería.

[22] Corte Constitucional, Sentencia C-070 de 3 de febrero de 2004, M. P. Clara Inés Vargas Hernández.

de discriminación, que es el origen nacional[23]; además requiere la consideración del ámbito de la distinción pues *"(...) no en todos los casos el derecho de igualdad opera de la misma manera y con similar arraigo para los nacionales y los extranjeros"*[24].

Sobre la prueba de igualdad resulta relevante puntualizar que a pesar de que existe un motivo sospechoso (el origen nacional) y en principio, esto exigiría un escrutinio constitucional estricto, la Corte aclara que cuando se trata de diferencias de trato entre nacionales y extranjeros, esta prueba no siempre debe ser de tal intensidad, dado que la constitución ha restado fuerza al artículo 13 al tener que interpretarse de forma compatible con el artículo 100; disposición que admite limitaciones a los derechos de estas personas de conformidad con la ley. Por ello, *"la intensión del juicio de igualdad en los casos en que estén comprometidos los derechos de los extranjeros dependerá del tipo de derecho afectado y de la situación concreta a analizar"*[25] .

Esto evidencia que, si bien las garantías constitucionales se encuentran dadas en términos amplios, era necesario que la Corte se pronunciara sobre los casos relativos al establecimiento de tratos diferenciados por parte del legislador y respecto a la necesidad de que la administración pública se comporte con sujeción al ordenamiento jurídico, de forma tal que, el respeto a las obligaciones de protección de los derechos fundamentales de los extranjeros constituya un límite a las restricciones impuestas por la ley.

---

23 *"Entre los criterios sospechosos mencionados en el inciso 1° del artículo 13 se encuentra el del origen nacional"*. Corte Constitucional, Sentencia C-1058 de 11 de noviembre de 2003, M. P. Jaime Córdoba Triviño.

24 Corte Constitucional, Sentencia T-1088 de 12 de diciembre de 2012, M. P. Gabriel Eduardo Mendoza Martelo.

25 Corte Constitucional, Sentencia T-250 de 26 de abril de 2017, M.P. Alejando Linares Cantillo, párr. 147.

El desarrollo verificado por la Corte Constitucional sobre las distinciones legítimas y las discriminaciones prohibidas, guarda alta coincidencia con lo expresado en los sistemas internacionales de protección de derechos, pues ha sido una constante en estos contextos referirse a las restricciones con fundamento en la ley de los Estados y bajo el presupuesto de motivos objetivos, razonables y compatibles con una sociedad democrática[26].

A partir de la aplicación del derecho a la igualdad que ha dado alcance a los derechos que están previstos en el artículo 100 de la Constitución de 1991, es posible encontrar otros avances en materia de derechos para los extranjeros. A continuación, se hará un análisis y revisión de los derechos que han sido objeto de pronunciamiento por parte de la Corte Constitucional colombiana.

La sentencia de unificación SU 543 de 2023, recuerda la importancia del derecho a la igualdad y de nuevo pone de presente el alcance de este con respecto a la situación o estatus jurídico migratorio de los extranjeros. Luego de apelar a las fuentes internacionales que forman parte del bloque de constitucionalidad, de recapitular su propia jurisprudencia en la materia y de hacer énfasis en la importancia del derecho de asilo en la región interamericana, avanza hacia un aspecto que parecía no estar muy claro, este es, la efectiva garantía de los DESC para las personas en esta condición.

La Corte se pronuncia sobre el mínimo vital del que deben gozar los extranjeros solicitantes de refugio y vincula los derechos prestaciones al principio de no devolución. De esta forma afirma que:

---

26 María Teresa Palacios Sanabria. "Los derechos de los extranjeros como límite a la soberanía de los Estados", *International Law, Revista colombiana de Derecho Internacional*, n. ° 23, 2013, 328.

"La garantía del mínimo vital, así como el respeto del núcleo esencial de los DESC, es una condición necesaria para que los migrantes puedan ejercer el derecho fundamental y humano a solicitar el reconocimiento de la condición de refugiado. En criterio de la Sala Plena, las restricciones injustificadas y desproporcionadas de acceso, goce y ejercicio de los DESC y la oferta institucional del Estado, que afecten el contenido esencial de estos derechos e impidan u obstaculicen a los migrantes venezolanos que buscan refugio la satisfacción de sus necesidades básicas, constituyen barreras al derecho a solicitar asilo. Naturalmente, restringir el ejercicio de, por ejemplo, el derecho al trabajo u obstaculizar el acceso a atención en salud mientras el trámite de refugio culmina, desincentiva la presentación de solicitudes de refugio o fuerza a que los peticionarios que se encuentran en situación de extrema vulnerabilidad económica y social desistan de ellas. Además, las restricciones severas al ejercicio de los DESC y el acceso de la oferta social del Estado pueden constituir devoluciones indirectas que violan el principio de no devolución (non refoulement), pues hacen que la permanencia en el territorio sea de tal manera hostil que los obliga a salir del país o a volver a su país de origen"[27].

Un pronunciamiento como el transcrito da alcance al artículo 100 de la Constitución de 1991 y aclara el marco de protección para los DESC, que en efecto constituye el grupo de derechos con mayor conflictividad para los estados de destino de la migración, por la carga presupuestal que impone. La sentencia deja ver además la precaria situación de los solicitantes de refugio, pues hasta tanto no se haya definido su condición, el salvoconducto SC-2, no permite el acceso pleno y efectivo a estos derechos.

---

27 Corte Constitucional, sentencia SU-543 de 2023, M.P., Paola Andrea Meneses, 5 de diciembre de 2023. pár. 177.

5.1.1. El acceso a la justicia: derecho que se garantiza a partir de la aplicación del principio de igualdad

En desarrollo de lo que se ha expuesto en el acápite anterior, conviene tener presente que los extranjeros independientemente de su condición jurídica migratoria pueden disfrutar del derecho al acceso a la justicia, esto significa, que es posible activar diferentes mecanismos jurídicos para su defensa. Desde una revisión constitucional del tema, la acción de tutela ha sido el mecanismo más frecuente a partir del cual los extranjeros han encontrado la satisfacción de sus derechos, no solamente fundamentales, sino también los de contenido económico, social y cultural.

En la mayor parte de los casos en los que se avoca conocimiento de una acción de tutela en sede de revisión por parte de la Corte Constitucional, se realiza un examen sobre la legitimación por activa y el cumplimiento de los requisitos de procedibilidad, por lo que este es una herramienta disponible para los extranjeros. A esta conclusión se llega, a partir de la aplicación de las reglas previstas en el artículo 86 y en el Decreto 2591 de 1991. Sobre lo dicho, conviene recordar en palabras de la Corte que:

> (...) la jurisprudencia constitucional ha señalado que la legitimación en la causa por activa radica en el titular de los derechos fundamentales que se consideren vulnerados o amenazados, sin distinción alguna por razones de nacionalidad o la ciudadanía, lo que indica que un extranjero puede hacer uso de ella. Por esto, ha afirmado en ocasiones anteriores que todo ser humano que se halle en territorio colombiano puede ejercer la acción, o, en el evento en que no se encuentre allí, cuando la autoridad o particular con cuya acción u omisión se vulnera el derecho fundamental se halle en Colombia[28].

[28] Corte Constitucional, Sentencias T-1020 de 30 de octubre de 2003, M. P. Jaime Córdoba Triviño, T-493 de 28 de junio de 2007, M. P.

Es así como este mecanismo, se deriva del hecho de ser personas, sin que cobre relevancia el vínculo jurídico y político que se tiene con el Estado[29]. En ejercicio de la acción de tutela y bajo el presupuesto de que algunos derechos son disfrutados por los extranjeros de la misma forma que los nacionales, se ha dado protección al derecho al debido proceso y al derecho de defensa. En este aspecto en particular, conviene tener presente la interpretación efectuada por la Corte con ocasión a los procesos administrativos sancionatorios que conducen a la deportación o expulsión de los inmigrantes. Sobre ello, el juez parte de un reconocimiento de la soberanía estatal para definir el alcance de las políticas migratorias y fija una limitación a dicha potestad, la cual está articulada con el cumplimiento de los derechos fundamentales previstos en la Constitución de 1991[30].

Sobre este aspecto uno de los fallos más representativos es la Sentencia SU-397 de 2021[31], en el que la Corte reitera jurisprudencia anterior sobre la aplicación del debido proceso a los procedimientos administrativos sancionatorios en el marco de las actuaciones migratorias y fija pautas interpretativas en lo atinente a la expulsión colectiva de extranjeros. Sobre este último aspecto, la sentencia establece la diferencia entre una facultad discrecional, propia de las políticas soberanas de

---

Clara Inés Vargas Hernández y T-250 de 26 de abril de 2017, M. P. Alejandro Linares Cantillo.

29 Corte Constitucional, Sentencias T-269 de 11 de marzo de 2008, M. P. Jaime Araújo Rentería, T-1088 de 12 de diciembre de 2012, M. P. Gabriel Eduardo Mendoza Martelo, T-314 de 17 de junio de 2016 M. P. Gloria Stella Ortiz Delgado y SU-677 de 15 de noviembre de 2017 M.P. Gloria Stella Ortiz Delgado.

30 Corte Constitucional, Sentencia T-143 de 29 de marzo de 2019, M. P. Alejandro Linares Cantillo, párr. 63.

31 Corte Constitucional, sentencia SU-397 de 2021, M. P. Alejandro Linares Cantillo, 19 de noviembre de 2021.

los Estados y las decisiones arbitrarias de las autoridades. De esta manera, desde una correcta aplicación de los postulados constitucionales, el debido proceso es una garantía aplicable a todas las personas con independencia de la situación administrativa en la que se hallen. Ello significa, que tales pautas deberán aplicarse por parte de los funcionarios en los procesos migratorios que conducen a la expulsión o deportación de personas extranjeras. Dentro de los aspectos vitales del fallo conviene tener en cuenta que, mientras se adelanta el procedimiento, los implicados en el mismo, deben ser informados de modo expreso y formal sobre el contenido de sus derechos (como es el caso del derecho de defensa, asistencia técnica de un abogado, traducción o interpretación, revisión de autoridad competente, entre otros), de la falta y las posibles razones de expulsión o deportación y el caso debe ser analizado de modo individual[32].

De esta manera, todo tipo de sanción que ocasione el abandono del territorio deberá imponerse bajo la estricta observancia de una serie de garantías emanadas de la carta de 1991 y de los tratados internacionales, que son aplicables a las personas extranjeras en el marco del respeto al debido proceso, lo que abarca incluso a aquellas que se encuentran en situación de irregularidad migratoria. Resulta de vital importancia revisar los requisitos que a juicio de la Corte son necesarios para que exista una efectiva garantía del debido proceso, pues tales exigencias encuentran relativa coincidencia con algunos elementos previstos en el artículo 22 de la Convención Internacional sobre los derechos de todos los trabajadores migratorios y sus familiares de 1990.

Para que un extranjero en Colombia encuentre protegido el derecho al debido proceso es necesario que el Estado

---

32 *Ibidem*, considerandos 193, 212.

colombiano cumpla como mínimo las exigencias enunciadas a continuación:

i) Comprensión del trámite que se adelanta en su contra, es decir, la sanción administrativa o judicial; ii) razonabilidad en el plazo para el desarrollo del procedimiento[33]; iii) designación gratuita de un traductor o intérprete, en caso de ser necesario[34]; iv) valoración de las circunstancias familiares del extranjero, máxime si existe algún vínculo con un menor de edad que esté en el territorio y pueda verse afectado por la medida de la expulsión o la deportación; v) motivación del acto administrativo que impone la sanción, este último requisito, es aplicable para las personas documentadas e indocumentadas[35] y obliga a todos los funcionarios públicos involucrados dentro del procedimiento migratorio, a cumplir a cabalidad las exigencias a la luz de la aplicación del principio de legalidad, con el objeto de que los afectados puedan ejercer el derecho de defensa y contradicción de la actuación.

Finalmente, en el caso en el que como resultado del procedimiento, la sanción aplicable consista en la expulsión o

---

33 Corte Constitucional, Sentencia T-295 de 24 de julio de 2018, M. P. Gloria Stella Ortiz Delgado.

34 En este punto la Corte Constitucional ha expuesto que este es un requisito indispensable para que el extranjero ejerza adecuadamente su derecho de defensa y de contradicción. Este tipo de garantía se considera de carácter activo y consiste en que el conocimiento de los hechos, pruebas y presuntas infracciones que se endilgan al extranjero, puedan ser comprendidas por este, con el objeto de que pueda controvertirlas y así tener un rol activo dentro del proceso administrativo migratorio. Ver, Corte Constitucional, Sentencia T-956 de 19 de diciembre de 2013, M. P. Luis Ernesto Vargas Silva, párr. 15.

35 Corte Constitucional, Sentencia T-500 de 19 de diciembre de 2018, M. P. Diana Fajardo Rivera, párr. 4.5.

la deportación, es necesario que este sea surta de manera individual con el objeto de que pueda valorarse la situación particular del extranjero y en función de esto, conocer si este tipo de sanción resulta ser la apropiada y no afecta de manera desproporcionada los derechos del extranjero o su familia, esto, sin que implique la inobservancia de los deberes de los extranjeros o del orden público[36].

La Corte rescata en su argumentación la importancia de los aportes de los sistemas internacionales de protección de derechos humanos con respecto al derecho al debido proceso y refiere a la situación de vulnerabilidad de la que son víctimas los inmigrantes, en especial aquellos que están en situación de irregularidad[37]. Así, la Corte IDH afirma que los: *"Estados deben garantizar que toda persona extranjera tenga la posibilidad de hacer valer sus derechos y defender sus intereses de forma efectiva y en condiciones de igualdad procesal"*[38].

Es necesario tener presente, que en el ejercicio de competencias discrecionales derivadas de la potestad soberana en materia migratoria no podrá estar regida por la arbitrariedad. Por lo anterior, en el procedimiento que adelanta el Estado para el otorgamiento de los visados[39] y en los casos en los que debe resolver las solicitudes de refugio y decidir si se concede o no este derecho a las personas extranjeras, debe darse cumplimiento al debido proceso. De esta forma, las autoridades competentes están obligadas a revisar la petición caso a caso y de forma objetiva.

---

36 *Ibidem.*

37 Corte Constitucional, Sentencia T- 956 de 19 de diciembre de 2013, M. P. Luis Ernesto Vargas Silva, párr. 15.

38 *Ibidem.*

39 Corte Constitucional, Sentencia T- 250 de 26 de abril de 2017, M. P. Alejandro Linares Cantillo, párr. 141.

Por su parte, el solicitante de refugio podrá exponer sus argumentos con respecto a la petición, presentar y pedir la práctica de pruebas, recibir notificaciones sobre las decisiones motivadas en su contra, interponer los recursos disponibles en el ordenamiento jurídico y contar con un traductor oficial. Tendrán derecho al agotamiento de las etapas del correspondiente procedimiento y en caso de requerirse, interponer las acciones constitucionales en defensa de sus derechos fundamentales, esto podrá incluir las normas internacionales del Derecho Internacional de los Refugiados[40].

La sentencia de unificación SU- 543 de 2023, reitera la importancia del derecho al acceso a la justicia a través de la garantía del derecho de petición. Sobre este aspecto señala la Corte que en los eventos en los que no se proporciona una información completa sobre la petición del que es objeto, se puede vulnerar este derecho, esto se puede producir por ejemplo cuando no se informa de manera clara con la solicitud de refugio, la gestión del salvo conducto, el trámite y las condiciones de la solicitud[41].

La referida sentencia hace un aporte de sistematización sobre las reglas jurisprudenciales que deben aplicarse en los procesos administrativos migratorios. Para ello, es de utilidad transcribir el cuadro empleado por la Corporación para dar claridad en el tema.

---

40 Corte Constitucional, Sentencia T-704 de 14 de agosto de 2003, M. P. Clara Inés Vargas Hernández, párr. 5.

41 Corte Constitucional, sentencia SU-543 de 2023, M.P. Paola Andrea Meneses, 5 de diciembre de 2023.

Debido proceso administrativo en los trámites de determinación de la condición de refugio
El derecho de acceso a un proceso para la determinación de la condición de refugiado es la piedra angular de la protección internacional de los migrantes que solicitan refugio. Los Estados tienen un amplio margen de configuración en el diseño de estos procedimientos. Sin embargo, la Constitución y el derecho internacional de los derechos humanos impone la obligación de adoptar procesos justos y eficientes para la determinación de la condición de refugiado y respetar las garantías mínimas de debido proceso de los migrantes en el trámite de las solicitudes de refugio. Las autoridades migratorias deben observar la garantía de plazo razonable en los procesos de determinación de la condición de refugiado, lo que implica que deben resolver las solicitudes sin dilaciones injustificadas. La razonabilidad de plazo debe ser valorada en cada caso conforme a los siguientes criterios: *(i)* complejidad del asunto, *(ii)* la conducta de la autoridad competente, *(iii)* la situación jurídica de la persona interesada y *(iv)* la actividad procesal del interesado. La CIDH y la ACNUR han resaltado que: *(i)* La celeridad en la tramitación de las solicitudes de refugio es un elemento esencial del sistema de protección internacional. *(ii)* En la valoración del plazo razonable en las solicitudes de la condición de refugiado, las autoridades migratorias deben prestar especial consideración a la situación jurídica en la que se encuentra el solicitante y verificar si el paso del tiempo incide de manera relevante en dicha situación. El sistema de turnos es un mecanismo *prima facie* razonable de ordenación y racionalización de la tramitación de solicitudes de reconocimiento de derechos. El deber del Estado de atender las solicitudes de los administrados conforme al orden cronológico del sistema de turnos, sin embargo, no es absoluto. El artículo 13.3 de la Constitución exige que los sistemas de turnos integren enfoques diferenciales y criterios de priorización que consulten el nivel de vulnerabilidad de los beneficiarios y solicitantes. La administración, y eventualmente el juez de tutela, están facultados para alterar el orden de turnos y ordenar la priorización de ciertas solicitudes. No obstante, esta facultad es excepcional y está supeditada al cumplimiento de dos requisitos: *(i)* objetivo (violación del plazo razonable) y *(ii)* subjetivo (condición de vulnerabilidad de los solicitantes)

Fuente: Corte Constitucional, sentencia SU- 543 de 2023, párr. 5.2.4.

La síntesis de acciones que la Corte ha elaborado, permite que se tenga un poco más de claridad sobre las medidas que deben ser implementadas en los procedimientos migratorios, esto debe resaltarse, pues las vulneraciones a los derechos de los extranjeros se producen en muchos casos por el exceso ritual manifiesto de los procedimientos y por el desconocimiento de los funcionarios competentes que dan aplicación a las normas[42].

5.1.2. Medidas de acción positiva derivadas del respeto al derecho a la igualdad.

En la jurisprudencia interna es frecuente encontrar fallos judiciales que buscan transcender más allá de la igualdad formal, pues entre los postulados constitucionales uno de los ejes fundamentales, consiste en desarrollar medidas que planteen un ideal de esta en términos reales y efectivos, de allí, se estima necesaria la adopción de medidas afirmativas que conduzcan al logro de este objetivo. Si bien la jurisprudencia en materia de derechos de los migrantes no tiene el mismo grado y volumen de desarrollo que la que existe para otros grupos de especial protección que son nacionales del Estado, todos estos antecedentes son el punto de partida para definir el alcance de los derechos de los extranjeros, como se ha expuesto a lo largo de esta obra.

Desde la perspectiva normativa no son abundantes las acciones que permitan identificar una amplia gama de enfoques diferenciales en favor de la población inmigrante, sin embargo, las mujeres gestantes han resultado ser un grupo especialmente protegido, sobre el cual es posible encontrar

---

42 Talleres de capacitación realizados con población migrante en el marco del memorando de entendimiento entre la OIM y la Universidad del Rosario.

pronunciamientos en sede de revisión de algunas acciones de tutela como aquellos se refieren a la estabilidad reforzada en materia laboral.

De esta manera, la Corte ha acudido a una interpretación sistemática de las normas internas, de su propio precedente y de los estándares internacionales para otorgar una especial protección a la mujer en estado de embarazo que se encuentra en situación de irregularidad migratoria y que es víctima de la precarización laboral. Bajo la interpretación del artículo 13 de la Constitución, la Corte afirma que la carta reconoce el derecho a no ser discriminado por origen nacional, motivo que le permite aplicar el enfoque de interseccionalidad, de acuerdo con el cual, existe una concurrencia de vulnerabilidades que conducen a la discriminación múltiple, como es el caso de ser mujer, extranjera, en situación de irregularidad migratoria, en estado de embarazo y desvinculada de su empleo[43].

Por otra parte, la salud mental y física de la madre ha sido también objeto de protección en algunos casos. Sobre este aspecto, la Corte ha estimado que, si bien el embarazo no ha sido catalogado en ningún precedente anterior como una enfermedad, en algunos casos y bajo las circunstancias de irregularidad de una madre gestante inmigrante, esta puede estar en alto riesgo y sufrir afectaciones a la vida y salud, tanto propias como para el feto[44].

Para la Corte el respeto de los derechos de los extranjeros debe provenir de varias fuentes, como de los postulados constitucionales, del bloque de constitucionalidad y de los

---

43 Corte Constitucional, Sentencia T-535 de 18 de diciembre de 2020, M. P. José Fernando Reyes Cuartas, párr. 51.

44 Corte Constitucional, Sentencia SU-677 de 15 de noviembre de 2017, M. P. Gloria Stella Ortiz Delgado, párr. 57 y 58.

estándares interamericanos en materia de extranjería. Por su parte, la jurisprudencia ha dado aplicación también al artículo 25 de la CTMF, en el que se reconocen las condiciones laborales de las personas extranjeras incluso en situación de irregularidad migratoria. La norma internacional prevé que tales beneficios deben ser respetados en las mismas condiciones de los nacionales del Estado, en especial cuando se trata de personas consideradas sujetos de especial protección constitucional, como sucede con la atención especial de la mujer migrante trabajadora en estado de embarazo, que es titular de estabilidad reforzada[45] y requiere de un trato especial por parte del ordenamiento interno.

Dentro de la dinámica de la movilidad humana existen algunos riesgos asociados a la migración, representados de manera particular en la trata de personas y el tráfico de migrantes. A propósito de estas situaciones, la Corte Constitucional ha realizado pronunciamientos sobre la importancia de que, en cumplimiento de los compromisos internacionales adquiridos por Colombia en virtud de los tratados internacionales, como sucede de manera particular con el Protocolo de Palermo, desarrolle acciones tendientes a la persecución del delito y a la implementación de medidas de acción positiva en favor de las personas que son víctimas del delito de trata de personas.

Las violaciones a los derechos humanos de las víctimas de la trata son múltiples, entre ellas suelen ser sometidas a esclavitud, trabajo forzado, malos tratos, libre desarrollo de la personalidad, integridad sexual, salud, autonomía, dignidad humana, entre otros. Para atender de manera apropiada a las víctimas y con el objeto de no sólo abordar la problemática desde el punto de vista de la persecución del delito,

---

[45] *Ibidem*, párr.17

para la Corte resulta de gran importancia, desarrollar una serie de medidas diferenciadas que eviten la revictimización de las personas, entre ellas, el acceso a la información para promover y facilitar la denuncia, fomentar condiciones para que se produzca la recuperación física, psicológica y social de las víctima y una vez esto último suceda, facilitar el acceso a un importante grupo de derechos, económicos, sociales y culturales, como el empleo, el alojamiento, la salud y la educación. Las acciones que sugiere el protocolo de Palermo y que son interpretadas por la alta Corte, cobran un mayor significado cuando se trata de sujetos de especial protección como en el caso de las mujeres y los menores de edad [46].

En la sentencia SU- 543 de 2023, se abordó la aplicación de los enfoques diferenciales en el caso del sistema de turnos para los casos de la protección internacional, más concretamente la resolución y reconocimiento de la condición de refugiado. Sobre esto, la Corte ha considerado que este sistema obedece a la aplicación del principio de primero en el tiempo, primero en el derecho. Sin embargo, no se trata de un criterio absoluto y es posible que en aplicación del artículo 13, concretamente de la disposición atinente a que la materialización de la igualdad se produce con la implementación de acciones afirmativas en favor de grupos históricamente discriminadas y excluidas. De esta manera en función de la vulnerabilidad, tanto la administración, como el juez podrán tener eventualmente la posibilidad de alterar este orden[47].

Pese a ello, la alteración del orden no carece de requisitos o criterios, y por ellos la Corte ha puntualizado en que deberá observar los siguientes:

---

[46] Corte Constitucional, Sentencia C-470 de 31 de agosto de 2016, M. P. Gabriel Eduardo Mendoza Martelo, párr. 6

[47] Corte Constitucional, Sentencia SU-543 de 2023, párr. 103.

> *"Requisito subjetivo.* El administrado debe ser un sujeto de especial protección constitucional o encontrarse en una situación de extrema y "evidente de debilidad, en niveles límite" que lo diferencie del resto de solicitantes y lo sitúe "ante la posible materialización de un daño cuyos efectos nocivos no puedan ser subsanados".
>
> *Requisito objetivo.* El procedimiento debe presentar un atraso que "excede los límites de lo constitucionalmente tolerable", es decir, debe evidenciarse una violación de la garantía del plazo razonable.
>
> En estos eventos, este trato favorable se justifica pues tiene como finalidad "proteger derechos fundamentales en riesgo de personas en situaciones de urgencia manifiesta derivada de sus condiciones de vulnerabilidad y del tiempo desproporcionado de espera al que han sido sometidas"[48].

Además de lo expuesto, de la sentencia de unificación en mención, es importante señalar, que en este caso concreto a propósito del plazo razonable, la jurisprudencia refiere la importancia de la amplitud en la adopción de los enfoques diferenciales y expresa que las personas mayores y sus especiales condiciones o necesidades deben ser un criterio para la formulación y rediseño de ajustes razonables que permitan un acceso efectivo a la protección internacional[49].

Por su parte, conviene tener presente la más reciente sentencia de revisión de tutela fallada por la Corte Constitucional, pues en ella, menciona de manera expresa las obligaciones que ostenta el Estado colombiano sobre la especial protección de los derechos de las mujeres migrantes, refiere la necesidad

---

48 Corte Constitucional, sentencia T-166 de 2024, M.P. Natalia Ángel Cabo, 9 de mayo de 2024.

49 *Ibídem,* pár. 106-133.

de incorporar el enfoque de género e interseccional en todas las actuaciones del Estado y en la actividad judicial, que debe estar adaptado para la situación particular de las mujeres migrantes. En segundo lugar determina la importancia de que la normatividad administrativa, en este caso puntual la atinente al Estatuto de Protección Temporal de Migrantes Venezolanos (EPTMV) se adapte a las circunstancias de los mujeres migrantes, se elimimen las barreras históricas asociadas a los grupos históricamente discriminados y excluidos, creando en su lugar medias afirmativas o de acción positiva y en tercer lugar establece reglas claras para el acceso al servicio de salud de los migrantes en situación jurídica de irregularidad.

La sentencia representa un significativo progreso en lo que atañe a los derechos de las mujeres, pues si bien aplica las normas diferenciales que suelen prever la particular situación de vulnerabilidad de las mujeres, en este fallo se incorporan unos elementos adicionales, que refieren la dramática situación de las mujeres migrantes, pues por el sólo hecho del desarraigo, sea cual sea la motivación, es decir, económica o tras la búsqueda la protección internacional, para la mujer migrante la violencia de género se vive de una manera más lesiva por las connotaciones que tiene de por si la extranjería en un territorio de destino, máxime si su situación es de indocumentación.

Por otra parte, la Corte de nuevo, hace un llamado a las autoridades administrativas migratorias para que las normas relacionadas con los permisos, sanciones y demás facultades discrecionales, obedezcan al imperativo del derecho a la igualdad, a la prohibición de discriminación y a la instauración y aplicación de marcos legales que no produzcan revictimización de las personas ya vulnerables y afectadas. De esta manera, se invita a que la interpretación del EPTMV se interprete de manera compatible con la Constitución de 1991 y realice la igualdad material.

Dentro de la formulación del problema jurídico, la Corte Constitucional plantea el interrogante de si con la negativa a realizar la inscripción en el RUMV y lo que ello conlleva en el caso concreto, se impide a la ciudadana venezolana gozar de una vida libre de violencia y derivado de ellos genera violaciones a sus derechos la salud y al mínimo vital.

Este planteamiento deja ver la instrumentalidad de los derechos, que no es otra cosa de ver como las afectaciones al derecho a la igualdad de los extranjeros y el acceso a la regularización pueden desencadenar toda una suerte de violaciones que desconoce la dignidad humana.

Fallos como el comentado de manera breve nos evidencia que los derechos de los extranjeros aún están en construcción y nos aportan un excelente precedente que deben atender las autoridades para aplicar las normas administrativas no sólo con arreglo la Carta de 1991, sino a los estándares internacionales en materia de DDHH.

5.1.3 Personas en necesidad de protección internacional: solicitantes de asilo y refugio como sujetos equiparables en el orden interno

De la misma manera como sucede con otros países latinoamericanos, en Colombia conviven las instituciones jurídicas del refugio y el asilo político y territorial; dado que el Estado es parte de los tratados internacionales más relevantes que regulan estas materias, tanto en el sistema universal como en el interamericano. Aunque Colombia ha ratificado la Convención de Ginebra de 1951 y su Protocolo Adicional de 1967, en las disposiciones constitucionales no se encuentra contenido este derecho de manera particular. Situación distinta sucede con el asilo, el cual sí está previsto dentro del catálogo de los derechos de la carta de 1991 en el artículo

36 y deriva de la protección prevista en la Convención Interamericana de Derechos de Humanos[50].

La ausencia de reconocimiento del refugio en el marco constitucional no significa que este no se aplique en la práctica. De hecho, existe normativa administrativa que regula el procedimiento para las solicitudes de refugio que recibe el Estado colombiano, la cual está contenida en el Decreto 1067 de 2015 y que, según la Corte, son equiparables dadas las altas coincidencias entre el asilo y el refugio, toda vez que ambas figuras redundan en la protección de la persona humana[51]. En el mencionado decreto se adopta una definición más amplia de refugio que la contenida en la Convención de 1951, pues se siguen los lineamientos fijados por la Declaración de Cartagena[52] y, además, se reconoce el prin-

---

50 Convención Americana sobre Derechos Humanos, artículo 22.

51 Corte Constitucional, Sentencia T-704 de 14 de agosto de 2003, M. P. Clara Inés Vargas Hernández, párr. 2.c.

52 De esta manera, dispone el artículo 2.2.3.1.1.1 que es una podrá ser considerado un refugiado en el Estado colombiano a) Que debido a fundados temores de ser perseguida por motivos de raza, religión, nacionalidad, pertenencia a determinado grupo social u opiniones políticas, se encuentre fuera del país de su nacionalidad y no pueda o, a causa de dichos temores, no quiera acogerse a la protección de tal país; o que, careciendo de nacionalidad y hallándose, a consecuencia de tales acontecimientos, fuera del país donde antes tuviera su residencia habitual, no pueda o, a causa de dichos temores, no quiera regresar a él;
b) Que se hubiera visto obligada a salir de su país porque su vida, seguridad o libertad han sido amenazadas por violencia generalizada, agresión extranjera, conflictos internos, violación masiva de los derechos humanos u otras circunstancias que hayan perturbado gravemente al orden público, o
c) Que haya razones fundadas para creer que estaría en peligro de ser sometida a tortura u otros tratos o penas crueles, inhumanos o degradantes en caso de que se procediera a la expulsión, devolución o extradición al país de su nacionalidad o, en el caso que carezca de nacionalidad, al país de residencia habitual.

cipio de no devolución[53] al dar aplicación a la Convención contra la Tortura, tratado que también ha sido ratificado por Colombia[54].

A través del conocimiento de acciones de tutela, la Corte ha hecho pronunciamientos sobre el procedimiento de refugio y ha puntualizado que, al tratarse de una actuación administrativa, deberá estar regida por las reglas del debido proceso[55], las cuales garantizan que se excluya todo tipo de arbitrariedad por parte de la Administración, dado que los límites a su actuación estarán fijados en el ejercicio de los derechos fundamentales[56]. Lo anterior, sin perjuicio de que el Estado pueda definir soberanamente los parámetros procesales para tales fines[57].

La jurisprudencia de la Corte, además de adoptar criterios del Derecho Internacional de los Refugiados y del Derecho Internacional de los Derechos Humanos, ha reconocido conceptos doctrinales para poder brindar beneficios a las personas en necesidad de protección internacional. Lo anterior, se refleja en el reconocimiento de los refugiados de facto o migrantes innominados, los cuales no se adecúan en sentido estricto a la definición de persona desplazada o

---

53 Vale anotar que el principio de no devolución está previsto en el artículo 33 de la Convención de Ginebra sobre el Estatuto de los Refugiados y su aplicación se ha hecho extensiva en el derecho migratorio a partir del artículo 22 de la Convención Internacional para la Protección de los derechos de todos los Trabajadores Migratorios y sus Familiares de 1990.

54 Constitucional, Sentencia T-250 de 26 de abril de 2017, M. P. Alejandro Linares Cantillo, párr. 124.

55 Corte Constitucional, Sentencia T-704 de 14 de agosto de 2003, M. P. Clara Inés Vargas Hernández, párr. 2.d.

56 Corte Constitucional, Sentencia T-250 de 26 de abril de 2017, M. P. Alejandro Linares Cantillo, párr. 141

57 *Ibidem*, párr.121.

refugiada contendida en el derecho interno y son consideradas por vía de interpretación jurisprudencial, como sujetos destinatarios de protección especial, razón por la cual ameritan un tratamiento preferente de parte del Estado[58]. La Corte llegó a esta conclusión debido a que el grupo de personas afectadas de las deportaciones y expulsiones masivas dispuestas por el Gobierno de Venezuela, estaban en situación de vulnerabilidad, pues fueron desalojados de sus viviendas, de sus sitios de trabajo y presentaron dificultades para integrarse a una nueva sociedad. Lo anterior justificó que el Estado adoptara acciones para evitar que la afectación a sus derechos incrementara[59].

El marco de disfrute para los derechos de las personas en necesidad de protección internacional también ha sido objeto de pronunciamientos, como sucede con las condiciones de vida digna, la cual es posible hallar por vía de acción de tutela del derecho a la vivienda, en especial cuando están de por medio sujetos de especial protección como lo son los niños, niñas y adolescentes[60].

Sobre la protección internacional, uno de los aspectos que genera mayor atención, es la dilación injustificada en la respuesta de parte del Estado a las solicitudes, pues allí se presentan numerosas violaciones a los derechos humanos, que van más allá de la falta de respuesta y que impacta un amplio marco derechos. Sobre este aspecto, la sentencia SU- 543 de 2023 reitera la importancia del plazo razonable en la resolución de estas solicitudes, indicando que está es-

58 Corte Constitucional, Sentencia T-459 de 29 de agosto de 2016, M. P. Jorge Iván Palacio, párr.5.10.

59 *Ibidem.*

60 *Ibidem*, párr. 6 y 7.2.

trechamente vinculado al ejercicio pleno y efectivo del debido proceso constitucional[61].

Para dar contenido a un concepto jurídico indeterminado, como lo es en este caso el plazo razonable, ha dicho la Corte que, es necesario tener en consideración en cada caso concreto cuatro elementos fundamentales. 1) la complejidad del asunto, 2) la conducta de la autoridad competente, 3) la situación jurídica de la persona interesada y 4) la actividad procesal del interesado. Tales parámetros son tomados de la propia jurisprudencia interna, como de lo dicho por la jurisprudencia del sistema interamericano de protección de derechos humanos.

Si bien en el decreto 1067 de 2015 no se establece un término claro para que la CONARE de una respuesta sobre la solicitud de refugiado, la Corte ha dicho que esto no significa que no pueda hacerse exigible un plazo para este tipo de procedimientos, pues la garantía del debido proceso es aplicable a los procesos administrativos, como este, máxime cuando la dilación agudiza la situación de vulnerabilidad de las personas extranjeras. De tal forma que cada caso debe ser examinado en su contexto para determinar la prioridad. Más allá de la solución de la situación particular que fue estudiada en la sentencia, la Corte impartió expresas órdenes al Gobierno Nacional para superar los obstáculos que impiden que el derecho al refugio se haga efectivo.

De este modo, las acciones a desplegar consisten en que en un plazo de 6 meses se deberá:

"(1) Diseñar e implementar una Política Pública para resolver la problemática estructural de saturación y congestión en el trámite de las solicitudes de refugio. Esta Política Pública deberá estar encaminada a superar las barreras y

---

61 Corte Constitucional, sentencia SU 543 de 2023, párr. 5.2.3.

obstáculos administrativos, financieros y normativos que, de acuerdo con el Ministerio de Relaciones Exteriores, inciden de forma negativa en la tramitación expedita de las solicitudes de refugio. El Gobierno Nacional podrá invitar a la sociedad civil y ACNUR a participar en el diseño de la Política Pública mediante la formulación de propuestas y la socialización de buenas prácticas y estándares internacionales. La Corte considera que es procedente ordenar el diseño e implementación de esta política pública habida cuenta de que, en el marco del trámite de revisión, se constató que, (i) a pesar de los planes de choque e inversión que el MRE ha adoptado desde el año 2019, la saturación administrativa se mantiene y podría incluso incrementar en el corto y mediano plazo; y (ii) existen múltiples barreras administrativas, legales y financieras que inciden en la celeridad del trámite, las cuales pueden requerir la intervención, no sólo del MRE, sino de entidades que forman parte de diferentes sectores.

(2) Llevar a cabo los ajustes reglamentarios que correspondan para: (i) fijar un término procesal máximo para resolver las solicitudes de refugio, el cual deberá ponderar la complejidad probatoria de los procesos de solicitud de refugio y la situación de vulnerabilidad, así como riesgos de afectación de derechos, a los que los solicitantes de refugio se enfrentan; e (ii) implementar criterios de priorización con enfoque diferencial en la tramitación de las solicitudes de refugio que consulten: (a) el nivel de riesgo en el que se encuentra el solicitante, derivado de las causas que motivaron su migración forzada; (b) el nivel de vulnerabilidad al que se enfrenta el solicitante, de modo que se prioricen las solicitudes de aquellas personas que se encuentran en una situación de extrema vulnerabilidad económica y social (vgr., estado de salud, pobreza extrema etc.); y (c) la pertenencia del solicitante a uno de los siguientes grupos de sujetos de especial protección constitucional: niños, niñas y adolescentes,

mujeres embarazadas, madres cabeza de familia, personas en situación de discapacidad y personas de la tercera edad"[62].

Se espera que el Gobierno diseñe e implemente estas acciones, quizá sería conveniente que el Ministerio de Relaciones Exteriores coordinada los esfuerzos con el Ministerio de igualdad y equidad para poder impartir lineamientos claros que conduzcan a la realización de los postulados del Estado Social de Derecho. Desde la academia esperamos poder ser participes de esta construcción y se hace urgente que las órdenes del juez constitucional sean tenidas en cuenta, pues sería lamentable para los derechos de los solicitantes de refugio contar con fallo de esta envergadura que sea solo una anécdota jurisprudencial.

Conviene referir una de las más recientes sentencias de la Corte Constitucional, en la que se resuelve una de las principales preocupaciones que se origina a raíz de la expedición del Decreto 216 de 2021, consistente en los requisitos limitativos para acceder al Permiso por Protección Temporal PPT. En otro segmento de este texto, ya se había expuesto la cuestión y esta radica en la incompatibilidad existente entre el PPT con las solicitudes de refugio de los extranjeros.

Se trata de la sentencia de la Corte Constitucional T-056 de 2024, en la que se refuerzan argumentos antes expuestos en anteriores sentencias en torno al interés superior del menor, en el caso en el que la falta de regularidad de los extranjeros ponga en riesgo la unidad familiar y los derechos de los niños, niñas y adolescentes, las sanciones de expulsión por carecer de documentación, y la potestad soberana del Estado colombiano para delinear la política migratoria.

Pese a lo anterior, para lo que atañe al título de este acápite conviene concentrar la mirada en los argumentos ex-

---

62 Corte Constitucional, sentencia SU-543 de 2023, pár. 137.

puestos por la Corte Constitucional orientados a los vehículos existentes en el ordenamiento jurídico que posibilitan la regularización migratoria.

El artículo 16 del Decreto 216 de 1991, señala de manera clara la incompatibilidad y la naturaleza excluyente del PPT con el salvoconducto SC-2 y el trámite para la obtención de la condición de refugiado, de acuerdo con el Decreto 1067 de 2015. Como se ha expuesto en el capítulo dedicado al análisis de las normas de carácter administrativo orientadas a desarrollar la política migratoria, el decreto del ETPMV si bien ha significado para el caso colombiano, un gran progreso que responde a la dinámica actual y a los flujos de personas, en su formulación, planteo una situación de conflictiva incompatibilidad entre las vías de regularización, en lugar de entrar a solventar las grandes dificultades del salvoconducto y la grave situación de los solicitantes de refugio, en lo que atañe al acceso a los derechos humanos enmarcados en la Constitución de 1991.

En el caso concreto estudiado en la sentencia, por la aplicación de la norma prevista en el artículo 16 del decreto 216 de 2021, el peticionario fue vio obligado a solicitar a la Unidad Administrativa Especial de Migración Colombia, la cancelación de su PPT para no afectar el proceso de reconocimiento de condición de refugiado que había sido iniciado por su grupo familiar y por el mismo, y además en una etapa muy avanzada.

Al punto, la Corte consideró invocando un precedente anterior que "(...) la regla de incompatibilidad entre el SC-2 y el PPT prevista en el Decreto 216 de 2021 vulnera los derechos fundamentales al asilo, trabajo y salud de los migrantes venezolanos que se

encuentran en situación de extrema vulnerabilidad económica o social, o forman parte de algún grupo de sujetos de especial protección constitucional. Esto es así, porque los sitúa en un dilema deshumanizante que desconoce la situación de debilidad manifiesta en la que se encuentran"[63].

Para la Corte, el efecto del desistimiento de la protección derivada del PPT agudiza las condiciones de vulnerabilidad de las personas extranjeras y precariza sus derechos. Señala la Corte que esto "imposibilita el ejercicio del derecho al trabajo y limita la atención en salud de forma continua. En contraste, si estos migrantes deciden optar por el PPT con el propósito de satisfacer sus necesidades básicas, deberán desistir del derecho a solicitar el reconocimiento de la condición de refugiado"[64]. Para la Corte es muy importante insistir en el hecho de que –"(...) el derecho a solicitar el reconocimiento de la condición de refugio- acarree para su titular, sin ninguna justificación, consecuencias económicas y sociales desfavorables y desproporcionadas. Tales como la pérdida del derecho a contar con PPT. Asimismo, tampoco permiten que optar por la regularización migratoria, por medio del ETPMV, suponga la renuncia al derecho a solicitar asilo"[65], máxime cuando se trata de personas en especial situación de vulnerabilidad que por demás, son sujetos de especial protección constitucional. De esta manera, la regla de incompatibilidad es para la Corte una medida desproporcionada.

En la sentencia de la referencia se hace una apreciación muy valiosa, consistente en el deber que asiste a todos los funcionarios públicos de aplicar la excepción de inconstitucionalidad, en los eventos en los que se transgredan los mandatos constitucionales, situación de a juicio de la Corte se pone en evidencia en el caso.

---

63 Corte Constitucional, Sentencia T-056 de 2024, M..P. Paola Andrea Meneses Mosquera, 26 de febrero de 2024, párr. 77.

64 Ib.párr. 78

65 Ib. par. 79.

En el asunto analizado por el Juez constitucional, la afectación a los derechos del peticionario y de su familia, va un poco más allá, pues se prueba de manera suficiente que el tutelante se queda sin protección administrativa y en situación jurídica irregular a raíz de la cancelación de su PPT y de la negación de la solicitud de refugio, última circunstancia que también afecta a su grupo familiar.

5.2. LOS DERECHOS DE LOS NIÑOS DERIVAN MAYORES GARANTÍAS CONSTITUCIONALES PARA LOS INMIGRANTES

En el marco interno, los derechos de los niños son fundamentales[66] y preponderantes frente a los de las demás personas[67]. Lo anterior, ha apuntado a estimar que la protección de la infancia es un deber prioritario e ineludible del Estado que debe servir para garantizar la prevalencia de sus derechos[68], de manera simultánea y bajo el presupuesto de la universalidad[69]. En lo que atañe a la protección de los niños no nacionales, hijos de extranjeros nacidos en el territorio nacional o niños extranjeros hijos de colombianos retornados, resulta de gran interés puntualizar en el marco de los derechos de esta población, pues a partir de la interpretación integral de lo previsto en el artículo 44 de la carta, se puedan identificar progresos bajo un marco de garantía amplio para el amparo de otros atributos jurídicos.

---

66 Constitución Política de Colombia, artículo 44.

67 Corte Constitucional, Sentencia T-390 de 7 de septiembre de 2020, M. P. Cristina Pardo Schlesinger, párr.4.

68 Corte Constitucional, Sentencia T-215 de 15 de mayo de 1996, M. P. Fabio Morón Díaz.

69 Corte Constitucional, Sentencia T-390 de 7 de septiembre de 2020, M. P. Cristina Pardo Schlesinger, párr. 4

5.2.1. Derecho a la unidad familiar como límite a las potestades soberanas

De acuerdo con el esquema de aplicación de los derechos en los términos reconocidos en la Constitución, todos los niños sometidos a la jurisdicción del Estado colombiano están amparados por el ámbito de aplicación personal de los derechos constitucionales. Lo anterior, ha conducido a que la Corte Constitucional a partir de la interpretación del interés superior del niño y del principio *pro persona*[70], encuentre razonable en garantizar el derecho a la unidad familiar, al dictar medidas que restrinjan la potestad discrecional del Estado en términos de política migratoria y procedimientos administrativos sancionatorios, por ejemplo, al evitar la deportación o expulsión a los padres extranjeros que se encuentran en situación jurídica de irregularidad o que hayan transgredido alguna disposición de derecho interno que altere el orden público o la seguridad nacional y amerite la sanción de abandonar el territorio[71].

De esta manera, los vínculos familiares, maternidad o paternidad de la persona adulta involucrada en un proceso migratorio, deberá ser tenida en consideración al momento de valorar una medida que pueda implicar la separación de la familia y que impacte de manera negativa los derechos de los niños, niñas y adolescentes. La importancia de la unidad familiar y en aplicación de ello, los derechos de los menores a tener una familia y a no ser separados de ella, ha revestido tal importancia que la situación familiar y los vínculos han de ser tenidos en cuenta como requisitos que integran el de-

---

70 Corte Constitucional, Sentencia SU-677 de 15 de noviembre de 2017, M. P. Gloria Stella Ortiz Delgado.

71 Corte Constitucional, Sentencia T-215 de 15 de mayo de 1996, M. P. Fabio Morón Díaz.

bido proceso al momento en el que la autoridad migratoria examine la proporcionalidad y necesidad de una medida que conduzca a afectar la unidad familiar[72].

Así, la defensa de la unidad familiar se presenta de manera multidimensional, pues es apreciada como un principio rector supremo del ordenamiento jurídico que actúa como guía de los poderes públicos y que es garantizada además como un derecho, aplicable a todos los menores de edad independientemente de su nacionalidad[73]. De acuerdo con la interpretación de la Alta Corte, los derechos de los niños son interdependientes y dado su carácter fundamental, su garantía *"no pende de la condición de ciudadano, sino de la condición de ser humano; de ser persona que habita el territorio nacional"*[74].

La familia se concibe como un entorno clave para el adecuado desarrollo de los niños y de las niñas, así como el vehículo para lograr la estabilidad emocional y la eficacia material de sus derechos fundamentales[75]. Es importante tener presente que, a raíz de los pronunciamientos emitidos en favor de la protección del derecho a la familia de los niños extranjeros o hijos de inmigrantes, también se han derivado reglas interpretativas que extienden esta protección a otros miembros de la familia no nacionales, como es el caso de los adultos mayores, logrando ampliar el concepto de familia nuclear para dar paso a una noción de familia en

---

72 Corte Constitucional, sentencia T-530 de 12 de noviembre de 2019, M. P. Alejandro Linares Cantillo, párr.52. d.

73 Corte Constitucional, Sentencia T-215 de 15 de mayo de 1996, M. P. Fabio Morón Díaz.

74 Corte Constitucional, Sentencia T-090 de 14 de abril de 2021, M. P. Cristina Pardo Schlesinger.

75 Corte Constitucional, Sentencia T-338 de 3 de junio de 2015, M. P. Jorge Iván Palacio Palacio, párr 5.4.3.

sentido extendido, en donde prima el carácter pluralista de la misma y los lazos afectivos entre sus integrantes[76].

Las intromisiones estatales a la unidad familiar, que de hecho hacen parte del libre ejercicio a la vida privada[77], son admisibles siempre y cuando se cumplan los siguientes requisitos: a) que se trate de una medida excepcional; b) necesaria y con vocación de cumplimiento ante una necesidad imperiosa; c) cumplir con requisitos constitucionales y legales; y d) estrictamente compatible con la protección del interés superior del niño[78]. De acuerdo con ello, la potestad soberana del Estado deberá estar sometida a la aplicación del criterio *pro infans*, según el cual, los derechos de los niños y su protección son maximizados[79] en el marco normativo interno y supeditarán en algunos casos los motivos de seguridad nacional.

Aunado a lo anterior, el carácter de sujetos de especial protección constitucional que se reconoce a los niños extranjeros[80], ha redefinido criterios procesales que en determinados casos podrían llegar a constituir un obstáculo para el ejercicio de sus derechos, causando perjuicios irremediables. Por ejemplo, el examen de la acción de tutela como mecanismo residual y transitorio en la protección de los derechos fundamentales, ha sido analizada a partir de una posible sanción de deportación o expulsión del terri-

---

76 *Ibidem.*

77 Corte Constitucional, Sentencia C-660 de 8 de junio del 2000, M. P. Álvaro Tafur Galvis.

78 Corte Constitucional, Sentencia T-956 de 19 de diciembre de 2013, M. P. Luis Ernesto Vargas Silva.

79 Corte Constitucional, Sentencia T-530 de 12 de noviembre de 2019, M. P. Alejandro Linares Cantillo, párr. 67.

80 Corte Constitucional, Sentencia T-338 de 3 de junio de 2015, M. P. Jorge Iván Palacio Palacio, párr.5.4.3.

torio nacional, bajo los parámetros de aplicación definidos por el interés superior del niño, con el fin de revisar si una medida de esta naturaleza afecta gravemente los derechos de los menores de edad[81]. El mantenimiento de la unidad familiar no se configura como un derecho absoluto en favor de los inmigrantes, pues puede ser sometido a limitaciones permitidas por la ley, incluso en los casos en los que lleguen a verse afectados los derechos de los niños, como sucede cuando alguno de los padres es privado de la libertad.

En ese tipo de supuestos, la Corte ha expuesto que es necesario compatibilizar las medias restrictivas de la libertad con un régimen de visitas que tengan en consideración las necesidades y acciones especiales que deben desplegarse para que los menores de edad puedan ingresar a estos establecimientos[82]. La finalidad de medidas de esta naturaleza está orientada a disminuir al máximo los efectos de la separación de la familia cuando se tornan inevitables tales restricciones.

Por su parte, la Corte ha señalado que la falta de diligencia de las autoridades migratorias y del Ministerio de Relaciones Exteriores, a la hora de negar la condición de refugiado a las personas que la solicitan y la cancelación de PPT, puede acarrear como consecuencia la afectación a los derechos de los niños y a la unidad familiar. Lo anterior debido a que la situación administrativa de irregularidad puede ocasionar la salida del país de los progenitores, violando de manera grave los postulados constitucionales[83].

---

[81] Corte Constitucional, Sentencia T-956 de 13 de diciembre de 2013, M. P. Luis Ernesto Vargas Silva, párr. 7.

[82] Corte Constitucional, Sentencia T-135 de 4 de mayo de 2020, M. P. Carlos Bernal Pulido.

[83] Corte Constitucional, Sentencia T- 056 de 2024, párr. 89 y ss.

5.2.2 Nacionalidad como garantía vital para el acceso a los derechos de los niños

La nacionalidad es un derecho fundamental para cualquier persona sometida a la jurisdicción de un Estado, no obstante, desde la órbita nacional e internacional es también un derecho humano consagrado de forma expresa y como un derecho de especial relevancia en cabeza de la población infantil[84]. Para el caso de las personas extranjeras, esta garantía adquiere mayor relevancia ya que en muchas ocasiones los procesos de movilidad humana que no se producen en las mejores condiciones y obstaculizan el acceso a este importante atributo. Adicionalmente, este derecho suele comprometer también el acceso a la inscripción en el registro civil de nacimiento y, en consecuencia, el derecho al reconocimiento de la personalidad jurídica. A propósito de esto, la Corte recuerda la noción de nacionalidad de la siguiente manera:

> *se entiende por nacionalidad, el vínculo legal, o político-jurídico, que une al Estado con un individuo y se establece como un verdadero derecho fundamental en tres dimensiones: i) el derecho a adquirir una nacionalidad; ii) el derecho a no ser privado de ella; y iii) el derecho a cambiarla*[85].

En el caso colombiano, la Corte Constitucional ha tenido oportunidad de pronunciarse sobre la importancia de este derecho, asignando mayor prevalencia al derecho sustancial frente a los rituales y procedimientos. Lo anterior con ocasión a las exigencias que supone, por ejemplo, la realización del registro civil extemporáneo de niños naci-

---

84 Corte Constitucional, Sentencia T-006 de 17 de enero de 2020, M. P. Cristina Pardo Schlesinger, párr. 4.

85 Corte Constitucional, Sentencia T-023 de 5 de febrero de 2018, M. P. José Fernando Reyes Cuartas, párr. 6.4.

dos en el extranjero, hijos de colombianos o niños no registrados oportunamente en el territorio nacional. En el caso particular de los nacidos en Venezuela, es preciso aclarar que las exigencias procesales han sido reducidas debido a la compleja situación del vecino país para el otorgamiento de documentación apostillada[86]. Así, para menores de siete años la realización del registro extemporáneo bastará con el testimonio de dos personas que hayan tenido noticia del nacimiento, junto con un escrito de justificación de la extemporaneidad de la inscripción, trámite que se podrá surtir en cualquier oficina de registro del país[87].

La importancia del registro civil radica en su relación estrecha con la nacionalidad y la personalidad jurídica, toda vez que, a partir del ejercicio de este último, las personas además de ingresar al tráfico jurídico pueden ostentar todas las características individuales asociadas a su condición de persona y poder ejercer garantías como la filiación y el nombre[88].

Por otro lado, en los casos en los que ha existido riesgo de apatridia por la negativa del Estado de nacionalidad de los padres de otorgar documentación que permita la trasmisión de la nacionalidad o cuando no se cumplen con los requisitos exigidos por el Estado colombiano, consistentes

---

86 *Ibidem*, párr. 7.

87 Registraduría Nacional del Estado Civil, Circular 064 del 18 de mayo de 2017, artículo 1.1 el cual dispone: "Para la inscripción de nacimientos ocurridos en Venezuela, cuando alguno de los padres sea colombiano y a falta del requisito de apostille en el registro civil de nacimiento venezolano, podrá solicitarse excepcionalmente la inscripción, mediante la presentación de dos testigos hábiles quienes prestarán declaración bajo juramento en la cual manifiesten haber presenciado, asistido o tenido noticia directa y fidedigna del nacimiento del solicitante, acompañada del registro civil venezolano sin apostillar".

88 Corte Constitucional, Sentencia T-412 de 28 de junio de 2017, M. P. Gloria Stella Ortiz Delgado, párr. 5.4.

en probar la permanencia o regularidad de los padres en territorio, la Corte ha vislumbrado la necesidad de que las autoridades públicas, tales como la Registraduría, el Ministerio de Relaciones Exteriores y los jueces de tutela, apliquen de manera eficiente el bloque de constitucionalidad y la excepción de inconstitucionalidad para interpretar adecuadamente la normativa interna y evitar que los menores de edad puedan ser apátridas[89].

En estos casos, para la Corte ha sido evidente que la nacionalidad se relaciona con otros derechos, tales como la dignidad humana, el nombre y el registro civil de las personas y el acceso a un sin número de garantías de orden prestacional. A tales consideraciones ha llegado a partir de la aplicación de los estándares internacionales existentes en la materia, tanto en el sistema interamericano, como en el sistema universal de protección de derechos humanos[90].

En desarrollo de ello, la Corte ha acudido a argumentos del sistema internacional tales como:

> *todos los niños que participan en la migración internacional o se ven afectados por ella tienen derecho al disfrute de sus derechos, con independencia de su edad, género, iden-*

---

89 Corte Constitucional, Sentencia T-006 de 17 de enero de 2020, M. P. Cristina Pardo Schlesinger.

90 En este aspecto, en el sistema interamericano de protección la Corte Constitucional refirió los estándares fijados en los casos contenciosos de la Corte IDH, *Niñas Yean y Bosico vs. República D*ominicana, medidas provisionales dictadas en este caso, así como el caso de las *personas haitianas y dominicanas de origen haitiano vs. República Dominicana.* Por su parte, la Opinión Consultiva No. 21 de 2014. En lo que se refiere al sistema universal acogió la interpretación efectuada por los órganos de los tratados en las Observaciones Generales No. 3 y 4 del Comité de Trabajadores Migrantes y sus Familias, realizada de manera conjunta con el Comité de Derechos del Niño. Así mismo, aplicó la integralidad de los tratados internacionales de los que Colombia es parte en materia de derechos humanos.

> *tidad de género u orientación sexual, origen étnico o nacional, discapacidad, religión, situación económica, situación de residencia o en materia de documentación, apatridia, raza, color, estado civil o situación familiar, estado de salud u otras condiciones sociales, actividades, opiniones expresadas o creencias, o los de sus padres, tutores o familiares*[91].

De esta manera, para la Corte la nacionalidad y los compromisos internacionales tendientes a la erradicación de la apatridia están suficientemente protegidos en el ordenamiento nacional. Si bien en el artículo 96 de la constitución de 1991 y la Ley 43 de 1992 existen criterios combinados para la adquisición de la nacionalidad, la normativa posterior como la Ley 1997 de 2019, han adicionado disposiciones que permite a quien se encuentre en este riesgo superar las formalidades y por esta vía acceder a este derecho por nacimiento o por adopción. Con lo anterior no se pretende afirmar que la ley, antes enunciada, no presenta problemas, sin embargo, esto no es objeto de análisis en este texto.

Desde este fundamento, en el año 2022, a través de una importante sentencia de unificación, esta es, la SU-180 de 2022, la Corte refuerza la protección de los menores de edad que pueden estar en riesgo de carecer de nacionalidad o de ser apátridas. El fallo fija unos parámetros interpretativos amplios que favorecen a cualquier menor de edad que se encuentre en ante esta grave situación. A partir del análisis de los derechos a la personalidad jurídica, a la nacionalidad, a la identidad de los menores de edad no acompañados o separados de su familia, derecho a la familia y la protección internacional, la Corte se pronuncia para reivindicar la importancia del interés superior del menor en el ordenamiento nacional.

---

91 Corte Constitucional, Sentencia T-006 de 17 de enero de 2020, M. P. Cristina Pardo Schlesinger, párr. 4.1.

Entre los aspectos más representativos del fallo se pueden mencionar:

- Reconocimiento de los menores de edad como sujetos de especial protección internacional, dando así relevancia capital a los estándares producidos tanto por el sistema ONU como OEA[92].
- La Corte solventa la barrera constitucional existente en el artículo 96 de la Constitución de 1991, que fija criterios combinados de nacionalidad. Esto, por cuanto permite que los hijos de extranjeros irregulares que no pueden tener acceso a la documentación puedan ser nacionalizados por el mero hecho del nacimiento en el territorio[93].
- Reiteración de la especial situación de vulnerabilidad de los menores de edad por su condición y además estar su situación de movilidad, máxime cuando carecen de documentación en el territorio nacional, están separados de sus padres, migran solos o sus progenitores se encuentran en el marco de un procedimiento migratorio[94].
- En los casos en los que las autoridades nacionales deban decidir sobre solicitudes para la adquisición de la nacionalidad, los principales criterios para tener en cuenta deben ser el de interés superior del menor y la prevalencia de sus derechos fundamentales[95].

---

92 Corte Constitucional, Sentencia SU-180 de 2022, M. P. Jorge Enrique Ibáñez Najar, de 26 de mayo de considerando 156-211.

93 *Ibidem*, considerando 412.

94 *Ibidem*, considerandos 206-224.

95 *Ibidem*, considerando 349.

- En lo tocante al derecho a la igualdad y su aplicación para con los niños en riesgo de apatridia, ha definido la Corte que las medidas de protección y asistencia especiales para salvaguardar sus derechos deberá ser reforzada, sobre todo en los casos en los que se encuentren en una evidente desventaja respecto de los demás integrantes de ese grupo poblacional[96].
- La sentencia establece unas reglas de unificación consistentes en ordenar a las autoridades de la república sin excepción que al hacer la valoración sobre los derechos de los menores de edad que están en el territorio colombiano, sean migrantes venezolanos no acompañados, estén en situación de abandono, sin posibilidad de ubicar al núcleo familiar, deberán aplicar lo previsto en el artículo 44 de la Constitución de 1991, para que conforme a ello y con la mayor diligencia, se adopten las acciones necesarias para la garantía de sus derechos[97]. Para ello deberán aplicar el principio de igualdad y la prohibición de discriminación, lo que incluye todos los motivos considerados sospechosos en el marco interno e internacional, inclusive el estatus migratorio irregular de sus padres.
- La sentencia ofrece unos efectos modulados, es decir, que no protege únicamente a las personas que han activado el mecanismo de la tutela para el caso concreto, sino que los hace extensivos a otros menores de edad que se puedan hallar en condiciones análogas. Lo que permite que el fallo tenga efectos inter pares[98].

---

96 *Ibidem,* considerando 356.

97 *Ibidem,* considerando 411.

98 Señala expresamente la Corte en el considerando 412: Así, para el caso concreto, dada la especial contingencia de la relación internacional entre Colombia y Venezuela, y mientras subsista la ruptura de

5.2.3. Los niños como principales destinatarios de derechos sociales

La protección de los menores de edad ha sido de tal importancia para el acceso a los derechos de las personas en condición de movilidad humana, que es posible hallar por parte de la Corte pronunciamientos que reconocen la garantía efectiva de derechos económicos, sociales y culturales, como sucede con la vivienda digna. Sobre el particular, y con ocasión a la expulsión de las personas venezolanas a raíz del cierre de la frontera entre Colombia y Venezuela en el año 2015, este organismo ha valorado la importancia de que los menores de edad por ser sujetos de especial protección constitucional y encontrarse en condición de vulnerabilidad por la situación migratoria y económica de sus padres, puedan ser destinatarios de beneficios derivados de los subsidios para vivienda en el marco de la normativa vigente bajo la declaratoria de un Estado de excepción[99]. Este tipo de pronunciamientos como el antes referido no se produce con tanta frecuencia, pero derechos como la salud y la educación sí han logrado establecer parámetros más consistentes que pueden ser identificados a través de la jurisprudencia.

Antes de abordar los fallos judiciales que se han referido al derecho a la salud, es necesario puntualizar que en Colombia este derecho a pesar de estar reconocido en el

---

las relaciones, se aplicará la nacionalización por adopción de latinoamericanos como *ultima ratio* siempre y cuando no sea posible, en un tiempo prudencial, ubicar a la familia extensa de las niñas, niños y adolescentes venezolanos que sean migrantes no acompañados en situación de abandono y que tengan una residencia permanente en Colombia, en todo caso, superior a un año.

99 Corte Constitucional, Sentencia T-459 de 29 de agosto de 2016, M. P. Jorge Iván Palacio.

artículo 49 de la Constitución de 1991 y pertenecer al catálogo de derechos sociales, económicos y culturales; es considerado como un derecho fundamental autónomo a partir del propio desarrollo jurisprudencial[100] y legislativo[101]. El reconocimiento y protección del derecho a la salud de los niños inmigrantes que se encuentran en el territorio nacional obedece a la aplicación del principio de interés superior del menor[102]. De acuerdo con esto, se ha reiterado que se reconocen como derechos fundamentales de los niños la salud, integridad física y la seguridad social.

En algunos casos, los menores inmigrantes han sido protegidos y se le ha amparado el derecho a su salud por ser sujetos de especial protección constitucional, argumento que recuerda la importancia de la aplicación del bloque de constitucionalidad y por este conducto, el cumplimiento de las obligaciones internacionales emanadas de los tratados, como lo es la Convención sobre los Derechos del Niño de las Naciones Unidas[103]. Bajo algunos contextos, es posible que la protección que requieran los menores de parte del Estado no sea únicamente la derivada de su condición de niños, sino que pueden concurrir una serie de factores adicionales, como lo son la discapacidad y también la situación jurídica de irregularidad migratoria, que a su vez conlleva a que su situación de vulnerabilidad se vea agravada por el entorno en el que se encuentran[104].

---

100 Corte Constitucional, Sentencia T-760 de 31 de julio de 2008, M. P. Manuel José Cepeda Espinoza.

101 Congreso de la República, Ley 1751 de 2015.

102 Corte Constitucional, Sentencia SU-677 de 15 de noviembre de 2017, M. P. Gloria Stella Ortiz Delgado.

103 Corte Constitucional, Sentencia T-390 de 7 de septiembre de 2020, M. P. Cristina Pardo Schlesinger, párr. 4.

104 Corte Constitucional, Sentencias T-140 de 27 de febrero de 2009, M. P. Mauricio González Cuervo, T-322 de 3 de mayo de 2012, M. P.

En este sentido, la Corte ha expresado que "(...) *es deber del Estado prestar los servicios de salud, libre de discriminación y de obstáculos de cualquier índole, [...] garantizando un tratamiento integral, adecuado y especializado conforme a la enfermedad padecida*" [105].

Con relación a la irregularidad migratoria a la que los menores pueden ser conducidos como consecuencia de la de sus padres, debido a la imposibilidad de obtener documentación o por la negligencia en la realización del trámite de los permisos disponibles en el Estado, la Corte ha considerado que este tipo de cargas no resultan ser admisibles ni proporcionales para los niños, niñas y adolescentes.

Una de las situaciones que mayores interrogantes plantea, es el alcance de los derechos de los inmigrantes cuando se encuentran en irregularidad migratoria, máxime si se trata de menores de edad. Sobre este este aspecto en concreto, la Corte ha expuesto que, de acuerdo con el marco normativo interno, estas personas tienen derecho a recibir atención básica y de urgencias con cargo al régimen subsidiado cuando carezcan de recursos económicos, en virtud de la protección de sus derechos a la vida digna y a la integridad física.

La protección que ha dado la Corte Constitucional a los menores de edad hijos de población inmigrante en situación jurídica irregular, se ha derivado de la reiteración de jurisprudencia que sustenta el interés superior del menor como un criterio interpretativo inexcusable para dar cumplimiento a los ideales del Estado social de derecho[106]. De este modo,

---

Gabriel Eduardo Mendoza Martelo, T-872 de 22 de noviembre de 2011, M. P. Mauricio González Cuervo y T-705 de 30 de noviembre de 2017, M. P. José Fernando Reyes Cuartas.

105 Corte Constitucional, Sentencia T-705 de 30 de noviembre de 2017, M. P José Fernando Reyes Cuartas.

106 Corte Constitucional, Sentencia T-544 de 25 de agosto de 2017, M. P. Gloria Stella Ortiz, párr. 17.

es posible identificar casos en los que se realiza un análisis de este principio con relación a el mantenimiento de la vida digna y del principio de solidaridad[107]. Lo anterior, dado que atenta en contra de bienes superiores tales como el disfrute del máximo nivel de salud posible. Por esta razón, es factible hallar pronunciamientos en los cuales la atención en servicios de salud no se agota únicamente en la asistencia de las urgencias médicas, sino que ha llegado a abarcar el otorgamiento de tratamientos para menores de edad en situación de irregularidad administrativa de manera transitoria[108], cuando se configuran situaciones excepcionales que impliquen la atención de enfermedades catastróficas o que por las exigencias del médico tratante se estime necesario[109].

En este tipo de casos, se han analizado factores adicionales a su mera condición de ser niños y que se asocian a su vulnerabilidad, entre ellos, la situación y gravedad de la enfermedad, el hecho de haber tenido que salir intempestivamente del Estado de origen[110] y la necesidad de acceder a servicios para garantizar su desarrollo integral[111]. De acuerdo con lo anterior, la protección derivada del derecho a la salud se concibe como una prestación integral que se hace exigible ante el Estado y supone la adopción de *"todos los medios necesarios y disponibles para estabilizar la situación*

---

107 Corte Constitucional, Sentencia SU-677 de 15 de noviembre de 2017, M. P. Gloria Stella Ortiz Delgado, párr. 56.

108 Corte Constitucional, Sentencia T-705 de 30 de noviembre de 2017, M. P. José Fernando Reyes Cuartas.

109 Corte Constitucional, Sentencia T-210 de 1 de junio de 2018, M. P. Gloria Stella Ortíz Delgado.

110 Corte Constitucional, Sentencia T-390 de 7 de septiembre de 2020, M. P. Cristina Pardo Schlesinger, párr. 6

111 Corte Constitucional, Sentencia T-178 de 6 de mayo de 2019, M. P. Cristina Pardo Schlesinger.

de salud del paciente, preservar su vida y atender sus necesidades básicas"[112].

El derecho a la educación también ha sido objeto de estudio por parte de la Corte Constitucional, tanto en el caso de los menores de edad extranjeros, como en los eventos en lo que le asiste el derecho a la doble nacionalidad, pero que por algún motivo no se ha adelantado la gestión ante las autoridades del Estado colombiano conducente a la obtención de la nacionalidad. En ambos casos, el Tribunal ha remarcado el carácter *ius fundamental* del derecho a la educación para los niños, niñas y adolescentes, el cual se compone de cuatro elementos que garantizan la efectividad para el ejercicio del derecho y que se remontan a los criterios incorporados por el Comité de Derechos Económicos, Sociales y Culturales de las Naciones Unidas[113].

El cumplimiento de estos elementos contribuye al disfrute pleno del derecho y se fundamenta en una de las obligaciones internacionales de cumplimiento inmediato que asiste a los Estados, como es la prohibición de discriminación por cualquiera de los motivos prohibidos que origine exclusiones injustificadas o inadmisibles constitucionalmente[114].

Es importante tener en consideración que, si bien la Corte ha estructurado una tendencia de protección del derecho a la educación para los menores de edad extranjeros que se

---

112 Corte Constitucional, Sentencia T-452 de 3 de octubre de 2019, M. P. José Fernando Reyes Cuartas, párr. 54.

113 La Corte hace alusión a los elementos expuestos en la Observación General No. 13, relativa al derecho a la educación, según la cual para que los Estados puedan dar cabal cumplimiento a este derecho es necesario que se garantice la disponibilidad (asequibilidad), la accesibilidad, la adaptabilidad y la aceptabilidad.

114 Corte Constitucional, Sentencia T-660 de 23 de septiembre de 2013, M.P. Luis Ernesto Vargas Silva, párr. 3.5.

encuentren en el territorio nacional, el ejercicio del derecho también exige el cumplimiento de los deberes de los extranjeros, ya que los padres de familia de los niños deben cumplir con la observancia de los requisitos y documentación que faciliten la matrícula y demás trámites en los planteles educativos.

5.3. PRESTACIONES SOCIALES PARA LAS PERSONAS EXTRANJERAS: DERECHOS QUE DEPENDEN DE SU CONDICIÓN ADMINISTRATIVA

De la misma manera como la Corte Constitucional se ha referido a los derechos de los extranjeros, también se ha pronunciado sobre los deberes que estas personas tienen cuando se encuentran en el territorio nacional. De este modo, y bajo la observancia de los parámetros internacionales, en Colombia los extranjeros en situación regular gozan de mayores derechos que quienes carecen de documentación en regla, esto impacta en el ejercicio de los derechos económicos, sociales y culturales. Debido a esto, en varios fallos de la Corte es posible que se haga referencia a la validez de los permisos de permanencia en el territorio como título jurídico válido para acceder a beneficios derivados del sistema de seguridad social.

5.3.1 El derecho a la salud irradia efectos para la protección de otros derechos

El derecho a la salud ha sido objeto de abundantes pronunciamientos por parte de la Corte Constitucional en términos generales y en lo que se refiere a los derechos de los extranjeros, ha desarrollado lineamientos claros a partir de la aplicación de los parámetros constitucionales y legales, tal y como ya se expuso en este texto al abordar el alcance del derecho a la igualdad.

En este sentido, una de las cuestiones más conflictivas frente a la prestación y garantía del derecho a la salud, se presenta frente a las personas inmigrantes en situación jurídica de irregularidad o indocumentados, toda vez que de una parte, el Estado está autorizado a imponer de manera legítima restricciones a los derechos de los extranjeros y dentro de ello, establecer requisitos en términos de afiliación y acceso a personas residentes en el territorio respecto de aquellos que no lo son o que no cuentan con la documentación, y de otra parte, los postulados del Estado social de derecho plantean otorgar mayor protección a la población especialmente vulnerable, en situación de inferioridad o debilidad manifiesta.

Esta aparente tensión entre los derechos y deberes de los extranjeros y las obligaciones del Estado ha sido estudiada por la Corte Constitucional, con el objeto de delimitar las coordenadas de la asistencia sanitaria en el Estado colombiano. Es claro que el Estado está facultado para establecer diferencias de trato entre los derechos de los nacionales y de los extranjeros, de acuerdo con los límites establecidos por la ley. Dichos límites, en función de la garantía del derecho a la salud, suponen que toda persona independientemente de su nacionalidad, capacidad económica y condición migratoria, puedan ser beneficiarios de la atención de urgencias por parte de entidades públicas y privadas[115]. En ese sentido, podría afirmarse que en principio el carácter de derecho fundamental y autónomo que se predica de la salud es trasversal a la condición de persona, aspecto que se deriva de la aplicación de las normas internacionales, como es el Pacto Internacional de Derechos Económicos, Sociales

---

115 Corte Constitucional, Sentencia T-239 de 24 de abril de 2017, M. P. Alejandro Linares Cantillo.

y Culturales[116], el cual es invocado por la Corte Constitucional en sus decisiones.

La atención básica ha sido considerada por parte de la jurisprudencia como la garantía del derecho al mínimo vital, la cual está vinculada a la dignidad humana[117] y a la satisfacción de las necesidades vitales de la persona. Esto ha conllevado a que los extranjeros indocumentados en el territorio colombiano, en casos puntuales, hayan podido acceder a ciertas prestaciones de salud, como ocurre con los medicamentos, terapias integrales[118] e incluso trasplante de órganos[119], por considerarse que estos servicios han de ser esenciales para la preservación de la vida y mantenimiento de la dignidad de la persona[120].

En aplicación de la ley que define el derecho a la salud como fundamental, la Corte ha interpretado que la atención de urgencias comprende entre otros aspectos, la estabilización de la condición de salud de la persona con miras a la preservación de su vida, lo que supone entre otras prestaciones, el traslado en caso de que sea necesario para recibir la adecuada atención médica, incluso en el evento de requerir atención en UCI bajo el criterio de que exista disponibilidad de dispensar dicha atención. Es importante

---

116 Corte Constitucional, Sentencia T-517 de 14 de diciembre de 2020, M. P. Alejandro Linares Cantillo, párr. 51.

117 Corte Constitucional, Sentencia C-834 de 10 de octubre de 2007, M. P. Humberto Antonio Sierra Porto.

118 Corte Constitucional, Sentencia T-314 de 17 de junio de 2016, M. P. Gloria Stella Ortiz Delgado.

119 Corte Constitucional, sentencia T-728 de 16 de diciembre de 2016, M. P. Alejandro Linares Cantillo.

120 Corte Constitucional, Sentencia SU-677 de 15 de noviembre de 2017, M. P. Gloria Stella Ortiz Delgado y Sentencia T-210 de 1 de junio de 2018, M. P. Gloria Stella Ortiz Delgado.

tener presente que este parámetro no implica la creación de una obligación incondicional para el Estado, razón por la cual se hace necesario revisar caso por caso para brindar esta atención especial[121]. Por su parte, conviene mencionar que la atención de urgencias se rige por el lineamiento de que la necesidad sea realmente apremiante, es decir, que ni la persona, ni la familia tengan capacidad de pago, que se limite exclusivamente a la atención de urgencias y que se trate de un caso excepcional y que comporte gravedad[122].

A raíz de la aplicación del lineamiento de la Corte, de hacer la revisión caso a caso, se han fallado acciones de tutela en las que la falta de disponibilidad de unidades de cuidados intensivos no puede ser en sí mismo un argumento suficiente para privar del servicio a una persona que se encuentra en situación de debilidad manifiesta, pues ello resulta ser contrario a los postulados del Estado social de derecho[123]. Por lo anterior, se ha ordenado que la prestación del servicio deber cumplirse y ser efectuada con cargo a los recursos que las entidades territoriales y de manera subsidiaria la nación[124].

Si bien, la regla general prevé que las personas indocumentadas únicamente tienen garantizado el derecho a la salud desde la dimensión de las urgencias vitales, la Corte se ha pronunciado sobre algunas excepciones que exigen del Estado colombiano una mayor respuesta en función de la gravedad del caso, como cuando el extranjero padece una

---

121 Corte Constitucional, Sentencia T-239 de 24 de abril de 2017, M. P. Alejandro Linares Cantillo, párr. 74.

122 *Ibidem*, párr. 75

123 Corte Constitucional. Sentencia T-700 de 23 de septiembre de 2011, M. P Jorge Ignacio Pretelt Chaljub.

124 Corte Constitucional, Sentencia C-372 de 14 de agosto de 2019, M. P. Gloria Stella Ortiz Delgado, párr. 19.

enfermedad catastrófica, está en riesgo su vida o integridad y cuando media concepto técnico del médico que justifica la necesidad de una mayor atención[125]. De modo contrario, también es posible hallar precedentes jurisprudenciales en los que se ha tomado una decisión negativa de hacer parte a los inmigrantes indocumentados de listas de trasplantes de órganos, práctica de tratamientos de VIH[126] y diálisis[127], por considerarse que en esos casos particulares y en función de las limitaciones presupuestales del Estado, es posible hacer diferencias de trato que no pueden ser consideradas discriminaciones prohibidas por origen nacional.

A excepción de un fallo aislado del año 2008 en el que se consideró que una extranjera al no estar en el listado priorizado de trasplantes de órganos podría ser víctima de afectaciones graves a sus derechos a la salud, vida y dignidad[128], la jurisprudencia mayoritaria se ha decantado por circunscribir la garantía del derecho a la salud de las personas indocumentadas a las urgencias vitales antes expuestas. De esta manera, la Corte se ha expresado que al margen de las decisiones insulares:

> (...) la línea jurisprudencial vigente establece que, como regla general, no se vulneran los derechos fundamentales a la igualdad, a la salud y a la vida digna de un extranjero no residente en Colombia cuando se le niega la inscripción en la lista de espera para acceder al trasplante de componentes anatómicos, con fundamento en que: (i) existen

---

125 Corte Constitucional, Sentencia T-517 de 14 de diciembre de 2020, M. P. Alejandro Linares Cantillo, pár. 54.

126 Corte Constitucional, Sentencia T-348 de 28 de agosto de 2018, M. P. Luis Guillermo Guerrero Pérez.

127 Corte Constitucional, Sentencia T-239 de 24 de abril de 2017, M. P. Alejandro Linares Cantillo.

128 Corte Constitucional, Sentencia T-269 de 11 de marzo de 2008, M. P. Jaime Araújo Rentería.

> nacionales colombianos y extranjeros residentes inscritos en esa misma lista a la espera de órganos o tejidos; y que (ii) ese grupo está sometido a ciertos deberes que incluyen la contribución al sistema de seguridad social del país, por oposición a los no residentes. Es decir, que es válido hacer diferenciaciones entre nacionales y residentes y extranjeros no residentes en el acceso a servicios de salud de esa naturaleza[129].

En esa misma línea, la Corte ha reconocido el carácter universal del derecho fundamental a la salud sin dejar a un lado que su contenido no excluye la posibilidad de establecer límites para acceder a su uso o disfrute[130]. En ese sentido, los extranjeros regularizados o no, tienen derecho a la atención básica de urgencias en el territorio sin barrera alguna de por medio, pero si requieren una atención especializada o atención médica integral, es necesario que cumplan con las normas de afiliación al Sistema de Seguridad Social en Salud, que implica a su vez la regularización de la situación migratoria; esto como cumplimiento de los deberes impuestos por la ley[131]. De igual forma, en la Sentencia T-197 de 2019 la Corte reitera:

> *Ahora bien, sin perjuicio de la atención urgente a la que se ha hecho referencia, los migrantes irregulares que busquen recibir atención médica integral adicional, en cumplimiento de los deberes y obligaciones impuestos por el orden jurídico interno, deben atender la normatividad vigente de afiliación al Sistema General de Seguridad Social en Salud como ocurre con los ciudadanos nacionales*[132].

---

129 Corte Constitucional, Sentencia C-372 de 14 de agosto de 2019, M. P. Gloria Stella Ortiz Delgado, párr. 33.

130 Corte Constitucional, Sentencia T-074 de 25 de febrero de 2019, M. P. Antonio José Lizarazo Ocampo.

131 *Ibidem.*

132 Corte Constitucional, Sentencia T-197 de 14 de mayo de 2019, M. P Diana Fajardo Rivera.

Con relación a lo anterior, esta misma Corporación ha afirmado que la atención básica recibida por los extranjeros irregulares no los exime de la carga de regular y legalizar su permanencia en el país, de modo que, se obtenga un documento de identificación válido para realizar el proceso de afiliación al Sistema General de Seguridad Social en Salud y así recibir una atención en salud plena [133].

Así, se evidencia que la tendencia de la jurisprudencia en cuanto a la atención plena e integral en salud se ha inclinado hacia la diferenciación entre nacionales, extranjeros residentes y personas con estatus migratorio irregular, pues se impone la carga a los extranjeros no regularizados de regularizarse y, por ende, de obtener un documento de identificación válido para el Sistema General de Seguridad Social en Salud, con el fin de acceder a una atención en salud completa y especializada.

5.3.2 La afiliación al sistema de seguridad social: deber constitucional para todos los habitantes del territorio nacional

Bajo la concepción del cumplimiento de los deberes constitucionales previstos en el artículo 95 de la Constitución de 1991, se encuentra el acatamiento del marco normativo y de allí, se desprende que uno de los aspectos esenciales para el ejercicio del derecho a la salud es la afiliación al sistema general de seguridad social (SGSSS), el cual supone que la persona cuente con algún tipo de identificación válida dentro del territorio nacional para poder acceder a la inscripción en el sistema. Para el caso de las personas extranjeras, se puede referir a los permisos que ha otorgado

133 Corte Constitucional, Sentencia T-452 de 3 de octubre de 2019, M. P. José Fernando Reyes Cuartas.

el Estado colombiano a través del tiempo, ya sea por vía de expedición de visados, permisos de residencia o acciones especiales[134]. Lo anterior supone una situación de regularidad en términos migratorios que redunda en mayores beneficios y acceso a derechos.

Si bien esta Corporación ha afirmado que la Seguridad Social en Salud es un servicio público obligatorio a cargo del Estado y sometido a los principios de universalidad, eficiencia y solidaridad, cuya prestación conlleva a que se les garantice a todas las personas el acceso a los servicios de protección, promoción y recuperación de la salud[135]; esto no excluye el hecho de que la afiliación es una exigencia aplicable tanto para los nacionales como para los extranjeros[136], razón por la cual el cumplimiento del requisito ha sido catalogado por la Corte como un correlato de los derechos que prevé la Constitución. De allí, que no pueda ser entendido como un requerimiento desproporcionado, pues en numerosos fallos de tutela se ha instado a la población inmigrante a regularizar su situación en el territorio nacional para poder cumplir con el deber legal de surtir las afiliaciones al SGSSS[137].

---

134 Lo relativo a los permisos es desarrollado en el capítulo 4 de esta obra. Sin embargo, importante hay recordar que dado que Colombia ha solido dar respuestas coyunturales a la realidad migratoria, particularmente proveniente de Venezuela, en virtud de una serie de decretos se han adoptado permisos tales como el Permiso de Ingreso y Permanencia, el Permiso Especial de Permanencia, el Permiso Especial para el Fomento de la Formalización Laboral (PEPFF), y de manera más reciente en Permiso de Protección temporal (PPT).

135 Corte Constitucional, Sentencia T-529 de 16 de diciembre de 2020, M. P. Alberto Rojas Ríos.

136 Corte Constitucional, Sentencia T-517 de 14 de diciembre de 2020, M. P. Alejandro Linares Cantillo, párr. 52.

137 Corte Constitucional, Sentencia T-390 de 7 de septiembre de 2020, M. P. Cristina Pardo Schlesinger.

A propósito de las consideraciones que se han dado sobre la atención complementaria a las urgencias médicas, la Corte ha expresado la importancia de que una vez se superen las contingencias vitales, los extranjeros den cumplimiento a la obligación de adquirir un seguro médico o plan voluntario para acatar el mandato de contar con las afiliaciones del sistema y así poder disfrutar de una mayor atención que incluya una amplia gama de posibilidades[138].

La Corte resalta y reconoce, además, la importancia de la normativa internacional como lo es el artículo 22 de la Declaración Universal de los Derechos Humanos, en donde se señala que toda persona

> *como miembro de la sociedad, tiene derecho a la seguridad social, y a obtener, mediante el esfuerzo nacional y la cooperación internacional, habida cuenta de la organización y los recursos de cada Estado, la satisfacción de los derechos económicos, sociales y culturales, indispensables a su dignidad y al libre desarrollo de su personalidad*[139].

Por consiguiente, el Estado colombiano tiene el deber de facilitarle a todas las personas, sin distinción alguna, el acceso a su derecho a la seguridad social, el cual incluye a las personas con estatus migratorio irregular.

En ese sentido, en una de sus decisiones la Corte ha hecho hincapié en el deber que les asiste a las entidades territoriales y a sus autoridades, conforme a sus competencias del sector salud; de conocer, informar y asistir a la población migrante con el fin de garantizar su acceso al Sistema de Seguridad Social en Salud de acuerdo con la legislación

---

138 Corte Constitucional, Sentencia T-517 de 14 de diciembre de 2020, M. P. Alejandro Linares Cantillo, párr. 54.

139 Declaración Universal de los Derechos Humanos citada en Corte Constitucional, Sentencia T-452 de 3 de octubre de 2019, M. P. José Fernando Reyes Cuartas.

vigente[140]. Así mismo, el Decreto 780 del 2016 ha dispuesto de diferentes documentos válidos para la afiliación al SGSSS como lo son: cédula de extranjería, pasaporte, carné diplomático o salvoconducto de permanencia, según corresponda, para los extranjeros[141].

En cuanto al derecho fundamental a disfrutar del más alto nivel posible de salud que les asiste a todas las niñas y niños menores de un año que habitan y transitan irregularmente en Colombia, uno de los aspectos que la Sala ha priorizado es la garantía de la afiliación a la seguridad social sin barreras u obstáculos desproporcionados e irrazonables[142]. De esta manera, se asegura el cumplimento del interés superior del niño establecido en la Convención sobre los Derechos del Niño[143].

5.3.3 Prestaciones laborales de los inmigrantes: reflejo de las normas y la jurisprudencia internacional

Como se expuso en uno de los primeros acápites de este capítulo, en virtud de la comprensión y alcance del derecho a la igualdad, es posible que el Estado colombiano de manera soberana establezca las coordenadas para el disfrute de los derechos de los extranjeros. De esta manera, es factible que existan derechos que se reconozcan en una mayor me-

---

[140] Corte Constitucional, Sentencia T-178 de 6 de mayo de 2019, M. P. Cristina Pardo Schlesinger.

[141] Ministerio de Salud y Protección Social, Decreto 780 del 2016: *Por medio del cual se expide el Decreto Único Reglamentario del Sector Salud y Protección Social*, 2016.

[142] Corte Constitucional, Sentencia T-565 de 26 de noviembre de 2019, M. P. Alberto Rojas Ríos.

[143] Convención sobre los Derechos del Niño (1989), artículo 3, numeral 1.

dida a los inmigrantes en situación de regularidad respecto de irregulares o indocumentados.

De acuerdo con lo ya expuesto en el artículo 100, la Constitución asigna derechos a los extranjeros en una medida muy similar que la de los nacionales. No obstante, no es posible referir una identidad de trato y es dable que el Estado de modo legítimo restrinja o limite los derechos de los extranjeros. Si bien los derechos civiles y en mayor medida los políticos, pueden generar conflictos en términos de atribución, los derechos con implicaciones económicas, sociales y culturales también presentan grandes desafíos en términos de protección.

Es así como el derecho al trabajo y las prestaciones sociales derivadas de ello plantean numerosos interrogantes. Para el caso nacional, la Corte Constitucional se ha pronunciado en algunos fallos sobre la importancia del derecho al trabajo de los migrantes y, a partir de allí, de las prestaciones sociales. Sobre el particular, la Corte retomando los estudios producidos en la CEPAL, ha recordado la relación intrínseca entre la migración y protección social, pues una de las principales motivaciones de las personas y por la cual se generan los cruces de fronteras, es el mejoramiento de las condiciones de vida. Dada la importancia que ya se ha señalado del bloque de constitucionalidad y ante la ausencia normativa de orden legal, la Corte se ha referido a la CTMF de 1990, para definir los derechos de los inmigrantes en términos laborales.

La Corte reconoce la especial situación de vulnerabilidad de los migrantes, toda vez que por lo general en la mayor parte de los Estados son empleados en condiciones desfavorables frente a los nacionales de los países, en particular aquellos que se encuentran en situación irregular. De allí, que por vía de remisión al artículo 7 de la CTMF se determine que todos los trabajadores migrantes, es decir, documentados o indocumentados, deben tener reconocidos y respetados sus derechos en los Estados de acogida, sin que puedan mediar motivos prohibidos de discriminación[144]. De la aplicación e interpretación de la CTMF, este juez invoca el artículo 25 que en efecto es uno de los principales de este tratado, según el cual los Estados parte del mismo deberán garantizar en la misma medida que para los nacionales de los Estados, las prestaciones derivadas del contrato de trabajos sean personas extranjeras documentadas o indocumentadas.

Las condiciones laborales precarias de los inmigrantes ya han sido visibilizadas por la Corte Constitucional en su jurisprudencia y de ello se deriva que dichas personas se hallan en estado de inferioridad o vulnerabilidad en relación con la población nativa, a raíz de que no sólo se encuentran lejos de su lugar de origen (de su familia y de su comunidad), sino que la necesidad los impulsa a aceptar condiciones laborales inferiores a las legalmente permitidas. Así mismo, suelen ser objeto y discriminación por parte de las autoridades locales, sobre todo en aquellos casos en los cuales han ingresado al país en el que laboran sin cumplir los requisitos legales[145].Vale señalar, que las conclusiones del juez constitucional tienen en consideración los pronunciamientos de la Corte IDH sobre la materia, como sucede con la Opinión Consultiva 18 de 2003.

La revisión que se ha realizado de la jurisprudencia de la Corte Constitucional evidencia que existen algunos derechos sobre los cuales se ha hecho necesario establecer el alcance y campo de aplicación de las garantías constitucionales a las personas extranjeras. Tales pronunciamientos se

---

144 Corte Constitucional, Sentencia T-535 de 18 de diciembre de 2020, M. P. José Fernando Reyes Cuartas, párr. 11.

145 Corte Constitucional, Sentencia C-106 de 15 de marzo de 1995, M. P. Eduardo Cifuentes Muñoz.

han obtenido principalmente del ejercicio del acceso a la justicia de las personas migrantes empleando el mecanismo judicial de la acción de tutela, ante los jueces de instancia y que han logrado ser seleccionados por parte de la Corte en uso de su potestad de revisión eventual de casos. Por otro lado, han sido menos los fallos de constitucionalidad que han abordado la materia, ello, por cuanto las leyes emanadas del Congreso de la República no son tan voluminosas o debido a que muchas de estas no han sido demandadas por inconstitucionalidad ante dicha instancia.

Conclusiones y recomendaciones

A partir del análisis efectuado en este texto es posible derivar algunos aspectos a título de conclusión y también sugerir algunos otros con el objeto de mejorar el abordaje, diseño e implementación de la política pública en materia de movilidad en el Estado colombiano desde un enfoque de derechos humanos.

La historia nacional nos muestra un profundo énfasis en el abordaje de una de las realidades de la movilidad, este es, el desplazamiento forzado interno causado principalmente por la violencia política. Ello, ha sobre concentrado las acciones legislativas, ejecutivas y judiciales en la solución de esta problemática, sin que a la fecha la situación se encuentre superada en el país.

De manera paralela a ello, las escasas leyes que han dado tratamiento a la migración internacional antes de la vigencia de la Constitución de 1991 presentaron un sesgo eugenésico y de selectividad de personas, que incurre en graves discriminaciones por motivos prohibidos de acuerdo con la normatividad aplicable en la actualidad. Ese marco, que está inutilizado, pero no derogado, convive de modo contradictorio con un evolutivo desarrollo constitucional presente principalmente en los fallos dictados por la Corte Constitucional de Colombia.

Por otra parte, las acciones que se visualizan frente a la movilidad humana y suponen el cruce de una frontera internacional, se orientaron en un primer momento hacia la identificación y atracción de colombianos en el exterior, que, por las mismas causas de violencia estructural del país, o por las condiciones económicas complejas, han buscado mejores niveles de vida o protección internacional en otros

Estados. Tales acciones, no han tenido el impacto esperado en términos de recuperación de capital humano, lo que ha afectado negativamente las expectativas generadas en un torno al retorno calificado y con altas posibilidades de apalancar el desarrollo del país en varios frentes. Por el contrario, muchos de los colombianos retornados que no cumplen con el perfil esperado y, por el contrario, requieren de protección y satisfacción de necesidades básicas, no encuentran en Colombia un lugar atractivo para rediseñar su proyecto de vida en el territorio y las acciones afirmativas aplicables a esta situación son aún escasas.

A pesar de esto y bajo el amparo de los postulados constitucionales propuestos en el texto de 1991, Colombia presenta un catálogo de derechos para las personas extranjeras que pareciera estar casi completo. Pues si bien, el artículo 100 autoriza la diferencia de trato entre nacionales y extranjeros, de todos modos, son numerosos los derechos civiles que se garantizan a la población no nacional. Salvo lo previsto en la Constitución, las normas emanadas del legislativo no han logrado abordar de manera completa ni apropiada los derechos previstos en la carta, pues la gran mayoría de las leyes han sido de carácter ordinario y no estatutario, como debería procederse para fijar las limitaciones legales, en el ejercicio de los derechos de este colectivo de personas especialmente vulnerable, de acuerdo con el mandato del propio texto fundamental.

El papel de los tratados y principales decisiones internacionales referidas al tema de movilidad humana, ha sido crucial en el desarrollo normativo colombiano, pues lo previsto en la Constitución y su catálogo de derechos, se ve complementado y sujetado en términos hermenéuticos a los estándares fijados en tales sistemas, ello, ha permitido tener un marco de garantías más completo y que busca dialogar con los desarrollos supranacionales a partir de la aplicación del bloque de constitucionalidad. Un importante número de fallos, remite a la autorizada interpretación que han efectuado los órganos de los tratados de las Naciones Unidas y a los avances del Sistema Interamericano de protección de derechos humanos, en los informes emitidos por la CIDH y las providencias judiciales de carácter contencioso, consultivo y de medidas de protección proferidas de la Corte IDH.

A pesar de ello, es necesario que se emplee de manera completa el robusto sistema de fuentes del DIDH, pues los informes de los mandatos temáticos han producido valiosos estándares que se complementan perfectamente con las Observaciones y Recomendaciones Generales de los Comités y, además, permiten formular una sinergia que conduce a una verdadera óptica de interdependencia de los derechos. De hacer un eficiente y efectivo empleo de estos documentos, podría producirse un mejoramiento en la formulación de las políticas, planes y acciones en favor de los derechos de las personas en movilidad humana.

En lo que atañe al desarrollo legal en sentido formal, es decir, las normas provenientes del Congreso de la República y que han sido posteriores a la vigencia de la Constitución de 1991, las temáticas abordadas han sido puntuales y no se ha tenido la precaución de generar coordinación de estas fuentes, de modo que, en la actualidad aún no existe una regulación integral respecto de los derechos humanos de los extranjeros. De esta manera, existen normas sobre nacionalidad, intentos incompletos para implementar el SNM, leyes sobre retorno y fronteras y esfuerzos para solucionar situaciones preocupantes como la apatridia, con profundas limitaciones en lo que atañe a su campo de aplicación personal y temporal. Ello demuestra, que los esfuerzos quizá se han desaprovechado, pues con esta normatividad bien estructurada sería posible contar con un marco legislativo más completo, si existiera claridad sobre la ruta que en términos de abordaje de la movilidad se requiere para el país.

La Ley 2136 de 2021 marca un hito en los avances legislativos, pues por primera vez en la historia constitucional reciente del país, se formula una ley que busca integrar las diversas realidades de la movilidad humana cuando se produce el cruce de una frontera internacional. Ello permite que para los distintos actores que inciden en la gestión de la migración, exista por lo menos una coordenada clara, que contribuya a reducir la atomización normativa existente. Además de esto, la ley logra huir de la tendencia instaurada en las últimas décadas, de unidireccionar la gestión de la migración hacia la realidad que se vive entre Colombia y Venezuela. Esta ley entonces, tiene la gran virtud de ser en realidad, general, abstracta e impersonal y buscar darle protección a todo extranjero sometido a la jurisdicción del Estado colombiano, sin importar su nacionalidad.

Con ello, no se busca afirmar que la ley es un modelo por replicar en la región y en el mundo, pues si se le compara con leyes migratorias de otros países vecinos, es posible advertir que la gran omisión frente a la definición de los derechos de los extranjeros persiste. En esta ley, se incluyen unos derechos sin mucho sentido ni contexto, haciendo a un lado la interpretación constitucional de los derechos bajo la aplicación de lo previsto en la carta de 1991 y en los tratados internacionales.

La atención de la movilidad en Colombia ha estado caracterizada por provenir del poder ejecutivo, ello se pone de presente con los documentos de Política Social CONPES, que son los primeros que visibilizan esta realidad y a partir de allí, se despliegan una serie de actos administrativos de ministerios, unidades administrativas especiales, entre otros entes que conforman la estructura del Estado y que han buscado principalmente dos cometidos. El primero, formular acciones de regularización y el segundo, dar protección a ciertos derechos que se consideran esenciales para el reconocimiento de un mínimo vital.

Estas acciones de regularización y atención humanitaria han estado caracterizadas por la nacionalización de las mismas, pues los únicos beneficiarios de ellas han sido las personas que provienen de Venezuela. Esta tendencia, incurre en la creación de medidas que pueden conducir a la generación de perfiles nacionales y raciales, que, por demás, resultan contrarios a las obligaciones internacionales adquiridas por Colombia y que reposan en importantes tratados de derechos humanos, como la Convención para la Eliminación de la Discriminación Racial. Además de esto, la orientación de acciones para un grupo de extranjeros en particular desconoce la compleja realidad de ser un Estado de tránsito y destino de cientos de personas de otras nacionalidades, que para el momento no cuentan con herramientas para su protección, más allá que los mecanismos judiciales que puedan ser ejercidos en casos puntuales.

Otra de las tendencias de las medidas para el abordaje de la migración ha sido la temporalidad, pues la mayoría de los permisos para permanecer de modo regular en el territorio, han tenido vigencias cortas y han presentado múltiples barreras de acceso, derivadas de una deficiente difusión o funcionamiento de los mecanismos. Lo anterior, experimenta un cambio radical con la expedición del EPTMV, a través del Decreto 216 de 2021 y de la Resolución 0971 de este mismo año, pues también por primera vez en la historia de la regulación migratoria del país, se diseña una herramienta para documentar personas por un periodo de tiempo de diez años, a través del PPT. Este permiso, es complementario a un registro que busca caracterizar a personas venezolanas RUMV para luego, formular políticas públicas que respondan a las necesidades reales del país y de la población.

Es innegable que las acciones más recientes representan un avance remarcable, sin embargo, el mecanismo de regularización instaurado por el PPT reproduce dos problemas antes señalados. El primero de ellos, consiste en el campo de aplicación personal, pues beneficia únicamente a las personas venezolanas. El segundo, orienta la dinámica migratoria sobre una percepción de ser limitada en el tiempo, pues permite el acceso al proceso de documentación a personas que han ingresado al país hasta una precisa fecha de corte. Ello conducirá a que, a futuro, se deba ampliar el campo de aplicación temporal de estatuto, para así, resolver de mejor manera el riesgo de la irregularidad de las personas a lo largo y ancho del territorio nacional.

Ante la omisión del poder legislativo para definir el alcance de los derechos de los extranjeros en Colombia y desde la limitada y fluctuante actuación del ejecutivo que ha regulado la mayor cantidad de aspectos relacionados con la política migratoria, el juez constitucional ha cumplido un papel relevante en lo que supone el acceso efectivo de los derechos de los extranjeros en el país. De esta manera, los fallos de tutela en sede de revisión, algunas sentencias de constitucionalidad y las de unificación permiten comprender las coordenadas de aplicación de los artículos 13, 100 y 93 de la Constitución de 1991.

De esta manera, desde el activismo judicial el marco aplicable a los no nacionales se compone de los derechos previstos entre los artículos 11 al 77 de la Constitución, es decir, el catálogo de derechos civiles y políticos y económicos, sociales y culturales, bajo los criterios de interpretación del derecho a la igualdad, con la salvedad de que procede la realización de distinciones legítimas entre nacionales y extranjeros. Tales aspectos, han sido definidos por la Corte Constitucional en ejercicio de su potestad interpretativa, tanto del propio texto de 1991, como de los elementos que hacen parte del bloque de constitucionalidad.

Por su parte, el contenido de la jurisprudencia interna ha versado sobre derechos como el acceso a la justicia, debido proceso, limitaciones a derechos de los extranjeros, derechos de los menores de edad, personas en necesidad de protección internacional, derechos sociales, igualdad, enfoques diferenciales de protección de la mujer y los niños, nacionalidad, entre otros asuntos. Sin duda, este ejercicio interpretativo sigue en construcción y aún es importante contar con más parámetros que definan la aplicación de otros enfoques diferenciales, derechos políticos, condiciones dignas de detención, aplicación de principio de no devolución y muchos otros asuntos que pueden derivar en el pleno reconocimiento de la dignidad de las personas extranjeras en el país.

Por último, las reflexiones y análisis propuestas en este texto están lejos de ser omnicomprensivas y exhaustivas, son sólo un aporte desde la academia y desde la trayectoria del Grupo de Investigación en Derechos Humanos de la Universidad del Rosario, que se pone a disposición de la población migrante, los líderes, las organizaciones sociales, la institucionalidad, las ramas del poder público y todo aquel, que desde una óptica de derechos humanos, busque el mejoramiento y efectividad de las garantías de los no nacionales.

Cuadros y esquemas

Título-Cuadro	Capítulo
Cuadro 8. Deberes de los extranjeros.	Capítulo 3: 3.2.3. Extranjeros en Colombia: un tema fundamental de escaso desarrollo en la Ley 2136
Cuadro 9. Derechos que se garantizan bajo el estándar de otra persona extranjera con documentación.	Capítulo 3: 3.2.7. Las personas apátridas y su protección en Colombia a partir del DIDH.
Cuadro 10. Derechos que se garantizan como el nacional de un Estado.	Capítulo 3: 3.2.7. Las personas apátridas y su protección en Colombia a partir del DIDH.
Cuadro 11. Insumos para la Planeación de la Política.	Capítulo 3: 3.3. Ley 2136 de 2021 como herramienta para aportar estructura institucional al sistema migratorio colombiano.
Cuadro 12. Funciones del Ministerio de Relaciones Exteriores.	Capítulo 3: 3.4. Las autoridades migratorias como camino para el reconocimiento de los derechos de las personas en movilidad.
Cuadro 13. Funciones de la Unidad Administrativa Especial Migración Colombia.	Capítulo 3: 3.4. Las autoridades migratorias como camino para el reconocimiento de los derechos de las personas en movilidad.
Cuadro 14. Acciones que han establecido permisos para nacionales venezolanos en Colombia.	Capítulo 4: 4.1. Los permisos y la caracterización como una estrategia de corto plazo en términos de regularización.

Título-Cuadro	Capítulo
Cuadro 15. Principales actos administrativos de carácter general que han permitido que las personas migrantes venezolanas accedan a la oferta de derechos.	Capítulo 4: 4.6. Otras acciones administrativas que han favorecido el acceso a los derechos de los migrantes venezolanos.
Esquema 1. Entidades de coordinación interinstitucional.	Capítulo 3: 3.4. Las autoridades migratorias como camino para el reconocimiento de los derechos de las personas en movilidad.
Esquema 2. Sistema Nacional de Migraciones.	Capítulo 3: 3.4. Las autoridades migratorias como camino para el reconocimiento de los derechos de las personas en movilidad.

Referencias

World Bank Group. "Migrants, Refugees and Society." *Work Bank Publications*, 2023, 52. https://www.worldbank.org/en/publication/wdr2023.

"Acabar con la apatridia". ACNUR. https://www.acnur.org/acabar-con-la-apatridia.

ACNUR. *Tendencias Globales desplazamiento Forzado en 2020.* Marmorvej: ACNUR, junio de 2021. https://www.acnur.org/media/tendencias-globales-de-desplazamiento-forzado-en-2020.

Cancillería de Bogotá. *Concepto sobre la prueba de domicilio requisito para acceso al ppt de migrantes en situación migratoria irregular.* Bogotá: Ministerio de Relaciones Exteriores, s. f. https://bogota.gov.co/sites/default/files/tys/2021/06/Concepto-sobre-prueba-sumaria.pdf.

Alessandri, Antonio. y Somarriva, Manuel. *Curso de Derecho Civil. Parte General y los Sujetos de Derecho.* Santiago de Chile: Nascimento, 1971.

Aliaga Sáenz, Felipe "Una innecesaria tipología para la migración de retorno. Análisis sociojurídico de la Ley para el retorno de los colombianos en el exterior." *Revista Austral de Ciencias Sociales*, n. ° 36 (2019): 215-232. https://www.redalyc.org/journal/459/45961140011/html/.

Almonacid Díaz, Cristhian. "Cortina, Adela. Aporofobia, el rechazo al pobre. Un desafío para la democracia". *Ideas y Valores* 67, n.° 166 (4 de enero de 2018): 199-200. https://doi.org/10.15446/ideasyvalores.v67n166.70517.

Alto Comisionado de las Naciones Unidas para los Refugiados (ACNUR). *Tendencias Globales: desplazamiento forzado en 2021.* https://www.acnur.org/media/tendencias-globales-de-acnur-2021.

Alto Comisionado de las Naciones Unidas para los Refugiados (ACNUR). *"La Unión Africana"*. https://www.acnur.org/la-union-africana.

Alto Comisionado de las Naciones Unidas para los Refugiados (ACNUR). *"Declaración de Cartagena sobre los Refugiados"*. https://www.acnur.org/media/declaracion-de-cartagena-sobre-los-refugiados.

Álvarez Diaz, Oscar Luis *Estado social de Derecho, Corte Constitucional y desplazamiento forzado en Colombia.* Bogotá: Siglo del Hombre, Instituto Pensar, 2008.

Añón, María José. "Nueva ciudadanía y derechos sociales y políticos de los inmigrantes." *Revista Gaceta Sindical, reflexión y debate* (2003): 11-136.

Asamblea General de las Naciones Unidas. *Informe de la Relatora Especial sobre los Derechos Humanos de los Migrantes, Sra. Gabriela Rodríguez Pizarro.* (E/CN.4/2005/85/Add.2). 14 de enero de 2005.

Asamblea General de las Naciones Unidas. *Informe de la Relatora Especial para los Derechos de los Migrantes, Sra. Gabriela Rodríguez Pizarro.* (Doc. E/CN.4/2000/83). 9 de enero de 2001.

Asamblea General de las Naciones Unidas. *Informe del Relator Especial sobre el Derecho a la Alimentación, Sr. Jean Ziegler.* (Doc. A/HRC/7/5). 10 de enero de 2008.

Asamblea General de las Naciones Unidas. *Informe de la Sra. Joy Ezeilo. Relatora Especial sobre la trata de personas, especialmente mujeres y niños.* (Doc. A/765/288, 9 de agosto de 2010. https://documents-dds-ny.un.org/doc/UNDOC/GEN/N10/483/14/PDF/N1048314.pdf?OpenElement.

Asamblea General de las Naciones Unidas. *Informe de la Sra. María Grazia Giammarinaro. Relatora Especial sobre la trata de personas, especialmente mujeres y niños, presentado de conformidad con la resolución 35/5 del Consejo de Derechos Humanos.* (Doc. A/74/189). 19 de julio de 2019. https://documents-dds-ny.un.org/doc/UNDOC/GEN/N19/222/71/PDF/N1922271.pdf?OpenElement.

Asamblea General de las Naciones Unidas. *Informe del Relator Especial sobre los derechos humanos de los migrantes. Sr. Felipe Gonzalez Morales.* (A/HRC/38/41). https://documents-dds-ny.un.org/doc/UNDOC/GEN/G18/125/20/PDF/G1812520.pdf?OpenElement.

Asamblea General de las Naciones Unidas. Relator Especial sobre los Derechos Humanos de los Migrantes. *Los derechos humanos de las personas migrantes: buenas prácticas e iniciativas en el ámbito de la legislación y las políticas migratorias con perspectiva de género.* (Doc. A/74/191). 18 de julio de 2019. https://documents-dds-ny.un.org/doc/UNDOC/GEN/N19/222/83/PDF/N1922283.pdf?OpenElement.

Asamblea General de las Naciones Unidas. Relatora Especial sobre los Derechos Humanos de los Migrantes, Sra. Gabriela Rodríguez Pizarro. *Informe, estudios y documentos a estudiar por el Comité preparatorio de la Conferencia Mundial contra el Racismo, la Discriminación*

Racial, la xenofobia y las formas conexas de Intolerancia. (Doc. A/CONF.198/PC.2/23). 18 de abril de 2001.

Asamblea General. *Informe del Relator Especial sobre los derechos humanos de los migrantes. Sr., Felipe González Morales.* (Doc. A/77/189) 19 de julio de 2022. https://documents-dds-ny.un.org/doc/UNDOC/GEN/N22/431/52/PDF/N2243152.pdf?OpenElement

Asamblea General. Relator Especial sobre los Derechos Humanos de los Migrantes, Sr. Felipe González Morales. *Poner fin a la detención de menores por razones de inmigración y proporcionarles cuidado y acogida adecuados.* (Doc. A/75/183). 20 de julio de 2020. https://documents-dds-ny.un.org/doc/UNDOC/GEN/N20/188/30/PDF/N2018830.pdf?OpenElement.

Asamblea Nacional de la República de Ecuador. *Oficio No. T.7166-SGJ-17-0100 de 31 de enero de 2017.* 2017. https://www.derechoshumanos.gob.ec/wp-content/uploads/2023/01/Ley_Organica_de_Movilidad_Humana.pdf

Barbieri, Nicolás Gissi *et al.* "Respuestas de los países del Pacífico Suramericano ante la migración venezolana: estudio comparado de políticas migratorias en Colombia, Ecuador y Perú". *Diálogo Andino,* n. ° 63 (2020): 219-233. http://dx.doi.org/10.4067/S0719-26812020000300219.

Batchelor, Carol. "Stateless person: some gaps in the international protection." En Status of Stateless Persons and the 1961 Convention on the Reduction of Statelessness, 1995.

Beas Miranda, Miguel. "Ciudadanía y procesos de exclusión." En *El largo camino hacia una educación inclusiva: la educación especial y social del siglo XIX a nuestros días: XV Coloquio de Historia de la Educación, Pamplona-Iruñea, 29, 30 de junio y 1 de julio de 2009,* coordinado por María Reyes. Berruezo Albéniz y Susana. Conejero López, 21-32, 2009. https://dialnet.unirioja.es/servlet/articulo?codigo=2963063.

Benavides Llerena, Gina, y Chávez Núñez, Gardenia. "Migraciones y derechos humanos. El caso de la Comunidad Andina (CAN)". *Revista Científica General José María Córdova* 12, n. ° 14 (2014): 75-93. http://www.scielo.org.co/scielo.php?pid=S1900-65862014000200005&script=sci_arttext.

Bernal, Marcelo. "Pobreza estructural, grupos desaventajados y desarrollo asimétrico en la Argentina de principio de milenio." *Provincia,* n. ° 18 (2007): 97-113. https://www.redalyc.org/pdf/555/55501805.pdf.

Bernal-Camargo, Diana Rocío, y Padilla-Muñoz, Andrea Carolina. "Los sujetos de especial protección: construcción de una categoría jurídica a partir de la constitución política colombiana de 1991." *Jurídicas* 15, n. ° 1 (2018): 46-64. https://revistasojs.ucaldas.edu.co/index.php/juridicas/article/view/3225.

Blouin, Cecile. "Entre la espera y el miedo: las trayectorias legales de la población venezolana en la región de Tumbes." En *Trayectorias migrantes, juventud venezolana en Perú,* 2021. https://repositorio.pucp.edu.pe/index/handle/123456789/182865.

Blouin, Cecile. "El Bicentenario y la migración: Mirando el pasado para construir otro futuro". *Instituto de Derechos Humanos, Pontificia Universidad Católica del Perú,* 27 de julio de 2020. https://idehpucp.pucp.edu.pe/notas-informativas/el-bicentenario-y-la-migracion-mirando-el-pasado-para-construir-otro-futuro/.

Bonet Pérez, Jordi. "La Convención Internacional sobre la protección de los derechos de todos los Trabajadores Migratorios y de sus Familiares". En *Un mundo sin desarraigo: El derecho Internacional de las Migraciones,* editado por F. Mariño Menéndez. Madrid: Catarata, 2006.

Bonet Pérez, Jordi. "La Convención Internacional sobre la Protección de los Derechos de Todos los Trabajadores Migratorios y de sus Familiares". En *La protección Internacional de los Derechos Humanos en los albores del Siglo XXI",* 93-321, coordinado por Francisco Mariño Menéndez. Madrid: Catarata, 2006.

Borda, Guillermo. *Tratado de Derecho Civil, Parte General No. 1.* Buenos Aires: Editorial Perrot, 1980.

Boyden, Jo y Hart, Jason. "The statelessness of the world's children." *Children and Society,* 21, n. ° 4 (2007): 237.

Canales, Alejandro, Juan Alberto Fuentes Knight y Carmen Rosa de León. *Desarrollo y Migración: Desafíos y oportunidades en los países del norte de Centroamérica.* Ciudad de México: Naciones Unidas, 2019. https://repositorio.cepal.org/server/api/core/bitstreams/55aaa08e-7c40-4d21-90bf-1402d422b400/content.

Cançado Trindade, Antonio Augusto. "Reflexiones sobre el desarraigo como problema de derechos humanos frente a la conciencia jurídica universal". En *La nueva dimensión de las necesidades de protección del ser humano en el inicio del siglo XXI.*

Cançado Trindade y J. Ruiz de Santiago. 2a ed., Corte Interamericana de Derechos Humanos, Costa Rica. 2003. P. 34.

Cancillería de Colombia. *Antecedentes históricos y causas de la migración.* https://www.cancilleria.gov.co/colombia/migracion/historia

Cancillería de Colombia. *Colombia frente a los instrumentos internacionales en materia de Derechos Humanos y Derecho Internacional Humanitario.* https://www.cancilleria.gov.co/sites/default/files/colombia_frente_a_los_instrumentos_internacionales_de_derechos_humanos_y_dih-feb2014_3.pdf

Cancillería de Colombia. *Colombia Nos Une. Objetivos.* https://www.colombianosune.com/objetivos

Cancillería de Colombia. *Convalidación en Colombia de títulos obtenidos en el exterior.* https://www.colombianosune.com/ejes/sistema-de-servicios-para-colombianos/educacion/convalidacion-titulos-colombianos-exterior

Caracol Radio. *Conozca dónde estarían los Centros de Procesamiento de Migrantes de EE. UU. en Colombia,* 2023. https://caracol.com.co/2023/05/25/conozca-donde-estaran-los-centros-de-procesamiento-de-migrantes-de-eeuu-en-colombia/?outputType=amp.

Carreño Malaver, Ángela María. "Situación de refugiados colombianos en Ecuador". *Revista Justicia,* no. 22 (diciembre 2012): 20-46. http://portal.unisimonbolivar.edu.co:82/rdigital/justicia/index.php/justicia.

Carreño Malaver, Ángela María. "Refugiados colombianos en Venezuela: Quince años en búsqueda de protección". *Memorias,* n. ° 24 (2014): 125-148. http://www.scielo.org.co/scielo.php?script=sci_arttext&pid=S1794-88862014000300007&lng=en&nrm=iso.

Carrillo Salcedo, Juan Antonio. *Dignidad frente a la barbarie. La Declaración Universal de Derechos Humanos, cincuenta años después.* Madrid: Mínima Trotta, 1999.

Carrillo Salcedo, Juan. Antonio. *Soberanía de los Estados y derechos humanos en el Derecho Internacional contemporáneo.* Segunda edición. Tecnos, 2001.

Carrillo, Rafael. "Tres problemas mexicanos de eugenesia: etnografía y etnología, herencia e inmigración." *Revista mexicana de puericultura* 3, n. ° 25 (noviembre de 1932): 5.

Castaño, Félix Fernández, Segura, María Jesús Santiago. "Niveles de desarrollo e inmigración: 'efecto expulsión' versus 'efecto llamada'." *En Actas del I Congreso Internacional sobre Migraciones en Anda-*

lucía. Instituto de Migraciones, 2011. https://scholar.google.es/scholar?hl=es&as_sdt=0%2C5&q=efecto+llamada&btnG=.

Castles, Stephen, Mark J. Miller. *The Age of Migration,* 3rd ed. New York: The Guilford Press, 2003.

Castrillón, Alberto. "¿Migrantes o desplazados?" *Revista de Economía Institucional* 11, n. ° 20 (2009): 445-451.

Centro de Desplazamiento Interno (IDMC). "*Las cifras que presenta el Informe Global sobre Desplazamiento 2023*". 2023. https://www.internal-displacement.org/media-centres/las-cifras-que-presenta-el-informe-global-sobre-desplazamiento-2023#:~:text=El%20Gobierno%20de%20Colombia%20reporta,31%20de%20diciembre%20de%202022.

Centro de Investigación y Educación Popular (CODHES). "2021: el año con mayor número de víctimas de desplazamiento en 5 años". *Blog del CODHES.* 22 de diciembre de 2021. https://codhes.wordpress.com/2021/12/22/2021-el-ano-con-mayor-numero-de-victimas-de-desplazamiento-en-5-anos/.

Centro de Memoria Histórica. "Informe General, Capítulo II, Los orígenes, las dinámicas y el crecimiento del conflicto armado". *Basta ya.* http://centrodememoriahistorica.gov.co/descargas/informes2013/bastaYa/capitulos/basta-ya-cap2_110-195.pdf

Cepeda, Martha "*El aporte peruano a la política pública migratoria (2015-2017). Un modelo de buenas prácticas para américa latina*". Colombia, 2019. https://repository.ucatolica.edu.co/bitstream/10983/23028/1/El%20aporte%20peruano%20a%20la%20pol%C3%ADtica%20p%C3%BAblica%20migratoria%20%282015-2017%29.%20Un%20modelo%20de%20buenas%20pr%C3%A1cticas%20para%20Am%C3%A9r.pdf

Chueca Sancho, A. y Aguelo Navarro, P. "La Convención sobre la protección de los derechos de todos los trabajadores migratorios y sus familias". *Revista de Derecho Migratorio y Extranjería,* n. ° 10 (2005): 124.

CIDH. *Informe sobre inmigración en Estados Unidos: detenciones y debido proceso.* (Doc. OEA/Ser. L/V/II, Doc. 78/1°). 30 de diciembre de 2010.

CIDH. *Movilidad Humana: estándares interamericanos.* (Doc., OEA/Ser.L/V/II, Doc. 46/15), 31. diciembre 2015. http://www.oas.org/es/cidh/informes/pdfs/movilidadhumana.pdf

CNN en español. '*Hasta 30.000 haitianos están en Colombia y buscan viajar hacia el norte*'. 21 de septiembre de 2021. https://cnnespanol.

cnn.com/2021/09/21/hasta-30-000-haitianos-estan-en-colombia-y-buscan-viajar-hacia-el-norte/.

Colin, Ambroise y Capitant, Henri. *Derecho Civil. Introducción, Personas, Estado Civil, Incapaces.* México: Jurídica Universitaria, 2003.

Comisión de Derecho Internacional. *Informe Expulsión de extranjeros.* (Doc. A/CN.4/565). 10 de julio de 2006.

Comisión de Derechos Humanos. *Informe del Relator Especial sobre los derechos humanos de los migrantes: buenas prácticas e iniciativas en el ámbito de la legislación y las políticas migratorias con perspectiva de género.* (Doc. A/74/191). 18 de julio de 2019. https://documents-dds-ny.un.org/doc/UNDOC/GEN/N19/222/83/PDF/N1922283.pdf.

Comisión de Derechos Humanos. *Informe presentado por la Relatora Especial sobre los derechos humanos de los migrantes, Sra. Gabriela Rodríguez Pizarro.* (Doc. E/CN.4/2003/85). 30 de diciembre de 2002.

Comisión Económica para América Latina (CEPAL). *Red de datos para áreas pequeñas por microcomputador-Redatam (Bases de datos de censos para países latinoamericanos y del Caribe),* 2017. https://goo.gl/Bmo22k.

Comisión Interamericana de Derechos Humanos (CIDH). *CIDH condena el uso excesivo de la fuerza por parte de agentes estatales en las protestas en diversos países de la región.* Comunicado de prensa. 2020. https://www.oas.org/es/cidh/prensa/comunicados/2020/174.asp.

Comisión Interamericana de Derechos Humanos (CIDH). *Principios y Directrices sobre los Derechos Humanos de los Migrantes en Situación de Vulnerabilidad en las Américas.* https://www.oas.org/es/cidh/informes/pdfs/Principios%20DDHH%20migrantes%20-%20ES.pdf.

Comisión Interamericana de Derechos Humanos. *Migración forzada de personas nicaragüenses a Costa Rica. Informe temático.* (Doc. OAS/Ser.L/V/II). https://www.oas.org/es/cidh/informes/pdfs/MigracionForzada-Nicaragua-CostaRica.pdf.

Comisión Interamericana de Derechos Humanos. *Refugiados y Migrantes en Estados Unidos: familias y niños no acompañados.* (OAS/Ser.L/V/II.155, Doc). 24 de julio de 2015. https://www.oas.org/es/cidh/informes/pdfs/Refugiados-Migrantes-EEUU.pdf.

Comisión Interamericana de Derechos Humanos. *Debido proceso en los procedimientos para la determinación de la condición de persona refugiada, y apátrida y el otorgamiento de protección complementaria.* 2020.

https://www.oas.org/es/cidh/informes/pdfs/DebidoProceso-ES.pdf

Comisión Interamericana de Derechos Humanos. *Derechos humanos de migrantes, refugiados, apátridas, víctimas de trata de personas y desplazados internos: Normas y Estándares del Sistema Interamericano de Derechos Humanos.* 2015. https://www.oas.org/es/cidh/informes/pdfs/MovilidadHumana.pdf

Comisión Interamericana de Derechos Humanos. *El asilo y su relación con crímenes internacionales,* 2000. http://www.cidh.oas.org/asilo.htm

Comisión Interamericana de Derechos Humanos. *Guía Práctica Protección internacional y regularización de la condición legal en el contexto de movimientos mixtos a gran escala en las Américas,* 2022. https://www.oas.org/es/cidh/Publicaciones/2022/guiaPractica_ProteccionInternacional_MovilidadHumana_SPA.pdf

Comisión Interamericana de Derechos Humanos. *Informe de progreso sobre la situación de los trabajadores migrantes y sus familias en el hemisferio,* 1996. http://www.cidh.oas.org/annualrep/96span/IA-1996CapVI.htm#3

Comisión Interamericana de Derechos Humanos. *Principios interamericanos sobre los derechos humanos de todas las personas migrantes, refugiadas, apátridas y las víctimas de la trata de personas,* 2019. https://www.oas.org/es/cidh/informes/pdfs/Principios%20DDHH%20migrantes%20-%20ES.pdf

Comisión Interamericana de Derechos Humanos. *Recomendaciones de la Comisión Interamericana de Derechos Humanos,* 1997. http://www.cidh.oas.org/annualrep/97span/cap.7.htm

Comisión Interamericana de Derechos Humanos. *Recomendaciones de la Comisión Interamericana de Derechos Humanos,* 1998. http://www.cidh.oas.org/annualrep/98span/Capitulo%207.htm

Comisión Interamericana de Derechos Humanos. *Refugiados y Migrantes en Estados Unidos: familias y niños no acompañados.* (OAS/Ser.L/V/II.155, Doc. 16). 24 de julio de 2015. https://www.oas.org/es/cidh/informes/pdfs/Refugiados-Migrantes-EEUU.pdf.

Comisión Interamericana de Derechos Humanos. *Séptimo informe de progreso de la relatoría especial sobre trabajadores migratorios y miembros de sus familias correspondiente al período entre enero y diciembre del 2005,* 2005. http://www.cidh.oas.org/annualrep/2005sp/cap.5c.htm#ROL_.

Comité de Derechos Humanos. *Observación General No. 15: Situación de los extranjeros con arreglo al Pacto.* (Doc. HRI/GEN/1/Rev.9) 27 de mayo de 2008.

Comité de Derechos Humanos. Observación General No. 32, *Derecho a un juicio imparcial y a la igualdad ante los tribunales y cortes de justicia.* (Doc. HRI/GEN/1/Rev. 9), 27 de mayo de 2008.

Comité de los Derechos del Niño. *Observación General No. 6, "Trato de los menores no acompañados y separados de su familia fuera de su país de origen".* (Doc. CRC/GC/2005/6), 1 de septiembre de 2005. https://www.acnur.org/fileadmin/Documentos/BDL/2005/3886.pdf.

Comité de Protección de los Derechos de todos los trabajadores migratorios y sus familiares. *Observaciones finales sobre el segundo informe periódico de Colombia, aprobadas por el Comité en su 18° período de sesiones (15 a 26 de abril de 2013).* (Doc. CMW/C/COL/CO/2), 27 de mayo de 2013. https://www.refworld.org.es/pdfid/5d7fd0f92.pdf.

Comité de Protección de los Derechos de Todos los Trabajadores Migratorios y de sus Familiares. *Observaciones finales sobre el tercer informe periódico de Colombia.* (Doc. CMW/C/COL/CO/3). 27 de enero de 2020. http://docstore.ohchr.org/SelfServices/FilesHandler.ashx?enc=6QkG1d%2FPPRiCAqhKb7yhsmxpvcEg4fTY8dv%2FqThh5tfwUl0fSRu4Jo4DrypLUO%2FGTRhnYPLVQjjd%2FM8Bl5PuRITlLXySmGVGN1ZTqIku3g259knqdvRWXW3NCD4GNlce.

Comité de Protección de los Derechos de Todos los Trabajadores Migratorios y sus Familias y Comité de los Derechos del Niño. *Observación General No. 3 y 22, respectivamente, sobre los principios generales relativos a los derechos humanos de los niños en el contexto de la migración internacional.* (Doc. CMW/C/GC/3–CRC/C/GC/22), 16 de noviembre de 2017, https://documents-dds-ny.un.org/doc/UNDOC/GEN/G17/343/62/PDF/G1734362.pdf?OpenElement

Comité de Protección de los Derechos de Todos los Trabajadores Migratorios y de sus Familiares y Comité de los Derechos del Niño. Observación general conjunta núm. 4 y núm. 23 respectivamente, *sobre las obligaciones de los Estados relativas a los derechos humanos de los niños en el contexto de la migración internacional en los países de origen, tránsito, destino y retorno.* (Doc. CMW/C/GC/4–CRC/C/GC/23), 16 de noviembre de 2017. https://conf-dts1.unog.ch/1%20SPA/Tradutek/Derechos_hum_Base/CMW/00_7_obs_grales_CMW.html.

Comité de Protección para los Derechos de Todos los Trabajadores Migratorios, Relator de Naciones Unidas sobre los Derechos de los Trabajadores Migrantes Sr. Jorge Bustamante. *La protección de los niños en el contexto de la migración.* (Doc. A/64/213), 3 de agosto de 2009. https://docplayer.es/82964446-Asamblea-general-naciones-unidas-a-64-213-derechos-humanos-de-los-migrantes-nota-del-secretario-general.html.

Comité Internacional de la Cruz Roja (CICR). *Actualización sobre la situación humanitaria en Colombia 2022*, 2022. https://www.icrc.org/es/document/actualizacion-sobre-la-situacion-humanitaria-en-colombia-2022.

Comité Internacional de la Cruz Roja (CICR). *Cinco conflictos armados en Colombia: ¿Qué está pasando?*, 2018. https://www.icrc.org/es/document/cinco-conflictos-armados-en-colombia-que-esta-pasando.

Comité Internacional de la Cruz Roja (CICR). *Los Convenios de Ginebra de 1949 y sus Protocolos Adicionales.* https://www.icrc.org/es/document/los-convenios-de-ginebra-de-1949-y-sus-protocolos-adicionales.

Comité para la Eliminación de la Discriminación contra la Mujer. *Recomendación general No. 26 sobre las trabajadoras migratorias*, 2005. https://www2.ohchr.org/english/bodies/cedaw/docs/gr_26_on_women_migrant_workers_sp.pdf

Comité para la Eliminación de la Discriminación Racial. *Recomendación General No. XXX. 65 periodo de sesiones*, 2008. https://conf-dts1.unog.ch/1%20SPA/Tradutek/Derechos_hum_Base/CERD/00_3_obs_grales_CERD.html#GEN30.

Comité para la Protección de los derechos de todos los trabajadores migratorios y sus familias. *Observación General No. 1 sobre los trabajadores domésticos migratorios.* (Doc. CMW/C/GC/1), 2011. https://tbinternet.ohchr.org/_layouts/15/treatybodyexternal/Download.aspx?symbolno=CMW%2fC%2fGC%2f1&Lang=en.

Comité para la Protección de los derechos de todos los trabajadores migratorios y sus familias. *Observación General No. 2 sobre los derechos de los trabajadores migratorios en situación de irregularidad y de sus familias.* (Doc. CMW/C/GC/2), 2013. https://tbinternet.ohchr.org/_layouts/15/treatybodyexternal/Download.aspx?symbolno=CMW%2fC%2fGC%2f2&Lang=en.

Comité para la Protección de los derechos de todos los trabajadores migratorios y sus familias, Observación General No. 3. So*bre los principios generales relativos a los derechos humanos de los niños en el contexto de la migración internacional.* (Doc. CMW/C/GC/3–CRC/C/

GC/22), 2017. https://tbinternet.ohchr.org/_layouts/15/treatybodyexternal/Download.aspx?symbolno=CMW%2fC%2fGC%2f3&Lang=en.

Comité para la Protección de los derechos de todos los trabajadores migratorios y sus familias, Observación General No. 4. S*obre sobre las obligaciones de los Estados relativas a los derechos humanos de los niños en el contexto de la migración internacional en los países de origen, tránsito, destino y retorno.* (Doc. CMW/C/GC/4–CRC/C/GC/23), 2017. https://www.ohchr.org/es/documents/general-comments-and-recommendations/joint-general-comment-no-4-cmw-and-no-23-crc-2017.

Congreso de la República de Colombia. Decreto 2840 de 2013. *Por el cual se establece el Procedimiento para el Reconocimiento de la Condición de Refugiado, se dictan normas sobre la Comisión Asesora para la Determinación de la Condición de Refugiado y otras disposiciones,* 2013. https://www.funcionpublica.gov.co/eva/gestornormativo/norma.php?i=76610

Congreso de la República de Colombia. *Ley 1098 de 2006, por medio de la cual se expide el Código de Infancia y adolescencia,* 2006. http://www.secretariasenado.gov.co/senado/basedoc/ley_1098_2006.html

Congreso de la República de Colombia. Ley 1151 de 2007: *Por la cual se expide el Plan Nacional de Desarrollo 2006-2010.*

Congreso de la República de Colombia. Ley 12 de 1991: *Por medio de la cual se aprueba la Convención sobre los Derechos del Niño adoptada por la Asamblea General de las Naciones Unidas el 20 de noviembre de 1989.* https://www.suin-juriscol.gov.co/viewDocument.asp?ruta=Leyes/1568638

Congreso de la República de Colombia. Ley 1450 de 2011: *Por la cual se expide el Plan Nacional de Desarrollo, 2010-2014.*

Congreso de la República de Colombia. Ley 146 de 1994: *Por medio de la cual se aprueba la "Convención Internacional sobre la Protección de los Derechos de todos los Trabajadores Migratorios y de sus Familiares", hecha en Nueva York el 18 de diciembre de 1990.* https://www.suin-juriscol.gov.co/viewDocument.asp?id=1650862.

Congreso de la República de Colombia. Ley 1465 de 2011: *Por la cual se crea el Sistema Nacional de Migraciones y se expiden normas para la protección de los colombianos en el exterior.*

Congreso de la República de Colombia. Ley 1565 de 2012: *Por medio de la cual se dictan disposiciones y se fijan incentivos para el retorno de los colombianos residentes en el extranjero.*

Congreso de la República de Colombia. *Ley 1588 de 2012: por medio de la cual se aprueba la "Convención sobre el Estatuto de los Apátridas". adoptada en Nueva York. el 28 de septiembre de 1954 y la "Convención para reducir los casos de Apatridia". adoptada en Nueva York. el 30 de agosto de 1961.*

Congreso de la República de Colombia. Ley 16 de 1972: Por medio de la cual se aprueba la Convención Americana sobre Derechos Humanos "Pacto de San José de Costa Rica". firmado en San José, Costa Rica, el 22 de noviembre de 1969.

Congreso de la República de Colombia. *Ley 1618 de 2013: Por medio de la cual se establecen las disposiciones para garantizar el pleno ejercicio de los derechos de las personas con discapacidad.* https://www.funcionpublica.gov.co/eva/gestornormativo/norma.php?i=52081

Congreso de la República de Colombia. *Ley 1641 de 2013, Por la cual se establecen los lineamientos para la formulación de la política pública social para habitantes de la calle y se dictan otras disposiciones.* 2013 https://www.funcionpublica.gov.co/eva/gestornormativo/norma.php?i=53735.

Congreso de la República de Colombia. *Ley 1850 de 2017: por medio de la cual se establecen medidas de protección en favor del adulto mayor.* https://sidn.ramajudicial.gov.co/SIDN/NORMATIVA/TEXTOS_COMPLETOS/7_LEYES/LEYES%202017%20(1822-)/Ley%201850%20de%202017%20(Establece%20medidas%20de%20protecci%C3%B3n%20al%20adulto%20mayor).pdf.

Congreso de la República de Colombia. Ley 188 de 1995, *Plan Nacional de Desarrollo e Inversiones 1995-1998.* 1995.

Congreso de la República de Colombia. Ley 2136 de 2021: *Por medio de la cual se establecen las definiciones, principios y lineamientos para la reglamentación y orientación de la Política Integral Migratoria del Estado Colombiano–PIM, y se dictan otras disposiciones.*

Congreso de la República de Colombia. Ley 22 de 1981: *por medio de la cual se aprueba "La Convención Internacional sobre la Eliminación de todas las formas de Discriminación Racial", adoptado por la Asamblea General de las Naciones Unidas en Resolución 2106 (XX) del 21 de diciembre de 1965, y abierta a la firma el 7 de marzo de 1966.* https://www.suin-juriscol.gov.co/viewDocument.asp?ruta=Leyes/1578189

Congreso de la República de Colombia. Ley 35 de 1961 de 19 de julio. *Por la cual se aprueba la Convención sobre Estatuto de los Refugiados.*

Congreso de la República de Colombia. Ley 387 de 1997: "*Por la cual se adoptan medidas para la prevención del desplazamiento forzado; la atención, protección, consolidación y esta estabilización socioeconómica de los desplazados internos por la violencia en la República de Colombia"*.

Congreso de la República de Colombia. Ley 39 de 1961: *Por la cual se dictan normas para la cedulación, y otras de carácter electoral.*

Congreso de la República de Colombia. Ley 43 de 1993: *Por medio de la cual se establecen las normas relativas a la adquisición, renuncia, pérdida y recuperación de la nacionalidad colombiana; se desarrolla el numeral séptimo del artículo 40 de la Constitución Política y se dictan otras disposiciones.*

Congreso de la República de Colombia. Ley 508 de 1999: *Por la cual se expide el Plan Nacional de Desarrollo para los años de 1999-2002.*

Congreso de la República de Colombia. *Ley 581 de 2000, Por la cual se reglamenta la adecuada y efectiva participación de la mujer en los niveles decisorios de las diferentes ramas y órganos del poder público, de conformidad con los artículos 13, 40 y 43 de la Constitución Nacional y se dictan otras disposiciones.* https://www.funcionpublica.gov.co/eva/gestornormativo/norma.php?i=5367.

Congreso de la República de Colombia. Ley 74 de 1968, de 26 de diciembre: *por la cual se aprueban los Pactos Internacionales de Derechos Económicos, Sociales y Culturales, de Derechos Civiles y Políticos, así como el Protocolo Facultativo de este último, aprobados por la Asamblea General de las Naciones Unidas en votación unánime, en Nueva York, el 16 de diciembre de 1966.*

Congreso de la República de Colombia. Ley 812 de 2003: *Por la cual se aprueba el Plan Nacional de Desarrollo 2003-2006, hacia un Estado comunitario.* https://colaboracion.dnp.gov.co/CDT/Normatividad/Ley812_de_2003.pdf.

Congreso de la República de Colombia. Ley 962 de 2005: *Por la cual se dictan disposiciones sobre racionalización de trámites y procedimientos administrativos de los organismos y entidades del Estado y de los particulares que ejercen funciones públicas o prestan servicios públicos.*

Congreso de la República de Colombia. Ley 2136 de 2021: *Por medio de la cual se establecen las definiciones, principios y lineamientos para la reglamentación y orientación de la política integral migratoria del estado colombiano–PIM, y se dictan otras disposiciones.*

Congreso de la República de Colombia. Ley 2332 de 2023: *Por medio de la cual se establecen los requisitos y el procedimiento necesario para la adquisición, pérdida y recuperación de la nacionalidad colombiana y se dictan otras disposiciones.*

Consejo de Derechos Humanos. Informe del Relator Especial sobre los derechos humanos de los migrantes, *Los efectos de la migración en las mujeres y las niñas migrantes: una perspectiva de género.* (Doc. A/HRC/41/38), 15 de abril de 2019. https://documents-dds-ny.un.org/doc/UNDOC/GEN/G19/107/94/PDF/G1910794.pdf?OpenElement.

Consejo de Derechos Humanos. Relator Especial sobre los derechos humanos de los migrantes. *Informe sobre las formas de hacer frente a los efectos en los derechos humanos de las devoluciones en caliente de migrantes en tierra y en el mar.* (A/HRC/47/30), 12 de mayo de 2021. https://documents-dds-ny.un.org/doc/UNDOC/GEN/G21/106/36/PDF/G2110636.pdf?OpenElement.

Consejo Nacional de Política Económica y Social República de Colombia, Departamento Nacional de Planeación. Documento CONPES 3603 de 2009, *Política Integral Migratoria.* https://www.cancilleria.gov.co/colombia/migracion/conpes.

Consejo Nacional de Política Económica y Social República de Colombia, Departamento Nacional de Planeación. Documento CONPES 3950, *Estrategia para la atención de la migración desde Venezuela,* 2018. https://colaboracion.dnp.gov.co/CDT/Conpes/Econ%C3%B3micos/3950.pdf

Consejo Nacional de Política Económica y Social, República de Colombia, Departamento Nacional de Planeación. CONPES 4100 de 2022, *Estrategia para la integración de la población migrante venezolana como factor de desarrollo para el país,* 2022.

Consejo Nacional de Política Económica y Social República de Colombia, Departamento Nacional de Planeación, Documento CONPES 4100, Estrategia para la integración de la población migrante venezolana como factor de desarrollo para el país, 2022, https://colaboracion.dnp.gov.co/CDT/Conpes/Econ%C3%B3micos/4100.pdf

República de Colombia. Constitución Política de Colombia, 1991.

Convención Americana sobre Derechos Humanos. 1969. https://www.oas.org/dil/esp/1969_Convenci%C3%B3n_Americana_sobre_Derechos_Humanos.pdf

Convención de las Naciones Unidas contra la Delincuencia Organizada Transnacional y sus Protocolos, 2000.

Convención internacional sobre la protección de los derechos de todos los trabajadores migratorios y de sus familiares, 1990.

Convención sobre el Estatuto de los Apátridas, 1954.

Convención sobre el Estatuto de los Refugiados, 1951.

Convención sobre el Estatuto de los Refugiados, 1951.

Convención sobre los Derechos del Niño, 1989.

Corte Constitucional. *Acciones afirmativas para una igualdad material.* https://www.corteconstitucional.gov.co/Transparencia/publicaciones/Igualaci%C3%B3n%20material%20v2%2071020.pdf.

Corte Constitucional. Sentencia T-179 de 13 de abril de 1994. M. P. Carlos Gaviria Díaz.

Corte Constitucional. Sentencia C-410 de 15 de septiembre de 1994. M. P. Carlos Gaviria Díaz.

Corte Constitucional. Sentencia C-106 de 15 de marzo de 1995. M. P. Eduardo Cifuentes Muñoz.

Corte Constitucional. Sentencia C-225 de 18 de mayo de 1995. M. P. Alejandro Martínez Caballero.

Corte Constitucional. Sentencia C-189 de 8 de mayo de 1996. M. P. Vladimiro Naranjo Mesa.

Corte Constitucional. Sentencia T-215 de 15 de mayo de 1996. M. P. Fabio Morón Díaz.

Corte Constitucional. Sentencia T-321 de 17 de julio de 1996. M. P. Hernando Herrera Vergara.

Corte Constitucional. Sentencia C-049 de 6 de febrero de 1997. M. P. Jorge Arango Mejía.

Corte Constitucional. Sentencia C-191 de 6 de mayo 1998. M. P. Eduardo Cifuentes Muñoz.

Corte Constitucional. Sentencia C-768 de 10 de diciembre de 1998. M. P. Eduardo Cifuentes Muñoz.

Corte Constitucional. Sentencia T-568 de 10 de agosto de 1999. M. P. Carlos Gaviria Díaz.

Corte Constitucional. Sentencia C-385 de 5 de abril del 2000. M. P. Antonio Barrera Carbonell.

Corte Constitucional. Sentencia C-567 de 17 de mayo de 2000. M. P. Alfredo Beltrán Sierra.

Corte Constitucional. Sentencia C-660 de 8 de junio del 2000. M. P. Álvaro Tafur Galvis.

Corte Constitucional. Sentencia C-1259 de 29 de noviembre de 2001. M. P. Jaime Córdoba Triviño.

Corte Constitucional. Sentencia C-395 de 22 de mayo de 2002. M. P. Jaime Araújo Rentería.

Corte Constitucional. Sentencia C-1024 de 26 de noviembre de 2002. M. P. Alfredo Beltrán Sierra.

Constitucional. Sentencia C-523 de 1 de julio de 2003. M. P. Jaime Córdoba Triviño.

Corte Constitucional. Sentencia T-704 de 14 de agosto de 2003. M. P. Clara Inés Vargas Hernández.

Corte Constitucional. Sentencia T-1020 de 30 de octubre de 2003. M. P. Jaime Córdoba Triviño.

Constitucional. Sentencia C-1058 de 11 de noviembre de 2003. M. P. Jaime Córdoba Triviño.

Corte Constitucional. Sentencia T-025 de enero de 2004. M. P. Manuel José Cepeda Espinosa.

Corte Constitucional. Sentencia C-070 de 3 de febrero de 2004. M. P. Clara Inés Vargas Hernández.

Corte Constitucional. Sentencia T-119 de 11 de febrero de 2005. M. P. Jaime Córdoba Triviño.

Corte Constitucional. Sentencia T-321 de 4 de abril de 2005. M. P. Humberto Sierra Porto.

Corte Constitucional. Sentencia C-401 de 14 de abril de 2005. M. P. Manuel José Cepeda Espinoza.

Corte Constitucional. Sentencia C-820 de 9 de agosto de 2005. M. P. Clara Inés Vargas Hernández.

Corte Constitucional. Sentencia C-311 de 3 de mayo de 2007. M. P. Nilson Pinilla Pinilla.

Corte Constitucional. Sentencia T-493 de 28 de junio de 2007. M. P. Clara Inés Vargas Hernández.

Corte Constitucional. Sentencia C-834 de 10 de octubre de 2007. M. P. Humberto Antonio Sierra Porto.

Corte Constitucional. Sentencia T-269 de 11 de marzo de 2008. M. P. Jaime Araújo Rentería.

Corte Constitucional. Sentencia T-760 de 31 de julio de 2008. M. P. Manuel José Cepeda Espinoza.

Corte Constitucional. Sentencia T-140 de 27 de febrero de 2009. M. P. Mauricio González Cuervo.

Corte Constitucional. Sentencia C-288 de 21 de abril de 2009. M. P. Jorge Iván Palacio Palacio.

Corte Constitucional. Sentencia T-700 de 23 de septiembre de 2011. M. P. Jorge Ignacio Pretelt Chaljub.

Corte Constitucional. Sentencia T-872 de 22 de noviembre de 2011. M. P. Mauricio González Cuervo.

Corte Constitucional. Sentencia T-909 de 1 de diciembre de 2011. M. P. Juan Carlos Henao López.

Corte Constitucional. Sentencia T-322 de 3 de mayo de 2012. M. P. Gabriel Eduardo Mendoza Martelo.

Corte Constitucional. Sentencia T-452 de 20 de junio de 2012. M. P. Luis Ernesto Vargas Silva.

Corte Constitucional. Sentencia T-1088 de 12 de diciembre de 2012. M. P. Gabriel Eduardo Mendoza Martelo.

Corte Constitucional. Sentencia T-388 de 28 de junio de 2013. M. P. María Victoria Calle Correa.

Corte Constitucional. Sentencia C-438 de 10 de julio de 2013. M. P. Alberto Rojas Ríos.

Corte Constitucional. Sentencia C-622 de 10 de septiembre de 2013. M. P. Mauricio González Cuervo.

Corte Constitucional. Sentencia T-660 de 23 de septiembre de 2013. M. P. Luis Ernesto Vargas Silva.

Corte Constitucional. Sentencia T-956 de 19 de diciembre de 2013. M. P. Luis Ernesto Vargas Silva.

Corte Constitucional. Sentencia T-244 de 11 de abril de 2014. M. P. Mauricio González Cuervo.

Corte Constitucional. Sentencia T-010 de 16 de enero de 2015. M. P. María Victoria Sáchica Méndez.

Corte Constitucional. Sentencia T-338 de 3 de junio de 2015. M. P. Jorge Iván Palacio Palacio.

Corte Constitucional. Sentencia C-725 de 25 de noviembre de 2015. M. P. Myriam Ávila Roldán.

Corte Constitucional. Sentencia T-077 de 22 de febrero de 2016. M. P. Jorge Iván Palacio.

Corte Constitucional. Sentencia C-258 de 18 de mayo de 2016. M. P. María Victoria Calle Correa.

Corte Constitucional. Sentencia T-314 de 17 de junio de 2016. M. P. Gloria Stella Ortíz Delgado.

Corte Constitucional, Sentencia T-459 de 29 de agosto de 2016, M. P. Jorge Iván Palacio.

Corte Constitucional. Sentencia C-470 de 31 de agosto de 2016. M. P. Gabriel Eduardo Mendoza Martelo.

Corte Constitucional. Sentencia T-475 de 1 de septiembre de 2016. M. P. Alejandro Linares Cantillo.

Corte Constitucional. Sentencia T-728 de 16 de diciembre de 2016. M. P. Alejandro Linares Cantillo.

Corte Constitucional. Sentencia T-073 de 6 de febrero de 2017. M. P. Jorge Iván Palacio Palacio.

Corte Constitucional. Sentencia T-239 de 24 de abril de 2017. M. P. Alejandro Linares Cantillo.

Corte Constitucional. Sentencia T-250 de 26 de abril de 2017. M. P. Alejandro Linares Cantillo.

Corte Constitucional. Sentencia T-252 de 26 de abril de 2017. M. P. Iván Humberto Escrucería Mayolo.

Corte Constitucional. Sentencia T-405 de 27 de junio de 2017. M. P. Iván Humberto Escrucería Mayolo.

Corte Constitucional. Sentencia T-412 de 28 de junio de 2017. M. P. Gloria Stella Ortiz Delgado.

Corte Constitucional. Sentencia T-421 de 4 de julio de 2017. M. P. Iván Humberto Escrucería Mayolo.

Corte Constitucional. Sentencia C-469 de 19 de julio de 2017. M. P. Cristina Pardo Schlesinger.

Corte Constitucional. Sentencia T-544 de 25 de agosto de 2017. M. P. Gloria Stella Ortiz.

Corte Constitucional. Sentencia SU-677 de 15 de noviembre de 2017. M. P. Gloria Stella Ortiz.

Corte Constitucional. Sentencia T-705 de 30 de noviembre de 2017. M. P. José Fernando Reyes Cuartas.

Corte Constitucional. Sentencia T-023 de 5 de febrero de 2018. M. P. José Fernando Reyes Cuartas.

Corte Constitucional. Sentencia T-210 de 1 de junio de 2018. M. P. Gloria Stella Ortiz Delgado.

Corte Constitucional. Sentencia T-295 de 24 de julio de 2018. M. P. Gloria Stella Ortiz Delgado.

Corte Constitucional. Sentencia T-338 de 22 de agosto de 2018. M. P. Gloria Stella Ortíz Delgado.

Corte Constitucional. Sentencia T-348 de 28 de agosto de 2018. M. P. Luis Guillermo Guerrero Pérez.

Corte Constitucional. Sentencia SU-096 de 17 de octubre de 2018. M. P. José Fernando Reyes Cuartas.

Corte Constitucional. Sentencia T-468 de 7 de diciembre de 2018. M. P. Diana Fajardo Rivera.

Corte Constitucional. Sentencia T-535 de 18 de diciembre de 2020. M. P. José Fernando Reyes Cuartas.

Corte Constitucional. Sentencia T-500 de 19 de diciembre de 2018. M. P. Diana Fajardo Rivera.

Corte Constitucional. Sentencia T-025 de 29 de enero de 2019. M. P. Alberto Rojas Ríos.

Corte Constitucional. Sentencia T-074 de 25 de febrero de 2019, M. P. Antonio José Lizarazo Ocampo.

Corte Constitucional. Sentencia T-143 de 19 de marzo 2019. M. P. Alejandro Linares Cantillo.

Corte Constitucional. Sentencia T-143 de 29 de marzo de 2019. M. P. Alejandro Linares Cantillo.

Corte Constitucional. Sentencia T-178 de 6 de mayo de 2019. M. P. Cristina Pardo Schlesinger.

Corte Constitucional. Sentencia T-197 de 14 de mayo de 2019. M.P. Diana Fajardo Rivera.

Corte Constitucional. Sentencia T-351 de 1 de agosto de 2019. M. P. Cristina Pardo Schlesinger.

Corte Constitucional. Sentencia C-372 de 14 de agosto de 2019. M. P. Gloria Stella Ortiz Delgado.

Corte Constitucional. Sentencia C-276 de 19 de junio 2019. M. P. Gloria Stella Ortiz Delgado.

Corte Constitucional. Sentencia T-452 de 3 de octubre de 2019. M. P. José Fernando Reyes Cuartas.

Corte Constitucional. Sentencia T-530 de 12 de noviembre de 2019. M. P. Alejandro Linares Cantillo.

Corte Constitucional. Sentencia T-565 de 26 de noviembre de 2019. M. P. Alberto Rojas Ríos.

Corte Constitucional. Sentencia T-006 de 17 de enero de 2020. M. P. Cristina Pardo Schlesinger.

Corte Constitucional. Sentencia T-135 de 4 de mayo de 2020. M. P. Carlos Bernal Pulido.

Corte Constitucional. Sentencia C-156 de 3 de junio de 2020. M. P. Antonio José Lizarazo Ocampo.

Corte Constitucional. Sentencia C-383 de 3 de septiembre de 2020. M. P. José Fernando Reyes Cuartas.

Corte Constitucional. Sentencia T-390 de 7 de septiembre de 2020. M. P. Cristina Pardo Schlesinger.

Corte Constitucional. Sentencia T-436 de 2 de octubre de 2020. M. P. Gloria Stella Ortiz Delgado.

Corte Constitucional. Sentencia T-517 de 14 de diciembre de 2020. M. P. Alejandro Linares Cantillo.

Corte Constitucional. Sentencia T-529 de 16 de diciembre de 2020. M. P. Alberto Rojas Ríos.

Corte Constitucional. Sentencia T-535 de 18 de diciembre de 2020. M. P. José Fernando Reyes Cuartas.

Corte Constitucional. Sentencia SU-016 de 21 de enero de 2021. M. P. Gloria Stella Ortiz Delgado.

Corte Constitucional. Sentencia T-021 de 3 de febrero de 2021. M. P. Cristina Pardo Schlesinger.

Corte Constitucional. Sentencia T-090 de 14 de abril de 2021. M. P. Cristina Pardo Schlesinger.

Corte Constitucional. Sentencia C-119 de 29 de abril de 2021. M. P. Antonio José Lizarazo Ocampo.

Corte Constitucional. Sentencia T-115 de 26 de mayo de 2021. M. P. Paola Andrea Meneses Mosquera.

Corte Constitucional. Sentencia T-236 de 21 de julio 2021. M. P. Antonio José Lizarazo Ocampo.

Corte Constitucional. Sentencia T-266 de 9 de agosto de 2021. M. P. Diana Fajardo Rivera.

Corte Constitucional. Sentencia T-386 de 10 de noviembre de 2021. M. P. Cristina Pardo Schlesinger.

Corte Constitucional. Sentencia SU-397 de 19 de noviembre de 2021. M. P. Alejandro Linares Cantillo.

Corte Constitucional. Sentencia C-055 de 21 de febrero de 2022. M. P. Antonio José Lizarazo Ocampo y Alberto Rojas Ríos.

Corte Constitucional. Sentencia SU-180 de 26 de mayo de 2022. M. P. Jorge Enrique Ibáñez Najar.

Corte Constitucional. Sentencia T-344 de 5 de octubre de 2022. M. P. Alejandro Linares Cantillo.

Corte Constitucional. Sentencia T-393 de 9 de noviembre de 2022. M. P. Hernán Correa Cardozo.

Corte Constitucional. Sentencia SU-543 de 2023, 5 de diciembre de 2023, Paola Andrea Meneses Mosquera.

Corte Constitucional, Sentencia T-056 de 2024 26 de febrero de 2024, M.P. Paola Andrea Meneses Mosquera.

Corte Constitucional. Sentencia T-166 de 2024, 9 de mayo de 2024, Natalia Ángel Cabo.

Corte IDH. *CIDH saluda aprobación de la nueva Ley de Migración en Brasil,* 2017. https://www.oas.org/es/cidh/prensa/comunicados/2017/078.asp.

Corte IDH. *Caso de las niñas Yean y Bosico Vs. República Dominicana.* (Excepciones Preliminares, Fondo, Reparaciones y Costas). Sentencia de 8 de septiembre de 2005. https://www.corteidh.or.cr/docs/casos/articulos/seriec_130_esp.pdf.

Corte IDH. *Caso de personas dominicanas y haitianas expulsadas V.S República Dominicana.* (Excepciones Preliminares, Fondo, Reparaciones y Costas). Sentencia de 28 de agosto de 2014. https://corteidh.or.cr/docs/casos/articulos/seriec_282_esp.pdf.

Corte IDH. *Caso Ivcher Bronstein Vs. Perú.* (Reparaciones y Costas). Sentencia de 6 de febrero de 2001. https://www.corteidh.or.cr/docs/casos/articulos/Seriec_74_esp.pdf.

Corte IDH. *Caso Nadege Dorzema y otros Vs. República Dominicana.* (Fondo, Reparaciones y Costas). Sentencia de 24 de octubre de 2012.

Serie C No. 251. https://www.corteidh.or.cr/docs/casos/articulos/seriec_251_esp.pdf.

Corte IDH. *Caso Vélez Loor Vs. Panamá.* (Excepciones Preliminares, Fondo, Reparaciones y Costas). Sentencia de 23 de noviembre de 2010. párr. 101, https://www.corteidh.or.cr/docs/casos/articulos/seriec_218_esp2.pdf.

Corte IDH. *Caso Vélez Loor Vs. Panamá.* (Excepciones Preliminares, Fondo, Reparaciones y Costas). Sentencia de 23 de noviembre de 2010. https://www.corteidh.or.cr/docs/casos/articulos/seriec_218_esp2.pdf

Corte IDH. Opinión Consultiva 25, *La institución del asilo y su reconocimiento como derecho humano en el sistema interamericano de protección.*

Corte IDH. Opinión Consultiva OC No. 21 de 2014, *relativa a Derechos y garantías de niñas y niños en el contexto de la migración y/o en necesidad de protección internacional,* 19 de agosto de 2014. https://www.corteidh.or.cr/docs/opiniones/seriea_21_esp.pdf.

Corte Interamericana de Derechos Humanos. Opinión consultiva oc-16/99 de 1 de octubre de 1999, solicitada por los estados unidos mexicanos. *"El derecho a la información sobre la asistencia consular en el marco de las garaantías del debido proceso legal".* 1999. https://www.corteidh.or.cr/docs/opiniones/seriea_16_esp.pdf.

Corte Interamericana de Derechos Humanos. Opinión consultiva oc-18/03 de 17 de septiembre de 2003, solicitada por los Estados Unidos Mexicanos. *Condición jurídica y derechos de los migrantes indocumentados,* 2003. https://www.acnur.org/fileadmin/Documentos/BDL/2003/2351.pdf

DatosMacro. *Aumenta el número de emigrantes colombianos.* https://datosmacro.expansion.com/demografia/migracion/emigracion/colombia

De Lucas Martín, Javier. "El marco jurídico internacional de las migraciones algunas consideraciones sobre la protección de los derechos humanos de los inmigrantes: acerca del derecho a ser inmigrante". En *Un mundo sin desarraigo e Derecho Internacional de las migraciones,* 29-55, coordinado por Fernando. Mariño Menéndez. Madrid: Los libros de la Catarata, 2006.

Defensoría del Pueblo de Colombia. *Alrededor de 36,000 familias fueron víctimas de desplazamiento forzado y confinamiento en 2022,* 2023. https://www.defensoria.gov.co/-/alrededor-de-36.000-familias-fueron-v%C3%ADctimas-de-desplazamiento-forzado-y-confinamiento-en-2022#:~:text=Aunque%20el%20n%C3%BAmero%20de%20casos,lleg%C3%B3%20hasta%20los%2092%20casos.

Defensoría del Pueblo. *Defensor del Pueblo advierte agravamiento de la crisis humanitaria de migrantes que cruzan el Tapón del Darién,* 2022. https://www.defensoria.gov.co/-/defensor-del-pueblo-advierte-agravamiento-de-la-crisis-humanitaria-de-migrantes-que-cruzan-el-tap%C3%B3n-del-dari%C3%A9n.

Dejusticia. "Barreras para migrantes". https://www.dejusticia.org/especiales/barreras-para-migrantes/.

Del Tronco Paganelli, José. *Democracia participativa.* https://prontuario-democracia.sociales.unam.mx/wp-content/uploads/2021/07/Democracia-participativa.pdf.

Delgado Barón, Mariana. "Las víctimas del conflicto armado colombiano en la Ley de Víctimas y Restitución de Tierras: apropiación y resignificación de una categoría jurídica". *Perfiles Latinoamericanos,* 23, n. ° 46 (julio-diciembre de 2015). http://www.scielo.org.mx/scielo.php?script=sci_arttext&pid=S0188-76532015000200005.

Departamento Administrativo Nacional de Estadística (DANE). Estadísticas por tema: Mercado Laboral, Empleo y Desempleo. Consultado en 10 de mayo de 2023 https://www.dane.gov.co/index.php/estadisticas-por-tema/mercado-laboral/empleo-y-desempleo#:~:text=Para%20el%20mes%20de%20mayo,57%2C0%25%2C%20respectivamente.

Departamento Administrativo Nacional de Estadística (DANE). *Estadísticas de Migración,* 2022.

Departamento Nacional de Planeación. *Los compromisos fundamentales de la sociedad: Reconstrucción del Tejido Social.* https://colaboracion.dnp.gov.co/CDT/PND/Pastrana2_Compromisos_Fundam.pdf

Departamento Nacional de Planeación. Plan Nacional de Desarrollo 2010-2014, *Más empleo, menos pobreza y más seguridad.* https://colaboracion.dnp.gov.co/CDT/PND/PND2010-2014%20Tomo%20I%20CD.pdf.

Departamento Nacional de Planeación. Plan Nacional de Desarrollo 2018-2022, *Pacto por Colombia, pacto por la equidad.* https://colaboracion.dnp.gov.co/CDT/Prensa/Resumen-PND2018-2022-final.pdf

Departamento Nacional de Planeación. *Plan Nacional de Desarrollo, Estado comunitario: desarrollo para todos, tomo II.* https://colaboracion.dnp.gov.co/CDT/PND/PND_Tomo_2.pdf

Díaz, Cristhian Almonacid y Cortina, Adela. "Aporofobia, el rechazo al pobre. Un desafío para la democracia". *Ideas y Valores* 67, n. ° 166, 199-200. http://www.scielo.org.co/scielo.php?script=sci_arttext&pid=S0120006220180001001999&lng=en&nrm=iso.

Director General de la OIT, Juan Somavía. Discurso en la 87° reunión de la Conferencia Internacional del Trabajo, 1999.

Drnas de Clément, Zlata. *La complejidad del principio pro homine.* https://www.corteidh.or.cr/tablas/r33496.pdf.

Dueñas, Oscar José. *Desplazamiento interno forzado: un Estado de cosas inconstitucional que se agudiza, efectos de la sentencia T-025 de 2004.* Bogotá: Editorial Universidad del Rosario, 2009.

Duncker Biggs, Federico. *Derecho Internacional Privado,* Vol. IX. Chile: Editorial Jurídica de Chile, Facultad de Derecho de la Universidad de Chile, S/f.

Economic and Social Council. *Report of the Special Rapporteur on the sale of children, child prostitution and child pornography, Mr. Juan Muguel Petir.* (Doc. E/CN/CN.4/2006/67), 12 de enero de 2006.

Egea Jiménez, Carmen; Díez Jiménez, Adriano; Márquez Guerra, José Francisco. "El retorno en Colombia desde sus dimensiones de análisis. Una revisión sistemática de la literatura". *Revista de Estudios Sociales,* n.° 81 (2022): 75-92.

Esteban, Fernando. Oswaldo "Dinámica migratoria Argentina: inmigración y exilios". *América Latina Hoy,* 34 (2010): 15-34. https://doi.org/10.14201/alh.7357.

Estoy en la Frontera. *"Descendió cifra de migrantes viviendo en Colombia".* https://estoyenlafrontera.com/regularizacion-migratoria/descendio-cifra-de-migrantes-viviendo-en-colombia.

Fajardo, Arturo Luis Andrésc. "Contenido y alcance jurisprudencial del bloque de constitucionalidad en Colombia." *Civilizar: Ciencias Sociales y Humanas* 7, n. ° 13 (2007): 15-34. https://doi.org/10.22518/16578953.761.

Favoreu, Louis. "El bloque de la constitucionalidad." *Revista del Centro de Estudios Constitucionales,* n. ° 5 (1990): 45-68. https://dialnet.unirioja.es/servlet/revista?codigo=5868.

Friederike, F. "La diáspora China: un acercamiento a la migración China en Colombia". *Revista de estudios sociales,* n. ° 42, (2012): 71-79. http://www.scielo.org.co/pdf/res/n42/n42a07.pdf.

García González, Armando, y Raquel Álvarez Peláez. *En busca de la raza perfecta: Eugenesia e Higiene en Cuba (1898-1958)*. Madrid: CSIC, 1999.

Gargarella, Roberto. *Derecho y grupos desaventajados*. Barcelona: Gedisa, 1999.

Giraldo Quintero, Rodrigo. "Las migraciones colombianas al exterior: Retrospectiva de una realidad que no muta". *Opción 33*, n. ° 83 (2017): 620-642. https://www.redalyc.org/journal/310/31053772023/html/.

Gobierno de Bogotá. *Avanza formulación de plan para atender e integrar población migrante*. https://bogota.gov.co/mi-ciudad/gestion-publica/avanza-formulacion-de-plan-para-atender-e-integrar-poblacion-migrante.

Gobierno de Colombia, Gerencia de Frontera. *Plan de acción para migrantes en la emergencia del COVID-19*. https://estoyenlafrontera.com/soy-migrante/este-es-el-plan-de-accion-para-migrantes-en-la-emergencia-covid-19

Gobierno de Colombia. Departamento Nacional de Planeación. Bases del Plan Nacional de Desarrollo 2018-2022. *Pacto por Colombia: pacto por la equidad*. https://colaboracion.dnp.gov.co/CDT/Prensa/PND-2018-2022-Interactivo.pdf.

Gómez, Alcides y Flérida Rengifo. "La dinámica de la migración colombiana a Venezuela en las últimas décadas". En *Colombia-Venezuela: agenda común para el siglo XXI,* coordinado por Socorro Ramírez y José María Cadenas. Bogotá: Universidad Nacional de Colombia, Universidad Central de Venezuela, IEPRI, SECAB, CAF, TM Editores, 1999.

Gómez, Diana., Díaz, Luz. "Las organizaciones chinas en Colombia". *Migración y desarrollo* 14, n. ° 26 (2016): 75-110. http://www.scielo.org.mx/pdf/myd/v14n26/1870-7599-myd-14-26-00075.pdf.

González R, Sindy. "Migración indígena en la frontera Colombia-Ecuador: del conflicto armado a la Agenda de Seguridad Binacional". *Opera* n. ° 23 (2018): 7-26. https://www.redalyc.org/journal/675/67559146003/html/.

Goodwin-Gill, Guy S. "The Right to Seek Asylum: Interception at Sea and the Principle of Non-Refoulement." *International Journal of Refugee Law,* vol. 23 n. ° 3 (2011): 443-457. doi:10.1093/ijrl/eer018.

Goris Indira. Harrington J y Köhn Sebastian.: La apatridia ¿Qué es y por qué importa? https://rua.ua.es/dspace/bitstream/10045/11087/1/RMF_32_01.pdf.

Gros Espiell, Héctor. "Derechos humanos y migraciones". En *Migraciones y desarrollo: II Jornadas Iberoamericanas de Estudios Internacionales,* coordinado por Francisco Aldecoa Luzárraga y José Manuel Sobrino Heredia, 39-46. Montevideo, 2006.

Gros Espiell, Héctor. "El derecho Internacional americano sobre asilo territorial y extradición en sus relaciones con la Convención de 1951 y el Protocolo de 1967 sobre el Estatuto de los refugiados." En *Asilo y protección internacional de refugiados en América Latina.* México: Universidad Nacional Autónoma de México, Instituto de Investigaciones Jurídicas, 1982. https://www.acnur.org/fileadmin/Documentos/Publicaciones/2014/9547.pdf?view=1.

Guarnizo, Luis Eduardo. "El estado y la migración global colombiana". *Migración y Desarrollo,* n. ° 6 (2006): 79-101. https://www.redalyc.org/pdf/660/66000603.pdf.

Gutiérrez, Jennifer y Barbosa, Francy. "Desplazamiento forzado en Colombia. ¿Qué pasó en 2020?". *Consultoría para los Derechos Humanos y el Desplazamiento,* 2021. https://codhes.wordpress.com/2021/02/16/desplazamiento-forzado-en-colombia-que-paso-en-2020/

Henderson, Humberto. Los tratados internacionales de derechos humanos en el orden interno: la importancia del principio pro homine. *Revista IIDH,* 39, n. ° 29, (2004): 71-99. https://www.te.gob.mx/formulario/media/files/edf28972bb5689c.pdf

Instituto Colombiano de Bienestar Familiar (ICBF). *Presentación Estrategia Niñez Migrante.* https://www.icbf.gov.co/sites/default/files/presentacion_estrategia_ninez_migrante_0.pdf.

Internal Displacement Monitoring Centre (IDMC). GRID 2023. https://www.internal-displacement.org/global-report/grid2023/.

International Organization for Migration. *World Migration Report 2022.* Geneva: IOM Publishing, 2022. https://publications.iom.int/books/world-migration-report-2022.

Jaramillo, Raúl. Ciudadanía, Identidad Nacional y Estado-Nación. *Revista Lasallista de Investigación,* n. ° 2 (2014). http://www.scielo.org.co/scielo.php?script=sci_arttext&pid=S1794-44492014000200019.

Jiménez Veiga, Danilo. "Evolución histórica del asilo y necesidad de su compatibilización con el Estatuto de los Refugiados." En *Asilo y Protección Internacional de Refugiados en América Latina.*

Juste Ruiz, José. "Inmigración, Nacionalidad y Extranjería: el marco jurídico internacional." En *Estudios sobre Derecho de Extranjería,* coordinado por Emilio Álvarez Conde y Eduardo Pérez Martín. Madrid: Universidad Rey Juan Carlos, Instituto de Derecho Público, 2005.

Kroc Institute for international peace studies, University of Notredame. *El acuerdo final de Colombia en tiempos del Covid 19: apropiación institucional y ciudadanía como clave de la implementación.* Diciembre de 2019-noviembre de 2020. https://curate.nd.edu/downloads/9c67wm14c71.

Ley 25.871. *Política Migratoria Argentina. Derechos y obligaciones de los extranjeros, atribuciones del Estado, admisión de extranjeros a la República Argentina y sus excepciones, ingreso y egreso de personas, obligaciones de los medios de transporte internacional.* https://www.oas.org/dil/esp/ley_de_migraciones_argentina.pdf.

Ley 13.445, de 24 de maio de 2017. Institui a Lei de Migração.

Ley 761 de 2011. https://www.ilo.org/dyn/natlex/natlex4.detail?p_isn=86382&p_lang=en.

Londoño Toro, Beatriz. *Derechos Humanos de la Población desplazada en Colombia.* Bogotá: Editorial Universidad del Rosario, 2004.

Lozano Villegas, Germán. "La nacionalidad en la Constitución Política colombiana de 1991". *Revista de Derecho del Estado,* n. ° 15 (2003): 143-152. https://revistas.uexternado.edu.co/index.php/derest/article/view/805.

Luna de Aliaga, Beatriz. *Trata de personas y empresas: Estándares y recomendaciones para su prevención en Colombia.* Universidad de la Sabana: Colección investigación, 2021.

Mariño Menéndez, Francisco. "Los derechos de los extranjeros en el derecho internacional." En *"Derecho de extranjería, asilo y refugio",* editado por Francisco Mariño Menéndez y otros. Madrid: Ministerio de Asuntos Sociales, INSERSO, 1995

Mármora, Lelio. *Las políticas de migraciones internacionales.* Buenos Aires: OIM–PAIDOS, 2002.

Martín, Philip. *Migration and development: Toward sustainable solutions.* International Institute for Labour Studies, Discussion Paper, Decent Work Research Programme. (Doc. DP/153/2004). http://www.ilo.org/public/english/bureau/inst/publications/discussion/dp15304.pdf.

Martínez, Miguel. "Universidades serían clave para que la paz total funcione: Luis Felipe Vega, profesor javeriano". *Pesquisa Javeriana*, 2022. https://www.javeriana.edu.co/pesquisa/paz-total-gobierno-gustavo-petro.

Mejía, Williamc. "Colombia y las migraciones internacionales: evolución reciente y panorama actual a partir de las cifras". R*EMHU, Revista Interdisciplinar de Movilidad Humana 20*, n. ° 39 (diciembre 2012). https://www.scielo.br/j/remhu/a/yrt9x7LGNVXKjR9HGwbt5kS/?lang=es#.

Migración Colombia. "Visibles." https://www.migracioncolombia.gov.co/visibles.

Ministerio de Comercio, Industria y Turismo de Colombia. *"Prevención de Tráfico de Migrantes y Trata de Personas", 2022.* https://www.mincit.gov.co/minturismo/analisis-sectorial-y-promocion/turismo-responsable/prevencion-trafico-migrantes-y-trata-personas.

Ministerio de Educación Nacional y Unidad Administrativa Especial Migración Colombia. Circular Conjunta 16 de 2018, *Instructivo para la atención de niños, niñas y adolescentes procedentes de Venezuela en los establecimientos educativos colombianos,* 2018.

Ministerio de Educación Nacional. Resolución 10687 de 2019: *Por medio de la cual se regula la convalidación de títulos de educación superior otorgados en el exterior y se deroga la Resolución 20797 de 2017.* 2019.

Ministerio de Relaciones Exteriores y Movilidad Humana. *Plan Nacional de Movilidad Humana,* 2018. https://www.cancilleria.gob.ec/wp-content/uploads/2018/06/plan_nacional_de_movilidad_humana.pdf.

Ministerio de Relaciones Exteriores. *ABC de las visas en Colombia.* https://www.cancilleria.gov.co/tramites_servicios/visa/abece.

Ministerio de Relaciones Exteriores. Decreto 216 de 2021: *Por medio del cual se adopta el Estatuto Temporal de Protección para Migrantes Venezolanos Bajo Régimen de Protección Temporal y se dictan otras disposiciones en materia migratoria.*

Ministerio de Relaciones Exteriores. Decreto 2840 de 2013: *Por el cual se establece el Procedimiento para el Reconocimiento de la Condición de*

Refugiado, se dictan normas sobre la Comisión Asesora para la Determinación de la Condición de Refugiado y otras disposiciones.

Ministerio de Relaciones Exteriores. Resolución 3346 de 2018: *Por la cual se adiciona el Permiso de Ingreso y Permanencia de Tránsito Temporal PIP-TT a la Resolución 1220 de 2016.*

Ministerio de Relaciones Exteriores. Resolución 5797 de 2017: *Por medio de la cual se crea un Permiso Especial de Permanencia.*

Ministerio de Relaciones Exteriores. Resolución 6045 de 2017: *Por la cual se dictan disposiciones en materia de visas y deroga la Resolución 5512 del 4 de septiembre de 2015.* https://www.cancilleria.gov.co/sites/default/files/Normograma/docs/resolucion_minrelaciones_6045_2017.htm

Ministerio de Relaciones Exteriores. Resolución 872 de 2019: *Por la cual se dictan disposiciones para el ingreso, tránsito y salida del territorio colombiano, para los nacionales venezolanos que porten el pasaporte vencido.*

Ministerio de Salud de Colombia. *Plan de Respuesta para la Atención Integral en Salud a Población Migrante en Colombia.* https://www.minsalud.gov.co/sites/rid/Lists/BibliotecaDigital/RIDE/DE/COM/plan-respuesta-salud-migrantes.pdf.

Ministerio de Salud y Protección Social. *Plan de respuesta en salud para migrantes en Colombia.* https://www.minsalud.gov.co/sites/rid/Lists/BibliotecaDigital/RIDE/DE/COM/plan-respuesta-salud-migrantes.pdf

Ministerio de Salud y Protección Social. Decreto 064 de 2020: *Por el cual se modifican los artículos 2.1.3.11, 2.1.3.13, 2.1.5.1, 2.1.7.7, 2.1.7.8 y 2.1.3.17, y se adicionan los artículos 2.1.5.4 y 2.1.5.5 del Decreto 780 de 2016, en relación con los afiliados al régimen subsidiado, la afiliación de oficio y se dictan otras disposiciones.* 2020.

Ministerio de Salud y Protección Social. Decreto 780 de 2016: *Por medio del cual se expide el Decreto Único Reglamentario del Sector Salud y Protección Social.*

Ministerio de Salud y Protección Social. Decreto 866 de 2017: *Por el cual se sustituye el Capítulo 6 del Título 2 de la Parte 9 del Libro 2 del Decreto 780 de 2016 ~ Único Reglamentario del Sector Salud y Protección Social en cuanto al giro de recursos para las atenciones iniciales de urgencia prestadas en el territorio colombiano a los nacionales de los países fronterizos.*

Ministerio de Salud y Protección Social. Lineamientos para la prevención, detección y manejo de casos de Covid-19 para población migrante en Colombia.

Ministerio de Salud y Protección Social. *Plan de Respuesta del Sector Salud al Fenómeno Migratorio.*

Ministerio de Salud y Protección Social. Resolución 1178 de 2021, *Por la cual se incluye el Permiso por Protección Temporal — PPT como documento válido de identificación de los migrantes venezolanos en los sistemas de información del Sistema de Protección Social.*

Ministerio de Salud y Protección Social. Resolución 572 de 2022, *Por medio de la cual se incluye el Permiso por Protección Temporal — PPT como documento válido de identificación de los migrantes venezolanos en los sistemas de información del Sistema de Protección Social y se definen sus especificaciones.* https://www.minsalud.gov.co/Normatividad_Nuevo/Resoluci%c3%b3n%20No.%20572%20de%202022.pdf.

Ministerio del Trabajo–República de Colombia. *"Orientación laboral al migrante.* https://www.mintrabajo.gov.co/empleo-y-pensiones/movilidad-y-formacion/grupo-de-gestion-de-la-politica-de-migracion-laboral/iii.-orientacion-laboral-al-migrante.

Ministerio del Trabajo. Decreto 117 de 2020: *Por el cual se adiciona la Sección 3 al Capítulo 8 del Título 6 de la Parte 2 del Libro 2 del Decreto 1072 de 2015, Decreto Único Reglamentario del Sector Trabajo, en lo relacionado con la creación de un Permiso Especial de Permanencia para el Fomento de la Formalización–PEPFF.* 2020.

Ministerio del Trabajo. Resolución 4386 de 2018: *Por la cual se crea e implementa el Registro Único de Trabajadores Extranjeros en Colombia, RUTEC.* 2018.

Naciones Unidas, Asamblea General. *Informe de la Relatora Especial sobre los derechos humanos de los migrantes Sra. Gabriela Rodríguez Pizarro.* (Doc. E/CN.4/2002/94).

Naciones Unidas, Asamblea General. *Informe del Relator Especial sobre los derechos humanos de los migrantes, François Crépeau. Explotación laboral de los migrantes.* (A/HRC/26/35), 3 de abril de 2014.

Naciones Unidas, Asamblea General. *Informe del Relator Especial sobre los derechos humanos de los migrantes, François Crépeau, Derechos humanos de los migrantes.* (A/71/285), 4 de agosto de 2016.

Naciones Unidas, Asamblea General. *Informe del Relator Especial sobre los derechos humanos de los migrantes, Felipe González Morales, Los efec-*

tos de la migración en las mujeres y niñas migrantes: una perspectiva de género. (A/HRC/41/38), de 15 de abril de 2019.

Naciones Unidas, Asamblea General. *Informe del Relator Especial sobre los derechos humanos de los migrantes, Sr. Jorge Bustamante.* (Doc. A/HRC/7/12), 25 de febrero de 2008.

Naciones Unidas, Asamblea General. Informe del relator Especial *sobre los derechos humanos de todos los trabajadores migratorios y sus familiares.* (Doc., A/69/302), 11 de agosto 2011. https://www.acnur.org/fileadmin/Documentos/BDL/2014/9756.pdf

Naciones Unidas, Comité para la Eliminación de la Discriminación Racial. Recomendación General No. XXX, *Sobre la discriminación contra los no ciudadanos, Recopilación de las observaciones generales y recomendaciones generales adoptadas por órganos creados en virtud de tratados de derechos humanos.* (HRI/GEN/1/Rev. 9), 27 de mayo de 2008.

Naciones Unidas, Conferencia Intergubernamental para el Pacto Mundial sobre Migración. *El Pacto Mundial para una Migración Segura, Ordenada y Regular.* https://www.un.org/es/conf/migration/global-compact-for-safe-orderly-regular-migration.shtml.

Naciones Unidas. *Declaración y Programa de Acción de Viena.* 1993. https://www.un.org/es/events/humanrightsday/2013/about.shtml.

Naciones Unidas. *Informe de la Relatora Especial sobre los derechos humanos de los migrantes Sra. Gabriela Rodríguez Pizarro.* (Doc. E/CN.4/2002/94), 15 de febrero de 2002.

Naciones Unidas. *Informe del Grupo de Trabajo sobre la Detención Arbitraria.* Doc. A/HRC/16/47. 2 de marzo de 2011. Anexo–Métodos de trabajo revisados del Grupo de Trabajo.

Naciones Unidas. *Informe del Relator Especial sobre los derechos humanos de los migrantes.* (Doc. A/69/302), 11 de agosto 2011. https://www.acnur.org/fileadmin/Documentos/BDL/2014/9756.pdf

Naciones Unidas. *Informe del Relator Especial sobre los derechos humanos de los migrantes.* (Doc. A/68/283), 7 de agosto 2013. https://www.acnur.org/fileadmin/Documentos/BDL/2014/9735.pdf.

Naciones Unidas. Informe del Relator Especial sobre los derechos humanos de los migrantes, Felipe González Morales, relativo a *Violaciones de los derechos humanos en las fronteras internacionales: tendencias, prevención y rendición de cuentas.* (Doc., A/HRC/50/31), 26 de abril 2022. https://documents-dds-ny.un.org/doc/UNDOC/GEN/G22/328/60/PDF/G2232860.pdf?OpenElement.

Naciones Unidas. Oficina contra la Droga y el Delito. Convención de las Naciones Unidas contra la Delincuencia Organizada Transnacional y sus Protocolos. Nueva York. 2004. https://www.unodc.org/documents/treaties/UNTOC/Publications/TOC%20Convention/TOCebook-s.pdf.

Naciones Unidas. *Report of the Special Rapporteur on the sale of children, child prostitution and child pornography, Mr. Juan Muguel Petir.* Doc. E/CN/CN.4/2006/67. 12 de febrero de 2006. Pár. 117.

Nikken, Pedro. *El Concepto de Derechos Humanos.* http://www.derechoshumanos.unlp.edu.ar/assets/files/documentos/el-concepto-de-derechos-humanos.pdf

Nuñez, C. "Una aproximación conceptual al principio pro persona desde la interpretación y argumentación jurídica." *Materiales de Filosofía del Derecho.* No. 17-02, 2017. https://www.corteidh.or.cr/tablas/r37509.pdf.

OECD. El panorama de la migración en República Dominicana. En *Interacciones entre Políticas Públicas, Migración y Desarrollo en República Dominicana,* 2017. https://doi.org/10.1787/9789264276918-es.

Oficina del Alto Comisionado de las Naciones Unidas para los Derechos Humanos. *Los derechos económicos, sociales y culturales de los migrantes en situación irregular.* (HR/PUB/14/1). Nueva York, 2014. https://www.ohchr.org/Documents/Publications/HR-PUB-14-1_sp.pdf.

Oficina del Alto Comisionado de las Naciones Unidas para los Refugiados. Reunión de Expertos. *El Concepto de Personas Apátridas bajo el Derecho Internacional, Resumen de las Conclusiones.* Reunión de Expertos: El Concepto de Personas Apátridas bajo el Derecho Internacional. Resumen de las Conclusiones.

OIM. *Glosario de la OIM sobre migración,* n. ° 34, 2019, 87. iml-34-glossary-es.pdf (iom.int).

OIM. *Migración Colombiana en España.* Universidad Autónoma de Madrid, Universidad Pontificia Comillas de Madrid, 2003. https://publications.iom.int/system/files/pdf/migracion_colombiana.pdf.

Olaya, Iván. "La selección del inmigrante "apto": leyes migratorias de inclusión y exclusión en Colombia (1920-1937)". *Nuevo mundo mundos nuevos.* 10 de diciembre de 2018. https://doi.org/10.4000/nuevomundo.73878.

Olesti Rayo, A. "La inmigración irregular y el control de los flujos migratorios en la Unión Europea". En *Soberanía del Estado y Derecho*

Internacional: homenaje al profesor Juan Antonio Carrillo Salcedo, coordinado por Ana. Salinas de Frías y Marina. Vargas Gómez-Urrutia. Sevilla: Servicio de Publicaciones Universidad de Córdoba, Secretariado de Publicaciones Universidad de Sevilla, Servicio de Publicaciones Universidad de Málaga, 2005.

Olivar Rojas, Andrés Francisco. "Políticas públicas y enfoques diferenciales: aproximaciones desde la interculturalidad y la democracia radical". *Iztapalapa. Rev. cienc. soc. humanid* 41, n. ° 88 (2020): 139-162. http://www.scielo.org.mx/scielo.php?script=sci_arttext&pid=S2007-91762020000100139&lng=es&nrm=iso.

Organización de Estados Americanos. "Coloquio sobre la protección internacional de los refugiados en América Central, México y Panamá: Problemas jurídicos y humanitarios, celebrado en Cartagena, Colombia". En *Declaración de Cartagena sobre refugiados*, 1-5. 1984.

Organización de las Naciones Unidas. *Declaración y Programa de Acción de Viena.* (Doc. A/CONF.157/23), 12 de julio de 1993, Artículo 5.

Organización Internacional del Trabajo (OIT). "Trabajar juntos para salir de la pobreza". *Revista de la OIT*, entrevista a Juan Somavia, director general de la OIT, n. ° 50, marzo de 2004, 4-8. http://www.ilo.org.

Organización Internacional del Trabajo. Convenio sobre los trabajadores migrantes (disposiciones complementarias). 1975. https://www.ilo.org/dyn/normlex/es/f?p=normlexpub:12100:0::no:12100:p12100_instrument_id:312288:no.

Organización Internacional del Trabajo. *Convenio sobre los trabajadores migrantes (revisado)*, 1949. https://www.ilo.org/dyn/normlex/es/f?p=NORMLEXPUB:12100:0::NO::P12100_INSTRUMENT_ID:312242#:~:text=A%20los%20efectos%20de%20este,normalmente%20admitida%20como%20trabajador%20migrante.

Organización Internacional del Trabajo. *International labour migration: a rights-based approach.* Ginebra, 2010, Párr. 13. http://www.ilo.org/public/english/protection/migrant/download/rights_based_approach.pdf.

Organización Internacional del Trabajo. *R086-Recomendación sobre los trabajadores migrantes*, 1949. https://www.ilo.org/dyn/normlex/es/f?p=NORMLEXPUB:12100:0::NO::P12100_INSTRUMENT_ID:312424.

Organización Internacional del Trabajo. R100-*Recomendación sobre la protección de los trabajadores migrantes (países insuficientemente desarrollados)*, 1975. https://www.ilo.org/dyn/normlex/es/f?p=NORMLEXPUB:12100:0::NO::P12100_ILO_CODE:R100

Organización Internacional del Trabajo. R151-*Recomendación sobre los trabajadores migrantes, 1975*. https://www.ilo.org/dyn/normlex/es/f?p=NORMLEXPUB:12100:0::NO::P12100_INSTRUMENT_ID:312489.

Organización Internacional del Trabajo. *Ratificaciones de Colombia*. https://www.ilo.org/dyn/normlex/es/f?p=NORMLEXPUB:11200:0::NO::p11200_country_id:102595.

Organización Internacional para las Migraciones (OIM). *Glosario sobre Migración*. Suiza: Ginebra, 2016. https://publications.iom.int/system/files/pdf/iml_7_sp.pdf,

Organización Internacional para las Migraciones (OIM)-Colombia. "V*enezolanos identificados en Registro RAMV recibirán regularización temporal*". Organización Internacional para las Migraciones (OIM)-Colombia, 15 de junio de 2018. https://colombia.iom.int/es/news/442462-venezolanos-identificados-en-registro-ramv-recibiran-regularizacion-temporal.

Organización Internacional para las Migraciones (OIM). "*¿Cuáles son las principales dificultades que enfrentan las personas refugiadas y migrantes venezolanas en el Caribe?*". https://rosanjose.iom.int/es/blogs/cuales-son-las-principales-dificultades-que-enfrentan-las-personas-refugiadas-y-migrantes-venezolanas-en-el-caribe.

Organización Internacional para las Migraciones (OIM). "*2022: Duplica el número de migrantes en la peligrosa ruta de la selva del Darién*", 2023. https://www.iom.int/es/news/2022-duplica-el-numero-de-migrantes-en-la-peligrosa-ruta-de-la-selva-del-darien

Organización Internacional para las Migraciones (OIM). "*Los flujos de venezolanos continúan constantes, alcanzando ahora la cifra de 3.4 millones*". Organización Internacional para las Migraciones (OIM), 22 de febrero de 2019. https://www.iom.int/es/news/los-flujos-de-venezolanos-continuan-constantes-alcanzando-ahora-la-cifra-de-34-millones.

Organización Internacional para las Migraciones (OIM). *Glosario de la OIM sobre migración*, n. ° 34. Ginebra, 2019. https://publications.iom.int/system/files/pdf/iml-34-glossary-es.pdf.

Organización Internacional para las Migraciones (OIM). *Glosario sobre migración, Derecho Internacional sobre Migración,* n. ° 7, Ginebra, 2006. http://www.oim.org.co/Sobremigración/GeneralidadesdelaMigración/Conceptosgenerales/tabid/104/language/es-CO/Default.aspx.

Organización Internacional para las Migraciones. *Términos fundamentales sobre Migración.* https://www.iom.int/es/terminos-fundamentales-sobre-migracion.

Organización Internacional para las Migraciones. Términos fundamentales sobre Migración. https://www.iom.int/es/terminos-fundamentales-sobre-migracion

Ortiz, Diana. "Suramérica y los Refugiados colombianos". *REMHU, Revista Interdisciplinar de Movilidad Humana (22),* n. ° 42, diciembre de 2014. https://www.scielo.br/j/remhu/a/NPz4fQ9NTtgQrDXBn5fBbKR/?lang=es#.

Pacto Internacional de los Derechos Civiles y Políticos, 1966. https://www.ohchr.org/es/instruments-mechanisms/instruments/international-covenant-civil-and-political-rights.

Palacios Sanabria, María Teresa. "El sistema colombiano de migraciones a la luz del derecho internacional de los derechos humanos: la Ley 1465 de 2011 y sus antecedentes normativos". *Opinión Jurídica* 11, n. ° 21, (enero-junio de 2012): 83-102. http://www.scielo.org.co/scielo.php?script=sci_abstract&pid=S1692.

Palacios Sanabria, Maria Teresa. Los derechos de los extranjeros como límite a la soberanía de los Estados. *International Law, Revista colombiana de Derecho Internacional.* Bogotá: Universidad Javeriana, n. ° 23 (Julio-dic 2013).

———. *Un mundo en movimiento: reflexiones sobre la migración internacional y la soberanía de los Estados en el DDHH y en Colombia.* En Crisis del Estado Nación y de la concepción clásica de la soberanía, editado por Manuel Restrepo Medina, Editorial Universidad del Rosario. 2019.

Palacios Sanabria, María Teresa., Londoño Toro, Beatriz, Lozano Amaya, Alejandra. "Nuevas realidades de los flujos migratorios hacia Colombia". En *Migración y Derechos Humanos: el caso colombiano 2014-2018,* 16. Bogotá: Editorial Universidad del Rosario, 2020.

Palacios Sanabria, María Teresa (directora de la investigación), Briceño Hernández, Natalia (coinvestigadora), Palacios Sanabria, Óscar Gabriel (coinvestigador), Yepes García, Angie Daniela (coinvestigadora), Parra Rosas, Juan Felipe (asistente de investigación). *Migraciones y Desarrollo: análisis de la migración en seis países de la región.* https://www.forumciv.org/sites/default/files/2021-09/Migraciones%20y%20Desarrollo%20%20comp%20-%20PÁGINAS_1.pdf.

Palacios Sanabria, María Teresa (investigador principal), Torres Villarreal, María Lucía (coinvestigador), Londoño Toro, Beatriz Socorro (coinvestigador), Iregui Parra, Paola Marcela (coinvestigador), Rojas Rodríguez, Natalia (estudiante). *Feminización de la migración venezolana en Colombia: análisis regional con enfoque de derechos humanos 2014-2018.* Facultad de Jurisprudencia, Grupo de Investigación en Derechos Humanos. https://pure.urosario.edu.co/es/projects/?search=FEMINIZACI%C3%93N+DE+LA+MIGRACI%C3%93N&pageSize=50&ordering=rating&descending=true&showAdvanced=false&allConcepts=true&inferConcepts=true&searchBy=RelatedConcepts

Palacios Sanabria, María Teresa y Londoño Toro, B. *Migración y Derechos Humanos: el caso Colombiano 2014-2021.* Bogotá: Editorial Universidad del Rosario, 2019.

Palacios Sanabria, María Teresa, Torres Villarreal, María Lucia, Iregui Parra, Paola Marcela y Londoño Toro, Beatriz Socorro. *Diagnóstico regional de la migración en Colombia con enfoque de DDHH (2014-2018).* Facultad de Jurisprudencia, Grupo de Investigación en Derechos Humanos.

Palacios Sanabria, María Teresa. "El derecho a la vida digna en el contexto de la inmigración: los trabajadores migratorios". Tesis doctoral, Universidad de Sevilla. Departamento de Derecho Internacional Público y Relaciones Internacionales, 2012. https://idus.us.es/handle/11441/74006.

Palacios Sanabria, María Teresa. "Los derechos de los extranjeros como limite a la soberanía de los estados." *Int. Law: Rev. Colomb. Derecho Int.*, n. ° 23 (2013): 319-352. http://www.scielo.org.co/scielo.php?script=sci_arttext&pid=S1692-81562013000200010&lng=en&nrm=iso

Palacios Sanabria, María Teresa. "Perfil de María Teresa Palacios Sanabria". *Research Hub,* Universidad del Rosario. https://researchhub.urosario.edu.co/display/maria-teresa-palacios-sanabria.

Palacios Sanabria, María Teresa. Perfil de María Teresa Palacios Sanabria. *Pure,* Universidad del Rosario. https://pure.urosario.edu.co/es/persons/maria-teresa-palacios-sanabria-2.

Palma, Mauricio. "¿País de emigración, inmigración, tránsito y retorno? La formación de un sistema de migración colombiano". *OASIS*, n. ° 21 (enero-junio, 2015): 7-28. https://www.redalyc.org/pdf/531/53163818002.pdf.

Peces-Barba Martínez, Gregorio. *Curso de derechos fundamentales, con la colaboración de R. de Asís, C. Fernández Liesa y A. Llamas.* Madrid: BOE-Universidad Carlos III de Madrid, 1995, 154 y ss.

Peces-Barba, Gregorio. *Escritos sobre derechos fundamentales.* Madrid: Eudema, 1988.

Pena Huertas, Rocío del Pilar. "Migración de colombianos: ¿una expresión moderna de orfandad? Una aproximación a las políticas públicas dirigidas a los colombianos en el exterior". *Estudios Socio-Jurídicos,* vol. 8, n. ° 1 (2006): 72-102. http://www.scielo.org.co/scielo.php?script=sci_arttext&pid=S0124-05792006000100003&lng=en&nrm=iso.

Pineda G., Esther. "Aproximaciones a la migración colombo-venezolana: desigualdad, prejuicio y vulnerabilidad." *Revista Misión Jurídica,* n. ° 12-16 (2019): 60. https://papers.ssrn.com/sol3/papers.cfm?abstract_id=3432746.

Pinto, Lisa Alexandra, Amaya, Paola Baracaldo, Sáez, Felipe Aliaga. "La integración de los venezolanos en Colombia en los ámbitos de la salud y la educación". *Espacio Abierto* 28, n. ° 1 (2019): 199-223. https://www.redalyc.org/journal/122/12262976013/12262976013.pdf.

Plataforma de coordinación interagencial para refugiados y migrantes de Venezuela. *Refugiados y Migrantes Venezolanos en la Región,* 2022. https://www.r4v.info/sites/default/files/2022-08/2022.08.R4V_R%26M_Map_Esp%28Note%29.pdf.

Plataforma de Coordinación para Refugiados y Migrantes de Venezuela (R4V). "*Colombia–Informe de Monitoreo de Protección de diciembre 2021 y enero 2022*". https://www.r4v.info/es/document/colombia-informe-de-monitoreo-de-proteccion-de-diciembre-2021-y-enero-2022-drc.

Polo, Sebastián, Serrano, Enrique, Cardozo, Katherine. "Transición de los refugiados colombianos en Ecuador: una nueva fase del fenómeno migratorio". *OASIS 29* (2019). https://doi.org/10.18601/16577558.n29.07.

Botero, Maria Camila. "Los migrantes haitianos la pasan mal en los países americanos". *Pesquisa javeriana,* 2020. https://www.javeriana.edu.co/pesquisa/migrantes-haitianos/.

Portal de datos sobre migración. *Niños y jóvenes migrantes,* 2021. https://www.migrationdataportal.org/es/themes/ninos-migrantes#:~:text=En%202019%2C%20los%20ni%C3%B1os%20 migrantes,31%2C7%20millones%20en%202020.

Presidencia de la República. Decreto 1260 de 1970: *Por el cual se expide el Estatuto del Registro del Estado Civil de las personas.*

Presidencia de la República. Decreto 1694 de 1971: *Por la cual se reglamenta la expedición y exigibilidad de la Tarjeta de Identidad establecida por el artículo 109 del Decreto-ley número 1260 de 1970, y se dictan algunas normas sobre identificación de las personas menores de edad.*

Presidente de la República de Colombia. Decreto 1288 de 2018: *Por el cual se adoptan medidas para garantizar el acceso de las personas inscritas en el Registro Administrativo de Migrantes Venezolanos a la oferta institucional y se dictan otras medidas sobre el retorno de colombianos.*

Presidente de la República de Colombia. Decreto 1772 de 2015: *Por medio del cual se establecen disposiciones excepcionales para garantizar la reunificación familiar de los nacionales colombianos deportados, expulsados o retornados como consecuencia de la declaratoria del Estado de Excepción efectuada en la República Bolivariana de Venezuela.*

Presidente de la República de Colombia. Decreto 542 de 2018: *Por el cual se desarrolla parcialmente el artículo 140 de la Ley 1873 de 2017 y se adoptan medidas para la creación de un registro administrativo de migrantes venezolanos en Colombia que sirva como insumo para el diseño de una política integral de atención humanitaria.*

Presidente de la República de Colombia. Directiva Presidencial No. 5 de 2022: *Lineamientos sobre el Permiso por Protección Temporal para migrantes venezolanos como documento válido para acceder a la oferta institucional y trámites del estado colombiano.*

Protocolo Contra el Tráfico Ilícito de Migrantes por Tierra, Mar y Aire, que Complementa la Convención de las Naciones Unidas Contra la Delincuencia Organizada Transnacional, 2000.

Protocolo para prevenir, reprimir y sancionar la trata de personas, especialmente mujeres y niños, que complementa la convención de las naciones unidas contra la delincuencia organizada transnacional, 2000.

Proyecto REMOVE (Repensando la Migración desde la Frontera de Venezuela). *Proyecto financiado por la Comisión Europea y liderado por la Universidad de Bolonia.* https://proyectoremove.com/.

Pugh, Jeffrey, Jiménez, Luis y Latuff, Bettina. "La bienvenida se agota para colombianos en ecuador mientras venezolanos se hacen más visibles". *Migration Information Source,* 2020. https://www.migrationpolicy.org/article/la-bienvenida-se-agota-para-colombianos-en-ecuador.

Ramírez Bulla, Germán. "El ejercicio de la soberanía territorial de acuerdo con los tratados y principios del derecho internacional. El caso colombiano". *Revista Derecho del Estado* n.º 21, (diciembre de 2008).

Registraduría Nacional del Estado Civil. Circular 064, *Medida excepcional para la inscripción extemporánea en el registro civil de hijos colombianos nacidos en Venezuela.* Bogotá: 18 de mayo de 2017.

Registraduría Nacional del Estado Civil. Circular 121 de 2016: *Por la cual se estableció el procedimiento para la inscripción extemporánea en el registro civil de hijos de colombianos nacidos en Venezuela.* 2016.

Registraduría Nacional del Estado Civil. Resolución 8470 de 2019: *Por la cual se adopta una medida administrativa de carácter temporal y excepcional, para incluir de oficio la nota "Válido para demostrar nacionalidad" en el Registro Civil de Nacimiento de niñas y niños nacidos en Colombia, que se encuentran en riesgo de apatridia, hijos de padres venezolanos, que no cumplen con el requisito de domicilio.* 2019.

Relator de Naciones Unidas sobre los Derechos de los Trabajadores Migrantes. Sr. Jorge Bustamante. "*La protección de los niños en el contexto de la migración*". (Doc. A/64/213), 3 de agosto de 2009. https://docplayer.es/82964446-Asamblea-general-naciones-unidas-a-64-213-derechos-humanos-de-los-migrantes-nota-del-secretario-general.html.

Relator especial sobre los derechos humanos de los migrantes, Felipe González Morales. "Un año y medio después: el impacto de la COVID-19 en los derechos humanos de los migrantes". (*Doc. A/76/257*), de 30 de julio de 2021. https://documents-dds-ny.un.org/doc/UNDOC/GEN/N21/212/07/PDF/N2121207.pdf?OpenElement.

Relator especial sobre los Derechos Humanos de los Migrantes, Sr. Francis Crepeau. "Explotación laboral de los migrantes". (Doc. A/HRC/26/35), 3 de abril de 2024.

Relator especial sobre los derechos humanos de los migrantes. "Informe del Relator Especial sobre los derechos humanos de los migrantes". (Doc. A/69/302), 11 de agosto de 2014. https://documents-dds-ny.un.org/doc/UNDOC/GEN/N14/501/99/PDF/N1450199.pdf?OpenElement.

Relator Especial sobre los derechos humanos de los migrantes. "*Informe del Relator Especial sobre los derechos humanos de los migrantes sobre una agenda 2035 para facilitar la movilidad humana.*" Doc. A/HRC/35/25, de 28 de abril de 2017.

República de Colombia, Ministerio de Defensa Nacional. *Política de Defensa y Seguridad PDS. Para la legalidad, el emprendimiento y la equidad,* 2019. https://www.mindefensa.gov.co/irj/go/km/docs/Mindefensa/Documentos/descargas/Prensa/Documentos/politica_defensa_deguridad2019.pdf

República de Colombia, Tribunal Superior de Bogotá, sala laboral. Acción de Tutela promovida por Waleska Pérez Depablos contra Ministerio de Relaciones Exteriores-Comisión Asesora para la Determinación de la Condición de Refugiado-CONARE, expediente No. 110013105 030 2023 00175 01, 8 de junio de 2023.

Respuesta de derecho de petición de Prosperidad Social con radicado No. E-2022-0007-183163. 2022.

Respuesta de derecho de petición del Congreso de la República de radicado UAC-CS-CV19-5236-2022.

Respuesta de derecho de petición del Ministerio de Comercio, Industria y Turismo con radicado No. 1-2022-016072. 2022.

Rivera, Fredy, Ortega, Hernando, Larreátegui, Paulina, Riaño Alcalá, Pilar. *Migración forzada de colombianos: Colombia, Ecuador, Canadá.* FLACSO Ecuador, Medellín. 2007. https://biblio.flacsoandes.edu.ec/libros/digital/50148.pdf.

Rodríguez Domínguez, Carlos. "Análisis crítico de la normativa internacional de protección de los trabajadores migrantes: el papel de la OIT". En *Migraciones y desarrollo,* II Jornadas Iberoamericanas de estudios internacionales. 2007. P. 127.

Rosas, Victoria Prieto. "El desafío de la inserción laboral en las políticas de retorno de Colombia". *Carta Económica Regional,* n. ° 120 (2017): 5-38.

Ruiz de Santiago, Jaime. "Derechos Humanos, Derecho de los Refugiados: evolución y convergencias." En *Derecho Internacional de los Refugiados,* 21-76, Sandra Namihas coordinadora. Lima: Instituto de Estudios Internacionales, Fondo Editorial Pontificia Universidad Católica del Perú, 2001.

San Juan, César, Murillo, Juan Carlos, Gianelli, María Laura y Manly, Mark. *El asilo y la Protección Internacional de los Refugiados en América Latina: análisis crítico del dualismo asilo-refugio a la luz del Derecho Internacional de los Derechos Humanos.* Franco Leonardo coordinador (Guianelli Dublanc, Murillo J.C y otros, editores). Costa Rica: Universidad de las Naciones Unidas, Instituto Interamericano de Derechos Humanos, ACNUR, San José de Costa Rica, 2004. https://www.acnur.org/fileadmin/Documentos/Publicaciones/2012/8945.pdf

Santos de Sousa, Boaventura y Rodríguez, César. "El derecho y la globalización desde abajo". En *Hacia una Legalidad Cosmopolita.* Barcelona: Anthropos, 2005.

Schaffhauser, Philippe. "La figura del migrante como estigma social: el derrotero de los exbraceros trabajadores migratorios mexicanos (1942-1964)". *Intersticios Sociales,* n. ° 12 (2016). http://www.scielo.org.mx/scielo.php?script=sci_arttext&pid=S2007-49642016000200005&lng=es&nrm=iso.

Schwarz, Tobias. "Políticas de inmigración en América Latina: el extranjero indeseable en las normas nacionales, de la Independencia hasta los años de 1930." *Procesos, revista ecuatoriana de historia.* (2012): 39-72. https://www.Dialnet-PoliticasDeInmigracionEnAmericaLatina-4544586.pdf.

Servicio Nacional de Aprendizaje –Sena–. Circular 115 de 2019: *Lineamientos para la prestación de servicios de formación, certificación de competencias laborales, gestión de empleo y servicios de emprendimiento a ciudadanos venezolanos y otros extranjeros.*

Stefoni, Carolina. *Panorama de la migración internacional en América del Sur.* Serie Población y Desarrollo, ONU, CEPAL, OIM. Santiago de Chile, mayo de 2018.

Stern, Alexander. "Mestizofilia, biotipología y eugenesia en el México posrevolucionario: hacia una historia de la ciencia y el Estado 1920-1960." *Relaciones. Estudios de historia y sociedad* 21, no. 81. (2000): 137-167. https://www.redalyc.org/pdf/137/13708104.pdf.

Suet Cock, Vanessa. "El bloque de constitucionalidad como mecanismo de interpretación constitucional. Aproximación a los contenidos del bloque en derechos en Colombia." *Vniversitas* 133 (2016): 301-382. http://dx.doi.org/10.11144/Javeriana.vj133.bcmi.

Tello, Susana. "Revisando la securitización de la agenda internacional: la normalización de las políticas del pánico." *Relaciones in-*

ternacionales, no. 18 (2011): 189-200. https://scholar.google.es/scholar?hl=es&as_sdt=0%2C5&q=securitizaci%C3%B3n&btnG=.

Teresa, María, Beatriz Londoño Toro, Fernanda Stang y Vanessa Solano Cohen. "La normativa migratoria en Chile y Colombia". *En Desafíos migratorios: realidades desde diversas orillas.* Bogotá: Editorial Universidad del Rosario, 2020. https://doi.org/10.2307/j.ctv1g6q8qh.8.

Tobón Berrío, Luz Estela. "Prevalencia de los Derechos de los Niños frente a la potestad migratoria." *Revista de Derecho,* núm. 34 (2010): 283-305. https://www.redalyc.org/pdf/851/85120102011.pdf.

UN High Commissioner for Refugees. ACNUR Colombia: Monitoreo de Protección 2022. 21 de octubre de 2022. https://reliefweb.int/report/colombia/acnur-colombia-monitoreo-de-proteccion-enero-junio-2022.

Unidad Administrativa Especial Migración Colombia. Resolución 0971 de 2021: *Por la cual se implementa el Estatuto Temporal de Protección para Migrantes Venezolanos adoptado por medio del Decreto 216 de 2021.*

Unidad Administrativa Especial Migración Colombia. Resolución 1220 de 2016: *Por medio de la Resolución se establecen los tipos y características de los Permisos de Ingreso y Permanencia, Permisos Temporales de Permanencia, así como la reglas bajo las cuales se rige el Tránsito Fronterizo en el territorio nacional.*

Unidad Administrativa Especial Migración Colombia. Resolución 2357 de 2020: Por la cual se establecen los criterios para el cumplimiento de obligaciones migratorias y el procedimiento sancionatorio de la Unidad Administrativa Especial Migración Colombia.

Unidad Administrativa Especial Migración de Colombia (Migración Colombia). Estatuto Temporal de Protección y los prerregistros de migrantes en Colombia. https://public.tableau.com/app/profile/migraci.n.colombia/viz/EstatutoTemporaldeProteccin-Prerregistros/Pre-registrosPublic

Universidad del Rosario, Observatorio de Venezuela. "Retos y oportunidades de la integración migratoria: análisis y recomendaciones para Barranquilla", 2020. https://www.kas.de/documents/287914/0/Migracion+BARRANQUILLA-AJ-03-12-2020.pdf/ba201662-6f9d-4cdc-3a1b-e32b2582aeac?t=1607987521705.

Uprimny Yepes Rodrigo. *El Bloque de constitucionalidad en Colombia: un análisis jurisprudencial y un ensayo de sistematización doctrinal,* Dejusticia, 2017. https://www.dejusticia.org/wp-content/uploads/2017/04/fi_name_recurso_46.pdf.

Uprimny Yepes, Rodrigo. *Bloque de constitucionalidad, derechos humanos y nuevo procedimiento penal.* Bogotá: Escuela Judicial Rodrigo Lara Bonilla, 2008. https://escuelajudicial.ramajudicial.gov.co/biblioteca/content/pdf/a16/1.pdf.

Uprimny Yepes, Rodrigo, García Villegas, Mauricio. Corte Constitucional y emancipación social en Colombia. *Emancipación Social y Violencia en Colombia* (Boaventura. de Sousa Santos y M. García Villegas, eds.) Bogotá: Norma, 2004.

Uprimny-Yepes, Rodrigo. "El bloque de constitucionalidad en Colombia. Un análisis jurisprudencial y un ensayo de sistematización doctrinal." En *Curso de formación de promotores/as en derechos humanos, libertad sindical y trabajo decente, Universidad Nacional, Escuela Nacional Sindical, ENS Colombia.* Bogotá, 2005. http://redescuelascsa.com/sitio/repo/DJS-Bloque%20Constitucionalidad%20(Uprimny).pdf.

Valencia, Solange Bonilla y Hernández Vásquez, Sergio. "Habitar en tierra ajena: estudio sobre las condiciones de vida de mujeres migrantes venezolanas en Colombia." *Revista Latinoamericana Estudios de la Paz y el Conflicto 3,* n. ° 5 (2022): 160-182. https://camjol.info/index.php/ReLaPaC/article/view/12808.

Valle Franco, Alexander. "El derecho a tener derechos". *En Los Derechos en la movilidad humana: del control a la protección,* editado por Nicolás Pérez Ruales y Alexander Valle Franco, 2009.

Varlez, Louis. "Les migrations internationales et leur règlementation". En *Académie de Droit International.* París: Librairie Hachette, 1929.

Velasco, Laura. Migración, fronteras e identidades étnicas transnacionales. *México: El Colegio de la Frontera Norte, Miguel Ángel Porrúa,* 2008.

Vichich, Nora. "El Mercosur y la migración internacional." *Expert Group Meeting on,* 2005. http://www.conapo.gob.mx/work/models/CONAPO/migracion_internacional/migint_desarrollo/13.pdf.

Vidal López, Roberto Carlos. *Derecho global y desplazamiento interno.* Bogotá: Editorial Pontificia Universidad Javeriana, 2007

Villán Durán, Carlos. *Curso de Derecho Internacional de los Derechos Humanos.* Madrid: Editorial Trotta, 2006.

Villán Durán, Carlos. *Tratado de Derecho Internacional de los Derechos Humanos.* Madrid: Tecnos, 2006.

Villaseñor, Isabel. La democracia y los derechos humanos: una relación compleja. *Foro internacional,* 55 n. ° 4), (2015). https://

www.scielo.org.mx/scielo.php?script=sci_arttext&pid=S0185-013X2015000401115.

Wabgou, Maguemati. Las migraciones internacionales en Colombia. *Revista Investigación y desarrollo.* Vol. 20, No.1. 2012. P. 144-160. http://www.scielo.org.co/pdf/indes/v20n1/v20n1a05.pdf

Wood, Tamara. "Expanding Protection in Africa? Case Studies of the Implementation of the 1969 African Refugee Convention's Expanded Refugee Definition". *International Journal of Refugee Law,* 26, n. ° 4 (2014): 555-580. https://doi.org/10.1093/ijrl/eeu048.